U0573189

社会学发展的"第三空间"

微评社会
MICRO-EVALUATION OF THE SOCIETY

王开玉　主编

社会科学文献出版社
SOCIAL SCIENCES ACADEMIC PRESS (CHINA)

主编参加 2000 年上海社区建设研讨会听费孝通先生（前排右一）在会上做报告

主编（前排右三）、雷洁琼（前排右五）、袁方（前排右六）参加 1994 年在上海浦东召开的中国社会学学术年会

主编（左一）和陆学艺先生（右一）1999 年在安徽合肥进行社会结构阶层变迁调研

谢寿光社长（右三）与主编（右二）参加中国省会经济圈蓝皮书发布会

▲ 冰心（左二）为本书主编（左一）
的《人和经济》一书写序言

▲ 主编（右一）与杜导正先生（右二）
讨论《命运共同体》一书

◀ 主编（右一）与陈独秀三
子陈松年交谈

▲ 主编（左一）在安徽省社会科学院会见魁北克大学教授（左二）

目　录

社会学发展的"第三空间"

　　长期以来，社会学的研究成果主要形式是专著、论文、研究报告等。进入信息时代，社会学研究成果和社会学评论通过互联网广泛传播，使微评社会逐渐扩大为"社会学发展的第三空间"。微评社会和专著、论文、研究报告一起互相融合成为一个体系和系统。特别是在社会转型期，社会学融入舆论场，通过引导对话和沟通，更好地释放正能量，降低社会转型的成本，社会学的"第三空间"成为新时期人们研究社会学、了解社会学最重要的途径。

一　网络传播和发布会是社会学研究成果推介的重要方式

　　这一点，我在社会学研究的历程中，有着深刻的体会。我进入社会学界的时间是社会学繁荣发展的新时期，这本书记录了我个人的一些成果，包括我参加（和主持）的国家一些重大、重点项目。中国社会科学院承担的国家重大课题"当代中国社会结构变迁研究"是我国开展的第一次社会结构研究，这是社会学恢复以来最重要的成果之一，第一个调查城市就选在了合肥。我主持了中国中部地区省会城市社会结构研究。之后，我又参加了国家社科基金重点项目"中国百村经济社会调查"。我是安徽项目的负责人，主持了安徽四个村的调研，出版了三部专著《大别山口的美丽家园》《魅力盐铺》《发现钱庙》。此后，我承担了国家社科基金项目"中国中等收入者研究"。主编的《中国中等收入者研究》是我国第一本研究中等收入者的专著。我还是中国蓝皮书安徽项目的协调人，策划并担任执行主编，出版了安徽八本蓝皮书。虽然历经千辛万苦，但是夯实了脚下的社会学土壤。

　　这些成果在国内外形成较大影响的原因还是媒体的推介。在中国百村经济社会调查研究中，我们先后做过合肥小井庄、凤阳小岗村、霍山落儿岭村、休宁盐铺村、凤台钱庙村、合肥老洪村的调查，写过三篇调查报告，出版了三本书。落儿岭村是革命老区富起来的典型，盐铺村是邓小平同志讲到的"黄山可以先富起来"的典型，钱庙村则是中国农村税费改革巨大成就的一个典型。新华网、人民网等主流媒体做了大量的报道，使人们认识到这六个村就是中国农村改革历程的缩影。

我们的研究成果在国外也产生了影响。我在接受日本朝日新闻北京支局局长采访时，把小岗村称为"中国农村改革的起点"。后来国内外以"起点"为名出了许多书和写了很多文章。在中国中等收入者研究中，我们有两个观点在国内外被广泛传播：一是中等收入者是中国中产阶层的初级形态；二是农民工是农村中等收入者的主体。这些都被作为转型中的中国社会学发展的新成就。

在社会学的研究中，我们的目光始终没有离开农民工这个主体。媒体报道较多、影响较大的也有我们对农民工的研究，特别是新生代农民工以及他们的子女留守儿童、流动儿童和农村小五保户（在父母离婚以后有的父母都不愿抚养自己的孩子，他们靠农村社会抚养）的研究。《不一样的童年》是第一本由我国学者全面系统的研究流动儿童和留守儿童生存状况的一本书，由此书做成的音像制品获得了"中华优秀出版物（音像出版物）提名奖"。

我们开始对留守儿童的研究可以说是困难重重，但在相关部门的领导和各方支持下，不仅调研了安徽的广大农村，还走遍了中国的很多省份。经过坚持不懈的努力，在新华网、人民网、法制网、光明网和安徽省内的《新安晚报》《合肥晚报》等主流媒体，反复不断的报道与推动下，留守儿童、流动儿童的研究才有了公开的话语权。此外，我们对于迁移婚姻的研究改变了对迁移婚姻的误区。以上这些研究的成果形式就是几本书、几篇调查报告，如果没有新华社、《人民日报》、中央人民广播电台、中央电视台、《法制日报》，以及安徽省内外几家报纸的报道，是不可能达到这样的宣传效果的。

在成果发布中，我认为影响最大的还是中国社会科学院和社会科学文献出版社对蓝皮书研究成果的发布。仅在合肥就于 2007 年、2009 年、2011 年召开了三次大的中国省会经济圈蓝皮书发布会。我是中国蓝皮书安徽项目的协调人，在 2003 年之前，我们也做过三本安徽社会蓝皮书，都是由安徽省内出版社出版的，没有发布，影响不大。蓝皮书是中国社会科学研究的一个新平台、新载体、新空间。蓝皮书不仅是社会科学研究的一个品牌，也是媒体和社会科学研究结合最好的一个品牌之一。在社会科学研究中，蓝皮书发布的信息多，发布及时，发布层次高，都是有口皆碑的。我们做中国省会经济圈蓝皮书，媒体用微评把主要的观点向国内外都做了发布。每本书的主要观点都用四个字进行概括，如"合肥速度"（经济建设）、"合肥力度"（社会建设）、"合肥力量"（文明建设）。"合肥速度"被《经济学人》引用，这些微评观点也载入了史册。

二　微评社会是社会学解析和引导人们认识和解决社会矛盾和问题的成功探索

从事社会学研究时，不可能每一天都有重大事件和重大课题，但是在社会发展进程中，每天甚至每时都会有社会矛盾和社会问题需要解决，都会有社会问题需要解析，微评社会正是解决好这些问题的方式之一。

我们是 20 世纪 80 年代社会学恢复重建以来，伴随着社会学的发展和繁荣，成长起来的一代人，也面临从未遇到过的新矛盾、新问题。我们要担当起用社会学的知识来解析这些矛盾和问题，来引导人们理性、科学地解决问题。因为只有"深知社情民意，才能高瞻远瞩"。所以，本书阐释的主旨是：社会学者通过微评提炼观点做出分析，用微评记录历史，用思想解析时代，用智慧把握时代脉络。

我大学学的是哲学，师从著名的理论家李凡夫教授。他当时在安徽大学任教。大学期间，我就开始在新华社当实习记者。实习期间，写出过《百岁衣的故事》《喊破嗓子不如作出好样子的村党支部书记》等通讯。也曾担任过《江淮论坛》（原为《江淮学刊》）的编辑室主任，和电视也有过一段缘分。那时安徽电视台缺男主持人，写报告向北京申请男主持人。中央广电局的局长来安徽视察工作，调看了安徽电视台做的专题节目，最后选中了我，并征求我的意见。当时我已在安徽省委分管经济的主要领导身边做些文字调研方面的工作，不能离开这个岗位，所以和电视主持人擦肩而过。不过，此后十多年，我一直担任安徽电视台经济专家委员会的主任，也算是一个电视人。此外，我还担任过安徽省内的出版社筹备组组长，这为我在随后的几十年中，促进社会学与媒体的合作方面积累了丰富的资源。这些职业和经历使我比有些社会学的同行们多了一点历练。在几十年的工作生涯中，我有可以为官、从商的机会，但我最终还是坚定地选择了做学问这条路，并且选择社会学这个研究方向，因为我热爱社会学。

主编在新华社西藏分社

　　研究过程中，坚持不懈地深入实际，敢于直面现实，接地气，一直是我的工作准则。社会的复杂性需要我们有创新思维和方法同时还要关注弱势群体的生存境遇。我们在做留守儿童和流动儿童的调查时在农村寻访了小五保户，在城市做了寄养儿童问题调研，写出了研究报告、新闻报道，在政府和社会各方面的关心下，这些群体生存状况都得到了很大的改善。这些新闻在本书中也都有记载。

三　我们要把微评社会要作为社会学发展的第三空间，为之倾其心血

　　要做好微评社会，我们就要强化互联网思维，这体现在两个方面：一是和媒体共同完成社会报道的社会学化；二是我们对社会所作的思考如何进行传播。在互联网时代，微评不仅成就了社会新闻社会学化，而且也成了社会学发展的第三空间。

　　如何写好、讲好微评社会，不是一项简单的工作，我的体会是：一是要有社会责任感。我们在做社会流动婚姻的研究时发现，个别地方把流动婚姻当作拐卖妇女进行打击。此后，经过调查使人们认识到社会转型期的迁移婚姻应当得到保护。迁移婚姻在城市得到了认可，比如许多妇女由河

南、安徽嫁到了上海。但是当时在农村还存在很多阻力。安徽省天长市在自己的管理范围内，给迁移来的已婚妇女发放过黄色户口、黄色结婚证、黄色准生证。在深入研究这些问题时，我们认为这样做很不妥，向政府有关部门反映了此种现象。时任安徽省人大常委会副主任、党组副书记苏平凡经过调查论证，批示要制定法律保护因迁移婚姻来安徽的外地姑娘。我们终于使迁移婚姻有了话语权。

二是要有不懈怠的态度和包容精神。我在安徽电视台担任专家委员会召集人的时候，参加策划了《男人面对面》，把婚外情这个社会问题进行解析，指出它的危害性，并对当事人进行规劝，收到了良好的社会效果。但是也听到一些不同意见，我们认真听取意见后并对节目做了改进。我们做研究、做学术、做微评，都要有一种包容精神，善于听取各方意见。

三是做好资料积累工作。记录我们这个时代需要花费比做课题更多的精力。我认为，积累资料是社会学研究的一项基本功。我们做合肥社会分层的时候，做了近3000份的问卷和200多个访谈。我和龚维斌博士做了14位省部级干部对社会分层看法的访谈，这些访谈结果对我们的课题很有帮助。当时我还和石秀印先生做了6位足疗服务女工的访谈，我们把她们归入商业服务人员。这是发生在20世纪90年末的访谈。也可能是中国第一例。记得那时，我和陆学艺老师、谢寿光社长联系比较多，在社会分层项目时，我和陆老师天天晚上都通电话。那时他的博士龚维斌、李春玲、王春光，还有高鸽、张宛丽都在我们的课题组工作，这些都使我们的研究成为中国社会学的前沿。

积累资料，口述史很重要。我在安徽省肥东县、凤阳县、五河县做了10多份口述史，这些口述史使我对三年困难时期的状况有了一个客观的认识，并且也积累下很多资料。后来新华社记者喻飞、蔡敏据此写了一篇长篇报道《饥饿——中国人不能忘却的记忆》，被列"为经典中国辉煌60年"最新报道。这篇报道有一段话是这样写的，"自然灾害当然是造成饥饿的原因，但也有不少人为的因素。很多人都认为，饥饿直接催生了中国农村改革。饥饿带给中国人最重要的影响是倡导解放思想、实事求是的作风，尊重改革的思想深入人心。人们告别了愚昧，现在碰到错误的思潮，不再头脑狂热"。这在《立体社会观察》一书中有记录。

前不久我与来安徽考察的高鸽见面，她长期在陆学艺老师身边工作，陆学艺老师去世后，她负责整理陆学艺老师的文稿。她很感慨地说："陆老师那么忙，但不管什么材料都保存得很好。"在做社会分层项目时，我给他写过十多封信请教，他都完好地保存着。

四是要不断学习，加强各方面的知识修养。社会微评要解析社会，仅仅具备社会学的修养是不够的，还需要勤奋学习，获取各方面的知识，如经济、法律、政治、历史等多个学科和领域。只有这样才能完成"用微评记录历史，用思想解析时代，用智慧引导前行"的光荣使命。我在安庆市委工作期间和陈独秀的小儿子是朋友，我到过陈独秀的家乡，他的家乡不是在怀宁的独秀山，而是在安庆市郊的白泽湖，他家世代秀才，不是种田人，也不拥有土地。石西民先生1980年视察安庆，那时我已在安徽省委工作。领导安排我陪同他，他是上书为陈独秀先生修墓的第一人。我还在安庆档案里发现了毛主席1953年视察安庆的时候对陈独秀的评价，提出要对他家人进行抚恤。

真实是微评的基础。要做到这一点，只有接地气，对现实有深刻的了解，才能透过现象看本质。既要研究现实，又要回顾历史，还要展望未来，才能深刻地揭示出事实背后的原因，才能有一个完整的、能说服人的评论。尽管我们很努力，但是我感到始终跟不上这个伟大时代的步伐。当今，互联网经济的活跃程度已超过了房地产经济，也为社会学第三空间的发展提供了更广阔的空间。我们要顺应这个潮流，把社会学的研究和传播向前推进。这本书只是提供了一个体例，还不够成熟。所以希望大家能多批评、多帮助。

本书取名《微评社会》，主要的材料来自新华网、人民网、光明网、凤凰网、参考消息网等，这些微评都是几位研究生用百度搜索出来的。

王开玉

2015 年 3 月 31 日于合肥

展示了社会学和社会的同步发展

——对《微评社会》的解析

微评社会课题组[*]

2010 年王开玉老师出版了《立体社会观察》[①] 一书，对新时期的社会学研究方法做了新的探究，引起了广泛关注，有些学校还将这本书作为研究生教材使用。而今王老师推出的又一力作《微评社会》，将更加启迪我们对于社会的认知。

随着时代的发展，社会学与社会的联系愈加密切，社会学者对社会热点问题的评论即微评，被越来越多的吸纳到新闻媒体报道中，成为了社会学者宣传其研究成果、展现其话语权、突出社会学影响力的"第三空间"。在大数据时代背景下，社会学的研究和传播，要充分应用新技术，利用互联网不断扩大其公信力和影响力，扩大社会学的"第三空间"。

一 微评引领新的话语权，解析社会、助力发展

强化互联网意识，是当代社会学发展的必需。现今的时代是一个转型的时代，一个求变求新的时代，一个政治、经济、文化大发展的时代。快节奏的生活模式下，事物发展日新月异，信息瞬息万变，社会学者必须要进行及时的概括、提炼和总结，记录有意义的信息、有价值的思想、有启发的事件。实际上，一个时代的历史是由一个个的事件组成的。在信息化大发展的时代，每一个历史事件都有新闻描述和评价，社会学者用思想解析社会发展中的矛盾和问题，通过短小精悍、言简意赅的评论，从而有效地概括分析出事件的内涵、价值和启示。"一滴水折射出太阳的光辉"，

---

[*] 微评社会课题组由安徽省社会结构研究中心、安徽省中国特色社会主义理论研究会承担，核心成员有吴丹、丁阿丽、周艳、王文燕、曹珊珊、马宏宇。

[①] 王开玉主编《立体社会观察》，社会科学文献出版社，2010。

这种简明分析和深刻评论，就是微评，它也是现今互联网信息传播的主要方式之一。

同时，当代社会是一个多元化的社会，需要共融共识，方能和谐发展。在社会发展进程中，转型的时代不可避免地存在一些浮躁和功利的思想，一定程度上缺乏理性价值的引领。公众中或多或少的群体在面对新闻事件尤其是突发事件的时候，容易情绪失控，缺少成熟稳健的理性态度，因此需要及时给予公众以正确导向，达成社会共识，引领他们培养更为理性的态度、更为成熟的观念。微评就应该提供这方面的启示。

二　微评之于社会学学术研究、发展的价值

微评通过对不同的社会现象进行分析，使社会学在理论分析、引导社会上有了一个定位。微评能分析社会问题，而且能够与读者互动，并为解决社会问题提供对策，从而体现了信息化时代社会学与众不同的发展特色。微评有案例、有事实、有分析、有探讨，直观且深入，并在深入的过程中不断发展。与此同时，微评也不断深化社会学的理论发展与实践应用。从这个层面来说，社会学的微评不仅在利用科学技术创新成果上，更在本身研究方法和机制上也是一次跨越。大数据时代对社会学者提出新的要求，需要其吸收经济学、法学、哲学等学科的研究成果，这也是对社会学本体论的深入。社会科学尤其是社会学，不能是两耳不闻窗外事的闭门造车，而应当是理论与实践相结合的知行合一。社会学只有紧跟社会的步伐，不断深入实践、考察实情、认识现实、分析现状，才能保持社会学强大的生命力，并成为促进研究者学科专业素养不断加强、社会学学科本身不断向前发展的不竭动力。微评社会学的研究价值，体现在其批判不良风气、推动社会进步上。一代代的社会学人在社会学基本理论的基础上，不断创新研究方法和表达方式。在大数据时代，微评体现了社会学者的高度社会责任感，是其社会价值与影响力在引导社会发展、社会文化方面的集中体现。随着社会开放程度的提高，微评逐渐兴起，这是社会学研究方法的巨大转变，体现了社会学新的理论价值，为推进社会学走向繁荣，形成新的范式，进行了一种创新的尝试。

在转型社会中，微评成就了社会学的一个新功能——对日益发展变化的社会生活、不断涌现兴起的新生事物发表社会学研究者及时的见解和评论，分析新情况、提出新思路，从而推动事物发展。在一篇新闻报道里，

主编（右二）参加第六届亚洲社会学大会

社会学者发表的微评，往往是一种深入浅出的分析、一种经过理性思考的引领、一种价值观的导向。这种点评为新闻报道增添了新的活力和生命力，往往起到了画龙点睛的作用。将微评引入新闻报道体现了理论和新闻的结合，这些微评也发挥了类似核聚变的作用。新闻报道里增加微评成为新闻报道转型的一个重要标志，这种创新增加了新闻的深度、厚度和影响力，提升了新闻的价值，使新闻具有了新的思想。

主编参加第 36 届世界社会学大会

三 微评之于新闻传播、引导社会的意义

社会学者的微评与新闻报道的结合不仅引领着社会学发展的新方向，而且也标志着互联网时代一种创新之路的开启。互联网时代，信息技术的发展空前加快，人们了解信息、传递信息、反馈信息的渠道不断增多、速度不断加快。因此，信息的及时性、有效性和双向互动性也变得更强。社会学者的微评紧密联系新闻媒体的报道，将学者的声音在第一时间传达给公众，为公众及时参与探讨社会事件和热点问题提供了参考，也使社会学者的微评不断获得受众的关注。

微评不仅具有及时性、前沿性，同时也兼具连续性。通过微评，人们可以观察到一些重大社会问题的解决过程和各种观念形成的过程。媒体对社会学者研究成果的连续报道，形成了一条时间脉络，记录着社会问题的发展变化，也记录了社会学不断推进的研究成果。概述新闻事件的同时加入微评，表达学者对事件的看法，能发挥思想理论的作用，也可以唤起社会的思考与公众的支持。将学者针对某一事件有感而发的言论作为微评，有助于点出新闻事件的内涵与本质，不仅能传递社会公平正义的力量，而且也能潜移默化地教育公众、提升公众素质，使社会学研究和社会发展的步伐同步。

学者对新闻的分析评论与记者对事件的描述报道两者结合，拓宽了新闻报道的视野、增加了新闻分析深度、提升了新闻评论的层次。社会学者以其广阔的视野，融合经济、文化、社会、生态等各方面知识，博采众长、去粗取精，以微评的形式，微言大义。不仅记录了这个时代发生在政治、经济、社会、文化等各个领域中林林总总的事件，而且分析论证了这些事件的来龙去脉，起因结局。系列化的微评给这一历史时期绘出了一个大致脉络，记录了这一个时期存在的各类社会问题、展现了这一时期的各种思想价值观念、突出了这一时期研究的热点和研究难点，可以供同时期的其他研究者和以后的研究者参考，为科学地分析这个时代、研究这个时代提供了宝贵的资料和素材，既有社会学意义上的价值，也有历史价值和文化价值。

四 本书的架构和特点

本书涵盖面广、内容丰富，为保证内容的时代性和结构性，本书按照

新闻报道的时间顺序进行整体编排，使其具有清晰的时间脉络，方便读者了解每一年的时事要闻，把握各年份的热点。此外，为突出社会学者研究评论的重点内容、保证本书各相同主题内容间的有机联系，本书也列出了各章的关键词，方便读者轻松查阅同一主题的内容，从而对本专题的发展有一个完整把握。本书既有纵向时间结构，又有横向专题模块，两者相辅相成，成功构建了本书的框架体系。

从社会学学科发展来说，我们认为本书具有这样一些特点。第一，社会学和转型社会的联系愈加紧密。怎样找出社会学的发展点、找到推进社会学创新发展的新路子，如何高屋建瓴地对学科前景进行探索等问题显得愈加重要，这也是本书致力探求的目标。第二，本书主编王开玉老师长期坚守一线，对人民群众的所想所需较为了解，对社会问题、新闻事件的评论较为接地气、贴近生活。第三，本书体现了信息时代的社会学是与媒体相结合的。社会学者的观点在新闻中被提炼成微评，既能体现社会学者对社会现实、社会问题的思考，又使社会学与新闻报道融为一体，发挥短平快的作用，是一种再创造。第四，本书不仅贴近普通群众生活，而且也反映了对重大问题的思考。本书既收录了2010～2015年王开玉老师对时事热点新闻的微评，也收录了与王开玉老师参与的相关国际国内重大学术会议与活动。此外，王开玉老师对基层各类会议和组织的关注也多有收录。第五，王开玉老师曾经担任过新闻记者和编辑，对新闻媒体了解较为深入。王老师频繁接受新闻采访，几乎每天都和记者打交道，发表各类时事评论、传播学术观点、宣传学术成果，因而在新闻媒体和社会学的结合层面有着较深的体会。正如王老师所说，本书是媒体和社会学者的共同创造，是集体智慧的结晶。

本书所收录的王开玉老师对国家重要政策法规和对重大社会问题的微评解析都曾在中国共产党网、中国政府网、新华网、人民网、法制网、光明网等主流媒体刊登过。这些微评不仅得到了新闻媒体的欢迎与好评、赢得了公众的关注，而且也在不断获得国家和政府的重视与肯定。近年来，王开玉老师的诸多研究观点和新闻评论多次入选公务员考试试题。试题内容涵盖公益慈善问题、留守儿童问题、校园安全问题、新生代农民工身份认同问题、环境群体性事件等多项社会热点问题；入选范围遍及国家公务员考试和安徽、广东、新疆、宁夏、重庆、福建、云南等全国多个省市多年的多类公考。有的专家认为，社会学者的微评正逐渐成为融汇热点新闻和考试题目的一个结合点、国家选拔和检验人才的一个标准点、考察应试者对社会生活关注和了解程度的一个测试点。

国家认可社会学者的微评并将其纳入公务员考试题目，使微评不仅仅在点评社会生活和分析社会问题的层面发挥作用，而且更上一层楼，迈上了参与政治生活的台阶，被编写成为试题，从而成为了国家选拔政府工作人员的一项参考和依据。社会学者的微评成为公务员考试题目，是以往社会学未曾达到的高度，如今却创造了新的功能，开创了新的空间，成就了新的经典。微评的影响力越来越不容忽视，相信随着时间的推移，微评会在未来发挥愈加突出和广泛的作用。

关于本书，还有几点需要加以说明。第一，王开玉老师经常接受媒体采访，从 1993 年至今，他几乎每天都有微评见诸平面媒体或网络媒体。我们在王老师身边学习，帮助他整理二十年多来的新闻报道，王老师每年的微评汇编都可以累计成一本教科书。本书限于篇幅，只精选收录了 2010 ~ 2015 年最近 6 年间的微评。第二，新华网、人民网、法制网、光明网等针对一些重大社会问题或重要新闻事件展开讨论时，往往会汇集多个专家的微评，根据本书的内容需要，我们在编写过程中对新闻进行了加工处理。第三，王老师不仅对社会问题发表了众多评论，也对一些经济问题进行了评论，为了突出主题，我们将其有关经济方面的微评另作整理，我们也期待王老师的《微评经济》可以出版。

2010年度
微评社会

2010 年度微评关键词

智慧城市、"沈浩精神"、新生代农民工、"邻里节"、"钟摆族"、网络议价师、对接长三角、铲除"黑诊所"、慈善超市、"非传统挑战"、"天书病历"、改善民生、"用工荒"、"招工难"、"陪聊"、"警车"撞人、《魅力盐铺》出版、"隐性性别歧视"、"亲吻门"、变味的"3·15"、"爱心敲门"、"土地爷的黑交易"、"政府老赖"、合肥经济圈、"裸婚"、小丑快递、"西门庆"、校园安全、"鬼剃头"、留守儿童、皖江发展、"无车日"、"裸捐"、"电子月饼"、"80后"、光棍节、"跑站少年"、《立体社会观察》、"机场大巴"、"高学历"犯罪、"同城化"、"酒驾"

本书主编在中国省会经济圈高峰论坛暨"蓝皮书"首发式上发言

新行业需要新规范

"你买东西，我砍价！"这是最近在中国各大购物网站上经常能看到的广告语。提供这项服务的人都声称自己能通过"砍价"帮客户争取到某类商品的最低价格。他们就是中国目前走红网络的新职业——网购议价师。"网络议价师"会代表你和网络经销商讨价还价，而他们则从差价中收取一部分作为报酬。他们提供的服务在中国快速发展的网购行业中日渐兴盛。据悉，网络议价师这一行业目前缺少一定的法律规范，比如部分网络议价师就在其网络店铺内明确声明，如产品存在质量问题，服务费不退还，这也引起了很多买家的不满。

针对新出现的"网络议价师"这种职业，安徽省社会科学院研究员王开玉表示，我国从事网络服务的新型网络人才缺口还很大，大学毕业生就业压力较大，就业如能找到新渠道，是非常可喜的现象。但在目前法律尚存空白的情况下，不能用具体行业法规对网购议价师进行规范，同时他们的相关权益难以得到法律保护，这些问题都需要引起重视。"对于一个新职业来说，如何保证操作的规范性、相关协议如何签署以及信用如何保障等都是需要不断摸索。"王开玉称。

原标题《网络议价师面临诟病　卖家称其"不地道"》

2010 年 1 月 4 日　摘编自 IT 商业新闻网、新浪网

记者：张幼阳

智慧城市——合肥

在关于《合肥经济圈发展报告》的一次讨论会上，安徽省社会科学院研究员王开玉提出合肥的信息化要和"智慧城市"联系起来，打造一个"聪明的城市"。

"对于咱们普通老百姓来说，智慧城市就是让我们通过一台电脑看到整

个城市，数字化了解周围的一切，而不是用模糊的概念。"王开玉提出的"智慧合肥"拥有一张巨大的"城市蜘蛛网"，把覆盖市民生活的衣食住行各个信息终端联系起来，为市民提供最便捷、最舒适的生活。

王开玉描述说，"现在的合肥，看病排队是件司空见惯的事儿，而一旦合肥实现了'智慧城市'，居民只需要鼠标轻轻一点，就可以知道哪家医院哪位医生正在当班，排队等候的人多不多，市民还可以通过网络与医生沟通，邀请医生来到家中看病，或者在网上与医院预约登记，免去排队等候的时间；对于医院来说，在接到市民的紧急电话时，可以通过电话的定位系统，第一时间了解到病人所在的位置，医院的网络同时会制定出救护车前往病人家中最快捷的路线，赢得宝贵的救治时间"。

"其实合肥现在已经有智慧城市的雏形了，比如老百姓现在可以在网上查到酒店、旅馆等一些服务行业的信息，比如现在每天上下班高峰期都会有交通方面的路况预报。但是这些信息还不够全、不够广泛，有的信息更新得也不够及时，在互动性方面也还有待发展。"王开玉认为，智慧城市的另一大特色，就是收集各方面的信息，供决策层指挥协调城市的发展，用信息化管理和经营整个城市。

"'智慧城市'还有一个主要特征就是把城市中的系统实现互联，城市的方方面面都可以测量、可以监控、可以预测，遇到突发事件可以及时采取措施。比如在交通拥堵时期，我们可以提供给相关部门的不仅是哪条路拥堵、有多少车？还可以告诉相关部门堵的是什么类型的车辆、拥堵的源头是什么等问题，从而使相关部门弹性制定上班时间，有针对性地分流车辆。"王开玉以近期纽约一起飞机失事但无伤亡的案例，分析"智慧城市"体系下的智慧政府在进行决策时的诸多优势。

在省城合肥，将来在城市交通系统建成后，系统还会将实时的路网情况发送给每一个终端，提供多种行车路线供人选择。在出租车上，也将有GPS终端可以通过行驶路线的车流情况，对到达目的地的时间进行判断。未来，合肥还将进行直升机与飞艇空中交通遥感检测技术研究和应用、交通与环境污染检测研究、交通影响下的城市规划研究等各种高科技、前沿性的研究等。

王开玉认为，合肥拥有各类技术研究和开发机构300多家，各类科技人员30余万人，以及"信息化基石"的科学岛，如果能充分利用这些信息资源，建立领导决策智能系统，从交通、人口、治安、水务、卫生等各方面实现所有系统的感知、互联互通乃至智能化，设备和系统之间的兼容性，处理好所有城市系统之间的内部关系，包括行政、商业上的业务协作，就可以更加智能地规划和管理城市，更加合理充分地分配整个城市资源。

王开玉研究员还描绘了打造智慧城的"三步走"蓝图。即"智慧政府"是"大脑"、"智慧产业"是"躯干"、"智慧服务"是"血管"。

王开玉认为，"智慧合肥"不能仅局限于"数字合肥"，还要充分挖掘合肥的历史人文底蕴，梳理现实资源，把生态产业和低碳产业发展、软件产业发展，群众性工作等整合起来，从而实现人与城市的和谐相处，让城市、行业、企业和社会更加智慧，让人们的生活变得更加美好。

原标题《合肥能迈向"智慧城市"吗?》
2010 年 1 月 4 日　摘编自腾讯网、中安在线、《江淮晨报》
记者：张晓丹

"三十难立"的"80 后"

中国古语说："三十而立。"30 岁，在中国传统观念里，应该是成家立业、有所作为的年龄。不过，在安徽省合肥市某电子产品企业工作的"80 后"青年刘俊君坦言，无论是工作还是婚姻，自己仍然是"飘"着的。

在上海闯荡 3 年，多次跳槽的刘俊君忍受不了离乡背井的滋味，回到了家乡安徽。在省城合肥为了使自己尽快有家的感觉，他在父母支持首付款的情况下，买下了一套百余平方米的房子。刘俊君每个月都要去银行还按揭贷款，"再加上应酬，吃饭，其实也存不下什么钱。所以我一直都没有谈恋爱。娶妻、生子哪一样都需要钱，我们现在还承担不起。"他说。

刘俊君认为，在现代中国，要求"80 后"三十而立有点早了。"我们这代人心理年龄成熟比较晚，包括我每次回家还是觉得在父母面前是小孩。工作的事我会尽力做好，但是想到承担社会和家庭责任，还是觉得有点怕。"

安徽省社会科学院研究员王开玉认为，现实中"80 后""三十难立"，有时代背景，也有个人原因。他说，"80 后"要从前辈身上汲取敬业、勤俭、上进等优良传统，"有房有车成家"并不一定就是"立"的标准，关键是树立起自信心，有责任感，勇于担当。

原标题《中国"80后"群体在压力和争议中迎来而立之年》

2010 年 1 月 11 日　摘编自新华网

记者：蔡敏　朱青

加强社区医院建设才能铲除"黑诊所"

《无名小诊所大揽"引产活"》一文 1 月 26 日见报后，合肥市包河区卫生局表示将对报道所曝光的无名小诊所进行查处。包河区卫生局一位工作人员说，他们每个月都会根据群众举报对违法经营的小诊所进行查处，但"黑诊所"还是屡禁不止。由于违法成本很低，一些"黑诊所"被查处后往往玩"关门大吉"，违法经营者拍屁股走人甚至拒交罚款，卫生执法人员因无权控制其人身自由也无计可施。不久，"黑诊所"就会重新开张，被查时又故技重演。

安徽省社会科学院研究员王开玉则建议，加强社区医院建设是解决这一问题的根本之道。王开玉表示，"黑诊所"屡禁不止是因为它们有市场。解决这一问题的关键是要加强正规基层医疗机构的覆盖面，社区医院建设一定要跟上，同时应降低市民在正规医疗机构看病的成本，让低收入人群也能看得起病，这样才能铲除"黑诊所"生存的土壤。

原标题《"黑诊所"频玩"躲猫猫"》

2010 年 1 月 28 日　摘编自中安在线、《新安晚报》

记者：李利

"慈善超市"的"冷"与"热"

年关将近，合肥"慈善超市"正式开门送年货。慈善超市年底"大手笔"地派发年货来帮助困难家庭，赢得了市民的一致叫好，但平时，慈善超市却显得较冷清，一些超市甚至闲置。为什么平时没声音，只是到了年底才发一次年货呢？

安徽省社会科学院研究员王开玉表示，要想让慈善超市真正发挥作用，就要建立常态机制。

"过年过节时通过慈善超市向困难家庭进行救济是无可厚非的，但慈善超市不应当只是在过年过节时才'热闹'一下。在我所接触到的慈善超市中，安庆的慈善超市做得可能是最好的。"王开玉介绍说，"在安庆，慈善超市为贫困家庭发放储有一定金额的慈善券，贫困家庭可以凭借慈善券随时在慈善超市内购买自己需要的物品，从而实现慈善超市救济的常态化。"

针对慈善超市物品来源匮乏的现象，王开玉建议说，这就需要和一些慈善协会、爱心组织合作对接，将这些组织募集的钱物定期补充到慈善超市。

原标题《慈善超市，热热闹闹只在年底?》

2010 年 1 月 29 日　摘编自中安在线、《新安晚报》

记者：常国水　李利

"非传统挑战"

日前中央发布的 2010 年一号文件首次提出"积极应对农村非传统挑战"。分析人士指出，这份文件立足于"新的起点"，力求以改革促统筹，重点、系统地应对和化解因"三农"矛盾动态发展所带来的种种"农村非传统挑战"。分析人士表示，始于 2004 年的连续 6 个中央一号文件，主要着重于应对传统"三农"问题带来的各种挑战，致力于偿还对"三农"的历史亏欠。

在传统大宗农产品连年丰收，农民从摆脱沉重的税费负担到获得越来越多的补贴后，中国开始正视农村的生态环境保护、新生代农民工如何融入城市、农村人才流失、农村特色文化传承、分散经营模式使农产品缺乏国际竞争力等新挑战。

经济发达的长江三角洲地区素称"鱼米之乡"，然而，由于快速的工业化、城市化进程，对维持当地生态系统至关重要的稻田正在被大片大片地蚕食。当地的生态系统因此已受到巨大影响。

安徽省社会科学院研究员王开玉一直为另一个忧患——农村人才流失而揪心。常年深入基层农村调研的王开玉说："农村培养出的大学生很少回到本地，相对于人才拥挤、全面飞速发展的城市来说，农村亟须有觉悟、有文化、能办事的干部。"

中国近年来鼓励大学生到农村任"村官"，同时从城市选派大量干部进村挂职，效果明显。不过，王开玉说，还需在制度保障、激励机制上不断完善，避免"外来人才"走过场。

王开玉说："今年的中央一号文件出台了大量推动政府资源、社会资金、市场资本向农村和农民配置的新政策，这和以前传统的解决农民工问题的思路有所不同。"

原标题《中国应对农村转型期诸多"非传统挑战"》
2010 年 2 月 5 日　摘编自凤凰网、网易新闻、搜狐网、
腾讯大成网、中安在线、新华网
记者：蔡敏　林嵬　查文晔

"沈浩精神" 对青年人生的影响

安徽省凤阳县小岗村党委第一书记沈浩同志的先进事迹在江淮大地产生了强烈反响。青年一代深深被沈浩的事迹所感动，他们从沈浩身上找到了追求人生价值理想的激情和动力，并引发了对人生观、价值观的深刻反思。

沈浩同志的先进事迹激发了青年一代扎根基层服务农村的热情。2010 年 1 月，安徽省组织选派第四批 2000 名优秀年轻党员干部到村任职，广大党员干部积极响应，纷纷报名，其中有 60 名青年党员干部自愿报名，要求去小岗村接替沈浩同志的工作。

沈浩的先进事迹经媒体报道后，在网上受到很多青年的高度关注，中组部、团中央大学生"村官"工作网站——"大学生村官之家"以及新华网、人民网等相继推出沈浩事迹专题，大学生"村官"们在网络专题上踊跃跟帖，纷纷留言说要向沈书记学习。

安徽省社会科学院研究员王开玉说："我们正处在一个经济转轨、社会转型的大变革时代。一方面，农村很多有知识有文化的人为了改变自己的生活、享受更好的教育资源，涌进城市，以改变自己的生活；另一方面，大批的挂职干部、大学生'村官'积极走向农村，不断地为农村的发展夯实基础。农村、农

业、农民都呼唤着能有一批有理想、有抱负的践行科学发展观、懂得现代农业经营、有奉献精神，承载着带领农民创造新农村的新型知识分子，沈浩正是这样的一名基层干部。沈浩是小岗村村民摁手印挽留的干部，他得到了群众的充分认可。这样的英模令人信服，让青年一代看到了干群之间的血肉深情，看到了共产党员的光辉，看到了到农村工作的前景，也看到了自己未来的前途。"

他还说："改革开放以来，经济成分的多元化、价值观念的变化，使一些青年人信仰缺失，思想上也出现了危机。沈浩的出现着实让青年一代眼前豁然开朗。从沈浩身上他们深刻地领悟了时代精神，并将沈浩作为自己学习的榜样。沈浩这本生动教材，激发了青年一代追求人生价值理想的热情。"

原标题《"沈浩精神"激励江淮青年追求人生价值理想》
2010 年 2 月 20 日　摘编自新浪网、腾讯网、网易、
中国教育新闻网、人民网、搜狐网、东方网、新华网
记者：王圣志　周立民

两会观察："改善民生"

近年来，中国投入巨资启动了一系列民生工程建设。在 2009 年实施的经济刺激计划中，仅中央投资部分民生工程就占了约 40%，如果加上汶川地震灾后重建，占比更高至近 60%。经济学家们表示，强调"以人为本"的中国正在努力摆脱传统的经济增长模式，而与"保障和改善民生"密切相关的项目建设无疑将促进经济和产业结构的调整、经济发展方式的转变。

中国决策层已认识到，国际金融危机对中国经济的冲击实质上是经济发展方式的冲击。2009 年年底召开的中央经济工作会议强调，通过保障和改善民生促进经济结构优化、增强经济发展拉动力。国家发改委投资研究所研究员张汉亚认为，"保障和改善民生"将成为中国优化投资结构和其他要素投入结构的优先领域，它必将作为中国经济新的增长点而被突出。

安徽省社会科学院研究员王开玉认为，社保制度建设是经济增长方式转变的一个制度保证，甚至可以看作是经济增长的第四驱动力，

完善的社保制度有助于减少居民的预防性储蓄，从而促进消费、扩大内需。

原标题《"改善民生"将催生新的中国经济增长空间》

2010 年 2 月 25 日　摘编自新浪网、腾讯网、网易、中国经济网、新华网

记者：蔡敏　刘晓莉　牛琪

刘阿姨征"义子"

市民刘阿姨征"义子"的报道近日连续见诸报端后，很多读者通过《江淮晨报》与刘阿姨取得了联系，他们中的很多人在电话中与刘阿姨聊得十分投机。刘阿姨让本报代约部分人见面，大家聚在一起谈谈心。

对于这次见面会，安徽省社会科学院研究员王开玉说："见面这件事情已经超出了它本身的意义，不再是一个简单的认亲活动了。对于参与者个人来说，算是人生中的一次情感经历，留下了深刻的印象和温暖的记忆。对于整个社会来说，增加了许多明亮的色彩，有力地引导了人们对于美好社会的向往，希望媒体大力宣传这种精神。"

原标题《爱如潮水涌向单身刘阿姨》

2010 年 2 月 25 日　摘编自合肥在线、《江淮晨报》

记者：周勇

打工的背后

中国庞大的农民工群体中，很多人也因为在大城市里的医疗、租房、教育等开销较大，收支状况并不理想。在劳动力输出大省——安徽，近年来相当部分农民工因为东部沿海地区生活开支太大，而留在本省大城市打工。然而一些家庭因子女教育、看病费用负担较重，收入结余仍然不大。2010 年中央一号文件首次将"新生代农民工"提法纳入中央正式文件，提出积极稳妥推进城镇化、深化户籍制度改革、促进符合条件的农业转移人口在城镇落户、鼓励有条件的城市将有稳定职业并在城市居住一定年限的农民工逐步纳入城镇住房保障体系。

安徽省社会科学院研究员王开玉指出，最近在一些地区蔓延的"用工荒"根本原因是劳资矛盾和工资过低造成的。"不是农民工不愿干，而是他们更看重工资、福利、工作环境等多种因素了。"

王开玉认为，放开农民进城落户限制，逐步实现进城农民有稳定居所、稳定就业岗位、稳定社会保障，才能从根本上保证农民工真正融入城市。

原标题《中国农民工亟待破解收支困局》
2010 年 2 月 26 日　摘编自光明网、人民网、中华网、
搜狐网、中国新闻网、凤凰网、新华网
记者：蔡敏　肖思思　赵颖

"陪聊"

2010 年春节过后，上海市心理咨询行业协会对外发布消息称，该市将诞生注册心理陪护师等三项新职业。其中，注册心理陪护师是凭借自己所拥有的专业心理知识，"登堂入室"陪伴在老人、儿童、患病者以及临危者等人士身边，以心理沟通的方式为他们提供心灵护理。但这项俗称"情感陪护"或"陪聊"的职业一经公布，便引起了街谈巷议，有人担心起"越界"或导致"变相"色情，从而严重影响社会治安与城市文明形象。

安徽省社会科学院研究员王开玉认为，情感陪护不等于"陪聊小姐"。

王开玉说："他们曾经在合肥做过一项调研，发现从事'陪聊''陪护'这个行业的群体还真不小，但这个行业一直没有得到有关部门的认可，甚至被有些人想当然地认为就是色情服务，这不仅直接导致从事这个职业的人员得不到应有的尊重和尊严，而且扼杀了整个职业的发展，也正是因为这个职业不能名正言顺地进行，一些不法分子开始垄断、控制着这个行业，使这个行业陷入恶性循环的怪圈，长此以往，心理陪护将可能沦为不健康的产业。"

其实，随着生活节奏的加快、社会压力的增加，人们确实需要通过这种方式进行心理疗养或者释放心理压力，上海市率先对这种职业进行注册和认可，使这个行业阳光化、规范化运行，有利于这个行业的发展。

"但这项新的职业与变相色情服务，绝对不是一回事，即使没有该职业，色情陪聊照样存在。"王开玉说，"相反，'陪护师'职业的出现及其行

业门槛，恰恰将真正的心灵呵护与'陪聊先生''陪聊小姐'等彻底划清界限。"

原标题《"陪聊"获批，职能部门需强化监管》
2010 年 3 月 5 日　摘编自《安徽法制报》
记者：许忠德

"警车"撞人事件

3月4日，《江淮晨报》报道了绩溪县检察院一辆警车在黄山市歙县境内交通肇事，造成2死1伤的事件。绩溪县检察院办公室副主任（主持工作）被免去职务，该院检察长做出书面检查，歙县警方已对交通事故肇事车驾驶员叶鲍飞实施逮捕。同时，该县出台进一步加强全县公务车使用管理办法，严防此类事件再次发生。县检察院要积极履行赔偿责任，尽最大可能医治伤者，宽慰死者家属。

对该起事件，安徽省社会科学院研究员王开玉认为，警车本是用来履行警务的，和其他公车相比，其重要性更强。但那些赋予警车的特权一旦被私用、滥用，不仅严重损害了警务人员的形象，更是对人民生命和财产安全的潜在危害。他说："近日出台的警车管理规定，是要加强对警车违规使用的整治。而类似的事件出现，我想这不仅仅是简单的交通肇事，说明相关单位的监管乏力。"王开玉表示，无论是警车私用，还是在非执行紧急公务时超速行驶、不遵守交通信号和标志，警车的违规使用都会受到社会舆论的指责。因此，治理这些问题，根本不在于管车，而是管人、管权。如不加大监管和惩治力度，必然会导致政府部门公信力持续受损。

原标题《绩溪问责"警车"撞人事件》
2010 年 3 月 6 日　摘编自合肥在线、腾讯网、新华网安徽频道、《江淮晨报》
记者：向贤峰

城市化的最高境界是城乡一体化

3月8日，由安徽省社会科学院研究员王开玉主持的"中国百村经济社会调查"安徽分课题，安徽省休宁县盐铺村调查日前全面完成，其调查成果《魅力盐铺》一书近日由社会科学文献出版社正式结集出版。

盐铺村代表了江南乡村的富庶发展之路，其秀丽的田园风光、旅游经济以及有机菊花等现代农业，为当地乡村经济发展和农民增收支撑和动力。课题组在《魅力盐铺》一书对盐铺村的历史文化、山村经济和发展之路做了详尽介绍。在此基础上，课题组还对盐铺村的基层组织建设进行了深入调研，并对基层干部进行访谈。

书中认为，盐铺村的现代农业发展之路和城乡一体化建设为当前农村发展提供了经验。如在种植发展过程中，在资金和技术缺乏的条件下，盐铺村走出了一条"项目—品牌—市场"的道路。通过积极发展菊花产业，申请项目带来了资金、技术，也造就了自己的人才队伍，然后打造自己的品牌，用品牌开拓市场，成功地走出了一条治穷致富之路。

基于盐铺村的调查和访问，书中也结合调查点的经验提出了一些独立的学术观点，如建设"同一片蓝天下"的中国文化；"让梦想的阳光照进现实"——大学生村官调查；针对农村很多有知识有文化的人为了改变自己的生活、享受更好的教育资源，涌进城市、改变自己生活的情况，提出要"创造条件让大批挂职干部、大学生村官积极走向农村，不断地为农村的发展夯实基础"等。

尤其是《建设同一片蓝天下的中国文化》成了本书最大亮点。王开玉认为，城市化的最高境界是城乡一体化，城乡一体化并不排斥城市文化对农村文化的影响和改造，也同样尊重农村文化的价值和存在合理性，不应企图完全用城市化覆盖和取代农村文化，而应在城乡一体化的进程中，承认城乡原有的关系特点，尊重、鼓励、探索和寻求新的发展路径。

原标题《中国百村调查〈魅力盐铺〉一书正式出版》

2010 年 3 月 8 日　摘编自新华网安徽频道

记者：杨玉华

性别歧视与维权意识

一家浙江企业在"安吉赴皖招聘会"现场，打出了"女性已婚且有小孩"的字样，理由是公司就不用负担女员工产假。合肥女性市民王筱洁对记者说道:"公厕在男女收费上存在性别歧视,每次我去汽车站的公厕,无论要不要卫生纸,一律 0.5 元。""三八国际妇女节"已经有了 100 年的历史,"男女平等"似乎人们已经普遍认可。可是,记者走访超市、商场、公厕发现,"隐性的性别歧视"现象依然存在。

对此,安徽省社会科学院研究员王开玉表示,一些低端行业或者是大学生就业方面,还存在着性别歧视。王开玉建议,政府应加强监管和政策落实,鼓励在企业成立妇联组织或女性工会,引导女职工保护自己的合法权益。对于个别企业的歧视现象,相关部门应出面管理,营造社会和谐的气氛。同时,作为女性要增强维权意识,自立自强,这才是摆脱歧视的根本途径。

原标题《"隐性性别歧视"依然存在》

2010 年 3 月 9 日 摘编自中安在线、《安徽市场报》

记者:王玮伟 顾佳 郁宗菊

污染社会的广告

为了销售房子,开发商公然打出这样的广告语:"如果你不能给她一个名分,那就送她一套房子",此语一出,舆论哗然。这条最近被网友戏称为"二奶楼的广告语",在合肥本地论坛和开心网上引发网友热议,该楼盘的广告截图也流传甚广。

为了炒作销售,开发商竟打出这样的广告语。对此,安徽省社会科学院研究员王开玉指出,这种广告语的提出,从一个侧面也反映出了当下的一些社会问题。"房价问题是公民生活中的一个热点和难点,房子成为许多'80 后'婚姻的强敌,爱情与婚姻的神圣性正在遭受严重考验。"

但是该广告语如此嚣张地宣传负面社会现象,是很不合理的,有关部门应该尽早介入管理。王开玉研究员进一步解释,这种广告语是对健康社会的一种污染,是对人们正当需求的一种扭曲。

原标题《不能给她名分,就送她一套房?》

2010 年 3 月 10 日 摘编自《江淮晨报》

记者:汪婷婷 周勇

老爸爱吵架，网上寻干爸？

日前，小彭在网上贴出一则认干爸的启事。小彭今年 24 岁，和母亲、姐姐一起生活。在他上小学的时候，父亲就出外打工了，短则一年回家一趟，长则三四年才回家一趟，通常是在家过年，可是一回来就和母亲吵架。小彭说，他们俩也是由父母包办的婚姻，感情并不好。从小彭上高一开始，他的父亲离开了家后再也没回来。至今，一家人互不见面的情况已经持续了 7 年。小彭说，他真诚地想找一个干爸爸。没有什么别的奢望，就是父子俩经常保持联系，在一起聊聊心事，让他感受一下父爱的感觉。

近来网络寻亲的帖子多起来——找义子、找干妈、找干爸、找干姐姐，甚至还有人要找干姨，"需求"各有不同。这些帖子也真假难辨。比如，近日合肥一论坛上，有位男子要找干姐或干阿姨，自称诚实、温柔，绝对不会打扰别人的生活，在最后留下了一个电话号码，记者按照此号码拨过去，提示此号码不存在，可见寻亲的人未必个个是真心，大家要提高警惕。

为什么明知有风险，仍有很多人通过网络寻亲？安徽省社会科学院研究员王开玉分析，人很容易产生孤独感，渴望情感的温暖。大部分人可以从家庭中获得，而很多得不到家庭温暖的人只好转而利用网络寻亲，企盼得到情感慰藉。这是一种正常的获取感情的现象，但是网络寻亲暗藏各种陷阱，成功率并非很高，选择这种方式的人，尤其是年轻人不能一味依赖沉迷于此。从根本上说，还是要走进并融入社会，学着为自己树立一个目标，这样才有生活的动力。积极参加社会活动，比如公益活动，在帮助别人的同时也能获得别人热情的回馈。更重要的是学会关心身边的人，一份付出一份收获。

原标题《老爸爱吵架，网上寻干爸？》

2010 年 3 月 15 日　摘编自合肥在线、《江淮晨报》

记者：徐栩

街道网站应向服务型转变

市民姜女士和丈夫在几年前就下岗失业了，由于女儿即将读大学，每年不菲的学费让这一家人犯了难。2010 年 1 月初，她的女儿登录了居住地所在街道网站，在"网上办事"栏目里咨询"城市居民最低生活保障金申请和领取"的问题，并做了详细留言。随后，细心的女儿每天都会上网观看留言是否有人回复，但结果却令人失望。两个月后，姜女士的女儿无奈拨通了该街道的电话，对方了解情况后，只淡淡地表示：该问题"正在处理"，下次遇到这类问题直接给街道打电话就成了，在网上留言反而麻烦。"反映情况却没人答复，那街道的互动平台有什么意义？"姜女士一家很是不解。

记者先后登录了省城多个街道网站调查发现，它们多数存在在线办事效率低、长期不更新、链接指向错误等问题。在随机采访的30名中青年内，超过八成的居民表示，街道网站的有用信息不多，内容形式不够活泼，互动平台人气冷淡等。

街道网站如何才能提高市民的关注度？安徽省社会科学院研究员王开玉认为，街道网站应努力由政府型网站向服务型网站转变。街道要利用网络这一平台，结合自身特色，创办给老百姓充分话语权的服务型网站。

王开玉介绍，他曾去南京的南开社区考察，发现那边的街道和社区网站与各户家庭联系起来，每户家庭的衣食住行都在街道和社区的服务范围内，网站的互动留言区讨论得很热烈，居民的话语权得到尊重。此外，街道和社区的网站还根据居民时下关注的热点，做出相应的分析和解答，切实服务于民。

因此，王开玉研究员认为，现在政府提出要建设服务型政府，街道作为基层的服务机关，要充分利用网络这一平台，真正地服务于民，建立服务型的街道网站。

原标题《街道网站"不在线不办事"》

2010 年 3 月 16 日　摘编自合肥在线

记者：吴洋

变味的"3·15"

2010 年"3·15"的主题是"消费与服务"，而记者昨日在合肥采访时发现，"消费"的声势远远盖过了"服务"。除了少数地方有相关部门利用

"3·15"举行便民咨询活动外,多数商家则是在利用这一"节日",大张旗鼓地搞促销。

消费者权益日变成商家"狂欢节",安徽省社会科学院研究员王开玉对此表示,"很多消费者往往以为'3·15'这天,商家不会销售假冒商品,这种心理就容易被利用,不少商家就趁这个机会大肆搞促销"。

王开玉告诉记者,"消费者和商家要借'3·15'这个契机,建立良好的消费关系,形成新型的消费文化,这才是'3·15'以后的发展方向"。

原标题《消费者权益日成了商家促销节》
2010 年 3 月 16 日　摘编自中安在线、《新安晚报》
记者:李泽文　康鹏飞

大学生志愿者"爱心敲门"

安徽中医学院的大学生志愿者"华佗爱心社",将帮扶的视觉延展出了校内,主动对社会贫困家庭扶危济困,他们的阵阵"爱心敲门声",为原本那些暗淡的家庭打开了一扇扇走向黎明的通道。一个月来,这些参与本报"爱心敲门"活动的,来自安徽中医学院的"爱心天使们"交出了一份令人满意的成绩单:出行 50 余次,帮扶省城困难家庭 12 户,结成长期对子……雷锋月,阵阵爱心敲门声幸福了这些家。

安徽省社会科学院研究员王开玉表示,"爱心敲门"志愿者们用所学的专业知识来帮助最需要帮助的弱势群体,是全省志愿活动一个重大的新起点,倡导了一个志愿者的服务方向。他认为,志愿者的专业化十分重要。在上海浦东,每一个楼栋居民都知道包括法律、医疗等专业志愿者的信息,一旦有突发状况即可第一时间向志愿者求助。这一点值得安徽省志愿活动进行借鉴。"活动前要有前期的规划,服务过程要做到按需所求,最后做到活动的持久化,长期坚持一定会取得最优效果。"

原标题《今后有啥事记得还打电话》
2010 年 3 月 30 日　摘编自合肥在线
记者:朱祖国　左芳　吴洋　孟庆超

"土地爷"的"黑交易"

3月11日下午4时，蚌埠市中级人民法院对由市检察院侦查起诉的马鞍山市国土资源局原局长王海风受贿案一审进行公开宣判，王海风一审被判处死刑，缓期两年执行，剥夺政治权利终身，并处没收个人全部财产。在王海风案件长达56页的判决书中，一个地方"土地爷"与房地产商之间的钱权交易黑幕浮出水面。《半月谈》杂志记者在透视王海风案中发现，当前房地产开发的诸多环节大量充斥着权钱交易，包括获取房地产项目、征地拆迁、项目变更、工程建设等诸多流程。

安徽省社会科学院研究员王开玉表示，尽管房地产行业在国民经济中的重要地位有目共睹，但是从法治精神来说，制定了的法律就应该严格执行，经济贡献并不能成为逃脱法律制裁的借口。尤其从长远来看，打击房地产行业不正当交易、加大对房地产行业的规范和管理整顿，对于行业良性发展以及社会稳定都有着重要意义。

原标题《个别地方"土地爷"与房地产商之间的钱权交易黑幕》
2010年4月1日　摘编自《半月谈》、新华网、网易新闻

"孔雀"不再"东南飞"

在改革开放之初，中国内地的人们纷纷涌向沿海城市，寻求更好的发展机会，被形象地称为"孔雀东南飞"。"孔雀"如今不再只是"东南飞"。继农民工大量返乡创业后，蔓延着浓浓乡愁的都市白领群中也开始涌动一股"返乡潮"。"宁为鸡头，不做凤尾"。29岁的韩峰过去一直对这句话颇为不屑，向往着繁华大上海的他大学一毕业就只身闯荡上海滩。虽然月收入达到5000元，但高消费水平和高房价使他的生活仅仅维持舒适。3年后，始终在上海找不到归属感的韩峰放弃了所谓的"面子"，回到家乡的省会城市合肥发展，在一家知名通信设备企业做技术工作。凭借在上海3年的工作积累，韩峰已经成为公司里的业务骨干，虽然月收入不到4000元，但是他已经在合肥开始供属于自己的房子。

30多年过去了，随着中国区域经济大步迈向融合、内陆城市商机凸显，加上东南沿海大城市飙升的房价、工作压力大强度高，在北京、上海、广东以及更多的东南沿海城市，像韩峰这样放弃曾经打拼过的城市，转而回

到家乡，重新定居二三线城市的白领们，数量正在增加。

安徽省社会科学院研究员王开玉认为，与改革开放初期、东南沿海地区经济"独秀"的状况不同，当前，中国东中西部经济加速融合，国际国内产业分工加速调整，这给诸多潜力巨大的二三线城市带来机遇。这是一批白领愿意返乡的一个重要原因。

王开玉说："白领返乡还反映出中国年轻人就业观念的改变。在上海月薪拿 8000 元可能与二三线城市月收入 3000 元过着同等质量的日子。越来越多的大学毕业生丢弃了'打破头也要进大城市'的就业观念，寻找适合自己发展的地方成为重要因素。"

原标题《宁为鸡头不做凤尾　中国大都市涌动白领"返乡潮"》

2010 年 4 月 1 日　摘编自新华网、搜狐网、中证网、凤凰网

记者：蔡敏　朱青

大学生和农民工一起抢"饭碗"

3 月 31 日，在合肥市包河工业园的一场招聘会上，一些原本针对农民工的岗位，吸引了不少应届高校毕业生的目光。而原本属于大学生的文秘等岗位，一些受过高技能培训的农民工也跃跃欲试。大学生和农民工一起"抢"工作的现象，逐渐呈现在人们的眼前。这到底意味着什么，是一种坏的消息，还是一个好的兆头？

越来越大的就业压力迫使走出校门的大学生降低身段去找工作，这反映出了目前高等教育存在一些问题。安徽省社会科学院研究员王开玉表示，当前的高等教育体制改革势在必行，很多高校专业结构设置不合理，比如在前几年，计算机、英语、工商管理等所谓的热门专业招的学生过多，不仅本科学校招，专科学校也在招，结果造成了这些专业毕业生的供给增速远远超过经济增长的速度，就业难就不难理解了。所以，当务之急是要调整学校的专业结构，以适应社会经济发展的需求。

原标题《大学生和农民工争岗位　这个现象你咋看》

2010 年 4 月 5 日　摘编自中安在线、《新安晚报》

记者：李泽文

央企遭政府"老赖"

若一个人欠钱不还，常被人称作"老赖"，但如果是政府欠钱不还，企业又该如何维权呢？目前，在皖央企中铁四局四公司就碰到了这一棘手之事。2003 年，中铁四局四公司中标承建了景德镇市朝阳路改造工程及附属工程，2004 年工程竣工验收合格后，600 多万元工程款至今还未讨回。

安徽省社会科学院研究员王开玉认为，政府直接办企业不仅违反党中央和国务院的相关规定，对市场经济的发展也祸害无穷。因为政府袒护企业的不法或不良行为，容易导致企业违法经营。而政府官员办企业，把国家资源变为企业资源，更容易滋生腐败。因此，政府办企业无论是对企业发展、市场经济的运动规律，还是对干部作风建设，都有很大害处。"裁判员和运动员同场竞技，这还有公平可言吗？"

原标题《在皖央企遭遇政府"老赖" 600 万债 6 年要不完》

2010 年 4 月 6 日 摘编自《安徽商报》

记者：纪在学

小区培训场所扰民

双荣大厦一共七层，一至六楼大多被一些公司租赁，而七层就是让大伙抱怨不已的美发培训中心。在大厦六楼某财务公司工作的何小姐一提起楼上的美发培训中心就连连摇头。"他们的学员每天上午九点多，就开始齐声呐喊。大批的人跑来跑去，震得楼顶上直往下掉白色粉末。"美发培训中心学员的喊口号曾一度让何小姐以为是传销组织。记者走访了多家单位的工作人员，提起七楼的美发培训中心，大伙儿都有意见。他们也曾跟该大厦的物业公司反映过，但效果一直都不明显。

对于这样的扰民事件，安徽省社会科学院研究员王开玉认为，根据《物业法》中的相邻权的相关规定，美发培训中心开展喊口号和行为训练等活动，要注意方式方法，不要影响周边其他人的正常工作、生活秩序。王开玉研究员认为，培训企业可以根据内容在不同场合进行不同的培训。同时，培训企业要有场所道德，可以将一些训练放在室外进行，将对周边人群的影响降到最低。

原标题《楼上一声喊，楼下心都寒》
2010 年 4 月 8 日　摘编自合肥在线
记者：吴洋　郑蕊

"沉睡"三年的卫生局网页

4 月 8 日，网友陶先生爆料，他打开宣城市卫生局的官方网页后，发现机构"简介一栏"跳出的内容把他"雷"得不轻：局长叫"张三"，党组书记、副局长叫"李四"，党组成员、副局长叫"王麻子"。"不会真有这样的名字吧，"面对这样的查询结果，陶先生哭笑不得，"是不是网页被黑客攻击了？"记者登录宣城市卫生局官方网页后，发现网页信息更新时间为"2007－04－03，13：54：08"。也就是说，宣城市卫生局网页上在 2007 年 4 月 3 日之后就没有更新过。

"不少政府机关部门的网站之所以'沉睡'，其中固然不排除有技术等客观方面的原因，但更多的是主观方面的原因，其实归根到底还是人的原因。"安徽省社会科学院研究员王开玉表示，政府机关网站"沉睡"实质上也反映了一些部门尚欠缺现代责任政府必备的服务意识，折射其懒政作风，"现在正是医改的重要当口，而一些市级卫生部门对电子政务的重要性及其意义认识不足，没有专人负责网站的更新、维护等，以致一张老脸，三年不洗，极大地影响了市民的知情权。"

原标题《"张三李四王麻子"当局领导？》
2010 年 4 月 9 日　摘编自合肥在线、腾讯新闻、万家热线
记者：方佳伟

国土所所长肇事逃逸

3 月 24 日下午 5 点左右，凤台县城北国土所执法车在该县朱马店镇联

民村，将一女童撞伤后逃逸，当时该所所长苏玉也在车上。肇事者在撞人后不但没有停车抢救伤员，反而加速逃逸，后被当地村民驾驶面包车追停。目前该事故责任已认定，肇事逃逸驾驶人就是苏玉本人，且苏玉无机动车驾驶证。警方给予苏玉治安拘留 16 日的处罚，凤台县国土局已免去苏玉城北国土所所长职务。

"近年来发生多起公职人员开车撞人事件，性质恶劣，影响很坏，给整个公务员队伍也带来很大的负面影响。对国土所所长开执法车撞人事件，有关部门要严肃处理，同时，更重要的是从这些事件中吸取教训，建立针对政府公职人员日常行为的长效监督机制，避免此类事件再次发生。"4月13日，安徽省社会科学院研究员王开玉在接受记者采访时，表达了上述看法。他认为，最近一年多来，连续发生多起影响很大的政府公职人员开车撞人事件，表面上看是偶然，其实背后暴露出政府公职人员日常行为管理方面存在着漏洞。

原标题《所长本人驾车撞人逃逸》

2010 年 4 月 14 日　摘编自合肥在线、《江淮晨报》

记者：向贤峰

小丑快递

"对不起，我是小丑。"一家公司里四个小丑装扮的年轻人正在两人一组练习对话，考虑将这个《无间道》版的道歉方式提供给下一个需要道歉服务的客户。代替道歉？没错！但是这并不是一家"道歉公司"，而是一家快递公司。不同的是，他们有着小丑的装扮，快递的也不仅仅是物件，还包括了情感。"80 后"冀亚杰是这家小丑快递的掌门人，在经历了初次创业失败后，他决定加盟小丑快递并成立北京分公司。冀亚杰认定，小丑快递绝对是开辟了快递市场的"蓝海"。据了解，目前全国 17 个城市已经有了小丑快递的加盟公司，这些小丑们可爱、夸张的形象也正在成为都市中一道亮丽的风景线。

不过，是不是人们都认可小丑送花、送礼品、道歉呢？安徽省社会科学院研究员王开玉认为，伴随着人们多元化的社会需求，加之巨大的工作压力，对于自身的一些事情总是想找个人替自己做。找人道歉也确实解决了不少人的困难。

原标题《小丑快递："哥"递的是情感》

2010 年 4 月 19 日　摘编自《数字商业时代》

记者：齐鹏

城市公共自行车项目

从 2010 年 5 月 1 日起，合肥省城 8 万多辆燃油助力车将被禁止上路。记者获悉，城市公共自行车项目有望在合肥推进。而据了解，早在 2009 年 10 月，有关部门公布的 16 个公共自行车免费服务系统试点城市名单中，合肥就位列其中。

记者了解到，到 3 月 25 日，合肥机动车保有量已达到 40 万辆，私家车数量上升迅速。私家车数量上涨，增加了城市交通压力。为了不堵在路上，不少人放弃驾车、乘车，而以电动车代步。

业内人士表示，大量公共自行车的进驻，不仅方便市民出行，也将成为合肥人寻找解堵捷径的另一个契机。"公共自行车项目是一个新兴事物，不仅能够方便出行，缓解交通压力，还能起到节能降耗、强身健体的作用，是一种绿色的出行方式，对个人和社会都有利。"安徽省社会科学院研究员王开玉表示。

免费自行车项目主要通过车体和车棚广告费等支持运营成本，在之前的提案上，安徽省政协委员戴小华建议，政府也应该给予一定的财政补贴。

王开玉则认为，政府支持是一个方面，而制定一系列行之有效的管理体制，确保这一项目能持久健康发展也很关键。

原标题《助力车要"走"了，自行车快"来"了》

2010 年 4 月 21 日　摘编自《安徽市场报》

记者：顾佳　郁宗菊

马钢"首席技师年薪制"

51 岁的炼钢工人王爱民如今被身边的人尊称为"王首席"，工资也由过去的月薪 3000 多元大幅增加到现在的年薪 19 万元，这是王爱民所在城市普通劳动者收入的四五倍。王爱民是安徽马鞍山钢铁股份有限公司的一名普通一线炼钢工人，这位在马钢工作 30 年的老工人怎么也没想到，公司从 2009 年开始实行的"首席技师年薪制"，能如此改变和提升一线工人的职业荣誉和劳动尊严。马钢给工人高管待遇的做法是中国逐渐重视工人群体的一个缩影。近年来，劳动收入在国民收入初次分配中所占比重不断下降，工人与其他职业之间的收入差距越来越大，已经成为中国社会关注的焦点问题之一。

安徽省社会科学院研究员王开玉表示，一直以来，国家在政治上给予工人很高的地位，但近年来，工人的待遇与这么高的政治地位并不匹配。此番，中国高层郑重表态让劳动者"体面劳动"，无疑是个重要信号，意味着这一问题已经引起有关方面的重视。

王开玉认为，马钢建立的"首席技师年薪制"这一激励制度是让工人体面劳动的生动体现。以此为开端，中国有望在提高劳动者报酬，保障劳动者权益上有新的突破和举措。

原标题《中国逐步探索激励制度保障劳动者体面劳动》
2010 年 5 月 1 日　摘编自新华网、腾讯大成网、网易新闻、搜狐网
记者：杨玉华　姜刚

"感恩之旅"

上海世博会安徽籍建设者的人数位居全国第二，但是他们留在家乡的子女却很难走进园区，一睹父辈辛勤劳动的结晶。为了向皖籍建设者表示敬意和支持，合肥《新安晚报》与上海《新闻晚报》、中国移动安徽公司联手发起"皖籍建设者看世博"感恩特别行动，寻访参与世博建设的皖籍建设者。通过公开报名，最终有 12 个皖籍建设者的子女及其家人参加了"感恩之旅"活动。这一活动得到了社会各界的关注和认同。上海世博局新闻主管胡志刚、安徽省世博办主任高红妹均对本次活动给予了高度评价。新浪网、搜狐网、人民网、新华网等数十家国内媒体对本次活动进行了报道。

安徽省社会科学院研究员王开玉这样评价，参加此次"感恩之旅"的孩子，有不少都是生活在农村的农民工子女，其中有些孩子还是第一次走

出山区，来到合肥和上海。孩子们通过这次活动，见识了城市的风采、感受到城市的魅力。在今后的生活中，他们必定会对城市有美好的向往，对于未来的理想，也必然和城市紧密联系。

原标题《懂得感恩　感受世博精彩》
2010 年 5 月 11 日　摘编自《新安晚报》
记者：刘玲君　周晔　殷平　何薇

池州公款钓鱼事件

日前，池州市纪委和贵池区纪委在查处秋浦街道办事处南湖社区有关问题中，发现池州市 20 多个国家机关的一些工作人员先后去池州南湖社区钓鱼，所有的钓鱼费用全部由南湖村买单。2005 年 3 月至 2007 年 12 月，池州市、贵池区和秋浦街道办事处部分单位干部职工本人或介绍他人共 42 批 100 多人次，经南湖村村干部安排到私人承包鱼塘钓鱼，并由该村支付给养鱼户钓鱼款共计 14156 元。主要涉及池州市建委、市财政局、市房管局、贵池区卫生局、区财政局，以及区秋浦街道办事处、市人民医院、城西小学等 20 个单位的工作人员。

公款钓鱼，事情看似不大，但有损党风政风，影响极坏，在市委主要领导的批示下，池州市纪委在当地主要媒体对公款钓鱼所涉及的单位进行了公开点名批评，南湖社区原党政领导班子中有六人被给予党纪处分，并分别被撤职、免职和责令辞职，而涉及公款钓鱼的 20 多个机关单位的干部职工也受到了相应的处理。

安徽省社会科学院研究员王开玉认为："钓鱼事件看起来很小，但是造成的后果很不好，你上面能钓鱼，下面看到，上面可以这样搞，上行下效，上梁不正下梁歪，这样就会传播一种不好的作风习气。利用媒体把群众意见比较大的，需要改正的问题，利用媒体帮助一块纠正不正之风，建设好的作风，加强优秀队伍建设，作为一个学者来讲我很关注，我很赞赏。"

原标题《防微杜渐　警钟长鸣　池州"公款钓鱼"事件调查》
2010 年 5 月 15 日　摘编自安徽广播网
记者：李娜　庄媛　刘莎

利辛县江集镇强征办公用地

安徽省亳州市利辛县江集镇政府为建设集镇新区规划征收耕地 2700 亩，动工时被村民强行阻止，但随后施工人员偷偷在夜间把村民的麦地犁毁，引发村民的强烈不满和质疑。镇政府干部回应，新区规划是出于推进集镇化建设的需要，一些新成立的土地所、财政所等单位紧缺办公场所，规划是分批分期实施，并非一次性征用到位。《半月谈》杂志记者调查了解到，江集镇征收耕地是在尚未取得相关批文的情况下强行施工的。安徽省亳州市主要领导对此事高度重视，已责成利辛县组成联合调查组对农民反映的问题迅速查处。

对此事件，长期关注土地问题的安徽省社会科学院研究员王开玉说，在中央政府严把耕地红线的硬性规定下，类似把数千亩耕地改变土地使用性质的规划方案，肯定无法通过审批。因此，有些地方政府便巧立名目侵占可耕地，比如所谓的"分批开发"，这其实是"上有政策、下有对策"的表现，可以为地方政府提供貌似合理的借口，而至于如何分期、分批，则完全在地方官员的掌控下，公众和舆论很难进行有效监督。地方政府不仅可以借此规避惩罚，还能带来政绩，违法收益与几乎可以忽略不计的违法成本两相权宜之下，地方政府自然会千方百计为自己辩护。

原标题《麦地夜间"鬼剃头"，强征耕地百姓怨》
2010 年 5 月 30 日　摘编自半月谈网、人民网、财经频道、新华网
记者：程士华

跟踪调查"留守儿童"

2006 年 5 月 30 日，《新安晚报》推出大型策划——留守儿童调查，采访了分布在全省各地的部分留守儿童。他们的故事和生活，集中反映了留守儿童普遍存在的问题——封闭、孤独、沉默，缺少父母的关爱和家庭的温暖。4 年过去了，如今，他们过得好吗？记者调查后得知，为了关怀和教育好孩子，半数家庭把孩子带进城，半数母亲回到了家乡。

长期从事留守儿童问题研究的安徽省社会科学院研究员王开玉说："很

多留守儿童跟父母进入城市变成了流动儿童，成为近年来留守儿童问题的一个显著变化。随着全社会对于留守儿童问题的持续关注，以及城市对农民工待遇的提升，很多大城市出台政策让农民工子女享受到了与城市孩子同等的入学待遇，越来越多的农民工将孩子带进了城里，把原先处于留守状态的孩子带在身边，让他们既感受到亲情，又能接受城市学校教育。"

越来越多的农民举家进入城市，对于农村来说或许并非好事，但这对解决留守儿童问题提供了一种新思路。不过，这需要城市教育资源不断扩大，从而更多地满足留守孩子进城接受教育的梦想。

王开玉说："越来越多的不幸事故发生在留守孩子身上，父母对于孩子的教育问题越来越重视，这让很多原先在外打工的夫妻开始意识到自己对于孩子的重要性，认识到养孩子比挣钱更重要，于是选择由其中一人留在家中照看孩子。这是目前农村留守儿童问题发生的一个重要变化。虽然一些孩子仍缺失父爱，但母爱得到了弥补，尤其是母亲回家后父亲与家中的联系也越来越频繁，孩子看到了希望。"

原标题《四年了，留守儿童还好吗？》

2010 年 5 月 31 日　摘编自《新安晚报》

记者：李欢　何薇

从"暂住"到"居住"

国务院日前转发了国家发改委《关于 2010 年深化经济体制改革重点工作的意见》（以下简称《意见》），该《意见》在"推进城乡改革"部分提到，深化户籍制度改革将加快落实放宽中小城市、小城镇特别是县城和中心镇落户条件的政策。进一步完善暂住人口登记制度，逐步在全国范围内实行居住证制度。事实上，作为户籍制度改革的内容之一，很多地方的暂住证已经退出历史舞台，代之以居住证制度。从"暂住"到"居住"虽只一字之差，但是承载了流动人口的家园梦想。国务院在重提户籍制度改革的同时，首次在文件中提出逐步在全国范围内实行居住证制度，这既是对部分地方实行居住证制度的肯定与推广，也是对公民权利的尊重。值得期待。

当然，指望一纸居住证解决所有问题过于理想化。要从根本上解决流动人口的权利问题，离不开政府为他们撑起权益保护伞。我们也期待打破身份界限，消除户口附加值。正如长期调研外来人口问题的安徽省社会科学院研究员王开玉所言，"城市化不仅指农村人口从形式上转化为城市人口，更深刻的内涵是指生存条件、生活条件和生活质量的城市化。城市从心态上接纳他们"。

原标题《全面实行居住证制度值得期待》

2010 年 6 月 2 日　摘编自腾讯大成网、新华网、

网易新闻、新浪网、《西安晚报》

记者：叶祝颐

"钟摆"一族

28 岁的周杰在 2010 年 3 月辞去了在北京的工作，回到了家乡安徽六安，和相恋多年的女友在家乡结婚后，他来到合肥一家外贸公司，开始了自己的"钟摆族"生活。中国的"钟摆族"最早出现在北京、上海、广州等一线城市，在那里工作的一些人因无法实现在大城市买房的愿望，不得不像钟摆一样在一线城市工作，在其附近的小城市居住。

然而，随着中国二三线城市交通建设布局的加强、发展机会增多，越来越多的中国白领回到离家乡更近的中型城市谋求职位。在中国中部许多省份，像周杰这样的"钟摆族"不在少数。中国内陆省份铁路建设的快速发展成为中国二三线城市"钟摆族"快速增长的有力推手。

安徽省社会科学院研究员王开玉告诉记者，内陆省份"钟摆族"的出现，突破了原先城市之间界限，他们工作生活双城化、社交网络拓宽，就业、置业、生活方式等观念有了一些新的变化，原先的单一城市生活工作模式被打破。"这部分人群的存在也表明中国内陆城市间的联系开始增多，未来各城市之间的连通性会更强，这也会产生积极的经济影响。"王开玉说。

原标题《工作在此处　生活在别处》

2010 年 6 月 4 日　摘编自腾讯大成网、中华网、搜狐网、新华网

记者：詹婷婷

今夏不好过，时有"热死人"

安徽省合肥市第二人民医院病房内，一度因高温中暑生命垂危的外来务工人员樊玉蛾仍然躺在病床上。8 月 3 日中午她干完活后，在出去喊丈夫吃饭时倒地昏迷，送到医院时已是重度中暑，生命垂危。截至目前，中国中部安徽省合肥市已经出现 3 例户外工作者中暑死亡病例。与此同时，全国各地自 7 月以来不断发生的因高温导致的职业中暑死亡至少达 40 例，这些户外劳动者的惨痛案例不仅呼唤着高温保护立法，也考验着一些地方政府以人为本的执政能力。

一些社会学家及网友直指，在不少地方，"高温关怀""高温保护"依然停留在简单地发通知层面，或者送冷饮、发药品，有的高温保护通知因为企业追逐利益最大化而成为"空头文件"。也有舆论指出"热死人"悲剧和其他突发事故一样，考验着各级地方政府"以人为本"的执政理念，考验着政府及公共管理部门的危机应对能力。

安徽省社会科学院研究员王开玉指出，煤矿安全事故出了人命会受到高度关注。在极端天气可能常态化的新时期，高温保护同样也是生命关怀，同样体现以人为本，它应该和其他安全事故处理一样，建立起完善的制度措施和处罚规定。同时，有关部门还应加大监管力度，加大对劳动者维权意识和企业社会责任意识的培养。

原标题《"热死人"事件频发呼唤高温保护立法》

2010 年 8 月 10 日　摘编自新华网、凤凰网、网易新闻、搜狐网

记者：蔡敏　朱青

"硅谷和 128 公路"的启示

20 世纪 80 年代，硅谷和 128 公路地区均经历了一次大危机，然而两者却有着截然不同的结局。一家商业杂志一篇文章的描述，让我们得以用最简短的时间了解硅谷创新发展的路径："半导体并不是硅谷真正的本质，硅谷的灵魂是创新。"为什么硅谷成功地适应了变化中的国际竞争格局，而128 公路地区丧失了自己的竞争优势？

　　不久前，安徽省科技厅、省发改委、省经信委、省财政厅、省国资委联合制定了《关于推进皖江城市带承接产业转移示范区自主创新的若干政策措施》，从"加快产业技术升级""支持产业和技术同步转移""打造创新创业服务平台""加大自主创新政策激励""加强财政投入和金融支持"5个方面，出台21项优惠政策，支持皖江城市带自主创新。

　　"认识有多高，就能做多高的事情。"安徽省社会科学院研究员王开玉告诉记者，这几天他与安徽省政协的几位委员谈论起本报近日推出的系列报道《地区优势：硅谷和128公路的兴衰》，大家均认为，一个地区要真正发展起来，必须在借鉴各个方面经验的基础上，创新出一条适合自己的道路。

　　他说："在寻找我们的地区优势的路上，我认为我们的眼光不能仅仅停留在经济领域上，而要用创新的眼光，结合经济和社会两者看，不仅要看经济指标GDP，还要看社会指标GDP。两只眼睛一起看，才能看得更准。"

原标题《认识有多高就能走多远》

2010年8月12日　摘编自《江淮晨报》

记者：韦屈

CPI直逼"警戒线"

　　8月12日上午，国家统计局安徽调查总队公布了安徽省7月份CPI数据，同比上涨2.9%，涨幅为2010年以来最高，离3%的"警戒线"仅一步之遥。"蒜你狠""豆你玩""姜你军"……2010年以来，农产品及菜价上涨多次上演。不仅农产品如此，数据显示，7月份，安徽省非食品价格上涨1.5%，消费品价格上涨2.9%，服务项目价格上涨2.6%。同比看，八大类商品五涨三跌。其中食品类上涨5.5%，烟酒及用品上涨2.0%，医疗保健和个人用品上涨3.2%，娱乐教育文化用品价格上涨0.8%，居住类上涨6.3%；衣着类、家庭设备用品及维修服务、交通和通信类价格继续下跌。

　　"在食品价格方面，比如蔬菜价格的大幅上涨主要是气候和雨水的原因。"安徽省社会科学院研究员王开玉表示，自7月中下旬以来，受全国大部分地区持续高温、多雨天气影响，蔬菜价格出现普遍回升。

　　王开玉表示，八大类商品的五涨三跌，主要反映了人们对自己生活质量的要求和生活享受的需要。"就目前这种价格的波动，我觉得还是在中等收入者家庭能够承受的范围内，对生活影响不大。"王开玉表示，不过，虽然目前还处在3%的通胀警告线以内，但是也要采取些措施，关心低收入者家庭。

原标题《7月安徽省CPI同比上涨2.9%　差点摸到"警戒线"》
2010年8月13日　摘编自《新安晚报》
记者：李泽文

"慢递"业务

"这封信一定要在明年的母亲节那天送到，别送早了啊。"高三毕业生林晓凡来到合肥市一家"慢递"公司，提前9个月寄出了给自己母亲的一封信。类似这样的"慢递"公司，在北京、重庆、杭州等许多中国城市都已出现。这种"慢递"业务，跟快递公司一样提供信件、物品投递服务，唯一不同的是讲究"慢"。投递的时间由寄信人自己决定，可以是一个月后、一年后，甚至十年后或者更晚……投递时间越长，收费越贵。

当然，也有不少人对这种"慢递"业务表示质疑：信件能否准时送到？收件人的地址变了，信件无法寄到怎么办？顾客如果真的要求长则几年甚至数十年寄到，公司如何保证物件的安全？公司在委托年限内停止营业，如何保证继续完成顾客的托付？

安徽省社会科学院研究员王开玉表示，"慢递"与邮局的标准化邮递截然不同，实际上是想通过无限拉长的投递时间给人以无限期许的空间。"每封邮件其实是每个人的一个愿望，经过'慢递'帮助人们通过时空的延伸，寄托未来的希望。"王开玉说。

原标题《"慢递"业务使中国人重审"时间"意义》
2010年8月16日　摘编自新华网、凤凰网、光明网、网易新闻、腾讯大成网
记者：詹婷婷

树立正确的"育儿观"

家住西园新村的宋先生最近下了班就在打听幼儿园的事，他打算9月给

两岁半的女儿报一个托儿班，还琢磨着给孩子选个更好的学校。名校价格自然高，最贵的一个月就要 3000 元，"上次我跟同事开玩笑说，现在买房买车都不算有本事，真正有本事的是养得起孩子，这孩子就是金钱粉碎机啊"。而"80 后"的汪先生夫妇因为对抚养孩子心存忧虑，决定过几年再要宝宝，"不存上一笔钱不敢生孩子"。

安徽省社会科学院研究员王开玉认为，现在都是独生子女，一个家庭的中心常常是孩子，不仅有父母照顾，还有爷爷奶奶爱护，但是这所有的爱加在一起很可能会使孩子娇生惯养，成为一个"小贵族"或是"小皇帝"，这样的孩子看似是获得了更好的外部条件，但实则与社会脱了群。

王开玉研究员说："每个家庭的条件不同，尽力给孩子提供良好的成长条件固然是无可厚非，但是要树立一个健康的教育理念，即孩子教育不仅是身体健康，更要心理健康、人格完整，不能因为家长的无限付出而导致孩子的依赖和娇纵，失去了适应社会的能力，这样不仅家长成了孩子的奴隶，孩子也被培养成了社会的奴隶。"

原标题《孩子如何练成了"金钱粉碎机"》

2010 年 9 月 1 日　摘编自合肥在线、《合肥晚报》

记者：邱青青　凌玲

丈夫行踪泄露，原是 GPS 作怪

不管自己开车到哪，妻子都了如指掌。如果自己撒谎，妻子会当面戳穿，甚至明确地告诉他所处的位置。安徽省肥西县的王平（化名）很纳闷：难道妻子突然有了一种特异功能？直到有一天他去修车时，修理工的一番话让他恍然大悟：车子被人做了手脚，方向盘下安装了 GPS。而这个 GPS 正是妻子偷偷安装的。

这种方法"绑"不住你的老公，安徽省社会科学院研究员王开玉认为，妻子在丈夫车上安装 GPS 来监视丈夫的行踪，违反了道德，严重侵害了男人的尊严。这种极端的方式不但不会缓解婚姻的紧张，很可能导致矛盾激化，甚至可能导致婚姻破裂。

据王开玉介绍，从他了解的情况看，监视丈夫行踪的手段远不止安装 GPS，还有的请私家侦探，甚至使用手机监听，试图来掌握丈夫的一举一动，这些行为都是不妥当的。每个公民的生存权、生命权都应该得到社会的保护，自由权也不例外。妻子的这种极端行为，实际上将丈夫当成了"敌人"，会侵犯男人的尊严，使丈夫失去安全感，失去自由。

王开玉认为，不管是恋爱还是婚姻，其基础都是宽容、信任。如果男女双方连起码的信任都不存在，说明感情已经出现了严重的危机，而这种危机不是单靠监控他人行踪所能解决的。夫妻之间应该相互信任、宽容，即使对方有什么问题，也应该心平气和地沟通，以情动人。

实际上，妻子的这种极端做法往往会适得其反，很有可能导致丈夫的反感，使婚姻或者恋情出现更大的裂痕。

原标题《不管老公开到哪　老婆一找一个准》

2010 年 9 月 2 日　摘编自《安徽商报》、中安在线

记者：冯兰友

"解放鞋" VS "国际潮流"

当中国留学生周景旻在美国斯坦福大学校园里发现一名年轻人脚蹬解放鞋的时候，才知道一款名为"Ospop"的运动鞋在欧美国家正卖得火爆，而它的原型，正是曾经在中国普及率极高的解放鞋。与国际潮流同步前进，中国的年轻人也开始"集体怀旧"，融入现代色彩和幽默元素的经典国货，更受到他们的特别青睐。

安徽省社会科学院研究员王开玉认为："我们处在一个思想解放的时代，各种各样的思想交流碰撞，青年一代可以在其中自由地展示个性，他们有条件做出各种各样的选择。这是他们选择老国货的原因之一。"

"同时，传统中国文化中的善良、平等和现在社会上存在的浮躁、冷漠反差很大，"王开玉解释说，"于是他们开始怀念和追忆童年时尽管物质生活贫乏，但坦诚和团结的时光，这是他们'集体怀旧'的又一个原因。"

原标题《中国年轻人在经典国货回归潮中集体怀旧》

2010 年 9 月 2 日　摘编自新华网、凤凰网、腾讯大成网、网易新闻

记者：钱佳

"00后"网民

中国互联网络信息中心发布的统计报告显示,截至 2010 年 6 月底,中国网民规模达到了 4.2 亿。而据刚发布的中国第一本"青少年蓝皮书"《中国未成年人互联网运用报告(2009~2010)》显示,全国 10 岁以下网民比例已达 1.1%,超过 420 万人,比 2008 年翻了一番。

这批被冠以"00后"称谓的孩子们出生于新世纪第一个十年中,2010年,他们中最大的一批已经年满十岁,正赶上了中国互联网前所未有的飞速发展时期。

"作为出生在信息时代的'00后',他们的父母大多都能熟练操作电脑,从小耳濡目染,学会上网也就不是什么稀罕事。"安徽省社会科学院研究员王开玉说,"他们所身处的信息时代,也要求他们有相应的网络操作技能。"

"儿童已无法和网络'绝缘',倘若将网络视作洪水猛兽,将他们隔离于网络之外,不仅不会使他们得到更好的保护,反而可能引起这批'00后'孩子的逆反心理。"王开玉说,"所以,疏胜于堵。"

原标题《中国"00后"的网络生活:10 岁以下网民逾 420 万》

2010 年 9 月 3 日　摘编自中国网、凤凰网、新华网

记者:钱佳

别出心裁的教师节礼品

9 月 10 日是教师节,同学们都在悄悄地准备着对老师的一份小"心意"。记者探访发现,不同于以前同学送的鲜花,新生代精心构思的礼物虽不昂贵,却充满了创意和惊喜,有的还很有时代气息呢。从早期的栀子花香,到如今的虚拟礼品、好老师证等,随着时代的发展,教师节的小礼物新意也层出不穷。

安徽省社会科学院研究员王开玉认为:"教师节学生送礼物给老师是一种感恩,一种感情的表达,只是避免世俗化,礼物不在贵重,在于心意。有时,能收到一条问候短信,老师就很欣慰。"他认为,礼物形式上的变化来源于时代的变迁,"现在孩子送的礼物跟他们的个性有关,在多元化社会中成长起来的'80后''90后',他们有个性,在表达方式上也多样化,表

达内容也极富创意"。

原标题《教师节创意礼品表达真情实意》

2010 年 9 月 9 日　摘编自《新安晚报》、中安在线

记者：邵婧

会所开业　官员道贺

9 月 7 日，安徽泾县一家名为"天水行堂"的养生会所开业，并立起了拱门等，墙上则挂满了十多条祝贺红底黄字的醒目条幅。这些"顶天立地"的祝贺广告整齐地竖成一列，蔚为壮观。细心的市民发现这几十家"祝贺"单位多为当地的政府机关。这些机关单位包括：泾县县委办、泾县政府办、泾县招商局、泾县人大办、泾县政协办、泾县住建委、泾县教育局、泾县卫生局等。这样的休闲场所，户外竟挂满政府机关单位的祝贺条幅，路过的市民对此议论纷纷。有人这样打趣，"这是泾县多年来历史罕见的事，小小会馆，竟然惊动泾县如此多政府部门。"

区区一个会所的开业庆典，居然有这么多的政府机关前来"恭贺"。对此，安徽省社会科学院研究员王开玉认为，虽然当地有政府部门做出了澄清，挂祝贺条幅完全是商家"擅自做主"的行为，与县政府各个部门无关，但我们需要关注的是，商家自己冒名权力机关悬挂"权力贺辞"的心态。商家不是傻子，无非是想借政府的"牌子"来抬高自己的身价，达到商业炒作和广而告之的目的。

原标题《安徽泾县一养生会所开业多名官员上门道贺》

2010 年 9 月 13 日　摘编自《江淮晨报》、凤凰网、华商网、南海网

记者：方佳伟

"变了味"的月饼

距中秋节仅一个多星期了，眼下，正是月饼的销售旺季。然而，记者在对合肥 97 名网友问卷调查结果显示，有 55.5％的网友认为过节买月饼作为礼物不实惠……对于"挺月派"来说，中秋节少了月饼不像过节。"倒月

派"则认为，很多商品比月饼更实在。

中秋"倒月"现象究竟说明了什么问题？记者随后咨询了安徽省社会科学院研究员王开玉。"产生这种现象的原因主要是月饼本身发生了变化。"王开玉研究员告诉记者，每年中秋节，市场上动辄上千元的月饼屡见不鲜，传统食品已经由文化象征品演变成不折不扣的商品。

对于"倒月"的趋势，王开玉研究员分析道，多元化的世界，就有选择的空间和自由，"倒月"只是对生活方式的一种选择，不足为奇，应该学会尊重和理解它。

原标题《中秋节 你"挺月"还是"倒月"？》
2010 年 9 月 13 日 摘编自《市场星报》、网易新闻、新华网、腾讯网、中安在线
记者：董艳芬

"无车日"离我们有多远？

9 月 22 日是国际"无车日"。2007 年起，为响应建设部倡议，合肥市作为全国 11 个优先发展城市公共交通的示范城市之一，参加了"无车日"活动。如今，三年过去了，合肥"无车日"活动从最初的设立禁行区、公车限用，到后来的取消禁行区、公车完全靠自觉，要求逐年放低，味道也越来越淡。2010 年，离"无车日"前奏的公交周只剩下几天时间，可公交集团还没接到市政府的通知，有人怀疑今年的"无车日"合肥可能会完全退出。"无车日"渐行渐淡，节能环保、低碳出行，难道在合肥"秀"一天也成了一种奢侈？"无车日"该不该继续搞下去？

"城市是市民的城市，不是汽车的城市，一年 365 天都在开车，难道还给市民一天也不行？如果非要说是场秀，那么这样的'作秀'也是一种进步。"

安徽省社会科学院研究员王开玉认为，"无车日"是倡导低碳环保的一种理念，并不是拒绝所有的汽车，"'无车日'也并不是要禁车，而是用这一日来引发人们的一些思考，能不能换一个更节约的方式来生存和发展，譬如多骑自行车，多乘坐公交车。让人与车、车与自然及人与自然的关系更为和谐。"

"当然，绿色交通不可能通过一天的活动就实现。政府首先必须从公共

交通系统建设着手，提高公共交通服务、管理的科学性，为市民提供舒适、便捷、环保的出行方式。"王研究员说，如果这样的条件具备了，再借助"无车日"这样的活动宣传，就能呼吁更多的人参与进来，让更多的人关注绿色交通。

原标题《无车日："秀"一天也成一种奢侈？》

2010 年 9 月 14 日　摘编自《新安晚报》、华商网

记者：康鹏飞

裸不裸捐并不是标签

中国私营企业家陈光标近日发出的离世后捐出全部财产的公开信，在中国激起千层浪。他在接受新华社记者电话采访时说，已有超过一百位的国内企业家通过来信、来电、传真的方式响应其"裸捐"的号召。但是，采访中记者也了解到，也有相当多的中国富豪对这种慈善方式明确提出异议。

"裸捐"与否的争论再次引发中国公众对富人群体的关注。安徽省社会科学院研究员王开玉指出，大多数舆论普遍趋于理性，"裸不裸捐并不是慈善与否的标签"。

王开玉认为，中国传统文化中有"怕露富"和"把财富留给子孙"的观念。现有慈善免税机制欠缺、政府主导的社会公益基金运作方式也影响了中国富人参与慈善的热度。完善相关捐赠法规，出台激励机制，让更多的中国富豪能够自愿地投身符合中国国情的慈善事业，应是更为迫切的任务。

原标题《陈光标裸捐逾百人响应　富豪对慈善方式各持己见》

2010 年 9 月 16 日　摘编自新华网、凤凰网、网易、中华网、新浪网

记者：蔡敏　章苒

会说三种语言的独龙族妇女江美英

独龙族妇女江美英在偏僻的云南独龙江畔长大，40 多岁的她会说三种语言：独龙语、汉语和傈僳族语。独龙族是中国目前人口最少的民族之一，人口不足 8000 人。不要说江美英的长辈，就是与她同龄的一些中年人，既

听不懂更不会说普通话。江美英是同龄妇女中不多的初中毕业生，在学校学会了普通话。20多岁时，她嫁给了一名傈僳族男子。她在不知不觉中学会了一门新语言。据统计，中国56个民族使用着大约80种语言，仅汉语就又分成七大方言、数十种方言与无数种土语。操不同语言、方言的人之间往往很难进行顺畅的对话交流。

安徽省社会科学院研究员王开玉指出，民族语言和方言作为民间文化的一部分，传承千年，有着丰富的文化底蕴，有时候比普通话更能在同乡、长幼间充分细致地表达个人情感。随着时代发展，一些语言发生兴衰变化是正常现象，但眼下没有必要担心方言的消失。

原标题《努力构建和谐语言环境》
2010年9月20日　摘编自《人民日报》(海外版)、新华网、中华网、江苏网
记者：杨跃萍　蔡敏　程志良

"血腥"的宣传片

最近，宿州市的一些市民发现，在市区宿城百货大楼的户外LED大屏幕上，每天都会有交通安全宣传片播放。然而，一些市民却表示，一些画面过于血腥，惨烈镜头没有经过处理，便直接呈现在市民面前，"看得人很难受"。安徽省公安厅交警总队的一位工作人员表示，画面没有处理，主要是为了引起一些市民和驾驶员的注意。

安徽省社会科学院研究员王开玉表示，虽然交通事故宣传初衷是好的，但应该在宣传中让市民感到"安全感"。应该多宣传一些正面的信息，让市民觉得遵守交通规则，可以让他们获得安全。

"同时，在公共场合播放这样的内容，要考虑到市民的感受。"王开玉说，"使用露天大屏幕播放公益性广告，画面不要太'暴力'、太血腥，因为这是面向全社会，也包括儿童。如果可以，应该在专门的场合播放给驾驶员观看。"

原标题《宿州街头大屏幕播车祸惨烈镜头引争议　市民认为"太血腥"》
2010年9月20日　摘编自《江淮晨报》、网易新闻、万家热线
记者：姚庆林

企业"招工难"

合肥市职介中心对企业"招工难"问题调查后发现，企业所处的位置、周边的公共基础设施是否齐全等，已成为与工资同等重要的吸引求职者的要素。同时，因子女入学问题而不能安心工作的劳动者也不在少数。上周，合肥市职介中心专门为缺工严重的企业举行了专场招聘会。招聘会现场，一些求职者直截了当地询问企业能否解决孩子就近入学问题。一位招工企业负责人表示，工业园区周边的学校较市区要少很多，另外农民工子女入学需到"定点学校"。单靠企业一方解决这个问题难度很大。

对于目前合肥众多大企业招工难的现状，安徽省社会科学院研究员王开玉表示，政府和企业应该联手共同创造良好的用工环境。"劳动者提出的入学难问题很现实，这就需要政府能够均衡协调各区域的教育资源。"王开玉说，"随着各个开发区企业数量的不断扩大，将会聚集越来越多的劳动者。劳动者子女入学的难题也将日益凸显。"

目前，合肥各个开发区、工业园区附近的教育资源相对比较匮乏。"为了能吸引和留住更多的劳动者，政府部门可以加大对企业密集的工业园区周边的教育资源投入"。但王开玉也表示，这也需要一个过程，不可能一蹴而就。对于企业而言，企业不仅要为员工提供更好的福利待遇，更要考虑员工的精神需求。多丰富员工的娱乐生活、用情留人也是企业应该做的。

原标题《揭秘合肥大企业用工荒背后》

2010 年 9 月 21 日　　摘编自《市场星报》、网易新闻、中安在线

记者：刘元媛

"无车日"绿色出行

从 2007 年起，中国将每年的 9 月 22 日定为无车日，今年已经是第四个年头了。2010 年的中国"无车日"恰逢中秋节。今年无车日的主题是"绿色交通，低碳生活"，这与正在进行的上海世博会倡导绿色低碳的主题不谋而合。在哈尔滨和中国其他 100 多个城市，许多民众和环保志愿者发起活

动，在节庆出行的时候不开车或者少开车，尽量选择公共交通方式，倡导低碳出行方式，践行"绿色中秋"。

安徽省社会科学院研究员王开玉表示，许多城市在"无车日"当天进行临时交通管制，市民们也会自发乘坐公共交通工具，这些措施将会有效缓解城市拥堵，减少环境污染。但"无车日"的意义，将远远不止一天的节能减排，更是一种"绿色理念"的倡导和践行。

《中秋节邂逅"无车日"中国各地民众绿色出行》
2010 年 9 月 22 日　摘编自新华网、凤凰网、新浪网、网易新闻

"电子月饼"

中秋节是中国人最重要的节日之一。亲朋好友之间互送月饼表示祝福、家人在一起赏月吃月饼是中秋节的习俗。然而，随着经济社会发展，越来越多的人在外工作、学习，结识的朋友也遍布五湖四海，网络时代应运而生的"电子月饼"成为现代人送上祝福、寄托乡愁的新方式。网上发现"电子月饼"的做法：只要轻轻点击鼠标，先"和面"，再打"鸡蛋"，选择好喜欢的"馅料"，放进"烤箱"里烘烤，一块精美的"月饼"就出炉了，再通过电子邮件发送给亲朋好友，附上祝福话语。收到"电子月饼"的人，可以用鼠标指挥切饼刀，一刀切开"电子月饼"，祝福语也随之响起。虽然"电子月饼"受到很多人的青睐。不过，也有人觉得"电子月饼"毕竟只是虚拟的东西，代替不了传统，在送礼的时候也不够体面。

安徽省社会科学院研究员王开玉表示，"电子月饼"很好地将中国传统月饼文化与现代科技紧密地结合在一起。"从古至今，月饼都被中国人视作团圆的象征，承载着'人月两团圆'的美好祝愿。"

王开玉说："无论是真实的月饼，还是'电子月饼'，都寄托着现代人对于家庭团圆的一种向往和对亲朋好友的祝福。"

《今年中秋流行"电子月饼"：轻点鼠标送大祝福》
2010 年 9 月 23 日　摘编自新华网、搜狐网、南海网
记者：蔡敏　詹婷婷

中秋重温"老习俗"

一股追溯、重温传统的风潮正在悄悄地回归到人们的生活中。已有数百年历史的中秋"博饼"习俗，现在已成为厦门、金门、台湾等地民众庆祝中秋节的重要社交活动，当地的人们相信那些博中状元的人，未来一年的运气总是会特别好。另一旧俗"月饼会"是香港旧时预售月饼的一种方法。而在 20 世纪 20 年代，广州等地区也曾流行过"供月饼会"。据说如今有一些老字号的商铺重新做起了"供月饼会"的生意。

安徽省社会科学院研究员王开玉表示，不止是"博饼"和"供月饼会"，手工制作月饼、中秋拜月对诗、赏南瓜送子等各种传统中秋"老习俗"都正在重新赢得年青一代的接纳和再创新，其表现出对传统文化的传承和发扬让人惊喜。

原标题《中国"80 后"年青一代重温传统中秋"老习俗"》
2010 年 9 月 24 日　摘编自新华网、凤凰网、网易新闻、腾讯大成网
记者：马姝瑞

网络"排行榜"

搜索引擎，搜出来的产品可能并不是最好的，网络上各种"排行榜""经典推荐"等榜单数量繁多、种类不一，归纳起来主要分为三类。第一类，机构以及名人排名。第二类，商品排名。第三类，新闻事件排名。除了这三类显性的排行榜之外，还有一种隐性的排行也不容忽视，即搜索排位。记者浏览百度、谷歌等多个搜索引擎，发现即使输入的关键词完全相同，搜索结果也存在很大差别。

安徽省社会科学院研究员王开玉建议，首先，有关行政部门要对网络排行榜的出台机构有一定的监管。"榜单的发布机构应该具备一定的资质，其人员也应该具备一定的专业能力，比如国外的一些有影响力的排名，常常是由社会研究机构和媒体一起完成的。"

原标题《疯狂的网络排行背后》
2010 年 9 月 30 日　摘编自《半月谈》
记者：熊润频　李惊亚

走，上网"淘课"去

在互联网时代，中国网民不出国门聆听外国名校课程业成为了可能，喜爱网络听课的"淘课族"群体日渐壮大。近年来，哈佛、耶鲁等世界名校陆续将知名教授和最受学生欢迎的课程视频公布在网上，提供免费下载。但由于语言上的障碍，在过去很长一段时间，这些课程在中国一直不温不火，在英语专业学生、高校教师等小范围流行。近几个月来，许多课程被翻译爱好者配上中文字幕，开始"蹿红"网络。

安徽省社会科学院研究员王开玉表示，学术和知识是人类的共同财富，网络"淘课族"能从学校以外的地方上课汲取知识是社会的一种进步，网络公开课也应该成为中国教育创新的一部分。

王开玉说："我很赞成'知识不设限'，世界各国著名教授的讲课通过网络开放给世界，这样的交流是共赢的。这种交流在国内大学也应该提倡，选择一些精品课程完整地放在网上，满足社会人士和在校大学生的学习需求。"

原标题《"淘课族"活跃中国网络》

2010 年 10 月 14 日　摘编自新华网安徽频道、凤凰网、中国广播网

记者：詹婷婷

白领等于舒适？

2007 年，中国社会科学院公布了"全国主要城市白领工资标准"，调查包括各城市物价水平、居住成本、交通成本、城市现代化程度等诸多因素，把中国主要城市分七档，合肥未被统计在内，但合肥可以达到舒适生活的月薪是 1680 元。2008 年，合肥被列入第 6 档 2009 年，合肥的这一白领月收入标准上升到 1880 元，仍为第 6 档，比拉萨的 1300 元高一个档次，但一直处于全国靠后的位置，而 2010 年的"全国主要城市白领工资标准"尚未公布。白领等于舒适？

安徽省社会科学院研究员王开玉介绍，一份两年前的帖子在今天依然能引起网友和媒体的关注，说明当今社会人们对"舒适生活"的追求和向

往，人们似乎都希望有一个标准，通过这个标准来衡量自己是否过上了"舒适生活"。

网络上这个标准肯定不能用"科学"来定义，"它可能只源于一种情绪的发泄，甚至是一次单纯的搞笑行为"。"舒适生活"也不能单纯用经济标准去衡量。不过，经济水平是衡量生活舒适程度的一个重要或者直接的标准。"不同人群和相同人群的不同追求，都决定了每个月不同的花费，所以，不能拿一个标准来衡量合肥的'舒适生活'指数。"

原标题《每月 1880 元合肥人，你"舒适"吗？》

2010 年 10 月 19 日　摘编自《合肥晚报》

记者：史励泉　王蓉

火车站广场"欺骗性乞讨"

10 月 17 日，《忍心让一岁半的孩子讨钱》一文引起不少市民的关注和共鸣。18 日上午，《江淮晨报》从合肥火车站派出所得知，17 日被"请"进火车站警务室的四名年轻妈妈最终被警方放走。四名年轻妈妈真的会收手吗？18 日下午，记者再次探访了合肥火车站，却在火车站广场上看到了她们当中一人的身影。

"他们当中有些人属于欺骗性的乞讨。"安徽省社会科学院研究员王开玉对此存在不同看法。他认为，这些人的举动破坏了公众的同情心。"确实违法的，要根据相关法律，对她们予以治安拘留"。

原标题《行了，"苦情戏"就演到这吧》

2010 年 10 月 19 日　摘编自合肥在线、《江淮晨报》

记者：吴洋　高博

个体户"蝶变"

曾经有一段时间，个体工商户的"消"与"长"成了很多人解不开的"谜团"。一份来自国家工商局的数据显示：安徽只用了 4 年的时间，个体工商户从 2000 年的 148.8 万户，减少到 2004 年的 106 万户，减少了 42 万多户。而从 2005

年开始,"拐点"出现了:2006 年 6 月,只用了一年半的时间,全国个体工商户增加了 200 多万户。2005 年的安徽,个体工商户也增加了 5 万多户。2009 年,全年新登记个体工商户 30.33 万户,累计达 125.09 万户。而来自省工商管理局的最新数据也显示,截至 2010 年 9 月底,安徽省个体工商户 131 万户,相比去年年底增长 5%。从"快速递减"到"温和攀升",这一堆发生在敏感经济主体身上、看似枯燥的数据背后,反映的却是整个社会的深层变迁。

安徽省社会科学院研究员王开玉分析,个体户的"漂移"或许是一种必然趋势,公司化的"蝶变"应该成为未来市场经济的主体形态,而在"飘"的过程中,也必然会优胜劣汰。

原标题《安徽个体户:从"快速递减"到"温和攀升"》
2010 年 10 月 28 日 摘编自《市场星报》
记者:宛月琴 沈娟娟

"群众公议"行政处罚

老百姓可对执法部门的行政处罚"说三道四",甚至可以改变行政执法部门的最终处罚决定。2010 年 4 月份,合肥启动了在行政处罚引入群众公议制的试点工作,这在我国尚属首例。

安徽省社会科学院研究员王开玉表示,实行"群众公议",给各方提供了一个充分表达意见的平台,为执法人员行使自由裁量权提供了有益的参考。同时,也促使执法人员审慎对待手中的权力,进一步提升自身能力水平,增强责任感,避免随意性,更加科学合理地使用自由裁量权。

原标题《新华调查:群众把关能否让行政执法更"阳光"?》
2010 年 11 月 3 日 摘编自新华网安徽频道网、易新闻、搜狐网
记者:詹婷婷 熊润频

"80 后":我想有个家

大学一毕业,或大学还没毕业,很多年轻人都急急考虑买房问题了。据调查,现在合肥新建住宅商品房中很多购房者都是"80 后",他们中绝大

多数"啃老"，有的亲戚朋友都借遍凑齐首付，有的在一线城市上班，买合肥的房，还有的先买小套……努力通过各种方式买上房子。近日有媒体报道，中国年轻人平均买房年龄为 27 岁，英国人购买首套住房的年龄是 39 岁，日本人是 35 岁，美国人是 31 岁。国内目前规定是未满 18 周岁不能购房，有人说，"若将规定改为 30 岁，那么结果或许就不一样"。全国工商联、房地产商会理事陈宝则说，"80 后"过早买房，是市场催生房价上涨的真实因素。"80 后"们则认为，他们正是高房价的受害者！谁说得更有道理？

安徽省社会科学院研究员王开玉说："对家的理解，中西方有很大差别。年轻人想拥有一套房子去结婚，并没有什么过错，但要从自己的实际出发，自力更生，如果一时条件不具备，也可以去租房，通过不断努力，去圆自己的住房梦。如果年轻人不急于买房，等到有足够的经济基础再出手，对于家庭、楼市可能都更好一些。"

原标题《"80 后"艰难买房屡屡"被高价"》

2010 年 11 月 5 日　摘编自合肥在线、《合肥晚报》、凤凰网

记者：邱青青　王蓉

"招聘会"提前了

据了解，2010 年企业进校园要人的日期大大提前，使得原本并不是招聘求职旺季的 10 月和 11 月格外热闹。安徽大学新校区里，2007 级对外汉语专业的余敏就是穿着正装、来回赶场的学生之一。大学生就业指导中心里，每天有 2~7 场的就业洽谈会，就连学校教学楼报告厅都往往被安排满了，企业除了在招聘会上发力，学校论坛及板报也成为招聘信息发布区，毕业生们有时还分身无术。这段时间，招聘企业不乏中铁四局、中建七局、江淮、海马等安徽省内外大型名企，一些企业更是打出"急招优秀人才"的牌子。

据安徽省社会科学院研究员王开玉分析，中国人保部最新公布的数据显示，2010 年 1~9 月，包括大学生就业在内的全国城镇新增就业 931 万人，完成全国 900 万人目标的 103%，提前超额完成 2010 年就业目标。2010 年就业形势好，根本原因在于国家经济模式转变、经济结构调整、产业升

级，还有服务业加速发展，企业对知识含量人才更渴求。毕业生则要纠正非国企和外企"不嫁"的就业观，要创业当老板，最好先找个成熟的企业或单位锻炼，等积攒一定的经验、人脉和实力，再创业不迟。

原标题《合肥大学生就业现"牛市" 今年招聘单位来得早来得猛》
2010 年 11 月 5 日　摘编自《合肥晚报》、凤凰网、万家热线
记者：陈春雷　王蓉

亏损的"社区巴士"

10 月 1 日，合肥市 70 辆社区巴士正式投入运营。社区巴士低廉的收费、便捷的服务，确实让市民的出行更为顺畅。然而沿途载客稀少，导致社区巴士营运出现亏损。有人质疑，入不敷出的社区巴士到底会坚持多久？会不会像两年前开通的 617 路社区巴士一样，因为严重亏损而停运？有关部门负责人表示，开通社区巴士本身就是一项公益事业，"属于民生工程的一部分，不以盈利为目的。社区巴士开通时间还很短，以后人气会慢慢起来的"。在谈及亏损时，相关负责人说："亏损是肯定的，但是开通社区巴士本来就不是为了盈利。"

安徽省社会科学院研究员王开玉表示，他并不看好弱市场化的社区巴士。"道路交通应该采取市场化运作。"王开玉说，"交通拥堵的瓶颈并不在社区，而集中在企业和上班族身上。弱市场化或者说逆市场化的社区巴士，没有经过科学论证就仓促上马，只能亏损运营。"

"弱市场化的社区巴士如果想长期生存下去，只能依靠政府投入。"王开玉说，"社区巴士有服务社区的功能，虽然乘客稀少，但也不宜直接撤销。我还是希望有个平衡点，让社区巴士不要亏损太多。"

原标题《营运出现亏损 合肥社区巴士能开多远？》
2010 年 11 月 5 日　摘编自《新安晚报》、新华网、中安在线
记者：袁虹莉　李嘉树

不能忘却自己所应承担的社会责任

曾几何时，"光棍"是一个颇具贬义的词语。如今，风风火火的光棍

节，似乎已是一场全民的狂欢。光棍一词的含义，已经发生了翻天覆地的变化。作为这一经历中的纪念，"光棍节"应运而生。于是，光棍成了人们堂而皇之的"帽子"，戴在头上是能显光的。最初，光棍节还是少数人的自娱自乐。如今，却已经成了一场全民的狂欢，俨然是全社会都为之关注的话题。随便打开一个交友网站，都有关于光棍节的专题。某交友网站版主直言不讳地说，网站让光棍节过得更有激情。网络火了光棍节，光棍节又火了交友网站。商家则借机大发"光棍财"。一些商家适时推出"相亲派对"活动，甚至"单身家电"都应运而生。

安徽省社会科学院研究员王开玉告诉记者，光棍节之所以受到追捧，这主要是因为"80 后"自我意识较强，从小缺乏人际交往能力，并且恐惧未来将要承受太多的东西，同时，也与女性群体不再依附于男性，更加独立有关。

王开玉认为，风风火火的光棍节，一方面，反映的是现代年轻人婚恋观的转变，单身成了不少人安然自得的一种生活方式；另一方面，现实中的交友难和结婚难的问题，让许多人被迫成为光棍。

"目前，我们已经步入了自由度高、多元化的社会，选择什么样的生活方式是每个人的权利，应该得到社会各界的尊重。但是，全球进入单身时代，也会带来一系列的社会问题。"王开玉表示，年轻人在选择当"光棍"的同时，不能忘却自己所应承担的社会责任。

原标题《合肥晚报组织光棍节"狂欢派对" 今晚让你好好"美"一下》
2010 年 11 月 11 日 摘编自合肥在线、《合肥晚报》
记者：朱敏 刘晓平 李后祥 马启兵

"跑站"少年

11 月 5 日，当瑶海巡警大队的民警将小张送到合肥救助管理站时，这位少年并不习惯旁人叫他"流浪小孩"，他自称是"跑站"的。这个词对站长成正忠并不陌生，"说白了，就是一些人刻意辗转全国各地救助站，从中骗吃骗喝骗车票钱"。年仅 13 岁小张为何热衷跑站？直到 11 月 10 日上午见到张父时，故事才脉络分明：眼前这个"跑站少年"，想用一种极端的方式，结束全家在外漂泊的日子。

对 13 岁少年频繁"跑站"事件，记者采访了安徽省社会科学院研究员王开玉。"第一位的教育责任是家长的。"王开玉表示，"父母在法律上是子女的第一监护人，应当要承担教育子女的责任。未成年人离家出走，频繁'跑站'，除了孩子叛逆的性格，说到底是家长关怀的缺位。"

"一些家长一心为了挣钱，并且觉得只要挣了钱，就能让孩子享受到最好的教育，他们不知道这样反而失去了教育孩子的最佳时机。"王开玉说，"父母只有以'第一任老师'身份来教导孩子，孩子才会以一颗更加热情和温暖的心去包容家长。诸如那些离家出走等事情就不会发生了。"

原标题《选择"流浪"是因太想"回家"》

2010 年 11 月 11 日　摘编自合肥在线、《江淮晨报》

记者：吴洋　喻静

城市变迁中徘徊的"地标"

一座城市，就是一个宏大而细碎的光影记忆。对于我们这些或是匆匆过客，或是久居其中的人而言，有时候，我们并没有意识到，这种记忆其实需要有一个"坐标"，比如埃菲尔铁塔之于巴黎、大本钟之于伦敦。胜利广场"中国结"的搬迁，引出了我们对合肥"地标"的关注——花园街雕塑、胜利广场"中国结"、铜陵路南淝河大桥，它们构筑了一个串联了过去、现在和将来的城市地标时间链条，这个链条也串起了一个不大不小的问号：今天的我们，该如何打造合肥的地标？该如何善待合肥的地标？又该如何去延展合肥地标的城市记忆内涵？这，或许是我们这座城市在相当长时间内需要直面的一个问题。

"火车站前面就是胜利广场，所以每次一看到'中国结'就感觉回到了合肥。"与大多数市民一样，在安徽省社会科学院研究员王开玉看来，"中国结"所承载的城市记忆与历史已成为合肥市的一种地标文化。

王开玉说："地标建筑的搬迁并不一定就是破坏，关键看是否能给予妥善的保护。休宁县黄村的荫馀堂，被装上 40 个国际标准货柜，漂洋过海运至美国，由中美匠师合作，把它修复成 20 世纪 80 年代黄氏家族最后居住的面貌。这类古建筑是我国宝贵的文化遗产，也是世界的文化遗产。在国内保护能力有限的情况下由外国人或机构保护也不失为一种保护方式。"

如何保持搬迁后的"中国结"的地标性？王开玉认为，除了保证雕塑的完整性外，不应该是仅仅搬迁"中国结"，还可以将它原来所处的一些环境进行"移植"，保持地标建筑与周边环境的统一性。

原标题《城市变迁中的地标徘徊》

2010 年 11 月 15 日　摘编自《合肥晚报》、新华网

记者：袁馨馨　朱呆

"高学历"犯罪

高学历与低品行的共存，引发不容忽视的高学历人员犯罪现象。这些貌似社会精英的人走上犯罪之路，对社会带来的危害，不是一般犯罪分子所能比拟……对呈逐年上升趋势的高学历人员犯罪，有关专家曾概括为 4 个特点：文化水平高，法律素质低，一些高学历人员甚至成为电子信息时代高科技犯罪的主角；犯罪手段具有一定的专业技术性和隐蔽性；反侦查能力强，且极少主动交代未被掌握的犯罪事实；案件类型呈多元化，从常见的偷盗、抢劫，到各式各样的经济犯罪，应有尽有。

很多专家指出，高学历犯罪人员利用才智犯罪，体现出当前教育过于侧重学历提高，而缺乏法律知识普及和道德教育的不足。安徽省社会科学院研究员王开玉认为，在应试教育的重压下，中小学校的德育课程被一再压缩，"问题学生"日渐增多。当他们走进大学或走向社会后，道德和心理方面的问题便会显现出来。

原标题《高学历人员犯罪引关注 "海归"缘何沦为大盗》

2010 年 11 月 18 日　摘编自《浙江日报》、新民网、中国新闻网

记者：方力　莫云　唐晓群

相濡以沫 40 载

《合肥晚报》连续报道"谈谈如何爱，如何爱别人、如何爱自己"这个话题以来，很多市民纷纷打来电话，诉说他们的爱情观和感情生活。"我们是为了一个共同的革命目标而走到一起的，遵循着这个信条，我和老伴已

经在一起生活了 40 年了，我们还要继续相伴下去！"家住安居苑的 62 岁的廖大爷和 61 岁的尹大妈说起自己的婚姻生活时，很激动。廖大爷说，他与爱人是通过单位领导介绍认识的，"那个时候是 20 世纪 70 年代，要是说某某人谈恋爱，那是很丢人现眼的事情，大家都不敢去触碰谈恋爱这个事情"。

安徽省社会科学院研究员王开玉分析认为，过去五六十年代的老一辈们，是为了生活而去爱，所以他们更看重的是一种付出，为了家庭和生活而不计个人的奉献。对于他们来说，看似缺乏自由恋爱经历，但感情和婚姻却能经受住时间的考验，保持着和谐与稳定。

原标题《为了"革命目标"走在一起》
2010 年 11 月 18 日 摘编自《合肥晚报》
记者：谢华兵 郑静

和谐劳动关系

改革开放以来，中国经济建设和社会发展取得举世瞩目的成就。但是，在各类企业快速发展和市场化的劳资关系逐步占据主导地位的背景下，劳资矛盾、劳资纠纷等问题时有出现。如何探索通过不同形式打造和谐劳动关系，已经成为政府和企业的重要议程之一。

安徽省人大常委会近日审议通过《安徽省集体合同条例》，明确规定用人单位应当建立集体协商和集体合同制度，不得侵犯职工的劳动权益，工会代表职工与用人单位订立集体合同。安徽省人大常委会法制工作委员会副主任吴斌说，用人单位在集体协商、订立和履行集体合同过程中，侵犯职工劳动权益的，要承担法律责任。

安徽省社会科学院研究员王开玉说："企业、社会要从制度上帮助员工解决他的学习、成长、生活、健康、快乐、烦恼一系列问题，让员工真正分享企业发展成果，从心底里把企业当成'家'。当这种意识进入工作岗位时，往往会为企业乃至整个社会的发展带来事半功倍的效果。"

原标题《中国未来五年将致力建设更加和谐的劳动关系》
2010 年 11 月 19 日 摘编自新华网、网易新闻、搜狐网、腾讯网
记者：程志良 田野 蔡敏 顾烨

邻里关系

目前，我国许多地方高楼林立，伴随着一道道冰冷的铁门，锁住了都市人的心灵，更隔断了毗邻而居的欢乐，邻居之间变成了看似近在咫尺却又相隔天涯的陌生人。近年来，中国基层不少社区、街道为打破邻里间的"寒冰"，相继出台了《居民公约》《社区公约》《楼幢准则》《邻里文明公约》等，尝试为邻里间文明交往提供了规范。而如今多地也在开展"邻里节""邻居节""百家宴""饺子宴"等不同形式的邻里交往活动，为邻里文明交往搭建了一个更直接的舞台。中国许多城市，如宁波、昆明、广州、南京、合肥、北京、厦门、邯郸等地的基层社区，也都已经开展了各具特色的"邻里节"。邻里节期间举办的丰富多彩的文化交流活动，引导居民走出小家走进"大家"，有效促进了邻里和睦、社区和谐。

"举办'邻里节'，制定'居民邻里公约'等措施不是'万灵药'。"安徽省社会科学院研究员王开玉说，"但这些都是有积极意义的尝试，可以提供居民见面交流熟悉的机会，也是社区的一项集体活动。社区应该深入组织活动，营造一个大家互相关心、互相帮助的居住环境，建设社区新型邻里关系还有很多路要走。"

原标题《拿什么拯救日益冷漠的邻里关系?》
2010 年 11 月 20 日　摘编自新华网、凤凰网、网易新闻、南海网、中国新闻网
记者：詹婷婷

"与时俱进"的"节日"

新桃换旧符的春节、千里共婵娟的中秋、阴雨纷纷的清明……过惯了这些传统节日，如果突然听说今天是"八卦节"（8 月 18 日），你会不会一头雾水？还有 10 月 11 日"萝莉节"、9 月 12 日"示爱节"……其实，这些都是网友们在数字的象形、谐音基础上，赋予其特别的意义之后诞生的网络"数字节"。光棍节起初也只限于在小众范围内流行，不过这个据传诞生于国内某高校的趣味"数字节"，正逐渐走入大家的现实生活。当

天，你能在大街小巷看见商店打出的"光棍节特惠""买一送一"等促销口号，高校社团发起各种各样的联谊活动，网络上更是有聚餐、快闪等活动，召集光棍们参与……光棍节已经由年轻人之间的"戏说"变成了一个现实的节日。

"节日的诞生需要一种群体的认同感。"安徽省社会科学院研究员王开玉认为，伴随着世界越来越开放、互联网上的交流逐渐频繁，共同的群体认同感是网络数字节日诞生的前提，"例如光棍节就被光棍们所接受"。

"我们提倡兼容并包，只要这些网友创造的节日是积极有利的，我们就不反对它们的存在，但是这些节日能走多远还是个问号。"王开玉提到，节日的存在有其特定的文化内涵，"这世界节日太多了，我们鼓励那些理性、积极向上的和能够给人们带来幸福感的节日"。王开玉提到刚刚过去的 11 月 16 日"世界宽容日"，认为这样一个节日就是提醒我们，在充满矛盾的社会前进过程中，要彼此包容、充满爱心，"是有积极意义的"。

原标题《网友发起"数字节"流行　光棍节从小众到群体狂欢》
2010 年 11 月 22 日　摘编自中安在线、《新安晚报》
记者：邵婧

铜陵房贴"揽才"

日前，铜陵市政府出台政策，凡是到铜陵就业的全日制本科大学生，和铜陵企业签订三年合同的，买房就可获最高 4.8 万元的补贴，其中一半由财政买单。一份该市 11 月 2 日出台的《铜陵市在铜创业就业人才购房补贴实施细则》文件，详细规定了两类人可以享受购房补贴。这个文件由铜陵市委组织部、市人力资源和社会保障局、市财政局、市住房和城乡建设委员会、市中小企业局五部门联合印发。

安徽省社会科学院研究员王开玉认为，铜陵此项政策无疑是一项惠民工程。王开玉说："这样做不仅提高了低收入者的收入，而且也留住了人才，是一项可喜的探索。"

但是，这项政策需要不断地完善和改进，如何能够可持续地执行下去，铜陵仍然需要探索。王开玉说，铜陵市这样的政策是留住人才的一个良好开局，但关键的还是要把后面的文章做好。

原标题《本科生铜陵买房可获"房补"》

2010 年 11 月 25 日 摘编自《江淮晨报》、万家热线、合房网

记者：姚庆林

"可有可无"的"独生子女费"

林先生的孩子已经八岁，他有独生子女父母光荣证，可这个证件对于他家可有可无，按照规定，从领证之月起，可以领到独生子女保健费 5~15 元，但是他申请受挫。记者调查后发现，不少年轻人根本不清楚有这项规定，也有知情者"知而不领"，认为其保健费用标准偏低，很多年未提高，质疑这项奖励费是不是走到了三岔口？

安徽省社会科学院研究员王开玉认为，实施对独生子女家庭的补助，主要是为了鼓励计划生育，也是对家庭居家养老的一种补助方式。因为独生子女政策的实施，使得一对子女成家后往往要负担四个老人，当时 5~10 元能买到生活必需品，如果把政府的补助累积下去，也是一笔养老收入。但是随着经济社会的发展，工资收入越来越高，生活支出也日益增加，"5~10 元在今天已经买不到什么东西了，所以建议提高独生子女的补助标准，使它确实能够起到养老的作用。"

王开玉说："随着我国人口发展的趋势变化，在城市，如果一对夫妇只生一个孩子的政策有所改变，那么补助政策也会随之取消，所以在目前阶段，应该提高补助标准，才能真正体现政策的连续性。"

原标题《"独生子女费"多年未提高》

2010 年 12 月 3 日 摘编自中安在线、《安徽商报》、网易新闻、安青网

记者：孙金山

生活在城市里就幸福吗？

从 2005 年 GDP 总量赶超德法两国，到 2010 年连续两个季度 GDP 超越

日本，成为排在美国之后的全球第二大经济体，短短几年，中国实现了经济腾飞。但是多年追求 GDP 粗放增长的背景下，一面是引人骄傲的宏观数据，一面却是令人焦躁的百姓生活。房价高、物价快速上涨、交通拥堵、空气污染、无处不在的噪声……大中型城市集中暴发的"城市病"正困扰着越来越多的百姓，人们突然发现城市似乎并没有那么美好。而与此同时，在中国更为广大的农村，城乡贫富差距拉大，也让一些农民失去了心理平衡……

社会学家指出，中国经济高增长的同时，一些社会问题，如教育、就业保障、社会福利、医疗卫生、文化建设等方面亟待完善。在这样的现实面前，一些普通百姓的幸福显得沉重。决策层必须针对城乡"二元经济"、产业结构畸形、分配结构不合理、区域发展不平衡等结构性矛盾拿出解决对策。

安徽省社会科学院研究员王开玉说："'十二五'规划建议中相当篇幅涉及价格稳定、就业增加、收入增长、环境保护、社会保障、弱势群体等热点，从中可以看到政府对民生问题的'良苦用心'。整体提高群众生活质量成为中国未来五年要着重解决的关键问题。"

原标题《大中型城市暴发城市病　生活成本上涨难体味幸福》
2010 年 12 月 7 日　摘编自新华网、搜狐网、南方网、华商网
记者：蔡敏　李建敏　孟华　王丽

"期货年夜饭"

现在离兔年春节还有近两个月，但很多市民早已开始预订年夜饭，合肥各大酒店的预订业务火爆。可调查发现，因为近期物价上涨，农副产品价格走势不定，饭店意图随行就市实现保本赢利，亮出许多订餐新招数，对消费者而言订年夜饭则要更多关注价格和菜单，以免惹出纠纷。

商家想出新招，应对物价上涨，非常类似期货交易，这种市场模式是有社会基础的，与现在快节奏的生活紧密相关。安徽省社会科学院研究员王开玉分析说："但是，这种模式对商家更有利，因为他们可以根据时令蔬菜的价格涨幅，随时调整酒席价格，而对消费者是利

是弊，这可能要看年三十当天他们享受的服务质量如何，心情是否愉悦。"

原标题《农副产品价格不定　合肥各大酒店兔年年夜饭价格菜单难确定》

2010 年 12 月 8 日　摘编自合肥在线、凤凰网

记者：王蓉

亲民的公安"围脖"

12 月 6 日 15：08，"安徽公安在线"发布了一条温馨提示，提醒网友注意天气变化，及时增添衣物。细心的提醒，拉家常式的话语，让很多网友倍感温暖。一句简单的提醒，却引发了网友的热议。记者发现，"安徽公安在线"的官腔越来越少，越来越有人情味了。其实不仅仅是"安徽公安在线"，省内的公安机关建立的微博也越来越给力了。

12 月 7 日 22：41，"合肥 110"写下了第一条"围脖"，提醒驾车人在过路口等红灯时要将车门锁好，以防有人图谋不轨。这条微博获得了 4 条评论，有意思的是，网友的评论并未关注在警方的提醒上，而是在褒扬警方开通了微博。"合肥 110"是合肥市公安局 110 指挥中心的官方微博。截至发稿时，"合肥 110"织了 8 条"围脖"，获得了网友 13 条评论，9 个转发。目前，"合肥 110"有粉丝 24 个。

安徽省社会科学院研究员王开玉说："微博的互动及传播性极快，是一种新型沟通方式，公安机关开通微博顺应了信息化社会的要求，方便了群众与警方之间的沟通。"

"更大的意义在于，警方在逐步转变角色，不仅仅保护人民的身体安全，也更加关注人民的幸福心理。"王开玉说，"这就要求警方放下高高在上的姿态，与群众平等地交流。而微博正是这样一个基于平等的快速的信息分享平台。"

王开玉建议，微博要更多地侧重与网友的互动。"对于网友的提问尽量做到有问必答。还要经常就时下热点开展在线访谈等互动活动，这样才能发挥出微博平台的效果。"

他也希望更多的政府部门能够开通微博，利用这一平台与市民展开密

切互动，倾听网友声音。

原标题《安徽省公安厅开通微博吸引 4 万余粉丝》

2010 年 12 月 9 日　摘编自合肥在线 – 江淮晨报、新浪网

记者：王凯

和谐社会的"防火墙"

出台重大决策、实施重大项目，"领导说了算"长期成为中国各地经济社会运行的"惯性思维"，但这种"拍脑袋决策"的模式，正在受到日益增多的社会矛盾和风险的严峻挑战。随着改革的深化和利益格局的调整，由利益诉求引发的社会矛盾不断增多，从近年来高位运行的信访总量、接连发生的群体性事件不难看出，这些信访和群体性事件背后，大多是重大事项实施、决策不当造成的。国际经验表明，人均 GDP 在 1000 美元至 3000 美元既是实现现代化加速期，也是矛盾高发期。正处于矛盾高发期的中国，着力为和谐发展构筑社会风险"防火墙"。中央"十二五"规划建议和中央经济工作会议等均明确提出，要着力建立社会稳定风险评估机制，从源头上减少不稳定因素。

"科学发展观要求中国必须把改革的力度、发展的速度和社会的承受程度统一起来。"安徽省社会科学院研究员王开玉说，"开展风险评估工作，把社会稳定问题考虑在前，预测风险、防范风险、控制风险、化解风险，有利于更好地适应社会结构和利益格局调整，消除和减少改革发展中的不稳定因素，增强改革发展的协调性和平衡性，实现科学发展。"

原标题《矛盾高发期中国为和谐发展安装风险"防火墙"》

2010 年 12 月 13 日　摘编自新华网、网易新闻、腾讯网、

凤凰网、搜狐网、北方网、南海网

记者：王丽　吴植　孟华　李建敏

新生代农民工：我们要当"新市民"

2010 年中共中央一号文件里，人数超过 1 亿的"80 后""90 后"农民

工被正式冠以"新生代农民工"的称号，他们目前已成为中国农民工队伍的主体。一号文件提出，要"着力解决新生代农民工问题"，传递出中央对"80后""90后"农民工的高度关切。与老一代农民工相比，新生代农民工受教育程度高，职业期望值高，物质和精神享受要求高，更渴望融入城市。面对理想和现实的差距，越来越多的新生代农民工运用新媒体、新技术、新方式表达着自己的诉求，如在京郊设立打工文化艺术博物馆的孙恒；以一曲《春天里》风靡网络，感动众多网民的王旭、刘刚；在"中国达人秀"节目中引起轰动的"民工街舞队"……

长期研究中国农民工问题的安徽省社会科学院研究员王开玉指出，帮助新生代农民工融入城市，政府还要加大力度保障农民工与城市居民享有同等的社会保障权利；建立统一的、完善的城乡一体化劳动力市场，保证流动人口就业权；还可尝试让农民工参与社区的管理、组织、服务、活动中来，培养新生代农民工的社区成员意识，促进他们融入社区生活。

原标题《中国新生代农民工的坎坷"市民路"》

2010 年 12 月 16 日　摘编自新华网、网易新闻、凤凰网

记者：蔡敏　李建敏　王丽　孟华　詹婷婷

应对物价"节日效应"

进入 12 月以来，随着各地保供应、稳物价各项措施及各种生活补贴政策的落实，蔬菜、副食等百姓"米袋子""菜篮子"供应价格应声回落，也在一定程度上缓解了物价上涨因素对低收入群体生活的影响。然而眼看着元旦、春节"两节"即将来临，刚刚有所回落的物价走势再度让人们绷紧了神经。

安徽省社会科学院研究员王开玉建议，一方面可积极开发就业资源，提供社区工作、钟点工、临时工就业机会，解决部分低收入群体的就业问题；另一方面逐步提高生活补助标准，建立物价上涨与生活补助的长效联动机制，并积极开展各种慰问活动，让特困群众感到温暖。

原标题《"两节"将至抬高通胀预期　多措并举合理"减压"》

2010 年 12 月 22 日　摘编自新华网

记者：马姝瑞　姜刚

"酒驾"入罪

日前，全国人大常委会对刑法"危险驾驶犯罪"条款进行了再次修改，根据最新的修改，醉酒驾驶机动车，不管情节是否恶劣、是否造成后果，都将按照"危险驾驶"定罪，处以拘役，并处罚金。

12月27日，安徽省社会科学院研究员王开玉在接受记者采访时表示，醉驾带来的危害是非常可怕的，一出事，那就事关人命。根据目前实行的法规，喝了酒开车，如果没有造成恶劣后果，很可能就什么事都没有，这无形中潜在暗示了司机喝酒开车，可以碰碰运气，有缝隙可钻。

王开玉非常支持"醉驾"入罪的最新修正案，"合肥已经进入了汽车时代，对醉驾一定要严管，关口前移、提前预防，它不仅仅对社会起到很大的教育和震慑作用，同时也体现出了交通严格管理的思路和意识，给交通管理部门带来了新的思考"。

原标题《大多支持严惩酒驾司机　合肥市民热议刑法"危驾"条款》
2010年12月28日　摘编自《合肥晚报》、万家热线
记者：谢华兵

2011 年度
微评社会

2011 年度微评关键词

"暂改居"、巢湖"拆市"、"空巢老人"、大学生村官、合肥经济圈、农民工、智慧合肥、重拾传统、"微博打拐"、合肥速度、"用工荒"、尊重民意、"民生答卷"、"中国式留守"、"文抄公"、执警遭暴、社区巴士、个税法、"禁烟"、行长论坛、微博、合肥新规划、政府"三公"、"合肥好人"、留守儿童、道德文化、"90后"、老龄化

主编参加"中国城市的未来：面向 21 世纪的研究议程"国际学术讨论会

主编参加亚洲地区社会保障研讨会

"暂改居"

从 2011 年 1 月 1 日起,《成都市居住证管理规定》将正式实行,成都将取消暂住证制度,全面推行居住证。流动人口将在劳动就业、医疗卫生、教育等 12 个方面享受与市民同等的权益。记者获悉,安徽省公安厅已经制定出户籍制度改革方案初稿并报送安徽省政府研究。据了解,方案将进一步放宽居民在城市落户的条件,体现公民平等权利。成都、深圳等多地推行的居住证制度将为安徽省户籍制度改革提供借鉴。

安徽省社会科学院研究员王开玉认为,推行居住证体现了城市文明进步,使城市外来人口身份合法化,有利于让他们融入城市,和城里人一样工作和生活,享受同样的权利和待遇。

目前,全国已有多个城市取消暂住证。大连、太原、沈阳、武汉、上海等多个城市先后取消暂住证。作为全国外来流动人口最多的省份,广东省已经在深圳、东莞、中山等外来人口集中地区进行多番试水,外来人口持有居住证后,将在社保、就业等方面,与城市居民享有平等的权益。

原标题《安徽省酝酿户籍改革 居住证制度成改革方向》
2011 年 1 月 1 日 摘编自合肥在线 - 江淮晨报、凤凰网、腾讯网、搜狐网
记者:王凯

农民工的休闲娱乐

缺少文化生活配套设施,正常休闲娱乐几乎为空白,精神需求得不到满足……记者在采访中发现,这种状况普遍存在于农民工群体之中。这些散落在城市各个角落的农民工兄弟,休闲方式单一,他们渴望得到关注。在日复一日的乏味生活中,一些农民工逐渐沉迷于赌博之中,他们选择用推牌九、炸金花、玩老虎机等打发时间,将血汗钱挥霍殆尽。

"城市市民有自己的生活圈子,文化娱乐的层次和休闲的方式与农民工

们有区别。城市的娱乐休闲设施，很少有面向农民工的，这造成了民工们业余生活十分匮乏。"安徽省社会科学院研究员王开玉说，"这种状况导致农民工无法融入城市生活，因为业余生活单调乏味，有些农民工成天酗酒、赌博，给自己带来伤害，也给社会治安带来隐患。"

不过，要从根本上改变农民工业余生活匮乏的局面，王开玉认为，首先要发挥农民工的主体作用。"要改变送几场电影、免费看几次演出来丰富农民工业余生活的方式，农民工的休闲不仅仅是被动接受慰问的过程，更应当让他们从被动休闲中走出来，自己创造自己的休闲生活。农民工演唱《春天里》在网络上走红，就是一个例证。"

王开玉说："有关方面要为丰富农民工业余生活创造条件。企业应当把丰富农民工业余生活，作为企业文化建设的重要内容，政府、社会也应当提供设施上的便利和其他方面的扶持。城市文化资源，尤其是公共文体设施，应当向包括农民工在内的全体公众开放。农民工文化生活建设应当成为城市文化和社会建设的重要内容，这样才能丰富农民工的休闲方式，提高他们的业余生活质量。"

原标题《睡觉打牌玩手机　合肥农民工休闲方式单一盼多彩业余生活》
2011 年 1 月 5 日　摘编自中安在线–安徽日报、安徽农网
记者：汪国梁

重拾春节传统年俗

2011 年春节，芜湖市民张鹏开车载着母亲、妻子和刚上幼儿园小班的儿子，一家四口来到了张鹏的老家——芜湖市繁昌县农村过年。说起小时候自己在老家农村过年的场景，张鹏滔滔不绝："我老家每年的春节都有舞板凳龙的习俗。村里大伙儿舞起板凳龙，穿村过户，鞭炮鼓乐齐鸣，别提多热闹了。这次回家过年，就让在城市出生长大的妻子和儿子见识见识。"

春节是中国人全家团圆、辞旧迎新的盛大节日。而随着生活节奏的加快，不少人对过年的民俗不再热衷，"宅"在家里、"K 歌"、"出国旅游"等活动受到不少年轻人的热捧，中国传统春节习俗似乎渐行渐远。然而，不少像张鹏这样的中国"80 后""90 后"年青一代选择重拾春节传统年俗，

努力营造过年的氛围，让春节过得有滋有味。

安徽省社会科学院研究员王开玉表示，社会上有"年味淡了"的说法，说明老百姓还是有对中国传统习俗的精神需求和盼望。中国年青一代重拾各种春节传统年俗，让年味代代延续，是对中国传统文化的传承，让人感到欣慰。

原标题《中国年青一代重拾春节传统年俗　为寻找遗失年味》

2011 年 2 月 5 日　摘编自新华网、国际在线、新浪网、搜狐网、凤凰网

记者：詹婷婷　王健

"微博打拐"

"微博打拐"引起很多人的关注。爱玩微博的朋友或许知道，2 月 5 日，合肥市淮河路步行街有一个光身乞讨的小男孩在微博上露脸。目前，通过微博的力量，警察已经帮他找到了家。

安徽省社会科学院研究员王开玉认为，既要解救乞讨儿童，又要严惩犯罪分子。其中一个较好的办法是，网友发现乞讨儿童后，悄悄拍照作为证据，并立即报警，警方着便服前来侦查，这样可以发现隐藏的操纵者，网友也可到公安部门作为证人。那些乞讨儿童，一部分是被拐卖的，一部分是父母或者亲人领着乞讨，因此需经警方确认再发布照片，也可以避免"误伤"这些乞讨儿童。

原标题《光身乞讨男孩通过微博打拐活动找到家》

2011 年 2 月 9 日　摘编自合肥在线、凤凰网、新浪网、搜狐网、安徽广播网

记者：韩震震　王凯

二手礼品，让您为难了吗？

烟酒、糕点、保健品……春节过后，家家户户都收到各式各样的礼品。如何处置这些二手礼品，不少市民头疼不已。留着自己用不了，时间长了就坏了；卖又卖不上价钱，一些回收店甚至干脆不收。同样是礼品，回收待遇也天差地远，一些名贵烟酒还能保住出厂价，而糕点之类的礼品过了

年就完全掉了价，连回收店的门都进不了。二手礼品就里外不是东西？回收市场是否尽如人意？

"现在的礼品回收市场大多是一种自发的状态，而且以赚钱为唯一目标，所以价格没有一个标准，卖方明显处于弱势地位。"安徽省社会科学院研究员王开玉介绍说，"回收店一般都各自为业，大多数是一口价，除非卖家愿意多跑几个地方比较一下，否则几十块钱的差价很正常，由于心里没底，市民宁可在家堆着放着，也不愿转卖。"

"民间自发成立的交易平台太少，而且交易程序也不够透明。因此，最好搭建一个自由交易的不以盈利为主要目的的平台，让市民各取所需，也好过贱卖给回收店。"王开玉建议说，"可由相关部门作为第三方牵头搭建一个交易平台，类似于二手市场，可以在网上发布交易信息，让第三方来监管，既可以保证产品质量，还能保证价格的公平，让这些二手礼品不至于白白闲置。"

原标题《二手礼品：搁在家里闹心，找地方变现难办》

2011年2月11日　摘编自中安在线–新安晚报

记者：康鹏飞

"高薪"乞讨

2月7日，看到微博上关于光身乞讨男孩的信息后，合肥警方帮他找到了父母，但2月8～10日，陆续有网友拍到光身男孩在乞讨。2月11日，合肥市公安局逍遥津派出所经过调查证实，光身乞讨的男孩并不是一个人，目前警方没有证据证明有人在控制他们乞讨。警方推测，巨大的利益应该是男孩光身乞讨的原因。

"利益应该是乞讨现象屡禁不止的根本原因。能获利，就出现了真正乞讨者，也出现了假乞讨者，也就出现了让自己孩子甚至是拐卖来的儿童，大冬天光着身子或者展露残缺肢体乞讨的现象。"安徽省社会科学院研究员王开玉在分析利用儿童乞讨的现象时说。

"很多人觉得那些孩子可怜，出于同情就随手给他们点钱，但同时那些利益既得者会利用这一点让孩子继续乞讨。"王开玉称，"给乞讨儿童钱，孩子会继续乞讨，不给的话，孩子背后的人就会打孩子，所以，我觉得应该重点打击那些操纵儿童进行乞讨的人，包括孩子的父母。"

原标题《光身乞讨，月薪可高至六千？》
2011 年 2 月 12 日　摘编自《江淮晨报》、凤凰网
记者：彭叶苗　胡建松　韩震震　卓旻

公布领导手机号

2010 年 12 月 15 日，池州市 102 名市直单位主要负责人的联系电话和手机号码刊登在当地报纸上。由此，为期半年的池州市"千名干部下基层访民情听民意解民忧惠民生"专题活动正式启动。

安徽省社会科学院研究员王开玉说："近年来，中央对农村和群众工作十分重视，池州市的这种做法有积极的作用，希望池州市能坚持做下去，同时畅通其他渠道，让老百姓有更多反映问题、提出意见的渠道，真正把好事做好。"

原标题《池州：领导手机号公布之后……》
2011 年 2 月 17 日　摘编自中安在线 - 新安晚报
记者：李阔　向前　朱春友

"用工荒"玩摊派

为帮助县工业园区招工，2011 年年初宿松县进行了有针对性的部署，向全县各个乡镇分解招工任务，并根据任务完成情况进行奖惩。为做好宿松县工业园区企业招工工作，程岭乡党委政府出台了详细可行的奖惩办法，对完不成任务的村干部采取倒逼制度，不达标的要被罚钱、停职甚至免职。

2 月 17 日下午，在接受记者采访时，安徽省社会科学院研究员王开玉认为，宿松县摊派招工任务的做法，也许在一定程度上有助于缓解该县工业园区的企业"招工难"问题，但是并不能从根本上解决现在的"民工荒"。工人就业和企业招工都是市场经济行为，不管企业招工难，还是工人难就业，从根本上说都是市场经济规律决定的，在不会因人的意志改变而

改变。

王开玉表示，就程岭乡出台的这种招工奖惩办法，对完成任务不达标的村干部进行行政处罚，很显然是不合适的。王开玉坦言，乡镇领导和村干部的主要职责是做好当前的本职工作，而不是帮助企业招工，招聘员工只是企业的自主行为。如果为了完成上级政府下达招工任务而荒废了本职工作，那么就是不负责任。

同时，王开玉还建议，在应对企业用工荒困境之时，政府部门应该从建立如何能留人的软环境上着手，提高工人工资待遇和福利待遇等各种保障，改善工人生活条件，用环境吸引人。着眼长远，地方政府如果不在留人的软环境上下功夫，就算暂时招来工人，早晚也得走人，更别说解决"用工荒"困境了。

原标题《招工缓解"用工荒"也玩摊派　专家建议从软环境上着手》

2011 年 2 月 18 日　摘编自《江淮晨报》、万家热线

群租禁令下，蚁族何处居？

卫生和安全状况不佳、缺少隐私、生活互相干扰、损害其他业主权益……群租房的危害，有一大堆。为遏制"群租"这一顽症，2011 年 2 月 1 日国家开始实施《商品房屋租赁管理办法》，明令禁止目前房屋租赁市场中将房屋分拆、隔断、"化整为零"的群租行为。

安徽省社会科学院研究员王开玉认为，讨论群租问题，使我想到一件事。香港刚回归不久，大量移民涌入香港。面临住房和就业难题，香港特区召开"亚洲地区社会保障研讨会"，受中国社会学会会长陆学艺委托，我代表中国社会学界参加会议。会议可以自主选题，我就选择了"移民进入香港后的住房问题"。会议安排我们在九龙地区考察，我看到移民的俩姊妹还住在阁楼上，这个阁楼是日本人建的木板房，容易引起火灾，引导移民的志愿者就把她们的住房情况登上报纸，向全社会呼吁，向移民部门申请解决住房问题。特区政府调查后，解决了这对姐妹的住房问题，主要措施包括向这一群体发放住房补贴、提供低租金的住房，以后住得如何就要靠她们自己的收入。

此次住房与城乡建设部明令禁止群租，现行的法规规定，擅自"居改

非"属违法行为。然而，因为群租房的主要需求者为一些低收入群体，如大学生蚁族、外来务工者，他们买不起房，也租不起正规小区，所以只能选择较廉价的群租房。只有解决这部分人的需求问题，才能从根本上解决群租房问题。我认为解决群租房问题，要从现实出发，要做负责任的政府，不能光禁止群租房，而是应该在现有的基础上不断改善人们的住宅条件，租房问题是无法取缔的，因为它是一种市场行为。

我觉得我们应该向特区政府学习，首先呼吁将住房和租房补贴当作一种社会保障，补贴给农民工、大学生等收入不高的群体，给予适当的资金补助，树立改善低收入人群住房条件的意识，不能一张纸、一刀切，这样到最后伤害的还是那些低收入人群。其次，有关部门要切实负责，对存在隐患的住房区域，要定期检查以保障居住者安全。最后，政府要大力推进廉租房、廉租公寓等制度，从制度层面解决低收入人群的住房问题。也可以在政府指导下，由社会力量组建适合外来务工人员居住的廉价宿舍公司，把闲置的旧厂房、办公楼和交通便利的郊区农民住宅简单装修，添置消防安全器材，由专人负责管理，政府给这种经营单位适当的财政补贴。另外，新毕业的大学生等青年人依然会感受到压力，尤其是在廉租制度还不完善地区的大学生，他们中的很大一部分还没有被纳入廉租系统。如果保障措施不到位，将会给学生的职场发展，造成很大的影响。而从长远来看，城市的发展一定要注入新鲜的血液，建议把低收入的大学生也纳入廉租房体系，这样可能对解决大学生居住问题有一定现实意义。

原标题《合肥发群租禁令专家称意义不大 蚁族盼廉租房》
2011 年 2 月 21 日 摘编自《合肥晚报》、腾讯网、中国新闻网

"逢节必堵"

每到节假日或者周末，大家都有一个共同的体会：公交车怎么那么少，好不容易来一辆公交车，所有人争着往里冲，结果从前门到后排每一个空隙都挤满了人，以至于下车都成了麻烦事，对此有市民戏称是"上车不易下车也难"、坐公交无异于受罪。上个周末，合肥交通出现了节后首个井喷高潮，公交车上挤疯了、打出租车要靠抢，路面上拥堵不堪。不少市民希

望，既然这些逢节必堵、逢集必堵的现象可以预见，相关部门理应提前进行预案决策。

安徽省社会科学院研究员王开玉表示，城市交通是每个社会参与单位的共同责任，并不仅仅是末端管理的问题，城市公交、出租车主管部门以及市民都有义务来维护；对于可预见的"逢节必堵"的状况，不能指望最末端管理的交警部门来全权负责，所有相关部门都应该要共同谋划，提前做好应对预案，比如公共交通车辆等相关交通工具运营的调配和管理等。

原标题《合肥交通出现节后首个井喷高潮　市民希望有关部门能提前决策》

2011 年 2 月 21 日　摘编自合肥在线－合肥晚报、新华网、凤凰网

记者：谢华兵

城市建设，应尊重市民意见

《合肥晚报》关于"阜阳北路高架规划方案"的报道，给大家提供了一个积极主动研究探讨的平台，让市民参与其中，这对自己生活的这座城市大有益处。

受访人：王开玉（安徽省社会科学院研究员）

23 日晚，得知记者要采访时，王开玉开头便说："我已经在《合肥晚报》看到了报道，也比较关注。"

王开玉说，从市民立场来看，像修高架、绿化大会战这类民生工程，他们特别关心。这类事件涉及他们的切身利益，他们也最有发言权，因为他们生在合肥，长在合肥，对情况最了解。市民希望作为城市的一分子，在政府决策中能有一定的话语权，自己能得到尊重。而市民自身也应该以主人翁的姿态，对待这个城市成长中的每一件事。对合肥的城市大建设，市民只有以主人翁的态度参与其中，才会有大局意识、责任感和荣誉心。也只有这样，才能切实维护好自己的利益。

从政府角度分析，每一个事关百姓利益的战略决策，都应该迅速化为群众的行动。"集中了群智群力的决策会更加科学，实施起来也会更加有效。"王开玉称，"在重大决策实施之前，政府应该'问、听、对话'市民。对话有多种方式，随着互联网平台的完善，论坛、微博都应

该成为政府与市民交流的平台。"

原标题《修高架是大家伙自己的事儿》

2011 年 2 月 25 日　摘编自合肥在线－合肥晚报

记者：吕珂

乡政府欠个体饭店 40 万

在短短的几年内，临泉县张营乡政府在马士国和李德义所开的两家饭店消费，拖欠招待费数十万，两位当事人十多年来多次讨要无果。此事经《江淮晨报》报道之后，引起了当地政府的重视和社会的广泛关注。

对张营乡乡政府拖欠巨额招待费一事，安徽省社会科学院研究员王开玉表示："这件事太影响政府形象了，久拖不还弄丢了政府的公信力。张营乡乡政府几年内吃垮几家饭店，欠下数十万元招待费，正如同张营乡副书记于广海所说，和乡政府的其他外债相比，只是个小数目；但对于马士国和李德义这样的普通老百姓来说，张营乡政府拖欠的近 40 万元，是他们多年劳动的积累。"

王开玉认为，公款吃喝欠费现象在全国各地绝非少见，公款吃喝腐败现象已极为严重地损害了党和政府的形象。王开玉建议，当地政府应该好好考虑解决问题，而不再是一味地"我们认账，但实在是没钱还"。

原标题《安徽乡政府欠个体饭店 40 万　当事人索要十年未果》

2011 年 2 月 28 日　摘编自合肥在线－江淮晨报、搜狐网、南海网

记者：方佳伟

"空巢老人"

随着老龄化社会临近，农村养老问题一直备受关注。而现实问题是，面对农村养老难题，每个村都建设敬老院，将所有老年人全部集中供养不切实际，而营利性托老院费用较高，大部分农村老人住不起，农村养老模式的现状及农村老人养老问题值得我们关注。

针对农村"空巢老人"现象的日趋严重，安徽省社会科学院研究员王开玉分析说，家庭联产承包责任制实行后，由于青壮年人口外出务工，一

些农村地区出现了大量空巢家庭，因此在对"空巢老人"的照顾上产生了现实问题。农村依靠家庭养老，但由谁来向老年人提供经济支持、日常生活的照料以及精神上慰藉，这是个实际问题。

原标题《农村老人期待　老有所养病有所医》

2011 年 3 月 2 日　摘编自《石家庄日报》、新华网

记者：赵石星

"空白"的水上应急救援

3 月 1 日，温州女子陈某在合肥市黑池坝落水，警方花了 4 个小时才找来一支由渔民组成的业余打捞队，让人大跌眼镜。这起悲剧的发生，带给人们的除了叹息，还有对合肥水上应急救援机制的思考和质疑。对此，不少社会有识之士呼吁政府有义务牵头构建一个成熟的应急救援机制，将水上救援、公益打捞进行系统化、正规化。不能再让市民落水，其他人只能站在岸边干着急，眼睁睁地看着错过最佳救援时间的现象发生，要珍惜、尊重生命，让生者坚强、让死者安息。

安徽省社会科学院研究员王开玉表示，近些年来，合肥加大了园林城市建设速度，城市水域面积增多，市民落水的危险几率相对增大，因此，建立这种水上应急救援机制显得更为迫切。

原标题《捞人渔民是 110 花重金求来的》

2011 年 3 月 3 日　摘编自合肥在线－合肥晚报、凤凰网

记者：谢华兵

"民生答卷"

物价、就业、收入分配、社保医保建设、房地产调控……一系列民生议题如人们在"两会"前所预料的那样，占据了 2011 年全国"两会"《政府工作报告》的较大篇幅。随着中国改革开放深入推进，各种民生问题日益凸显，保障和改善民生不仅是重要的经济、社会问题，更是"重大政治问题"。

新华网"两会"民意调查显示，抑制房价、"让百姓居者有其屋"名列

榜首。政府工作报告提出，要坚定不移地搞好房地产市场调控。主要措施包括进一步扩大保障性住房建设规模；进一步落实和完善房地产市场调控政策，坚决遏制部分城市房价过快上涨势头；建立健全考核问责机制。

安徽省社会科学院研究员王开玉认为，"民生时代"的"两会"因为承载着更重要的使命而比以往任何时候都更受瞩目。只有求真务实解决民生难题，才能真正实现下情上达、不负人民重托。

原标题《"民生答卷"温暖民心》
2011 年 3 月 7 日　摘编自新华网、凤凰网、腾讯网、网易新闻
记者：蔡敏　刘翔霄　陈君

"中国式留守"

随着中国经济快速发展及农业机械化的普及，越来越多农村青壮劳动力离开土地涌入城市，通过务工换取比种田更丰厚的报酬。然而，随之也形成了独特的"中国式留守"——大量妇女留在老家，独自承担耕种、赡养老人、照顾孩子等重担。

据国家民政部统计，目前全国有 8700 万农村留守人口，其中有 4700 万留守妇女，留守妇女占留守人口的 54.2%。而来自全国妇联的统计则显示，妇女已占中国农村劳动力的 60% 以上，她们挑起了农业生产、抚育小孩、照顾老人的担子，还成为参与农村管理、建设的主力军。

长期研究中国农村社会问题的安徽省社会科学院研究员王开玉指出，留守妇女除了长期承担繁重体力劳动而健康堪忧外，还普遍存在精神负担重，安全感低；培训学习少，发展能力弱；文化素质低，教育子女困难；夫妻交流少，婚姻关系脆化等特点。这一弱势群体如果不得到充分的关爱，极易成为影响农村社会稳定、和谐的隐患。

王开玉建议，有针对性地依法制定农民工农忙假、探亲假等制度，以增加农民工夫妇团聚和交流的时间。

原标题《统计称我国有 4700 万农村留守妇女　精神负担重》
2011 年 3 月 7 日　摘编自新华网、腾讯网、中国常州网
记者：蔡敏　李云路　明星

维权"3·15"

元旦、圣诞节、春节、劳动节、国庆节的商家大战已经不是新鲜事了，如今是个节，都能看到各路商家纷纷出招，你家大促销，他家大特价，而"3·15"消费者权益日虽不是传统的节日，也不是舶来的洋节，却因其特殊性大受商家青睐。"3·15"又到了，当消费者们关注自己的权益有没有受侵害时，精明的商家们却将"3·15"作为促销日，推出令人眼花缭乱的促销活动，"3·15"已然成了第四大黄金周。

安徽省社会科学院研究员王开玉告诉记者，"3·15"是消费者、商家和管理者共同的节日。他认为商家在这样的日子促销，提供一些价廉物美的物品是不错，但是促销还是从商家自己利益出发。他希望商家理解这个节日的内涵，在提供部分价廉物美的产品之外，能更多地关注消费者还有哪些需求，哪些做得不够，可以做得更好，这样才更有意义，更能保护消费者权益，并取得消费者的信任。

王开玉认为，保护了消费者的权益，才是商家最大的促销、最好的促销。同时，实际上也是维护了商家自己的权益，"希望每年的3·15，能把商家的职业道德水平提高到一个新的水平，使消费者权益保护更深入一层，每一年落实新的举措"。

原标题《"3·15"成第四大黄金周　部分商家促销活动冲淡维权主题》
2011 年 3 月 15 日　摘编自合肥在线－合肥晚报

专家论剑最低工资标准

全国"两会"上，总理政府工作报告中特别提出要在"十二五"期间稳步提高最低工资标准。人社部部长明确表态，将根据相关情况，来调整最低工资标准。2011 年的安徽省政府工作报告中指出，安徽将继续提高最低工资标准。最低工资年均增速达到多少较合适？如何让更多人从中受益？会不会因此加重通胀预期？

安徽省社会科学院研究员王开玉认为，2010 年全国有 30 个省区市提高最低工资标准，进入 2011 年以来，目前又有 6 个省份再次提高最低工资标准，2011 年很可能还有相当多省区市要继续提高最低工资标准。提高最低工资标准，对于提高劳动者的报酬，特别是企业一线工人的工资，有非常重要的作用。2010 年全国最低工资标准增幅大约在 24%，其中江苏省更是连续两次上调，最高上调幅度达到 25% 左右，舆论普遍认为"应该说比较高"。当然，这里有一个客观原因，就是金融危机以来，我们暂缓调整企业最低工资标准，有两年时间没调，所以 2010 年增幅比较高。但安徽省最低工资调整滞后于全国平均速度，处于全国倒数位置，合肥市在省内相关标准最高，也没超过每月 720 元。据我了解，安徽省人社厅正在关注研究最低工资标准调整问题。可能顾虑较多，因为提高最低工资标准不是一个简单问题。我认为，化解工资上涨影响的途径也并非单一的，通过提高劳动效率、技术含量、管理水平，压缩相关费用等渠道，都可以化解部分工资增长带来的成本压力。

原标题《专家论剑安徽最低工资标准》

2011 年 3 月 15 日　摘编自《合肥晚报》、新华网

"狼友俱乐部"

位于三孝口邵氏电脑城西侧写字楼中，一家名为"至爱爱吧"的交友俱乐部，采取会员制牵线搭桥，为众"狼友"提供"玩耍"的机会。从经营性质上来说，"至爱爱吧"并没有违法，它好比一个婚介公司，为双方提供联系的平台。这种"擦边球"在法律上的确很难界定。

安徽省社会科学院研究员王开玉认为，现如今类似的交友平台在网络上屡见不鲜，主管部门理应对这类行业进行规范。王开玉说，交友俱乐部的存在有一定积极意义，"很多年轻人通过这样的平台相互认识，以此组织一些集体活动，比如踏青、聚会……实际上拉近了人与人之间的距离"。但受时下不良风气的影响，很多年轻人一味追求刺激，催生了以此为土壤获利的"特殊"交友平台。

"违背道德和违反法律，有时只有一步之遥。"王开玉认为，如果任由这些不良交友平台发展，会对社会中形成的道德底线构成威胁。因此，如果法律没有对这个"盲点"进行明确界定，行业主管部门就应该定出

相关规则。

原标题《合肥出现"狼友俱乐部"主管部门称打色情擦边球》

2011 年 4 月 19 日　摘编自《江淮晨报》、万家热线

记者：韩畅

社区巴士

与刚开始运营时的冷清不同，现在合肥的社区巴士出现了越来越热的迹象。4 月 18 日下午，记者在经开区、高新区的部分社区巴士线路探访时发现，社区巴士上座无虚席。票价便宜、班次多是外出居民选择社区巴士的主要原因。

安徽省社会科学院研究员王开玉长期关注合肥社区巴士的进展，一直以来，社区巴士的亏损问题让他担心。不过，随着社区巴士的渐热，王开玉逐渐有了信心："长远来看，社区巴士最终还是会盈利的，只不过是时间问题。"

"现在都在推广绿色出行，我认为大力推广社区巴士就是推广绿色出行。"王开玉建议，政府在对基础设施建设进行大投入的同时，也要注意对公共交通增加投入，当然社区巴士今后也要"争口气"，逐步摆脱依赖政府补贴的现状。"好的交通环境也是居民的幸福指数之一，现在大家虽然吃穿不愁了，但是都普遍感受到出行难的问题。"王开玉认为，合肥市的社区巴士应当逐渐增多，做到真正地开到居民的家门口，让大家体会到公共交通的好处。

"如果社区巴士真正成熟了，就没有那么多人依赖私家车、出租车了，毕竟油价越来越贵了，谁知道十年后是个什么样呢？"王开玉设想，社区巴士如果今后越来越多，坐车的人多了，社区巴士盈利也就有可能了。

原标题《社区巴士能否多开几路？》

2011 年 4 月 19 日　摘编自中安在线、网易新闻

记者：姚一鸣

独居老人死亡无人知

尽管已经 84 岁高龄，但平日里老太太精神矍铄，身体硬朗的她时常迈

着小脚跟随着左邻右舍一同散步、买菜，但从上周起，这个身体硬朗、性格开朗的"老好人"，却突然消失在众人视线之中。直到 19 日上午 10 时许，在一阵惊慌失措的嘈杂声中，人们才发现，老太太已死在里屋的墙角多日，死亡时间至少在一周以上。

安徽省社会科学院研究员王开玉接受记者采访时表示，独居老人的骤然离去加上相隔多日才被发现的类似新闻在媒体上已屡见不鲜，不得不重新提到一个特殊群体——都市空巢单身老人。"这类老人不同于五保户群体，因为老伴离去，子女不能长时间陪同身边服侍照料。目前，这类群体大多采取居家养老方式颐养天年，跟过去相互生活在一起几世同堂大家族完全不同。"

老人生活安定有规律，子女往往会忽略了老人的隐性身体健康问题，一旦发生意外，很难获知老人的最新近况。"建议定期做好老人的健康记录调查，同时让街道社区做好老人互访机制，也可发动小区内的老人，哪怕是相互之间随手敲下门、打电话问候，这些微不足道的举动都会让彼此感到温暖。"

原标题《八旬独居老人死亡一周无人知》
2011 年 4 月 20 日　摘编自《市场星报》、凤凰网、半岛网、网易新闻
记者：殷艳萍　张婧　张敏

个税法修正案

国家税务总局近日宣布，将加强对高收入者个税的征管，股权转让、房屋转让、利息股息红利成重点。加强对高收入者个税征收能否达到调剂社会公平预期目的？个人所得税该达到什么样的水平才更合适？合肥各界人士纷纷通过《合肥晚报》表达自己的看法和观点。

作为国内较早研究社会结构的学者，安徽省社会科学院研究员王开玉对加强征管高收入者个税的新闻很是关注。"合肥是全国第一个做大规模的社会分层调查的省会城市，当时我们就提出个税要实行'调高、扩中、提低'。"王开玉说，有些学者认为 3000 元的个税起征点偏低，其实不然，3000 元只是一个基点，具有在全国统一实施的意义。整体上来说，税率结构调整为七级累进税率，将有超过九成的个税纳税人税负减少，极少数高

收入者税负适度提高。

随着居民收入的不断提高，个税起征点也应保持动态性。像合肥这样一个正在高速发展的城市，实行七级累进税率，非常有利于稳定"两头小、中间大"的社会结构，通过加强对高收入者的个税征收，同时提高个税起征点也会适度将富裕阶层的税收转移到低收入者的各种社会福利中去，为二次分配打下基础。

原标题《合肥各界人士热议个税征收　高收入人群将成监管重点》

2011 年 4 月 20 日　摘编自合肥在线 – 合肥晚报

记者：吴奇　吕珂

网民的"群"生活

随着互联网步入"后门户时代"，个人的网络话语权越来越得到彰显，基于各种网络交流平台，形形色色的圈子和群层出不穷，年轻人也越来越认同这种圈子文化和群交流的方式，群的影响已经从网络延展到社会生活的方方面面。现在网络上流行的群按照其平台大概有三类：第一类，网络论坛群。如豆瓣读书小组、明星官网粉丝群、游戏论坛群、小说网站群，这些论坛群的"群众"通常是原论坛的网友，他们根据不同的兴趣爱好和需求团聚成一个个特色鲜明的群组。第二类，聊天交流群。这类群是网友们最常用的，如 QQ 群、MSN 群、飞信群、阿里旺旺群。第三类，博客跟随群。这类"群众"是网友中的时尚人群，他们大多都是年轻人，通过博客和微博平台建立自己的网络人际圈子，经常采用"跟随"或"围观"的方式表示对某一话题、行动或某个博客的关注。比如春节期间成为网络热门话题的"微博随手拍解救乞讨儿童"，就在短短的几天时间里，吸引了成千上万的网友参与。还有博主发布了"拼车""拼旅游"之类的话题，也很快得到广泛响应。

安徽省社会科学院研究员王开玉针对群现象分析说，由于网络技术的成熟和网民表达意见意识的觉醒，代表着意见和信息交流平台的群也就应运而生并且兴盛起来。

回首"群"发展的过程以及在网络上呈现的千姿百态，王开玉认为，网络世界中的群现象，都是现实生活的反映。群在现代社会中已经不仅仅拘囿于网络世界的角色和作用，今后将会随着技术和公民素质的提高，在质和量上都有飞跃性发展。

"群看似是小团体行为和非主流文化，但是众群集成的网络已经成为不可忽略的舆论阵地。在这种情况下，一方面政府部门应该认真研究这种新兴的社会趋势，并积极引导，以提高网友的鉴别能力与鉴赏能力；另一方面也不应忽视主流媒体的引导作用，毕竟在网络新时代，很多只有群认可的主流价值观才会真正深入人心。"王开玉说。

原标题《今天你"群"了没有?》

2011 年 4 月 23 日　摘编自新华网、半月谈网、扬州新闻网、中国广播网

记者：熊润频　鲍晓箐　洪珊

黄山上演人体彩绘秀

4 月 22 日，黄山区的国家 4A 级芙蓉谷风景区举办了一场裸体人体彩绘秀。因为这个原因，这几天该景区一度成为网络热点。记者从黄山区文广新局了解到，该违规演出早在 4 月初就被有关部门"叫停"，但景区一直我行我素。景区为何频繁上演裸体人体彩绘表演？

"许多组织者都是从商业角度、从社会的轰动效应角度去策划人体彩绘表演，从而导致人体艺术逐渐变味。在这种策划思想的影响下，公众也是从新奇的角度去审视人体彩绘，很少关注人体彩绘的艺术性。"安徽省社会科学院研究员王开玉认为，人体彩绘本无可指责，但要选择适当的时间和地点。

"景区的美在于自然山水之美、人文景观之美。"王开玉坦言，当前，不少旅游景区的商业炒作正在走向庸俗化，已经逐渐步入一种误区，"以女性裸体彩绘来吸引游客，短期内也许可以吸引众多游客，增加景区的经济收益，但是这样的活动无疑是排挤景区的本源文化，使景区文化贬值。"

原标题《黄山上演人体彩绘秀　专家：景区炒作庸俗化》

2011 年 4 月 26 日　摘编自《江淮晨报》、新华网、和讯网

记者：方佳伟

公车改革还是化公为私？

安徽省电力公司近年来以"车改"之名，为全系统约 300 名副处级以上干部配备公务自驾车，标准逐年提高，从最初的奇瑞汽车到现在价值 20 万元的一汽迈腾和帕萨特。一切车辆手续及费用由公司负责，拿到车钥匙后，该车就归干部自驾了！这是公车改革还是化公为私？

对此，安徽省社会科学院研究员王开玉毫不讳言地说："一是这些带有垄断性质的国企挣钱太容易了，"不差钱"以至于乱花钱；二是一些国企的公款支出缺乏有力的监督；三是不少国企仍按党政部门标准划分行政级别，属典型的官商思维。"

目前，安徽省电力公司全系统有各类身份的职工约 7.5 万人，副处以上干部约 300 人，占总人数约 0.4%。据了解，安徽省电力公司处级领导的年收入为 30 万元左右，与普通职工的收入差距很大。有些职工说，管理干部已有高收入，还要享受高福利，变相侵占国有资产，这让普通职工怎么想？

"安徽省电力公司领导开车不用花费，甚至还可以把公车变成自己的私有财产，如此行为实在恶劣！这极大地损害了国企形象，让政府威信打折！"王开玉说。

原标题《安徽电力公司为副处以上配公车　人手一辆随意自驾？》
2011 年 4 月 27 日　摘编自新华网、凤凰网、网易新闻
记者：葛如江

传统文化推动原创动漫

动漫产业黄金时代渐临，蕴含中国传统文化元素的原创动漫作品成为中国动漫从业者切入世界动漫产业的重要模式。一部部贴有"中华文化"标签的动漫作品，飞上荧屏、网络和人们的书桌，吸引了越来越多的眼球。58 集动画片《黑脸大包公》实现国产动画登陆日本"零"的突破，原创漫画图书《三国演义》以十多个语种的版本出版、芜湖方特主题公园以富有中国元素的动漫项目吸引中外游客、蕴含中国传统文化元素的《花木兰》《功夫熊猫》等美国动画大片在口碑和票房上都取得了佳绩。而让原创

漫画《四大名著》总编创陈维东意外的是,《四大名著》在海外销售屡创佳绩。

安徽省社会科学院研究员王开玉认为,中国的古老历史和悠久文化一直是国内外文艺作品中很"火"的主题。而随着近年来中国综合国力上升以及与各国经贸文化交流不断加深,世界各国也愈加对中国这个既古老又现代的国度感兴趣。

原标题《中华传统文化热潮推动中国原创动漫"蔓"向全球》

2011 年 4 月 27 日　摘编自新华网、凤凰网、网易新闻、荆州新闻网

记者:詹婷婷　王立武

"礼让斑马线"

斑马线是行人的生命线,礼让斑马线就是礼待生命。然而斑马线上出现的不文明交通现象却让人触目惊心。4 月 28 日上午 9 点半,合肥市交警部门在长江中路与宿州路交叉口组织了一场"文明驾驶人,礼让斑马线"活动,呼吁所有交通参与者主动礼让斑马线,绘制一道亮丽的交通文明风景线。

安徽省社会科学院研究员王开玉表示,小小斑马线上的文明,恰好体现了一座城市的交通管理水平,它既关系到人们的生命安全,也从一个侧面反映这座城市的文明指数、和谐程度。

王开玉认为,"礼让斑马线"其实不仅仅指各类车辆,还包括行人在内的所有交通参与者都应该学会"礼让","现在不少行人不走斑马线,乱穿马路,甚至是随意闯红灯,这些交通陋习让人很头疼,而且对那些遵守交通规则、懂得'礼让'的司机是不公平的,所以行人和司机应互相礼让、相互尊重才是"。

原标题《礼让斑马线给您竖大拇指》

2011 年 4 月 28 日　摘编自合肥在线 – 合肥晚报、中安在线

记者:芮峰　谢华兵　朱敏　孟祥节　虞俊杰

官员公开承诺书

3 月初,滁州市妇联副主席准备了一份自己的承诺书,这是关于

今后工作的承诺，将接受社会的监督。4月28日，与滁州市妇联副主席一起，滁州市市直单位几十位副职官员一同将各自的"承诺书"亮出，29日还会有另一批干部公开承诺，承诺者总数为100名。"承诺"公开亮相，赢得滁州不少市民的"掌声"，市民认为透过承诺可以了解一些部门2011年的工作计划，但也有人担心这种承诺会流于形式，成为空话。

安徽省社会科学院研究员王开玉称，公开承诺书是一件新鲜事，应该鼓励。他表示，让工作在阳光下运作，符合群众对干部的期望，也能促进干部竞相发展，这会给干部的工作带来活力。"这个形式很好，是一种新的工作方法。"王开玉说，"通俗地讲，就是动员干部把自己的工作计划拿出来，向群众征求意见。"

王开玉说："如果在监督上下功夫或者确保货真价实的承诺——得以履行，这种行为肯定会受到市民的欢迎。"

原标题《安徽滁州市直单位百名副职官员将公开承诺书》

2011年4月29日　摘编自合肥在线－江淮晨报、新浪网、凤凰网

记者：孟庆超

"盲道"的困窘

停车、摆摊……只要是非法占用盲道的行为，今后可能将被处以罚款。日前，国务院法制办公布了《无障碍环境建设条例（征求意见稿）》，对此进行了明确。5月5日，记者探访发现，街头盲道被挤占现象还很普遍。而盲人朋友则说，最怕走在盲道上撞到障碍物，盲道"帮倒忙"让人很头疼。

"我考察过合肥市的无障碍设施建设，无论是数量还是质量都很好。但利用率比较低，没有真正实现无障碍设施的物尽其用。"安徽省社会科学院研究员王开玉说，"尽管合肥市无障碍设施完善，也要适当地对残疾人进行培训，更重要的是重视无障碍设施后期的管理和修缮。"

原标题《挤占盲道　小心挨罚》

2011年5月6日　摘编自中安在线－新安晚报、新浪网、和讯网

记者：伍静　姚一鸣

大学生"村官"

2008 年 3 月，中共中央组织部会同教育部、财政部、人力资源和社会保障部召开选聘高校毕业生到农村任职工作座谈会，部署选聘高校毕业生到农村任职工作，大学生"村官"工作进入全面发展时期。虽然大学生"村官"与中国 20 世纪六七十年代知识青年"上山下乡"活动的背景截然不同，但他们也有相似之处，那就是用知识服务乡村和解决大学生就业问题。自 2008 年 3 月大学生"村官"工作在全国开展以来，共有 130 多万名高校毕业生报名应聘，目前全国有 20 多万大学生"村官"在岗。

安徽省社会科学院研究员王开玉表示，招用大学生当"村官"，可以为农村注入新鲜血液，有利于农村的发展。"在他们的'村官'实践过程中，政府应当在制度上给予更多支持帮助。在他们任职期满后，相关部门和社会也应当为他们的出路创造一些积极的条件。"

原标题《大学生村官：我的"下一站"在哪里？》

2011 年 5 月 9 日　摘编自新华网

记者：詹婷婷

不务正业的"科长"

安徽省阜南县粮食局人事科科长郭金玉上班期间看一档与工作无关的电视栏目，记者遇到并拍下了这一场景，郭金玉当场发飙扬言要将记者轰出去。5 月 12 日下午，阜南县粮食局对此做出回应，称当事人态度粗暴，已经被严肃批评，并被要求做出书面检查。

安徽省社会科学院研究员王开玉认为，一个公务员面对记者的监督尚且如此理直气壮，视监督于虚无，那么其在对待一般群众之时的作风与态度可以想象。王开玉表示，粗暴的态度和作风会给政府工作和形象造成极大的负面影响。政府机关单位不能天天嘴上说要加强机关作风建设，而是要落实到位。王开玉建议，对于那些上班时间不务正业的公务员，纪委等相关部门不能一味姑息，必须采取有力的问责举措，进一步提高问责的执行力。

原标题《阜南一科长上班看视频被拍后发飙 已被责令做检查》
2011 年 5 月 13 日 摘编自合肥在线－江淮晨报、新华网
记者：方佳伟

微博"表情图"

有座位的人得意、上车的开心、在通道中被挤变形的人抓狂、没挤上车的人流泪……一幅由网友制作的"公交车乘客表情图"发布到微博上后迅即走红。之后，银行排队图、地铁表情图、春运买票图等各种版本纷纷涌现。这些本来见惯了的表情组合到一起却引起了网友的极大共鸣，网友纷纷大呼：太强大了，简直就是我心窝子里想的啊！太有才了有没有啊！

而在另一张"办公室"表情图里，悠闲地泡着茶的董事长，一脸扭曲训人的总经理和战战兢兢的员工，甜美微笑的前台和酷酷的来访者让人忍俊不禁。一个个隔开的工作间里，有人哈欠连天、有人在对着如山的工作头晕目眩不知从何下手、有人对着电脑向心上人表白、有人已进入了梦乡、有人干脆不在位子上。"太贴切太形象了有没有！""这不就是我们单位的办公室吗？"

"这种艺术形式是网友的调侃、宣泄，更反映了普通老百姓的诉求和愿望。"安徽省社会科学院研究员王开玉接受采访时表示。表情图是网友情绪的宣泄，反映的都是普通民众的心声和诉求。"对这些调侃和宣泄需要有包容的心态，要允许宣泄、尊重宣泄，和而不同地生活才能更精彩，社会才能更和谐。"王开玉研究员表示，"对这些表情图，相关职能部门不能一笑了之，而要看懂背后包含的心酸与无奈，积极寻求解决的办法。"

原标题《这就是我们的办公室，我们的生活！》
2011 年 5 月 14 日 摘编自《半岛晨报》、北国网

"暴力"微博

近日，阜阳市颍泉区公安分局在其官方微博"@颍泉公安在线"上发布消息称："暴力抗法者之所以嚣张狂妄，暴露出一些地方行政执法的疲

软，公权的萎缩。唯有迎头痛击，方能扶正驱邪，固我江山。"此微博发布后，迅速蹿红网络，并引来数千名"粉丝"围观和评议。记者就此事前往颍泉区公安分局进行调查，得知该微博是该局一名民警所发。他说："当时，看到外地暴力抗法事件比较多，才有感而发的，这仅是个人观点。"

"一句话可以使人笑，也可以使人跳。"安徽省社会科学院研究员王开玉认为，"颍泉区公安分局官方微博发布这样的内容，不仅不能震慑到那些暴力抗法者，反而在网络上激起了网民的强烈反应，说明公安机关在与网民的沟通方式和手法上还需要改进。"

王开玉说："随着网络的日益发达，网民数量的增加，现在不少政府部门和执法部门纷纷开通官方微博，通报信息，与网民开展互动，这一点是值得肯定的。官方微博不是个人微博，上面所发布的信息只代表本单位，不代表个人。"王开玉认为，颍泉区公安分局本意可能是想与网民沟通，打击暴力抗法，但在语言使用和对暴力抗法、化解官民矛盾上，可能与网友认知存在差异。"警方在处理这些问题时，要在法律的框架下，去寻求解决，而不是激化内部矛盾，偏离法治轨道。"

王开玉建议，已开通官方微博的政府行政和执法部门要学会与网友沟通的技巧，站在老百姓的利益上去考虑问题，"要科学、理性为民执法，发布消息要深思熟虑，对大家关心的问题要及时解答和回应，而不是一味回避"。

原标题《安徽阜阳公安微博称暴力抗法者狂妄因公权萎缩》
2011 年 5 月 16 日 摘编自中安在线、凤凰网、腾讯网、新浪网

"六普"数据折射四大变化

人口流动、步入老龄化社会、城镇化加快……第六次人口普查公报的一项项数据，无不折射出这 10 年来安徽省的变化。第六次人口普查统计公报显示，目前，安徽省常住人口有 5950.1 万人，而净流出省外半年以上人数为 911.9 万人，也就是说，每 6.5 个人中就有一个流向外省。"安徽省人口的流入地主要集中在江苏、浙江、上海、广东和北京五省市，占安徽省流往省外人口的 88%。"

安徽省社会科学院研究员王开玉认为，流动已经成为社会常态。在计划经济时代，由于存在限制城乡人口流动的户籍制度，当时户籍人口与常

住人口的数值非常接近。随着改革开放和经济发展，外出经商、务工、求学等的流动人员越来越多，流动人口数量急剧增长。"与第五次全国人口普查时相比，城镇人口比重上升了15.2个百分点，这说明安徽省的城镇化进程非常快！"安徽省社会科学院研究员王开玉说。

城镇化进程的加快，会不会带来城市公共资源的"拥挤"？对此，王开玉认为，城镇化本身不仅不是问题，城镇化进程的加速还有可能缓解城市老龄化带来的压力。从农村进入城市的人员，对城市的贡献率远远大于对公共资源的占用率，而且这些人在城市的消费也能在一定程度上促进经济结构的调整。目前，从农村进入城市的多数是"80后"，都是适龄劳动人口，因此王开玉表示，让大量农村人口转化为城市居民，是缓解城市老龄化问题的"出路"之一。

原标题《"六普"数据折射四大变化》

2011年5月18日　摘编自中安在线－新安晚报、新浪网、和讯网

记者：孔桐　郭娟娟　陈丽卿　马杨

新时期，新管理

江西省南部山区的瑞金市黄柏乡上段村，每家每户门前钉着一块牌子。这不是人们想象中的门牌，牌子上面记录着一个人名、职务、手机号码，而这个人就这户农家的帮扶干部。这是中国共产党在新时期创新社会管理的一种方法。目前，中国正处于"人均GDP超过3000美元的社会发展黄金期和矛盾凸显期"，如何顺利趟过改革"深水区"并获得民众认可，进而保持社会稳定和促进经济发展，需要中国共产党从90年党史中汲取养分，辅以新技术、新手段、新形式，以达到目标。

"原有的权力高度集中、政府统管一切的社会管理方式已经不能适应新的现实要求，必须探索消解社会对立情绪的新途径，中国共产党人正踏在社会建设与管理的新征程。"安徽省社会科学院研究员王开玉说。

原标题《从"夜打灯笼"到"群众短信"：中共创新纾解社会矛盾》

2011年5月18日　摘编自新华网、凤凰网、南海网、

大众网、网易新闻、华龙网

记者：蔡敏　李云路　沈洋　许晓青

干部晒"工作日志"

2009 年年初，铜陵市主要领导在江苏参观考察一家大型企业时，了解到这个企业的员工要按要求每天上报工作日志，汇报当天的工作情况。铜陵市市委书记深有感触，深受启发。2009 年 5 月 4 日，为了督促领导干部勤政，提升机关的工作效率，铜陵市在全市 118 名县处级领导干部中率先实现工作日志制度。按要求，这 118 名干部必须向铜陵市委市政府 17 位主要领导和分管领导报送日志。几个月后，这一做法在全市财政供给单位推广开来。

"作为转变干部工作作风、提高工作效能的一个重要载体，工作日志的确有其积极意义。"安徽省社会科学院研究员王开玉分析，长期以来，少数党政机关人浮于事，"一杯茶一包烟，一张报纸看半天"的现象难以杜绝，一个重要的原因就是干部没有真正进入工作状态。王开玉认为，机关干部每天的工作内容是解决群众的困难和问题，其工作的效果要接受公众监督，这会成为促进机关干部振作精神、踏实工作的重要外部压力。公开领导干部的工作日志，有助于权力运行透明阳光，也有利于督促干部勤政为民，能让老百姓更准确地了解和评价干部。不过，王开玉表示，写工作日志和做具体事是两码事，并不一定能够画上等号，写得漂亮不等于做得实。工作日志可以成为评价干部的一个指标，但不能走重形式轻内容的路子。

原标题《铜陵要"晒"干部工作日志》

2011 年 5 月 19 日　摘编自合肥在线－江淮晨报、中安在线、和讯网

记者：方佳伟

"义丐"

5 月 18 日 13：00，正在街头乞讨的王志友还没吃午饭，他直起身子，笑着告诉记者自己的抗饿能力很强大。当天，他 7：00 起床前往步行街乞讨，半路上只喝了一杯南瓜粥。大半天下来，收获 22.1 元。"有这么多钱已经不错了，比在其他城市讨到的要多。"王志友说，稍后他将把这些钱存进银行，存在那个写着"王文生治病存折"字样的存折上。

很少有人知道，王志友在烈日下乞讨，坚持着"义举"的同时，自己还患有疾病。在他戴着高高的纸帽席地而坐的地方，群众总是围观之后又散开，仍然很少有人相信他，他也总是独自坐在那里。他的行为备受争议并饱尝无奈。

对于王志友的行为和市民的种种反映，安徽省社会科学院研究员王开玉表示："靠乞讨来做善事，这种行为是不值得提倡的。因为乞讨本身等同于不劳而获，不为大众所认同。"对于市民的质疑和冷漠，王开玉也表示："这其实就是一种民意，不能怪民众。如果可能，这位义丐不妨用其他的方式行善，比如做义工或通过劳动帮助他人。"

原标题《义丐在怀疑的目光中"挺着"》
2011 年 5 月 19 日　摘编自合肥在线－江淮晨报、凤凰网、中安在线
记者：杜华柱

"卖光阴"

古人说："一寸光阴一寸金，寸金难买寸光阴。"她却说："有钱可买我光阴，明码标价大酬宾。"她叫冯智美（音），家住阜新，今年 25 岁。不久之前，她在阜新一家本地网站的论坛上发了一个帖子，表示可以出租自己的时间，提供跑腿、送花、代接送小朋友上下学等 50 多项代劳服务。她的底线是违法犯罪的事儿不干、对自己构成危险的事儿不干。具体来说，"陪逛街，可以，50 块钱陪一天；牵手，不行，给多少钱都不行！"

安徽省社会科学院研究员王开玉对"有闲族"的做法持否定态度。他表示，由于资本缺乏、经验不足，当今在大学校园里流行起了"微型创业"。许多大学生开始充分利用起自己的业余时间，通过开网店、做家政和担任辅导老师等社会兼职加深对社会的认知。但是网上出现的靠出卖自己时间，用于"吃喝玩乐"的另类兼职，是对宝贵青春的浪费。他提倡大学生或待业青年要选取更阳光健康的兼职形式，通过兼职，学到本领和知识，为今后的事业做好铺垫。

原标题《阜新女孩网上出租自己　可以陪逛街！牵手免谈！》
2011 年 5 月 23 日　摘编自《华商晨报》、东北新闻网
记者：王洁

协警被拖致重伤（一）

24 日上午，25 岁的协警罗映辉在合肥市徽州大道与太湖路交叉口附近例行检查时，一辆牌照为皖 ATT655 的吉普车违法占据 BRT 公交车专用车道，该车被查后，司机拒不配合，在车头站有协警的情况下，仍猛踩油门将其撞倒卷入车底，一路拖行长达 20 米，造成受害者颅脑、内脏、生殖器等多处重伤，命悬一线。

驾车违章在先，不仅不配合协警处理，而且无视前方阻拦的协警，司机启动汽车，从协警身上碾压过去，拖行 20 米远。"这一现象的核心问题是协警没有处罚的权力。"安徽省社会科学院研究员王开玉接受记者采访时说。

为什么被打的总是协警，而交警很少？"他们没有权力！"王开玉如此回答。他说，协警虽然是在配合交警工作，也算是公务人员，他们在路上执法，却没有任何的处罚权力。"这就很尴尬，协警作为执法人，和违法人根本不在一个公平的线上。解决这类问题的关键是要完善交警管理的执法力度。"他表示，协警处理违章车辆时，过程越短越好，时间越长越容易发生事故。

"接连报道协警被打等事故，让我们不禁担心协警是个'危险职业'。"王开玉说，因为没有处罚等实质权力，协警和普通义工没太大区别，"实质就是没有权力的摆设"，"他们穿着'警服'只能劝阻，却不能执法，这反映出法律体系和执法制度不完整。协警的生命权、生存权等各种权利都应当得到保护"。王开玉说："这样的现状必须改变，制度必须完善，要么就不要设置协警，要么就给协警权力，保护协警安全。"

原标题《司机踩油门将协警卷入车底拖行 20 米致重伤》
2011 年 5 月 25 日　摘编自南海网、新浪网、正北方网、《市场星报》
记者：刘欢

协警被拖致重伤（二）

5 月 24 日上午 10 时 20 分许，在合肥市徽州大道与太湖路交口北侧，路面上留下的一摊殷红的血迹震惊了所有人。协警小罗在配合同事纠正一辆违章吉普车时，不料遭到司机的突然袭击，吉普车发疯似的撞向小罗，直接从其身上碾过。

谈及这起开车撞协警的暴力事件，安徽省社会科学院研究员王开玉认为，"这起事件首先反映了有些民众对于交通法规的漠视"。在王开玉看来，眼下不少民众的法律意识不仅没有达到高度自觉、自律的程度，而且他们还把交通规则当作一种束缚，常常以一种消极、被迫的心态去面对，而不是主动、积极地去遵守。王开玉说，法不责众的传统心理起了负面的推波助澜作用。在合肥市交通高峰期时段，闯红灯、插队越线的交通违法行为处处可见，就连等在红灯路口的行人，只要有一人率先冲出，那么跟在后面的就是一群人，这就是中国传统的法不责众心理："反正不是我一个人违法，别人都随意闯红灯，为什么还要墨守成规，我不能吃亏。"

协警小罗执勤时遭越野车碾压致重伤事件，引起社会各界广泛关注，事件热度也在不断升温。在这起事件中，司机罗国华已经被大众贴上"残暴""嚣张"等标签。"罗国华事件"已在社会上掀起轩然大波。被碾压协警受关注的同时，肇事车和车主也引发人们热议。此前，合肥市相继发生的"奥迪女""本田男"事件，仔细深究，其中也不难看出这些车主身上散发的那股"牛气"，一旦受到"压制"，便盛气凌人、嚣张跋扈。

安徽省社会科学院研究员王开玉指出，"关键看个人文化修养和文明素质，倘若素质不高，就是骑摩托车也照样胡来，阻挠执法甚至是暴力抗法"。王开玉分析认为，近期接连发生多起好车车主暴力抗法事件，暴露出一些人自恃高人一等而盛气凌人的扭曲心态，"协警没有执法权，又是普通的工薪阶层，在一些为富不仁的富豪眼里，自然会产生老子有钱、老子天下第一的扭曲心态！"王开玉表示，这些暴力抗法事件的背后，还隐藏着另外一个事实，"交警部门在面对好车违章时，按照法律面前人人平等，执法必严、执法不倾斜，应该给点掌声"。

原标题《违章吉普车丧心病狂碾过协警》

2011 年 5 月 25 日　摘编自合肥在线－合肥晚报、凤凰网

记者：谢华兵　韩婷　郑静

不见效果的"禁烟令"

5 月 31 日是世界无烟日，卫生部下发的室内公共场所禁烟令也已经"满月"，记者今天在青岛市医院、火车站和网吧等地调查发现，公共场所吸烟仍是屡禁不止，不少老烟枪仍然在这些地方喷云吐雾，即使被劝阻后仍然我行我素。由于受到监督力量薄弱、烟民恶习难改、禁烟令无法做处罚等影响，7 大类 28 种室内公共场所的禁烟前景仍然不乐观。

安徽省社会科学院研究员王开玉表示，一支烟就能反映出整个社会大环境，香烟屡禁不止的原因就是因为没有监管主体和处罚措施。王开玉呼吁，对吸烟者的管理有关部门有必要上升到法律层面，有了制度性的约束，才能让禁烟之路走得更远。如果不接受禁烟怎么办？法律应该强制执行，应该有约束力，应该成立禁烟组织，让他们来制定细则，进行管理。

原标题《禁烟令实行 1 个月　禁烟效果不明显》

2011 年 5 月 31 日　摘编自中国广播网、和讯网

记者：李志勇

"合肥 110"——警方新名片

6 月 16 日下午，在明珠广场凶杀案侦破后不久，合肥警方在官方微博"合肥 110"上发布信息，公布了这起命案的侦破信息。自从 2010 年年底开通微博后，"合肥 110"已经成为合肥警方的一张新名片。截至 6 月 16 日，"合肥 110"的粉丝数量已经高达 57 万。从开通以来，"合肥 110"警方发布各类治安信息提醒、突发事件直播，乃至悬赏通告。而通过微博发布命案侦破信息还是首次。

安徽省社会科学院研究员王开玉则表示，发布命案侦破信息，将警方微博的功能提升到新的高度，能够提升警察形象，增加市民的安全感，密切警民关系。

原标题《合肥警方 110 微博首发命案侦破信息》

2011 年 6 月 17 日　摘编自中安在线 - 安徽商报

记者：郑军军　李进

教师不拆迁？双停！

一则"教师不同意拆迁遭停职停薪"的帖子近日在网上广为转载，帖子称安徽五河县教师阮守玉因不签订拆迁补偿协议，被当地教育主管部门停职停薪。新华社"中国网事"记者就此进行调查时，五河县教育局有关人士表示，不能因为一两个教师不同意拆迁而阻碍城市建设，若他们继续"执迷不悟"，我们将在适当时机申请强拆、开除其公职。法律人士指出，"双停"处罚明显违法。

安徽省社会科学院研究员王开玉也认为，这种行政部门对法律进行干预的行为，明显不符合法律精神，其本身就是违法的。由拆迁引发的纠纷和矛盾，只能在拆迁法律法规范围内受到处罚，而不应该涉及其他方面，特别是不能以国家公职来要挟教师。一旦出现此类违法违规行为，上级主管部门必须坚决叫停，对相关责任方严惩不贷，切实保障被拆迁人合法权益。

原标题《网曝安徽一教师拒绝拆迁被停职停薪》
2011 年 6 月 25 日　摘编自新华网、凤凰网、齐鲁网
记者：姜刚　刘卫宏

警长醉驾

6 月 28 日 23 时许，马鞍山市一辆警车与一辆出租车相撞，导致出租车内人员受伤。后经证实，警车的驾驶员是马鞍山高速交警大队大队长姜晓宏。6 月 29日，当地警方对姜晓宏血样的检测结果出炉，证明其当时属于醉酒驾驶。当地警方称，姜晓宏当时驾车并非在执行公务。目前，姜晓宏已经被刑事拘留。

安徽省社会科学院研究员王开玉认为，姜晓宏作为国家公务人员，又身为交通执法部门的领导干部却知法犯法，事件引发的社会负面作用比平常人醉驾大得多。王开玉表示，希望马鞍山市有关部门对这起事件严肃处理、不护短，另外姜晓宏的惨痛教训给其他公务人员敲响了警钟，希望他们引以为戒。

原标题《安徽马鞍山交警大队长开警车醉驾　已被拘停职》
2011 年 7 月 1 日　摘编自合肥在线、凤凰网、中华网、搜狐网
记者：方佳伟

"财迷哥"

今年 24 岁的安徽亳州学生李振 2008 年考入北京师范大学文学院，在汉语言文学系就读。因其每年假期都不回家、每天坚持打至少两份工，还将一些回收的旧书或旧货存放在宿舍内，拼命攒钱希望凑足房款首付而被媒体关注。在接受媒体记者采访时，更是提出"采访每小时 50 元，半小时 25 元"的收费要求，被网民称为"财迷哥"。7 月 10 日记者电话联系上了李振，他告诉记者："我最大的梦想就是毕业后回老家，买套房子当一名人民教师。"李振的行为引起了网络的围观，而在此事件当中，李振占用公共空间影响他人，只认识钱、只为钱服务的质疑声此起彼伏。那么，在面临日益激烈的社会竞争和金钱压力的大学生应该怎样处理好压力和矛盾呢？

安徽省社会科学院研究员王开玉认为，当代大学生要搞好自己的学业，更要品学兼优，这里面就蕴含着要关心集体和他人，这同时也是一个人的社会职责。"就李振的事情而言，他没有完全处理好自己所面临的矛盾与压力。"王开玉说，"在当今这个转型社会中，周围环境的诱惑、金钱的压力都在向我们施压。我们所有人每天都生活在矛盾当中，所以一定要认识清楚自己，正确处理自己所面临的压力和矛盾。""大学生面临更多生活压力，因此出现什么情况都不奇怪。但勤工俭学、参加社会活动不能影响他人，不然最后就是得不偿失。"王开玉说。

原标题《"财迷哥"卖破烂凑首付　梦想回老家买房当老师》
2011 年 7 月 11 日　摘编自《市场星报》、搜狐网
记者：赵汗青

政府"三公"经费支出公开

近期，政府部门"三公"（公务接待、公务用车、公费出国）经费支出公开成为了大家关注的热点。国务院已有要求：中央本级"三公"经费支出情况要在 2011 年 6 月向社会公开。而对于安徽省来说，相关行政经费支出的公开也列入了"政务公开"的内容。2011 年是安徽省

政务公开的"深化年",省内各市、县人民政府,省政府各部门、各直属机构都要在 2011 年内完成行政决策、预算决算、基层政务等方面的政务公开。

不过,对于"三公"支出公开的问题,安徽省社会科学院研究员王开玉表示,其进展速度已经出乎自己的意料。"中央开了头之后,地方实施就是时间的问题了。"王开玉也表示,"三公"支出公开在具体落实中肯定还会有些问题,因为政府部门主动公开的数字,肯定会引起舆论的围观,"能不能最终兑现政策,可能还要看相关部门处理这些情况的智慧"。

原标题《安徽深化推进政务公开　或将出台详细方案》
2011 年 7 月 19 日　摘编自《新安晚报》、新华网
记者:丁雅诵　姚一鸣　郁宗菊

安置小区原是"豆腐渣"

"纸糊"的安居房——安庆太湖县最大拆迁安置小区被指"豆腐渣"工程。《新华视点》记者日前在安徽省安庆市太湖县了解到,位于该县开发区的最大拆迁安置小区自 2010 年年底以来五十多户居民的房屋陆续出现承重梁、屋面、外墙裂缝和渗水等现象,部分住户甚至出现楼板踩穿、房屋沉降等严重现象。安居房变成"闹心房"激起了当地拆迁安置户的普遍不满,半年过去了,一些住户家的问题始终没有得到有效解决。不少人有家难宿,顶着酷暑借住在外。有关人士指出,太湖县出现的安置房质量问题具有一定的典型性。2011 年以来,拆迁安置房质量问题屡屡发生,已经成为房屋质量监管的薄弱点。

安徽省社会科学院研究员王开玉认为,太湖县安置小区出现的这一问题暴露了一些基层政府在保障性安居工程建设中存在着质量把关不严、漠视民生利益的问题。他认为,2011 年以来我国大力提速保障房建设,保障性安居房质量格外令人重视。但随着城市化进程提速,失地农民拆迁安置房建设比重不断扩大,如何保证农民失地失房后能有个可靠的安身之处,已经成为亟待引起重视的突出问题。近期频发的农民征地拆迁房质量问题已经给有关方面敲响了警钟,提醒我们这一问题已经成为监管薄弱

点，亟待加强。

原标题《安庆太湖县最大拆迁安置小区被指豆腐渣工程》
2011 年 7 月 29 日　摘编自新华网、凤凰网、新浪网、搜狐网、网易新闻
记者：杨玉华

失地农民的家园梦

近年来，一些地方在保障房建设中暴露出了"大跃进"的苗头：以搞运动的方式搞保障性安居工程建设，层层堆进度，层层要数字，不顾质量和安全，只求表面好看；不顾群众利益，只求上级满意。这种"只唯上不唯实""只求面不重里"的做法，给保障性安居住房建设带来了严重的质量安全隐患。百姓安居工程成了"面子工程"，安置房建设工程成为问题百出的"豆腐渣"工程，这典型暴露了一些基层政府在保障性安居工程建设中存在质量把关不严、严重漠视民生利益的恶劣行为。

安徽省社会科学院研究员王开玉认为，随着城市化进程提速，失地农民拆迁安置房建设比重不断扩大，如何保证农民失地失房后能有个可靠的安身之处，已经成为亟待引起重视的突出问题。近期频发的农民征地拆迁房质量问题已经给有关方面敲响了警钟，提醒我们这一问题已经成为监管薄弱点，亟待加强。

原标题《让失地农民能安身立命》
2011 年 8 月 1 日　摘编自《福建日报》、凤凰网

企业利润哪去了？让高利贷吃光了

国家银根紧缩，一方面导致企业难以从银行融资，另一方面又极大地活跃了民间资本借贷，高额的借贷利息，大大增加了非公企业经营风险。民间融资致使企业屡屡破产。最新统计数字显示，合肥市非公企业资金缺口非常高。记者 8 月 4 日，从合肥市工商联了解到，面对 2011 年严峻的金融形势，作为权宜之计，他们建议由市财政注资扩大国有担保公司的规模。同时担保公司必须完成规范整顿，达到监管要求，不能让它成为高利贷融

资链条里积极的推动者，而是让它对重点非公企业提供资金支持，帮助非公企业渡过难关，谨防非公企业掉进"冰窟"。

规范民间放贷行为显得尤为重要。目前，合肥市民间金融机构运作不规范，高出银行利率4倍放贷的现象较普遍。据初步了解，60%～70%的非公企业涉及民间借贷行为。安徽省社会科学院研究员王开玉分析说，高利率将企业利润完全吃掉，企业支撑不了就会倒闭，"穷者愈穷、富者愈富"，更严重的还会引发社会问题。同时民间借贷高利率还可能引发"实体经济空心化"，企业对暴利的追逐，会使其逐步演变成"资本家"，形成资本泡沫。

原标题《莫让高利贷吃光企业利润》

2011 年 8 月 5 日　摘编自合肥在线 – 合肥晚报、凤凰网

记者：王蓉

要保障房的质量安全

中国中部省份安徽省正在着手组织一场保障房质量安全大检查，今后，该省还将对所有保障房建设落实强制性标准，并把工程质量安全纳入对地方领导的约谈问责内容。而一场更大范围的保障房安全风暴也在各地刮起。海南省要求严抓保障性安居工程施工现场建筑材料质量管理，遵守"先检后用"原则，不得强行指定、推销建筑材料。山东省则提出要把保障房建设全部纳入监督范围，对发现的质量安全隐患，能整改的要立即整改，一时难以整改的要落实严密的防范措施，不能确保安全的，坚决停产、停运、停工、停用。

安徽省社会科学院研究员王开玉认为，保障房既是中国的民生工程又是重要的发展工程，从快速推进开工率到现在刮起质量安全风暴，体现了政府不作秀只唯实的理性态度和实事求是的做法。不过他同时提醒，保障房涉及民生利益，严把质量关只是第一步，今后在保障房公平分配和可持续建设上，各级政府还将面临更多的考验和挑战。

原标题《海南等地刮起保障房质量风暴　防止"速度之殇"》

2011 年 8 月 12 日　摘编自新华网、新浪网、浙江在线

记者：杨玉华

报高中志愿被交费

日前，六安市固镇中学的一些初三学生家长反映称，2011 年 7 月份考高中填志愿时，学校要求学生交费，报好学校交 100 元，差学校交 50 元。对此，固镇中学的工作人员称，当时学校确实收了一部分学生的钱，但那是一个月之前的事。8 月 11 日记者获悉，六安市裕安区教育局已对此事展开调查。

"我真没想到填志愿也要收钱。"安徽省社会科学院研究员王开玉在接受记者采访时感到惊讶。他认为，50 元、100 元对城里人没有困难，但对农村家庭还是有压力的。"填志愿收费是教育乱收费的延伸，这也是近年来教育产业化的负面体现。现在很多中小学教师在外面办补习班，而忽略了讲课的质量，一切都以商业价值来衡量。"

"尊师爱人，只有树立好自身的形象，才能让学生尊重你，自己才能教好学生。"王开玉认为，中考填志愿既是学生对自己梦想的追逐，也是对自己学业的检验。如果一个贫困生拿不出 100 元，那么他是不是只能降低甚至扑灭自己的梦想呢？这样的收费对孩子只会是伤害，他们在以后将会怎样看待现实问题？"我们经常强调杜绝乱收费现象，但在目前的大环境下，乱收费亦成难治之症，杜绝乱收费应成为所有学校的办学准则，应经常向教职工灌输这样的理念，建立相关的监督机制，不让杜绝成为一句空话。"王开玉说。

原标题《学生考高中填志愿被要求交费　报好学校交 100 元》
2011 年 8 月 12 日　摘编自《市场星报》、凤凰网、新浪网、南海网

防空洞的"妙用"

继纳凉、存放香蕉等常规功能之后，合肥的人防设施将添一新用途：做酒窖！近日，合肥市人防办与温州一家企业签订租赁协议，将新蚌埠路防空洞大约 3000 平方米的地方用于建设集展示、藏酒、宴请、仓储于一体的综合性地下酒窖。市民纷纷质疑，公用设施怎能说租就租？再者，酒窖占地规模大，设备灵活性差，有朝一日出现紧急情况，能否及时腾出空间？

由于防空洞用途的特殊性，此次租赁协议上还标明，一旦发生战争、空袭，商家必须无条件退出防空洞。但对于具体退出方案，并未透露。"经营防空洞要立案，提出一套临危应变方案，以便及时回归本能。"安徽省社会科学院研究员王开玉认为，如此之大的一个高消费场所占用防空洞有失妥当，发生非常事件时能否还地于民是个问题，此外，人民防空为人民，不应该只为一小部分人服务。

原标题《深洞藏酒窖　掘金可妥当？》
2011 年 8 月 18 日　摘编自中安在线 – 新安晚报、《中国日报》
记者：康鹏飞

行业协会"转身"难

2007 年 8 月，合肥市按照"无业务主管单位、无现职国家机关工作人员兼职、无合并账户、无合署办公"的要求，启动行业协会与政府主管单位脱钩。到 2009 年 2 月底，脱钩任务全部完成。两年来，复归民间化的行业协会自主性大为增强。去行政化使行业协会释放更大活力，同时，也给行业协会的生存、发展带来新挑战。由于长期以来享受着行政化的诸多好处，突然失去主管部门经费支持以及行政资源后，一些行业协会面临无钱做事或无事可做的局面。

在行业协会回归民间组织本质后，如何充分发挥其作用，实现良性的行业自我服务、自我管理和自我发展？安徽省社会科学院研究员王开玉认为，关键在于科学定位政府和行业协会之间的关系。"在行政权力仍占据庞大管理资源的现实背景下，行业协会不可能做到与政府完全脱离。"王开玉表示，行业协会脱钩改制，应当是变协会对政府的依附、隶属和行政命令关系，为引导、协调、服务、合作的关系。行业协会等民间组织要充分发育，政府的培育引导必不可少。其中，首要的就是要建立健全政府向行业协会等社会组织购买服务的机制。

原标题《行业协会"转身"难在哪》
2011 年 8 月 22 日　摘编自中安在线 – 安徽日报、《中国日报》
记者：汪国梁

安徽省拆分巢湖市做大合肥

8 月 21 日，安徽省正式宣布撤销地级市巢湖市，这一重大行政区划调整将使我国中东部继南京城市圈、武汉城市圈和长株潭城市圈后诞生的又一个特大城市圈——合肥经济圈。合肥的壮大，会给南京一小时都市圈带来多少冲击？作为南京都市圈重要成员，江苏城市重点经济板块的宁镇扬，又将会受到哪些影响？

安徽省社会科学院研究员王开玉认为，此次行政区划调整将巢湖变成合肥市的一部分，解决了过去因为分属管理、容易扯皮推诿的问题。800 平方千米巢湖成为合肥市的"肾脏"，对巢湖的统一规划、统一治理、统一管护，进而综合开发利用湖岸资源具有重大意义。

原标题《安徽拆分巢湖做大合肥 中东部又诞生特大经济圈》

2011 年 8 月 22 日 摘编自新华网

记者：蔡敏 杨玉华

《人民日报》解读安徽撤销地级市巢湖市
原辖区县划归合肥、马鞍山、芜湖 3 市

8 月 22 日上午，安徽省政府召开新闻发布会，正式宣布安徽省撤销地级巢湖市并对部分行政区划进行调整。根据国务院有关批复内容，本次调整将撤销地级巢湖市，撤销原地级巢湖市居巢区，设立县级巢湖市，由安徽省直辖，合肥市代管；原地级巢湖市管辖的庐江县划归合肥市管辖，无为县划归芜湖市管辖，和县沈巷镇划归芜湖市鸠江区管辖，含山县、和县（不含沈巷镇）划归马鞍山市管辖。

安徽省社会科学院研究员王开玉表示，撤销巢湖市并入合肥、芜湖、马鞍山是安徽经济社会发展的必然要求。"整个华东地区各省唯独安徽没有一个上规模的中心城市，所以缺乏整体带动力，需要通过区划调整做大合肥，从而带动周边地区乃至全省经济社会的发展。"王开玉说。

记者从安徽省政府新闻办了解到，区划调整之后，将成立巢湖管理局，统一管理巢湖规划、水利、环保、渔政、航运、旅游等事务和巢湖闸、凤

凰颈、新桥等巢湖流域主要控制设施。

"巢湖的污染一直是面源污染,主要是化肥、农药等污染物的渗入,这和原地级巢湖市沿湖地区主要是农业区域有很大关系。并且由于巢湖治理主要涉及合肥和巢湖两市,在具体执行上确实存在一些协调的困难。"王开玉表示,"区划调整后,巢湖流域将主要集中于合肥市,并且设立了专门的巢湖管理机构,可以实现政策的统一执行,措施的稳步到位。同时,合肥市还可以通过宏观的产业结构调整,在巢湖周边发展旅游业,更好地解决巢湖面源污染的问题。"

原标题《安徽撤销地级巢湖市 原辖区县划归合肥、马鞍山、芜湖3市》

2011 年 8 月 23 日 摘编自人民网－人民日报、新华网、中国新闻网

记者:何聪 钱伟

基层服务"冰火两重天"

为了解基层的窗口服务行业服务现状,新华社"中国网事"记者分赴浙江、安徽、重庆、贵州等地,深入基层进行了调查。根据新华社"中国网事"记者的基层实地采访,发现基层服务行业"冰火两重天",有的地方的基层服务单位对群众有火一样的热情,而有的地方对群众较冷淡,让人"闹心"。

安徽省社会科学院研究员王开玉认为,行政服务中心开设的各个窗口,代表了各自部门的形象,也拉近了政府和人民群众的距离,而上班期间出现聊天、抽烟、带孩子等行为,说明部分工作人员缺乏服务竞争意识,处于"松散"管理状态。

王开玉建议说,行政服务中心应建立相关制度,明确各岗位人员工作职责和要求,约束工作人员的各项行为。同时,应加强监督管理,派出部门应对不遵纪守法和破坏单位形象的行为严厉惩处,主要领导也应身先士卒做好表率;服务中心管理部门应做好日常督察,从整体上改善服务质量和态度。

原标题《走基层,看服务冷暖——地方基层窗口行业服务调查》

2011 年 8 月 25 日 摘编自新华网、凤凰网、《中国日报》、东北网

流浪猫：来自互联网的关爱

"宠物医生——姚海峰"最近为一只被机车的发动机挤压受伤的小猫做了手术，并在微博上发布了相关消息，还附上了受伤猫咪的照片，此微博一经发出迅速引发网友的关注。面对流浪猫、流浪狗数量越来越多的现状，中国年青一代开始借助互联网的力量有所行动，救助那些需要关怀的流浪动物或受伤动物。微博为救助流浪猫提供了一个交换信息的平台。截至目前，新浪微博上关于"流浪猫"的微博信息超过36万条，大多是关于流浪猫领养或救助受伤流浪猫的信息。除了微博，其他社交网站上对于流浪猫的关注也越来越多。在年轻网民活跃的"豆瓣网"上，关于"流浪猫"的讨论小组就达15个，地点遍及上海、深圳、厦门、西安等地，最多的一个小组有上万人加入。

安徽省社会科学院研究员王开玉认为，无论微博还是其他各类社交网站的热点问题，都是社会生活的反映。现在社会上关爱小动物的行为已经蔚然成风，而借助互联网关爱流浪动物是善待生命的体现，值得提倡。但是对于领养小动物的爱心人士，一定要理性领养，不能图一时新鲜而去领养之后又抛弃。

原标题《中国年青一代借助互联网关爱流浪动物》
2011 年 8 月 26 日　摘编自新华网、凤凰网、网易新闻、搜狐网
记者：詹婷婷　钱佳

"农民工"改名

8 月 25 日，《南方周末》刊登了一条作者为司武国的短评，题为《我的哥哥是个农民工》。作者为"安徽省运管局副局长"。这篇短评在《南方周末》微博上发布后引起强烈关注，引起人们对"农民工尊严"这一话题的讨论。

安徽省社会科学院研究员王开玉认为，政府部门正在积极作为，各种政策的导向都是在化解"城乡二元结构"的矛盾，但更重要的是在观念上转变。"应该从取消'农民工'这个带有歧视色彩的称谓做起。"王开玉说，

"职场上只有岗位的不同，不应该有身份的高低之分。我赞同'新市民''进城务工者'等称谓。称谓的转变应首先体现在政府文件、媒体报道中。"

这一提议，已在安徽省交通系统得到落实。近年来，安徽省在部署春运工作时，所颁发的文件中出现的都是"外出务工人员"或"进城务工人员"。

原标题《该给"农民工"兄弟改个名字了》

2011 年 8 月 29 日　摘编自《安徽商报》、凤凰网

记者：赵秀娟　马飞

微博"口水仗"

8 月 31 日 13 时，网友"REUS－阿绿"发了这样一条微博："图中的不要脸的，也没有脸！进地铁门就看到堵在门口的半裸 YP（外地人）啃着大蒜味极浓的大饼，并随手扔了外包纸袋，惊悚的是，扶手边的人刚下车，他就跳上了车厢边一个宽出约半米的白色平台，并把他的脏脚搁在扶手上！注意：这两个是安徽人！我一句话都不想说，这样的 YP，滚！带着你一家老小，滚出上海！"微博还配发了图片。这条微博发布后立刻引起了上海和安徽两地网友在网上公然叫骂。可随着时间的推移，看过此条微博的人数增多，中立的网友渐渐多了起来。不少上海网友也发出了一些冷静的言语："这样的争吵，太伤害两地人的感情了，本来沪皖两地的人关系都很好的。"

就此事，记者咨询了安徽省社会科学院研究员王开玉。王开玉认为，上海网友"REUS－阿绿"的行为肯定是欠妥的。但安徽网友也有做得冲动的地方，没有克制。欣喜的是，经过时间的洗礼，大家认识到事情靠骂是不能解决的。王开玉认为，理性网友的出现以及后期网友们的冷静展现出社会的进步。

原标题《微博引发安徽、上海两地网友口水仗　中立网友呼吁要冷静》

2011 年 9 月 2 日　摘编自《江淮晨报》

记者：方彭

女子倒地，无人敢扶

一条曲折蜿蜒的交通巷，一名倒地昏厥的妇女，一群围观却不敢贸然

上前搀扶的市民，浸透着人世间复杂而矛盾的情愫。直到后来，一名老汉在大伙的见证下，将信将疑地扶起了该妇女，妇女微醒，稍微休息，作揖向围观者道谢后，默不作声离开了现场。9 月 4 日上午 8 时 30 分许，安徽省城交通巷巷内就上演了让人五味杂陈的一幕。

"看到有人摔倒在地，你会去扶起来吗？如果被诬陷怎么办？"记者也就此事采访了安徽省社会科学院研究员王开玉。"是非必须分明，助人者必须得到表彰，诬陷者必须受到谴责。哪怕是迟到公开的真相，迟到的道歉。"王开玉说道。

"心存怜悯却不敢上前施救，袖手旁观，一走了之，背后则急切需要建立起一种个人和社会间的行为评价机制。"王开玉称，"面对屡屡出现的做好事被诬陷事件，人们自然会表露出极端的冷漠，整个社会容易出现常见的信任危机。要改变这种现状，整个社会就需要行为评价机制，让助人者的精神和事迹得以弘扬，让这种微不足道的'扶一把'行为得以延续，受到救助的人也应该学会感恩和回馈。"王开玉表示，"这种'为'是有所为，可以唤醒原本稀缺的见义勇为行为。围观者置若罔闻，甚至连选择拨打110、120 的勇气也没有，自然会遭到公众和道德的谴责。"

原标题《省城一小区前女子倒地　众人围观　无人敢扶》

2011 年 9 月 5 日　摘编自《市场星报》

记者：张敏

无礼不成节？该改改了

2011 年 9 月 10 日的中国教师节恰巧与传统的中秋节（9 月 12 日）相邻，要不要给老师送礼、送什么礼、礼是不是要比单节更重一些等，成了困扰一些中国家长的心病；而老师们也为要不要收礼、怎么拒绝收礼、收了礼怎么办等问题犯难。最近一则《斗胆从教师的角度说说教师节送礼》的帖子一经出炉就受到了很多网友的热议。发帖人是一位小学老师，她呼吁家长教师节不要送礼，"吃人的嘴软，拿人的手短，我不想嘴软，也不想手短。我只想好好地教好自己的学生，好好地完成自己的工作"。

安徽省社会科学院研究员王开玉认为，教师节原本是个精神层面的节日，但过于功利的送礼风气会让教师节失去了精神内涵。改变这种状况需要扭转民众"无礼不成节"的传统意识和倡导好的社会风气。

原标题《教师节牵手中秋节 家长教师为"礼"难》
2011 年 9 月 8 日 摘编自新华网、凤凰网、网易新闻、腾讯网、大众网

记者：蔡敏 钱佳

"洋月饼"抢占中秋节市场

中秋节临近，不仅国内各大传统食品生产厂家大打"月饼牌"，就连进驻中国的"洋品牌"也看准这一商机，推出"恭贺佳节系列商品"，抢滩市场。记者发现，"洋品牌"节庆产品的目标消费群体定位，主要是中国高端顾客、追求时尚的年轻人等。当下，"洋品牌"对中国节庆市场的抢占从最初的食品行业变为向更多的领域进军，比如，星巴克推出多款与中国传统节庆相关的水杯等。在中国各种传统节庆前夕，必胜客、肯德基、麦当劳等"洋品牌"快餐店，通常会在店堂布置上及员工的服装上表现"中国元素"。

对此，安徽省社会科学院研究员王开玉认为，给品牌盖上"中国风"印章，已是国外企业常用战略之一，逢中国传统节庆，推出带有中国概念的产品，往往能带给消费者亲近感。"在全球化的现代社会，这种文化的交融是必然的，有些'洋品牌'对中国传统节日文化的研究甚至比中国本土商家更为用心。"王开玉坦言，"洋品牌"不仅输出了西方文化和理念，同时也"悄悄"地利用了中国的传统文化，这一点值得注意。

原标题《今年月饼市场新变化 "洋品牌"抢滩传统节日市场》
2011 年 9 月 8 日 摘编自《河南日报》、凤凰网、新浪网

记者：谢华兵

年轻人的传统节日风

"中秋节放假我们去皖南古村落旅行，在古镇体验中秋习俗，想想就很期待。"上海师范大学的黄美蓉早早地就约好了同学，兴奋地计划着要

去宏村"放莲花灯"。黄美蓉所说的"莲花灯"就是附上写好的愿望，放到江河中漂流的纸灯。在中国的许多地方，都有着中秋放"莲花灯"的传统，早在《武林旧事》中，就记载了南宋时期将"一点红"灯放入江中漂流玩耍的中秋风俗。如今，这项中秋旧俗越来越受到年轻人的热捧。不仅仅在国内，中国一些留学海外的年轻人也越来越重视传统的节日风俗。一股重温传统节日风俗的风潮正在悄悄地回归到中国年青一代的生活中。

安徽省社会科学院研究员王开玉表示，尽管一些传统风俗受到了青年人的推崇，但是我们在热捧这些风俗形式的同时，也要注意了解、发掘这些风俗背后包含的文化寓意，不要让各种中秋传统风俗活动变成一场简单的大众娱乐。

原标题《中国年青一代细品中秋传统习俗》

2011 年 9 月 10 日　摘编自新华网、凤凰网、网易新闻、腾讯网、《中国日报》

记者：蔡敏　钱佳

"统计数据其实比正确更重要"

当人们日益被眼花缭乱的统计数据缠绕住生活时，收入总是"被增长"，生活品质总是"被提高"，而与百姓生活息息相关的物价与收入却经常与"被"字背道而驰。因此，此番国家统计"开放日"必然引来百姓的掌声，9 月 15 日上午的电子采价过程也必然牵动着公众寻求价格真相的敏感神经。

安徽省社会科学院研究员王开玉从一个学者的角度，谈到了他对统计数据的看法。"作为一个学者，我们在做社会阶层和中低收入家庭研究的时候，都是自己做调查问卷，再和统计部门磨合。当然，我更期待的是，能用上统计部门的真实数据。"王开玉称，当前，统计部门统计出来的数字还不能真正为老百姓接受，经常被冠以"被增长""被下降"之类的字眼，这说明老百姓不相信官方统计数据的真实性。"前些日子，《人民日报》就发评论员文章质疑御用统计部门发布的数据。"

老百姓接受的数据不应该是"正确"的数据，而应是"真实"的数据——代表老百姓切身感受的数据。"现在政府讲打造'信用政府'，如果连个统计数据都不真实，那不是要被人民奚落吗？"对于统计部门的期待，王开玉则感慨："统计部门必须有独立的人格，不被长官意志所左右，还要用科学的态度去计算。做好这些了，不管发布出来的数据是好是坏，老百姓都会理性看待的。"

原标题《电子采价过程受关注 统计数据真实比正确更重要》

2011 年 9 月 15 日 摘编自《合肥晚报》、《中国日报》、新民网

记者：欧昌梅 吕珂

两个家庭的爱与宽容（一）

9 月 14 日，有网友发微博称：合肥市新站区磨店乡沿河村（原浏河村）一农妇，骑车"顺带"本村一老人，不料返程途中，老人摔下车，经抢救无效死亡。农妇愧疚，主动提出赔偿 4000 元，死者家属坚称她是好意帮助老人，并拒收赔偿金。

听说此事之后，安徽省社会科学院研究员王开玉也很激动，他表示，目前我国正处于社会转型期，矛盾和纠纷比较多，但这件事恰好折射出整个社会和谐的一面。"这件事还印证了一句老话'好人有好报'，它还让我想起'桐城六尺巷'的故事，这种宽容礼让的精神，很难得。"王开玉表示，"两家人身上所体现出来的'宽容'是建立在相互理解的基础上的，这种处理问题的方式值得很多人借鉴。他们两家人的言行还会对身边的人产生很大影响，将成为一笔宝贵的精神财富。"

原标题《"这事不怪她，不能把好心当坏意"》

2011 年 9 月 15 日 摘编自中安在线 - 市场星报、凤凰网

记者：张丽 马冰璐

两个家庭的爱与宽容（二）

最近一个事件在网络上引发关注：在合肥，一位农妇热心搭载一位老太坐"顺风车"却不幸发生车祸导致老人罹难，愧疚的农妇和家人数次为老太的子女送去医药费、赔偿费，竟一次次被拒绝，老太的子女始终坚持

一个"死理儿":不能让好人做好事,却没了好报。

安徽省社会科学院研究员王开玉说,近几年来,见义勇为的风险似乎在不断上升,该不该做好事?如何做好事?正是这些问题的存在让这件情理之中的"小事儿"成为整个社会关注的热点,在感动敬佩之余,我们更需要用司法和道德的双手合力,不断唤起人们对社会救助及伦理道德的反思,让类似的事情越来越多,不再成为"新闻"。

王开玉表示,从司法层面讲,必须考虑免除善意救助者的责任。司法有引领公民向善、呵护公序良俗的义务,比如可以借鉴美国相关法律的要求,在紧急状态下,施救者因其无偿的救助行为而给被救助者造成民事损害时,其责任可以依据一定程序予以免除。而从道德层面看,重拾中华民族的尊老传统,弘扬乡亲邻里的淳朴礼让和通情达理等优良社会传统,全体公民都应该付诸行动。

原标题《一条微博牵出两个家庭的爱与宽容》
2011 年 9 月 18 日　摘编自新华网、中证网、凤凰网、新浪网、网易新闻
记者:卢尧、马姝瑞

"义务巡逻队"

在合肥市大窑湾社区,今年 78 岁的张凤珍大妈,戴着"胜利路派出所义务巡逻队"红袖标,精神矍铄,她说自己身体很好,做义务巡逻队员没问题。据民警小王介绍,张大妈所在的义务巡逻队,是派出所联合街道、社居委前不久组建的,共有 18 支队伍,206 人中多为离退休老党员、退休职工。

安徽省社会科学院研究员王开玉认为,爱管闲事,与其说是在帮助别人,不如说也是在帮助自己。爱管闲事应当视为一种文化现象,闲事不"闲",不论是谁,遇到困难都希望有人帮助。如果人人爱管闲事,那么我们的社会秩序就会相对好起来。"现在有些人不爱管闲事,原因很复杂,很多人把原因或责任归结为制度、文化、道德、社会、教育等,但每一个看客的冷漠也是不可回避的原因。"王开玉说,"我们不能指望法律、制度等可以覆盖一切,在法律、制度等管不到的地方,经常需要自律的道德出面。如果每个人都能拒绝冷漠,不当看客,美德就能得到弘扬,整个

社会就会更加温暖。"

原标题《琐事有人管　社区更和谐》
2011 年 9 月 21 日　摘编自中安在线 – 安徽日报、《中国日报》
记者：陈利

"临期食品"

国庆将至，伴随着物价上涨的是，一些与之叫板的新鲜销售方式悄然出现，比如"临期食品专区"和"一元菜工程"。9 月 22 日，记者走访发现，这样销售方式对商家来说有利于吸引顾客，让顾客得到实惠，但实施方式有待探讨完善。

针对"一元菜"的现状和出现的问题，记者采访到安徽省社会科学院研究员王开玉。他认为，这是一项切实惠及百姓的措施，尤其是对低收入人群而言。不过，这本是企业的善举，实施起来却有不小的难度，并不是每个企业都有这个实力去做，或者愿意这样做。所以，我们应该更理性、包容一些。如何进一步完善"一元菜"？王开玉建议政府建立一个长期有效的机制，在财力上也多多支持。鼓励有条件的企业去做，同时也给予相应补偿，"不能完全靠强制力要求企业必须做到这些，还是应以引导、倡导为主"。

原标题《"临期食品"你可吃出"味"来了?》
2011 年 9 月 23 日　摘编自合肥在线 – 合肥晚报
记者：王蓉

"粉丝经济"

随着中国微博用户增至 2 亿左右，"粉丝团"不仅成为一个个巨大的舆论场，也正在被开发出越来越多的商业价值，"粉丝经济"日渐火爆。中国一些地方报纸已经明确报道了微博市场的价格行情：国内有 10 万"粉丝"的微博，发广告信息的价码是 300 元/条；20 万"粉丝"，600 元/条；30 万"粉丝"，900 元/条；600 万"粉丝"，2 万元/条。越来越多的人看到了微博的经济潜力。于是，虚假"粉丝"、"粉丝"买卖、假冒名人有偿转发等网络交易乱象随之而来。

安徽省社会科学院研究员王开玉表示，对于假冒名人，甚至以名人的口吻发帖、转帖的行为实属侵权，如果这些人因为言论不当引发严重后果，应当承担相应的法律责任。提供微博平台的网站也有责任和义务清理那些造假的微博。

王开玉说，针对"粉丝经济"中存在的乱象，有关部门应尽快立法规范，不要使微博这种新的网络工具为少数人犯罪提供便利。微博网友也应积极举报虚假"粉丝"，通过各种传播方式让整个社会认识到通过人格魅力、理性言论获得真实"粉丝"才是光荣的。

原标题《中国微博热催生"粉丝经济" 巨大市场亟待监管》
2011 年 9 月 23 日 摘编自新华网、凤凰网、网易新闻、搜狐网
记者：蔡敏 钱佳

砀山公职人员拖欠公款

9 月 23 日，砀山新闻网发出一则公告，公布了该县 89 名拖欠公款的国家公职人员名单。公告称，这些公职人员拖欠公款，如果公示期满仍不还者，将从 10 月份开始扣薪还款。这份公示出现在网上，在当地引起热议。根据公告上的名单，这 89 名拖欠公款的公职人员，分别来自砀山县卫生局、国土局、计生委、住建局等多个政府部门以及一些乡镇政府，欠款金额从几百元到 20 多万元不等，其中欠款最多的是砀山县曹庄镇一位姓许的公职人员，欠款金额达 236400 元。

对于砀山县公示欠款公职人员的做法，安徽省社会科学院研究员王开玉表示，作为国家公职人员，应当了解国家财政制度，长期拖欠公款不还，不利于国家财政资金的安全，还有可能诱发贪污腐败等行为。砀山县此举，势必会给名单上曝光的公职人员一定的压力，促使他们尽快还款。王开玉说，拖欠公款的现象各地都有，现在各地都在打造民生财政、透明财政。砀山县的做法，是一项廉政的举措，也是一项健全公务员制度的举措，值得各地借鉴。有观点认为，砀山县此举涉嫌侵犯公民的隐私权和名誉权，对此，王开玉表示，欠债还钱天经地义，砀山县此举是为了促使欠债人尽快还钱，无可厚非。

原标题《砀山喊欠债公职人员还公款》
2011 年 9 月 27 日 摘编自中安在线－新安晚报、新华网、安徽网、新浪网
记者：向前 张涛

两个家庭的爱与宽容（三）

一张崭亮的"磨店社区首届社会道德风尚标兵"证书、一摞厚厚的奖金、一束美丽的鲜花。日前，合肥市新站综合开发试验区磨店社区沿河村的刘士圣、李孝香分别收到了一份"大礼"，这饱含着荣誉和敬佩的礼物是社区和邻里们对她们前不久表现出的感人态度和做法的最高表彰。

就在一个多月前，这两位农妇一个主动做好事让对方的婆婆搭"顺风车"，发生交通事故后主动担责，三番五次要给对方赔偿；一个善良宽容，坚决拒绝行善者的上万元补偿金。两个善良的家庭一起用最朴实的言行向人们展示了"以德报德"这一最平凡却又最不平凡的人生观。

安徽省社会科学院研究员王开玉分析说，从多年前轰动一时的南京"彭宇案"到《老年人跌倒干预技术指南》，存好心、做好事去帮助近在咫尺的陌生人却可能要支付"扶务费"的悖论触动了整个社会脆弱的道德神经。人们迫切需要知道，"好人""好事"是能够获得"好报"的。只有这样，整个社会才不会出现"道德冰点"。

"这起事件温暖了每个人，因为'人人自危'并不是规避道德义务的借口。重拾中华民族扶危助困的优良社会传统，弘扬乡亲邻里的淳朴礼让、通情达理这些流传已久的公序良俗，全体公民都应该付诸行动向合肥这两位农妇学习，让类似的事情越来越多。"王开玉说。

原标题《合肥老人搭车意外死亡 子女拒车主赔偿感动网友》
2011 年 9 月 29 日 摘编自中国警察网、中新网、凤凰网、新浪网
记者：卢尧、马姝瑞

"铁将军"遭遇"锡纸片"

用锡纸包住特制把柄，将锡纸塞进锁眼，慢慢旋转，几秒钟的时间，防盗门就被打开。这不是电影或电视剧中的镜头，而是发生在合肥的真实案件。合肥市锁业协会的一项统计显示，从 2010 年年末开始，省城合肥已发现超过 600 多户居民的家里，被人用锡纸开锁入室，实施盗窃。一把钥匙本应只开一把锁，但是有人却只需一张普通的锡纸，一个带有凹槽的铁片，

然后经过简单的加工组合便能做成一把无"锁"不能的万能钥匙。

安徽省社会科学院研究员王开玉表示，一个城市的安全是由千千万万个家庭安全组成的，要杜绝万能钥匙带来的犯罪，需要从源头上进行规范。在提高防范意识的同时，有关部门应加强管理，行业协会可以对此进行全面的调查，向市民推荐更安全的锁，不断提高市民的安全系数。

原标题《"铁将军"为何 hold 不住锡纸片》

2011 年 9 月 29 日　摘编自《市场星报》

记者：范林标　丁林

"国庆放假表情图"网络走红

"中秋过了，国庆还远吗？"这是安徽省芜湖市的叶璇在微博上转载的一句话，和这句话同时被转载的还有一组"国庆放假表情图"。叶璇说，每天上班的时候看看这组可爱的"国庆放假表情图"，心情都会跟着好起来。叶璇所说的"国庆放假表情图"是根据国庆休假日程绘制而成，放假时间是欢天喜地的表情，工作时间则是各种痛苦的表情，表情有动态的，也有静态的。动态的多以动漫形象为主，而静态的多以明星为主。

国庆放假表情图

安徽省社会科学院研究员王开玉认为，国庆有七天长假，很多人都需要这个假期来释放积攒了半年多的工作、生活、学习压力，而可爱的国庆表情图，会缓解人们长期工作的焦虑心情，给大家带来一些心理上的期待，减轻一些工作、生活和学习上的压力。

原标题《"国庆放假表情图"走红网络》
2011 年 9 月 29 日　摘编自新华网、搜狐网、新浪网、
《中国日报》、凤凰网、大众网、北方网
记者：蔡敏　钱佳

国庆假，玩"穿越"

2011 年国庆长假期间，在安徽地区，不少年轻人选择了在博物馆里触摸古老文明、亲身感受"穿越"。在安徽省合肥市，刚刚搬入新家的安徽省博物馆在国庆期间正式对公众开放。据安徽省博物馆副馆长黄秀英介绍，这座博物馆新馆不仅陈列有诸多国家级的文物，还为参观者准备了一些"互动区域""动态影像""三维影像"等，满足了参观者的"穿越感"。

安徽省社会科学院研究员王开玉认为，现代年轻人不满足仅仅在穿越影视剧中所看到的古代生活，而来博物馆里亲身体验参观，是想看到全面真实展现的历史，这反映了他们的求知欲，值得鼓励。

原标题《国庆假期兴起博物馆参观热》
2011 年 10 月 2 日　摘编自新华网、网易新闻、凤凰网
记者：蔡敏　钱佳

"裸辞"一族

眼下，中国职场上工作并没有找到下家就已经辞职的人，在中国有了一个共同的名称——裸辞族。选择"裸辞"的年轻人呈增多趋势，原因多种多样。有的因为工作太枯燥，不能实现自己的抱负；或是对薪酬福利不满意；或是因为人际关系处理不善；还有的是因为压力太大，身心俱疲，

就想给自己放个假等。"裸辞"之后，有的人很快找到一份更适合自己的工作，有的人则是闲在家里长达一年以上当起了"啃老族"。网上现在流行着这样的一个公式："魄力 + 财力 + 才力 = 快乐裸辞"，即"裸辞"的背后其实是需要有财力和其他因素支撑，也就是说，并不是谁都有能力"一辞了之"。

安徽省社会科学院研究员王开玉认为，"裸辞"现象增多，表明现代人开始重视工作幸福感，而不只局限于工资多少、职位高低，这是社会的一种进步，但应谨慎理性对待。

原标题《中国职场出现"裸辞"一族　开始重视工作幸福感》
2011 年 10 月 10 日　摘编自新华网、中国警察网、
凤凰网、红网、南海网、搜狐网
记者：詹婷婷　钱佳

合肥好人

《合肥晚报》关于"磨店好人"李孝香和刘士圣二人的最新报道见报后，在社会上引起了巨大的反响。一些专家也从社会学、历史学的角度评价了二人的义举，认为二人的所为彰显了合肥淳朴的民风，折射出了人间的真情，为社会树立了一种正确的价值观。

听闻李孝香向沿河村村委会递交入党申请书的事儿，安徽省社会科学院研究员王开玉表示感触很深。刘、李两家的事迹引起了全国关注，感动了华夏大地，而李孝香递交入党申请书一事，反映出合肥市委市政府不断加强社会建设获得了实质性的效果。王开玉告诉记者，社会建设不但包括物质建设，还包括政策建设和精神建设，需要政府给力。"好的风气不可能一蹴而就，通过政府的倡导和扶持，才能更深地教育大家、感动大家。"王开玉认为："此次李孝香递交入党申请书恰恰体现了政府的导向，是把刘、李两家的事迹宣传从感情层面向制度层面上转变。本来是两个家庭的事情，通过宣传变成了社会的事迹。通过政府参与，刘、李两家会变成全民学习的榜样。"

"前一段时间，网上热议'十三亿人扶不起一个老太太'，我想，如果政府大力倡导，十三亿人中会涌现无数个像刘士圣、李孝香一样的好人。"

王开玉激动地说道。

原标题《好人事迹引众人称赞》
2011 年 10 月 12 日　摘编自合肥在线－合肥晚报、搜狐网
记者：王伟　李磊

"顺丰"涨价

2011 年以来，快递企业一直处于风口浪尖上，成为消费者讨论热点，如今这一趋势似乎仍在继续。在 9 月份圆通公司宣布快递涨价不久，10 月 8 日，另一家被认为是民营快递龙头的顺丰公司，正式宣布调整部分线路的价格。或许是机缘巧合，顺丰这次的价格上涨正逢发改委油价下调的前夕。正因为如此，一些消费者对顺丰这种做法颇有微辞。按照常规逻辑，油价下调，快递业交通运输的成本，自然也会跟着下降，可是为什么最终价格非但没有下调，反而上涨了呢？

记者随后咨询了安徽省社会科学院研究员王开玉。他分析说，消费者自然不情愿快递价格有所上涨，快递企业当务之急是要在降低成本上做文章，这就要求快递行业内部尽快地发展整合、优胜劣汰，形成一定的规模效应，这样才能使价格降低，让消费者满意。对于在油价下调前夕，快递价格出现上涨的现象，他则认为，企业经营要符合经济规律，在这一敏感的当口，出现价格上涨，会引来很多人的质疑，甚至可能会导致失去一部分消费市场。同时，他也表示，相比之下，消费者之所以选择快递，看重的是邮递速度和服务质量。既然已经涨价了，快递企业就更应该努力提高服务水平，把可能失去的市场保住。否则的话，只会造成人们更大的不满。

原标题《快递涨价遇到油价下调》
2011 年 10 月 12 日　摘编自中财网、新华网、凤凰网、
搜狐网、万家热线、中新网、《合肥晚报》
记者：王蓉

"冠军乞丐"辞职

"冠军乞丐"张尚武入职陈光标公司，曾引起轰动。时间还不足三个

月，张尚武却已于 10 月 19 日辞职回到了北京。张尚武为何放弃优厚的待遇？他说是因为无法承受在电视节目中被社会学家"侮辱"。陈光标则表示，已经极力挽留张尚武，但未能使他回心转意，今后会一如既往地提供帮助。

安徽省社会科学院研究员王开玉表示，以陈光标为代表的民间慈善和草根慈善，是当前中国慈善事业的重要组成部分，这两种慈善形式也符合中国目前的国情。陈光标将张尚武吸收进自己的公司，担任"公益慈善部副部长"兼"公益爱心形象大使"，既让张尚武脱离了窘境，也给他搭建了一个平台，以利用自己冠军的身份和影响，做一些好事，对于慈善，这是一举多得的好事。

"我注意到，张尚武进入陈光标的公司后，也确实做了很多事情，譬如给贫困学生捐款等。"王开玉说，"作为社会学者，发表观点特别是在公共媒体上发表看法时，应当出于公心，而不是私心。张尚武进陈光标公司于公于私都是好事，社会学者应当鼓励、支持、肯定，打击奚落肯定是不妥当的。"王开玉同时表示，现在，无论做什么，杂音和质疑声都有，张尚武应当增强自己的心理承受能力，向陈光标学习，"走好自己的路，让别人去说"。

原标题《冠军乞丐张尚武从陈光标公司辞职　称因上节目被侮辱》
2011 年 10 月 21 日　摘编自新安传媒网
记者：向前　文兵

CPI 催高大学生薪金

进入秋冬季，各大高校的招聘会多了起来，一到周末更是如此。合肥部分高校现在平均每天至少有两到三场的招聘会，合肥工业大学老区一天最多时竟达到 20 余场。就业形势好转，加之 CPI 高企消费水平不断攀升，应届毕业生对薪资的要求也节节升高，重点高校学生心理预期大都达到 3000 元以上。

"2011 年大学生就业形势变好主要还是探索就业双向选择的路子走出来了。"安徽省社会科学院研究员王开玉分析说，"现在处在社会转型中，政府对大学生就业很重视，在政府的引导下，就业体制进一步得到完善，平台也更宽广。各大高校在指导就业方面工作开展得很细致，比如发布更多的就业信息、指导大学生实习等。大学生的自主就业理念也不断提升，不再依靠学校分配，而是到人才市场中自己找寻工作机会，自主创业的也越来越多。"

对于大学生自主创业的问题，王开玉也提出了建议："大学生创业最好能与自己所学的专业知识相结合或者选择相近，要结合自己的特点做出创业方向选择。创业者有一点要切记，'创业不等于单干'，要能利用自己掌握的资金、人脉、市场认识等方面的资源和知识，最好能合伙创业，多一个人多一份力量，也能大大降低风险。创业者要量力而行，不能好高骛远，路要一步一步地走，不要怕失败。创业者还要学会与转型社会中存在的社会矛盾相处，学会和别人沟通，尤其是和消费者沟通，坚定自己的信念，不断在实践中学习新的知识，这期间的锻炼与融合将是他们人生中一份宝贵的财富。"

原标题《CPI 走高毕业生薪金也跟着涨》
2011 年 10 月 24 日　摘编自合肥在线 – 合肥晚报、网易、
新华网、腾讯财经、中新网
记者：吕珂

"求表扬"

在 10 月 8 日，在广东东莞打工的阜阳籍男子王立振救助了一位遭到匪徒抢劫和强暴的女子吴梅（化名）；事后他一直没有得到吴梅及其亲属的感谢。10 月 20 日，他主动拨打了媒体的电话"求表扬"。

听记者说起"王立振做好事求表扬"一事，安徽省社会科学院研究员王开玉连称，"不错，不错。"王开玉分析，做不做好事、怎样做好事，做了好事以后是大张旗鼓地自我宣传，还是隐姓埋名、不事张扬，不一定跟道德有关，主要是和当事人的行事风格有关。

王开玉坦言，做了好事而不许人高调，这是一种不公平的心态。比如雷锋，如果国家不宣传，那么人们就不会知道雷锋到底做了哪些好事，更不会被树立为学习的榜样。不管是被媒体发现后报道，还是自己主动站出来求表扬的新闻，目的都是为了唤起人们的爱心，唤起社会正义感，是为

了带动更多的人加入到做好事的队伍中来。

王开玉呼吁，我们应该赞扬、支持并提倡这种"做好事求表扬"的做法，并树立"高调做好事也是一种高尚"的理念。做好事不留名值得赞许，但做好事后高调宣传，可以优化社会道德环境，同样也值得赞许。

原标题《安徽打工者在东莞救下被劫女后求表扬》

2011 年 10 月 29 日　摘编自中安在线、凤凰网

记者：方佳伟

救人英雄，一死一伤

10 月 28 日凌晨，长丰县吴山镇王楼村前的合淮路上，两辆拉砖的货车追尾。在王楼村的村民们奋力营救被困两人的过程中，又一场车祸发生了，正在救人的张香政、张书宝二人一死一伤。救人英雄的事迹经报道后，引起市民的关注和热议。很多人为英雄的义举所感动，有的市民踊跃捐款，有的市民要去医院看望伤者。因救人受重伤的张书宝医疗费还没有着落，晨报热线特开通倾听专线，接听爱心人士的心声。

"他们因见义勇为而牺牲、而负伤，有市民去看望、去捐款，这固然让人欣慰，但依靠群众的这种自发意识去鼓励见义勇为，是远远不够的。"10 月 30 日晚，安徽省社会科学院研究员王开玉说，缺乏机制和制度保障的见义勇为，被人忽视的几率会大大增加。而万一发生这种情况，难保热血者不会心凉。

王开玉在总结目前对见义勇为的鼓励和弘扬后指出，普通老百姓对见义勇为行为的反应往往比政府快，"这对政府来说，确实是有点尴尬。政府确实有见义勇为基金，但由于认证程序太繁琐，要几个月才能走完所有程序，表扬和奖励来到见义勇为者面前时，已经晚了"。

"我们既然要弘扬见义勇为精神，就要想方设法去保障它、去保护它。"王开玉说，一个普通公民用自己的义举，让社会充满爱心，让他人对社会充满信心，政府就应该建立一整套完整机制和制度，为见义勇为者免除后顾之忧。

原标题《合肥两村民救人时遭遇车祸致 1 死 1 伤　被救司机感谢救命恩人》

2011 年 10 月 31 日　摘编自新华网、中安在线、腾讯网

记者：徐海涛

2.4 亿人离开农村　谁来种田？

伴随城市化进程的加快，正在由传统农业向现代农业艰难转型的中国不得不面临诸多发展中的问题——农村劳动力老龄化，愿意种地、能够种地，并且会种地的农民正在变得越来越少。一份研究报告显示，在中国 2 亿多农民工中，愿意回农村定居的只占 8.8%。其中，超过九成的新生代农民工不愿意回到农村。目前中国农村劳动力（16～65 岁农村人口）有 5 亿，其中有 2.4 亿人离开农村，流失的这部分农村劳动力主要是青壮年，近一半留下的农村劳动力年龄在 50～65 岁之间。村中留守人员民间号称"38（妇女）61（儿童）99（老人）部队"。

长期研究农民工问题的安徽省社会科学院研究员王开玉分析指出，越来越多的中国新生代农民工不愿回乡定居，缘于中国城乡之间收入水平、劳动环境、业余文化生活等方面的差距依旧明显；缘于种粮收益仍然较低，农业生产无法实现年轻人的理想；缘于农村缺乏可靠的教育、医疗、养老等社会保障，农村环境污染也在日益加剧；还缘于大量农民早已失去了家乡的土地。

原标题《新生代农民工不愿返乡凸显中国发展现代农业之困》
2011 年 11 月 2 日　摘编自凤凰网、网易财经、搜狐财经、腾讯财经
记者：蔡敏　李云路

留守儿童的成长，家庭责任是第一位的

留守儿童问题，已经成为中国现代化进程中不可忽视的社会难题。据全国妇联统计，目前中国留守儿童有 5800 万，占农村儿童总数的 28%，平均每四个农村儿童中就有一个多留守儿童。他们主要生活在安徽、河南、四川、湖南等中西部劳动力输出大省。

安徽省社会科学院研究员王开玉曾主持完成了一项对安徽九个农民工流出县以及安徽、浙江、江苏三省四个农民工流入市的调查。结果显示，留守儿童面临的主要问题是情感缺失、家庭教育贫乏；90% 以上的孩子都希望在父母身边，100% 的孩子羡慕有父母相伴的同龄人。

在长期对留守儿童进行调查回访中，王开玉发现一个现象，现在不少留守儿童开始向流动儿童转化。现在城市对外来打工者接纳程度在加大，对他们子女的关注也在提升。这样使得越来越多的出门打工者选择把孩子带在了身边。"目前全国流动儿童的人数与留守儿童已经差不多了。"对此，王开玉是比较认同这种变化的。"我一直认为在孩子的成长过程中，不论社会如何关注，家长责任始终是处于第一位的。"在此前的调研中，在留守儿童的教育中，家长的作用显得相当脆弱，虽然在问到农民工家长为何外出打工中，95％的人都是为了能挣更多的钱让孩子得到更好的教育，但实际上不少家长只关注孩子的学习成绩，对于孩子其他方面的发展则知之甚少。

原标题《帮留守儿童"去边缘化"》

2011 年 11 月 4 日　摘编自合肥在线－合肥晚报

记者：朱萍

"这一跪，让人心碎！"

11 月 2 日上午，湖北长江大学 20 多名教授和博士生代表齐刷刷地跪倒在荆州市荆州区政府门前，请求政府官员下令关闭建在该校围墙边的一座污染严重的小型钢铁厂。此前，该校师生曾多次向各级政府进行了实名举报，但都未能引起重视。"教授集体向政府官员下跪"事件引起众多网民的批评和质疑。面对外界批评，11 月 3 日，多位下跪教授接受记者采访时称，下跪请愿是为了引起上级和社会的重视，有助解决污染问题。

"如果当地政府官员能够早日回应长江大学师生对污染企业的关切，及时关闭污染企业，就不会出现教授下跪一事。"安徽省社会科学院研究员王开玉认为，"教授放下尊严，集体给官员下跪请愿，羞辱的首先是当地政府官员，他们应该反省自己的执政方式，到底是 GDP 重要还是人的生命安全重要？"

在王开玉看来，当前社会矛盾激化，老百姓诉求渠道被堵，主要是地方政府不执行中央法令，过于看重政绩而忽视民生和民众感受所致。"地方政府应该从这件事中警醒，发现矛盾要及时解决，不要积累矛盾，更不要激化矛盾，要多开通民众的诉求渠道。"不过，王开玉也认为，教授向官员下跪的维权方式在社会和学生中，会带来不好的影响。他说，"老师要为人师表，不能因为维权就当众给人下跪，这一跪给人感觉是没有信心，没有能力去维权。"

原标题《教授政府门前集体下跪》

2011 年 11 月 4 日　摘编自《新安晚报》

记者：李阔

民意调查"被满意"

"民意调查应该让居民根据自身感受来回答，而不是回答指定的答案。"11 月 8 日，有网友在微博中爆料称，繁昌县财政局通过短信平台给当地居民发短信要求当地居民就该县民生工程实施情况，在遇到安徽省社情民意调查中心的调查时，回答"知道""是""很满意"。耐人寻味的是，在记者随后的调查中，繁昌县财政局否认发过这样的短信，而安徽省统计局下属的省社情民意调查中心相关负责人却指出，繁昌县财政局做法很不合适。

安徽省社会科学院研究员王开玉认为，开展民意调查，不仅可以畅通群众表达意见的渠道，也使职能部门能够更加科学地评价工作成效，了解工作中存在的问题，广泛征求群众意见和建议，促进以后工作深入开展，真正使群众满意、让上级认可，这是一种值得推崇的有益做法。

开展民意调查的初衷是好的，但一些基层部门念歪了经，"明目张胆"作假，致使老百姓认为政府在作秀，既想征求群众意见，又怕征求群众意见，严重影响到了政府的公信度，根本起不到调查民意的作用。这样造成民意"被代表""被满意"，这明显会破坏社会风气。

原标题《教授政府门前集体下跪》

2011 年 11 月 9 日　摘编自合肥在线 – 江淮晨报

记者：方佳伟

对官员监督进社区

天长市试水"官员监督进社区"，监督官员 8 小时以外的生活，虽然最初经历了不少受监督官员的不理解，甚至引发公布信息会否侵犯隐私权的担忧，但天长市纪委发现，目前官员大操大办红白喜事、公车私用等现象少了。

安徽省社会科学院研究员王开玉认为，在社会学的分工上，这些受监督的官员也是其中的"社会角色"，而且这个角色还在不断的转化中。他认为官员应当以一颗平常心来看待8小时以外的监督，既然担任了公职，那么这些官员就应当接受人民的监督。王开玉认为，不仅仅是官员，社区里的居民都应当接受监督，并对自己的行为进行规范，而作为公务员，官员则应起到模范带头的作用。除了自律和做出表率，官员还应积极搞好与群众的关系，维护和谐的社区生活。

原标题《社区张贴官员信息监督生活圈　官员担心涉及隐私》
2011 年 11 月 10 日　摘编自新浪网
记者：孟庆超

高中生敢扶老人

11 月 15 日中午，家住合肥三里街小汽车修配厂宿舍的 88 岁老人韦善如拄着拐杖，拿着取暖器买完菜往家走，只要再跨过几级台阶，他就到家了，但就在这时韦老脚底一滑，手没抓住扶手，直接摔趴在阶梯上，额头磕到地面。路过的人不少，可谁也不敢轻易上前扶他，正在大伙儿都纠结之时，路过的合肥五中四位高中生，扶起了韦老，帮他擦拭了伤口，并把他送回了家。

针对这一事件，安徽省社会科学院研究员王开玉告诉记者，这体现了道德教育的力量，"孩子能做到的，大人做不到吗？应该抓住这个好教材，树立新的标杆，不能让'13 亿人扶不起一个老太太'的事件重演"。

原标题《可爱学子敢作为，但愿大人莫羞愧》
2011 年 11 月 17 日　摘编自中安在线
记者：马冰璐　祁琳　程兆

重塑转型期的道德文化

改革开放三十多年来，中国人凭借自己的勤劳和智慧让我国跃居全球第二大经济体。然而，腰包鼓起来并没有解决所有问题。毒奶粉、假文凭，医院见死不救、司机撞人逃跑，居然连跌倒的老人该不该扶、怎么扶都成了需要讨论的问题。10 月 19 日，国务院常务会议部署制定社会信用体系建设规划，提出在"十二五"期间要建立健全全社会的征信系统，大力推进政务诚信、商务诚信、社会诚信和司法公信建设，加大对失信行为惩戒力度，为社会主义经济、政治、文化、社会的改革和发展提供良好的道德保障。

安徽省社会科学院研究员王开玉表示，现代社会必须要有与之相适应的现代道德，要敢于破后再立，在宽容多元化价值观的同时，树立普世的社会认同和基本的道德观念，守住社会的道德底线。"文艺工作者提供的是精神产品，潜移默化中影响人们。因此文艺和舆论的作用一样，对坏的东西批评抨击，对好的东西要大加弘扬，这样才能够让人们明确中国社会的发展究竟往哪里走。"王开玉说。

原标题《中国多管齐下重塑社会转型期道德文化》

2011 年 11 月 23 日　摘编自新华网、中国警察网、凤凰网、

黑龙江电视台、国际在线、新浪网

记者：颜昊　顾烨　杨玉华

学生恶搞古诗词

连日来，《市场晨报》报道在小学生中间流行的恶搞古诗词，热心读者来电颇感无奈，希望得到专家指点，遇到孩子说这些，该如何正确引导。

"从小让孩子理解诗歌背后的文化和环境，培养孩子对传统文化的爱好以及修养，势必可以减少孩子恶搞的做法。"安徽省社会科学院研究员王开玉针对小学生恶搞古诗词的行为，谈了自己的看法。他表示，这些是孩子表达"灰色幽默"的方式，因为对新鲜事物充满好奇心是孩子的天性。

原标题《恶搞古诗词其实是学生压力的宣泄》

2011 年 11 月 23 日　摘编自《市场星报》、安青网

如此"老师"

"师者，所以传道受业解惑也。"可合肥市第 45 中学七（6）班的班主任曹玉清，却为了惩罚，让全班学生都写小纸条批评班上的一个学生。并当着全班学生的面把小纸条的内容念出来，这让受罚学生有了轻生的念头。

安徽省社会科学院研究员王开玉表示，作为老师，尤其是班主任应该关心每个学生的健康成长；即使有矛盾，也要善于化解，而不是带领班上所有学生攻击一个学生，这样不仅对那个受罚学生不公平，而且对其他学生的心理也会产生不利影响。"没有师德的人不配当老师。"王开玉说，老师不仅要教书，更要育人，要注重学生道德品质的发展。

原标题《合肥一班主任"下令"全班写小纸条侮辱一学生》
2011 年 11 月 24 日　摘编自《市场星报》、凤凰网、搜狐网、腾讯网、华商网
记者：李皖婷

"垃圾收运革命"

11 月 16～18 日，在华东地区第十四届废弃物处理研讨会上，合肥市城市生活垃圾收运处置方面的改革成效与经验做法，得到了与会代表和专家的普遍好评。据了解，合肥市生活垃圾以年均 10% 的速度递增，全市日均生活垃圾产量已由 2005 年的 1370 吨增加到 2010 年的 2200 吨。合肥市在明确市、区、街道（镇）各级责任的基础上，通过建立三级管理体制，生活垃圾收运实行分级管理、分级负责。

在实践操作中，合肥同样具有启示意义。安徽省社会科学院研究员王开玉认为，为了保障政府向市民提供优质高效的公共服务产品，关键是在实践环节的创新。即通过责任分级等方式落实监管职责，通过垃圾分类突出精细化管理，通过引入市场化运作机制持续改革创新。通过改革创新，三级管理体制得到建立，明确了街道、区、市的三级管理责任，从而在制度上保证了改革的有效实施；针对各种垃圾本身的特点，进行干湿分类、分别打包、分头清理，精细化的收集模式保证了改革效果和质量；将垃圾运输推向市场，实行市场化运作，变区级城管部门"作业局"为真正的"管理局"，实现了改革的快速高效。

原标题《合肥市优化垃圾收集运输模式，破解垃圾难题》
2011 年 11 月 25 日　摘编自中安在线 - 安徽日报、凤凰网、
新华网、《中国日报》、辽宁省人民政府网
记者：许根宏　许蓓蓓　张鸣

"90 后"的就业压力

中国首批"90 后"大学生即将毕业进入职场。这批被一些舆论贴上"前卫、个性、叛逆、自我"标签的年轻人，在岁末年初的招聘季里奔波于大小城市寻找岗位，首次感受到空前就业压力。数据显示，2012 年中国普通高校毕业生规模将达到 680 万人，比 2011 年增加 20 万。加上前两年 200 万没有实现就业的人数，2012 年累计有近千万大学生要找工作。与此同时，在经济社会发展到一定阶段的中国，劳动力结构性短缺在一定程度上造成了农民工就业机会增加、工资提高、某些行业之间工资趋同等现象，大学毕业生起薪与农民工工资差距在逐渐缩小。

安徽省社会科学院研究员王开玉指出，大量社会调查显示，"90 后"大学生这种坚持自我、自由的意识非常强。王开玉说，大学生的优势在于拥有完备的知识体系，学习能力强、综合素质高。尽管短期看来，一些毕业生的收入可能不如农民工，但从职业发展潜力来说，和长期从事简单工种、重复劳动的农民工没有可比性。"广大应届毕业生要充分认清自身优势，求职时事先做好长远职业规划，做好应对挫折的准备，不要简单用薪水来衡量一份工作的价值。"王开玉说。

原标题《中国首批"90 后"大学毕业生面对空前就业压力》
2011 年 12 月 1 日　摘编自新华网、国际在线、网易新闻、
新浪教育、凤凰网、腾讯网、搜狐网
记者：蔡敏

中国网民公益潮

把失踪孩子的信息印在扑克上，为家长们找回孩子。2006 年，沈浩启动"扑克寻子"计划，至今"寻子扑克"已印制了 28 个版本，总印量 97 万副。300 多个家庭加入"寻子扑克"计划，目前成功案例已有 36 个。他在 10 年前创办的"沈浩寻人网"如今每月已有超过 50 万人次的浏览量。10 年多来，全国各地无数网民给他提供过线索帮助寻人。近年来在互联网上为公益事业贡献心力的网民在年龄层次、教育背景上日趋多样化，总体

数量呈现几何倍数增长。同时，网民们集体参与公益的事件越来越多。有关专家指出，从单纯的"围观"到网上公益活动参与者，中国网民在见证全新公益模式的同时，也不断推动公益精神普及。

安徽省社会科学院研究员王开玉认为，在网络公益活动发展壮大的同时，政府不应缺位，但也不必越位，应进一步完善公益法律法规，探索完善慈善公益捐助的监督机制，保证公众的善心不被利用。

原标题《从"扑克寻子"到"微博打拐"：中国网民掀起公益活动参与热潮》

2011 年 12 月 1 日　摘编自新华网、网易新闻

记者：詹婷婷

预付卡实名制

2011 年 5 月出台的《关于规范商业预付卡管理的意见》掀起了关于预付卡实名制的第一轮风暴。时隔半年之后，第二轮风暴来袭，商务部近日发布的《单用途商业预付卡管理办法（征求意见稿）》，被视为预付卡实名制的"升级版"，"购万元以上购物卡需实名登记"和"单张卡限 5000 元"是"升级版"预付卡实名制的两大焦点。专家认为，升级版的实名制形成了更完整的机制，而大家的共识是，要从根本上杜绝预付卡受贿，实名制的细则仍需完善。

安徽省社会科学院研究员王开玉则认为，此次升级版的预付卡实名制在原来基础上制定了跟进措施，"像购买 5000 元以上面值需转账，这些制度可以有效防止洗钱，1 万元以上需实名，可以防止通过购物卡渠道行贿等，这就使得预付卡实名制形成了比较完整的系统，这显示了政策的连续性，也是对实名制的深化"。

王开玉认为，每一项制度都有它与时俱进、不断完善的过程，这次升级是第二次发布，以后还会有第三次、第四次，才能不断向前推进。如何才能从根本上解决存在多年的"预付卡弊病"，他表示，这就必须要制定更加完善的实名制细则，后续的措施要跟上去，形成行之有效的制度，用制度来保证。

原标题《实名制给力 VS 细则仍缺乏》

2011 年 12 月 1 日　摘编自合肥在线 – 合肥晚报

考研潮解析

安徽省 2011 年考研大军 7.6 万，这一数字，相比 2010 年的报名人数，增加了 12.7%，而全国报名参加 2012 年研究生入学考试的人数已超 165 万，连续三年年增长超 10 万人，创历史新高。多数学生因为面对就业压力而选择考研，特别是在一些二本院校，学生普遍感觉在找工作时和一本院校毕业的学生相比缺少竞争力，考重点大学的研究生成了许多学生面对就业压力寻求发展的首选。

安徽省社会科学院研究员王开玉对于目前的考研热潮则给出了他的看法。"现在社会整体的文化水平在提高，用人单位对人才知识水平的要求也越来越高，学生选择考研继续深造，无可厚非。"但对于一些人盲目考研，王开玉说："逃避就业，或者说把考研作为逃避现实的途径，这样不可取。人生需要规划，考研不仅仅为了提高学历，更应该学会要把高学历转化为高素质。"

原标题《中国考研热潮折射大学生不同就业心态》

2011 年 12 月 14 日 摘编自新华网、凤凰网、网易新闻、新浪教育、搜狐教育

记者：朱青

完善农村养老服务体系

安徽省是中国传统农业大省，统计资料显示，截至 2009 年年底，安徽省户籍人口中农业人口为 5277 万，农村人口占全省总人口高达 77.67%，其中，全省约有 70% 以上的老年人生活在农村。安徽省的许多城市正在结合新农村建设，建设遍及大小村庄的村级养老服务活动中心，为农村老人提供较完善的养老服务场所和精神家园。人口老龄化是 21 世纪中国面临的重要社会问题之一，老龄人口以年均 3% 的速度快速递增。随着农村劳动人口逐渐向城镇转移，"空巢家庭"不断增长，加上农村老年人口逐年增加，养老服务需求越来越大。

安徽省社会科学院研究员王开玉指出，在"低保"救济、"五保"供养的标准提高和政策完善，特别是国家补贴的"新型农村社会养老保险"朝

着全覆盖目标推进的背景下，中国农村老年人经济状况得到改善，但养老服务需求与社会养老资源供给矛盾愈加突出。"这个问题能否得到解决，直接关系到农村老年人的生活质量，关系到农村社会的和谐稳定、中国城乡统筹发展、全面建设小康社会宏伟目标的实现。"王开玉说。

原标题《中国各地探索多种农村养老服务模式应对人口老龄化》
2011 年 12 月 15 日　摘编自新华网、新浪网、网易新闻、凤凰网
记者：蔡敏

留守妇女卖淫赚零花钱

将近 80 岁的老汉将妻子留在家中，被回娘家的女儿撞个正着；丈夫在外打工，留守家中的妻子却红杏出墙，与村里多名男子打得火热，只为了"赚点零花钱"。肥西县警方日前连续破获两起农村留守人员卖淫嫖娼案件。据国家农业部统计，2009 年全国有 1.3 亿外出务工的农民工。有社会学者估算，若其中有 5000 万为已婚男性，则夫妻生活严重受影响的留守女性至少有 2000 万。有关专家表示，农村留守家庭中，特别是留守妇女的婚外情已成为影响农村家庭关系稳定的最主要原因之一。

安徽省社会科学院研究员王开玉认为，依照法律法规，警方已对相关人员进行了治安处罚。但案件凸显的社会问题远远没有得到解决。他建议，首先城市应包容和接纳外来务工人员，这样当农村男性劳动力外出务工时才有可能带上自己的妻子和孩子。其次应加强农村治安力量，丰富乡村文化生活，增强农村居民的安全感和幸福感。再次是帮助留守人群改善生活环境，提高生活质量。

原标题《留守妇女为赚零花钱与多位村民有染》
2011 年 12 月 16 日　摘编自《市场星报》、网易新闻、凤凰网、新浪网

难写的年终总结

到了年终，很多人在网上发帖抱怨"年终总结难写"，有网民甚至称"把去年的拿来改改了事"。在职场人士为此绞尽脑汁时，有的人却转动

了脑筋，开始做起了"生意"。

在网上，还真有不少这样的"商家"，记者在淘宝商城输入"年终总结"，竟有 15 页查询结果，近 600 个"宝贝"。一般来说，页面上都会标价"5 元"或"10 元"，但这只是个虚拟价格，具体价格还要双方商定。而这个交易的流程大致为：双方通过 QQ 或旺旺协商内容和价格→买家下单→卖家在买家要求的时间内完成撰稿，并把稿件的一部分通过互联网先发给买家→买家在满意这部分稿件后为其付款→卖家为买家发送剩余的稿件。如果买家对稿件不满意，可以要求卖家为其免费修改。

安徽省社会科学院研究员王开玉分析称，把代写年终总结作为商品用金钱交易，从侧面反映出了当下人们浮躁的心理。"就像农民收获一样，那是对一年成果的肯定，在网络上找人代写，是模块化的东西，怎么能反映出个性化？"王开玉称，"再好的枪手也比不过身在其中的人。"

王开玉直言，不赞成找人代写年终总结。"无论是卖家把此当作商品来卖，还是买家，都是对自己和文字的不重视，深层次说就是道德的缺失。"王开玉进一步扩展分析，现在很多公司把所有的文字工作都外包给专业的公司，把此当作一种"金钱交易"，是不可取的。

原标题《代写年终总结成赚钱行当　千字 50 元到 100 元不等》
2011 年 12 月 23 日　摘编自《合肥晚报》、新华网、凤凰网、中国新闻网
记者：吕珂　何姗姗

"守墓老兵"欧兴田

只为 60 多年前对战友的一句承诺，86 岁的离休干部欧兴田拖着病弱之躯，放弃儿孙满堂的舒适生活，四上北京，走访六省，为重建淮北西大门抗日烈士陵园四处奔走，并坚持为牺牲的战友们守墓 30 年。老人几天前受邀去北京录制一期电视节目，采访当天刚刚回到蚌埠。"这次火车上还有人认出我呢！还给我买了饭，说佩服我。"欧兴田笑得很爽朗，"其实我也没做啥大事情，都是我心里想干的，从来也没觉得苦。"

上台阶时，他倔强地用拐杖抵开记者，表示自己腿脚灵便，根本不用别人搀扶。偌大的陵园，欧兴田每天都要巡视好几圈，一边走一边用手拂过墓碑，就像抚过战友的肩膀。"既然接了这个差事，就要干得漂漂亮亮

的！我是从部队下来的，就讲究个严格！"欧兴田说，"这一辈子，我该做的事我都做了。我在这里守着，心里就踏实、敞亮！"

欧兴田感言：一辈子都要干干净净，这样我心里才踏实。要记住烈士们是为什么而牺牲的，不能叫一小撮腐化堕落的干部玷污了烈士打下的江山。

安徽省社会科学院研究员王开玉认为，欧兴田用战争年代不怕流血牺牲、和平年代不怕苦不怕累的精神守住了一生的清白，成了新时代的中国好人，成为道德建设的一个表率。

原标题《媒体盘点 2011 中国最具影响力群体　称推动制度完善》
2011 年 12 月 28 日　摘编自半月谈网、南海网、西部网、中国新闻网
记者：鲍晓菁

2012年度
微评社会

2012年度微评关键词

仇富心理、留守儿童、农民工培训、低保、农民工正名、打击医托、隐形慈善、邻里沟通包容、用工荒倒逼企业转型、村还是村落、工漂、"地球一小时"、空巢家庭低龄化、没有阴影的校园、新生代农民工八成不会农活、社会组织待"松绑"、农村无人种田、网购新生代、虐童事件反思、网络举报

主编参加国际徽商大会

主编（左三）访谈在俄中国农民工

专家分析仇富心态来自贫富差距大

在今天的中国，"两极分化"的隐患愈发令人忧虑。不论是在互联网上，还是在人们茶余饭后的闲谈中，"仇富"都可算得上一个高频词汇。之所以产生如此广泛的仇富心理，一个重要原因就是贫富差距拉大。

"在改革开放初期，人们并没有仇富的心态。那时候，在让一部分人先富起来的政策鼓舞下，那些率先致富的人都被社会大众看成敢作敢为、敢试敢闯的典型。"安徽省社会科学院研究员王开玉对《半月谈》记者说，"后来，人们对待富人的心态发生变化，一是由于一些人财富来路不正，是通过权力寻租等非法手段获得的；二是由于改革措施没有跟上，社会分配存在不公平不合理的现象，如垄断行业职工收入过高等。"

此外，他认为导致仇富心态还有一个重要原因，就是我们国家许多有钱人只知道炫富，而不知道回报社会。世界上一些国家和地区，贫富差距也很大，但人们的态度没有这么极端，一个重要原因就是这些地方的有钱人把大量财富用于慈善活动，而且他们的遗产税制度和各种法律也形成了一种限制富人的文化。而在我们的慈善捐赠活动中，相当一部分企业捐赠很少，更增加了人们的不满情绪。

原标题《中国人的"心病"：细数中国"病人"众生相》
2012 年 1 月 1 日　摘编自半月谈网

农民工培训要注重实效性

2011 年，安徽省广泛开展"春风行动""就业服务月"等就业服务专项行动，先后举办各类招聘会 1151 场，为农民工提供免费就业服务 140 多万人次，直接将岗位送到农民工的家门口。

但是，有关专家认为，目前安徽省内企业的工资待遇等整体就业环境与沿海发达地区相比还有一定差距，各级公共服务机构要加大宣传力度，做好相关服务，企业要逐步向发达地区看齐，改善工作环境、提高工资待遇，让更多农民工就近就地就业。

"农民工培训虽然成绩不小，但任重道远，而且要更加注重实效性。"安徽省社会科学院研究员王开玉表示，目前，安徽省农民工中，高级技工只占不到5%，高级技师只占1.29%，34%没有技术等级和56%初中级工人都需要加大培训才能胜任一定工作岗位。更为重要的是，培训不能简单地提供理论和普及知识的学习，要更加突出职业技能的实效性，有针对性地提高人力资源的从业能力，为社会输送更多、更好、合格的实用型人才。

原标题《技能培训　如何助推农民工素质就业》

2012年1月5日　摘编自中安在线－安徽日报、新浪网、搜狐网、网易

记者：扬飞

城乡低保　筑牢"最后一道防线"

近年来，安徽省逐年加大低保资金投入，城乡低保标准显著提升，补差水平持续增长。

据统计，2011年全省支出城市低保资金25.72亿元，较2010年增长34.65%。中央和省级共投入农村低保资金21.34亿元，较2010年增长16.87%，年平均保障标准1780元。

"低保标准的提升是让发展成果更好惠及低收入群体的应有之义。"安徽省社会科学院研究员王开玉认为，低保标准的调整必须遵循包容性增长理念，与经济发展速度、居民收入增长水平同步，消除收入差距带来的社会心理隔膜。

安徽省"十二五"居民收入倍增规划提出，确保城乡低保标准年均增长10%以上。"要实现这一目标，就必须以稳定的资金投入为保障，建立科学的低保标准动态调整机制。"安徽省民政厅有关负责人介绍，2011年，安徽省出台多项措施规范低保标准制定和调整。同时，针对城市和农村低保标准差距较大，对低保对象重实物救助、轻能力提升等问题仍然存在，救助体系须多元化、广覆盖。

目前，对低保对象的救助主要是实物与资金救助。"困难群众的致困原因是多方面的，救助体系也要多元化、广覆盖。"安徽省社会科学院研究员王开玉认为，要坚持救急与救穷并重，积极探索非物质性救助项目，采取

送技术、送培训、送信息等方式，提高低保对象等困难群体致富能力。在坚持政府力量为主导的同时，还要积极扩大社会参与，努力构建多元化投入新格局，增强民生保障的整体合力。

原标题《城乡低保　筑牢"最后一道防线"》

2012 年 1 月 13 日　摘编自中安在线 – 安徽日报、凤凰网、和讯网、马鞍山网

记者：汪国梁　王志刚

农民工，必也先正其名乎

1 月 11 日，李方平等律师、学者提请国务院在行政法规、部门规章及政府行文中变更"农民工"称谓，并借此推动城乡户籍平权。这些都凸显了人们对农民工问题的重视。

但是换个角度看，称谓只是一个代号，变更字面上的"农民工"称谓意义有限。农民工真正需要的是权利、地位平等与一个温馨的家园，而不是"称谓"名分。

现在，政府与社会都在关注农民工，为维护农民工权益做出了不少努力。但我们必须看到，因身份差别导致农民工与市民权利不平等的问题仍然客观存在。比如城乡居民同工不同酬、同伤同死不同赔，子女入学难、就医难、买房难、维权难等。生活的压力，老板的霸道，城里人的歧视，法律制度不给力，不少农民工仍处于城市边缘人的尴尬地位。

正如长期调研农民工问题的安徽省社会科学院研究员王开玉所言，"城市化不仅指农村人口从形式上转化为城市人口，更深刻的内涵是指生存条件、生活条件和生活质量的城市化。城市从心态上接纳他们"。要从根本上解决农民工身份问题，不是变更农民工称谓，诱导农民工放弃耕地与宅基地，而是政府为所有公民平等赋权。国家权力机关应从立法层面彻底取消户口界限，促进公民社会建设。否则，仅仅取消字面上的"农民工"称谓，恐怕只是一个文字游戏。

原标题《农民工，必也先正其名乎》

2012 年 1 月 17 日　摘编自《大众日报》、新华网、新浪网、中新网

记者：叶祝颐

专家建议医疗诈骗立法打击医托

对于各大医院存在的医托问题，记者看到医托们虽然觉得自己的行为不道德，但很少担心触犯法律。医院保安说，他们对医托也只有"赶"和"警告"两个方法。

安徽天霖律师事务所律师程林一直对医疗诈骗做专门研究。"医托通过多年的发展，现在形式更加隐蔽，治理起来也更加困难，而且并非所有的医托行为都能说是违法。"比如，一些经过医托介绍给医生的患者确实被治好了，就诊过程也合乎规定，那么就不能说其诈骗。这样的事情也很多，所以不管是医院、卫生部门，还是公安部门，都拿他们没办法。这其中的根本原因，在于法律对这方面的规定很模糊，以致无法可依。

程律师深感其害，有上书全国人大就医疗诈骗立法的想法。"如果刑法增设医疗诈骗罪，那么如果患者受医托所骗，小病被诊断为大病，没病的被诊断为有病，或者医疗机构故意夸大病情，用不正当方式谋取利益，那么就可依照相关条文处罚。"

在当前情势下，要怎么治理医托呢？安徽省社会科学院研究员王开玉认为：第一，医院要加强服务，做好医导和问询工作；第二，社区医院和诊所本应该是对大医院的补充，让老百姓看病更容易更实惠，但一些医院却为了利益昧着良心，甚至误人病情，所以要加强对小医院的管理，坚决取缔黑诊所，完善社区医院管理体制；第三，政府部门应有作为，打击要有力度。

原标题《皖律师欲上书全国人大治医托》
2012 年 1 月 18 日　摘编自中安在线 – 安徽商报、凤凰网、和讯网

隐形慈善正逐步融入普通中国人生活

1 月中旬，在安徽省芜湖市举办的第二届"芜湖慈善奖"活动上，"爱心特别奖"成为最引人注目的一个奖项，也是唯一一个无人领取的奖项，它被授予了芜湖所有做好事不愿留名的"无名氏"。

2010 年以来，芜湖市慈善总会共收到"无名氏"捐款一百余笔，总金额 26 万余元。在个人捐赠排行榜中，和往年一样，不肯留名的爱心市民捐款总额依然稳居第一的位置。在中国红十字总会捐赠信息网络发布平台上捐赠者姓名一栏输入"无名氏""个人""爱心人士"等关键字搜索时，搜索结果不断涌现。事实上，许多在情系爱心联合会服务的义工即使一起参加过多次活动，也不知道彼此的真实姓名。

安徽省社会科学院研究员王开玉表示，"隐形慈善"的出现和逐步发展壮大，说明中国公民的公益慈善意识在成长，这也是社会文明程度的体现。"在未来，'隐形捐助''平民慈善'将成为常态，而慈善也将融入普通公民的生活，成为日常生活的一部分。"

原标题《隐形慈善正逐步融入普通中国人生活》

2012 年 1 月 25 日　摘编自新华网、凤凰网、腾讯网、中新网、网易

记者：程志良　詹婷婷

专家呼吁完善大病救助保障制度

2 月 2 日 16 时许，输入血小板的王君耀于当天下午从合肥市安医大二附院出院了。然而，在小君耀隔壁的病房，4 岁的漆小雅仍然无力地坐在病床上。据其父亲漆德益介绍，2012 年 1 月初，小雅被检查出身患重型再生障碍性贫血。目前，他们也面临着治疗费用紧缺的问题。

据安医大二附院儿科主任医师王宁玲介绍，"儿科一病区平均每天有 40 多个孩子住院治疗，他们大都患有白血病、重型再障等血液病，尤其是重型再障，在治疗上很费钱。很多家庭因为孩子得了这个病而债台高筑"。

"我们这些年一直在推动建立大病救助保障的制度，取得了很大的进展。"王宁玲说，如今，患白血病的孩子在前 2 个疗程的治疗上，可以报销九成的费用，之后的费用也可以报销一部分。"其实，治疗重型再生障碍性贫血需要的费用可能比白血病更高，我也希望这样的保障制度能再前进一步，免除病人的后顾之忧。"

对此，安徽省社会科学院研究员王开玉表示，"对于身患重病的人，社会上有爱心的人能够帮助一部分，但对于更多的人来说，我们确实需要一

个制度来保障，这就要政府加大投入，在经济发展的同时，也加大社会保障的投入"。

原标题《君耀用"心"谢大家》

2012 年 2 月 3 日　摘编自《江淮晨报》、中安在线、合肥在线

记者：王凯　庄道龙

党员志愿服务常态化需制度保障

夏琳是安徽省芜湖市镜湖区赭山街道大官山社区一名残疾女青年，从 9 岁开始，她就和智商只有八九岁孩子一般的母亲生活。她们多年来的生活主要是依靠社区"爱心服务站"的"一米阳光"志愿者们提供服务。

"一米阳光"党员志愿服务工程是芜湖市镜湖区赭山街道 2010 年首先发起的一项活动，有近千名党员参加，目前正在推广到该市各区县。服务内容涉及心理咨询、医疗卫生、法律咨询、义务家教等内容，满足了居民多元化服务需求。

中国是在改革开放后开始出现志愿服务者，而中共党员志愿者无疑是最具有中国特色的志愿服务团队之一。专家指出，党员志愿服务是中国社会管理中的多赢之举，不仅有利于党员志愿者培养自身的公民意识，更能够使党员志愿者收获帮助他人的快乐。

那么如何能使党员志愿服务"常态化"呢？安徽省社会科学院研究员王开玉表示，需要制度化来保障。建立健全党员志愿服务体系，建立志愿服务者档案和工作机制等措施，能够从制度上保障志愿服务的"常态化"。

原标题《中共基层党员志愿服务活动常态化赢得民众认可》

2012 年 2 月 6 日　摘编自新华网、凤凰网、网易

记者：程志良　詹婷婷

"治恶邻"听听专家怎么说

2 月 7 日，《市场星报》刊发了《本是好邻居，相"扰"何太急》一

稿，连日来，多位市民致电本报热线，讲述身边的"恶邻"，并支招"治恶邻"。合肥市民沈先生表示，"面对不同的人，得采用不同的方法"。两三年前，邻居家的地漏漏水，污水漏到了他家，"邻居一直说，这事和他无关"。从此，他开始了长达一年多的软磨硬泡，"后来这招有效，邻居和他一起去找物业解决了此事"。

安徽省社会科学院研究员王开玉也给出了建议，他觉得，邻里之间应该做到"三多"，即多包容、多沟通、多帮忙。"邻里相处，贵在包容，相互之间多一点包容，矛盾自然少一些。"

他还认为，邻里之间应该多沟通，建立起和谐的沟通渠道，一些小矛盾、小问题便迎刃而解，"此外，作为邻居，还应'以真心换真心'，遇到需要帮忙的地方，能施以援手，多帮忙，时间长了，邻里关系自然和谐了，也就不存在'恶邻'一说了"。

原标题《"治恶邻"，听听专家怎么说》

2012 年 2 月 9 日　摘编自《市场星报》、安青网

记者：马冰璐

"用工荒"将倒逼企业转型升级

2012 年春节后的招工大战中，不少企业还将招聘会开进了火车站、长途汽车站，"截留"部分原想返回沿海的农民工。

近日发布的《2011 年安徽省人力资源市场职业供求分析报告》显示，2011 年安徽累计约有 130443 家企业发布岗位信息 211 万多人，进厂求职人数不足 172 万人，即每 10 个求职者有 12.3 个岗位可供选择，用工缺工接近 40 万人，主要为餐饮服务员、纺织与缝纫普工、一线操作工、饭店旅游娱乐业服务员等。

事实上，其他一些中国中西部的劳动力输出大省，如河南、四川、湖北、江西等省市都出现了日益明显的"用工荒"。

长期研究中国农民工问题的安徽省社会科学院研究员王开玉指出，劳动力廉价的竞争优势在改革开放 30 余年来迅速促进了中国经济发展，但使企业无法构建出有效的人才激励机制和资本创新机制，经济也因此难以走出低端制造。劳动力供给越来越紧张的情况将倒逼企业通过竞争实现优胜

劣汰，完成转型升级。

原标题《招聘会进车站　中西部省份加入春节后招工大战》
2012 年 2 月 11 日　摘编自新华网、新浪网、网易、21 世纪网
记者：蔡敏

我们要的是村还是村落？

随着经济社会的高速发展，农村面貌日新月异。然而，在乡村剧变的过程中，文明在流逝，恬美的田园风光在失去。我们要的是村还是村落？这值得深思。

百田周屋，是皖西南一个普通村庄。南宋时，大学士周必尹急流勇退，随兄长周必大守舒州，定居望江。明代时，其后一支、邑庠生周希用搬迁至此。后来，又搬来几户陈姓、龙姓，逐渐形成近五十户的村落。

1998 年，村落大规模沿着马路建设，始于当时，村民的收入抵不了农业税，因而土地抛荒严重，村中除几个在外"端铁饭碗"的外，青壮年劳力都在外打工。他们挣了钱就回家盖楼房，老宅基地紧张，便在队长周爱金主持下将沿公路的一等地分了盖房子。慢慢地，村民把家搬到了公路沿线。而这些新盖的楼房，也只是过年时一片喜庆。现在平时大多数人家户门紧闭，许多打工挣了钱的年轻人在大城市买了房子，一旦他们留守的父母离去，这些楼房又将在岁月中荒凉。

"这个村子的变化具有代表性，一方面反映了社会的巨大进步，村民富裕了。但在这个进程中，传统文明、乡村秩序、田园风光又在流逝，这是令人担忧的。尤其是那些传统文化深厚的村落，我们要加大保护力度。"安徽省社会科学院研究员王开玉对这个问题深有感触，并且说他们正在对这个课题展开调查，"不久前，温家宝总理在《求是》杂志发表文章，呼吁要保护乡村的田园风光。许多国家的城乡建设是非常注重文明与传统的结合，因此，我们也要留住我们的传统、我们的文化、我们的根"。

原标题《我们要的是村还是村落》
2012 年 2 月 13 日　摘编自《市场星报》

专家支招解决"马路红灯乞讨"现象

连日来,《市场星报》关于马路红灯乞讨者的报道,在社会各界引起了很大反响。合肥市民政部门、交警部门及知名社会学家等也发表了看法,并就此纷纷"支招"。

民政部门建议市民可劝导行乞者向救助站求助。合肥市救助站成站长介绍说,只要乞讨者确实有困难,且愿意向救助站求助,救助站就会对他们进行安置或免费向他们提供返乡车票。

记者从交警部门工作人员处了解到,民警在执勤过程中只能对在道路上乞讨的人员进行劝离,告知其可以向救助站求助,以免引起交通堵塞或发生交通事故。

针对"红灯乞讨"现象,安徽省社会科学院研究员王开玉认为,虽然乞讨是人的正常权利,但在机动车道上行乞是违法的。从道路交通安全的角度考虑,穿梭在机动车道上行乞非常危险,于人于己都不利,如果发生交通事故,乞讨者自身也要负相应的责任。王开玉建议,最好通过法律手段加以强行制止,适当地进行处罚,这样整治效果会更好。

原标题《民政、交警等部门支招》

2012 年 2 月 13 日　摘编自《市场星报》

记者：张梦菲　马芹芹　李尚辉

社会管理应扩大群众基础

连日来,合肥市庐阳区上城社区居委会副主任管华礼总觉得事情越来越多,对社区的管理也有力不从心之感。出现这种状况,某种程度上是因为临近郊区的上城社区,随着城镇化快速推进,辖区人口迅速增加,原有社区工作力量就显得单薄。"就拿卫生整治来说吧,每位社区工作人员都有自己负责的网格区域。如果以前一个网格是两百多户居民,现在可能会达到三四百户,工作量大大增加了。"

上城社区面临的管理难题,与其职责不清、自治功能弱化不无关系。刚刚闭幕的安徽省十一届人大五次会议通过的《政府工作报告》指出,要深入推进社区综合管理体制改革，强化社区自治和服务功能。落实这一要求，就是要最大限度实现居民自我管理、自我教育、自我服务，社区居委会应当切实负起其主要职责，组织城市居民群众依法办理自己的事情。若仅仅依靠数量有限的专职社区工作者，无疑难以胜任日益繁重的基层社会管理任务。

如何破解基层力量资源不足的难题？"破解基层社会管理难题，强化社区自治功能，发动居民广泛参与公共事务是有效途径。"安徽省社会科学院研究员王开玉表示，如果完全依靠政府，或者通过政府发出行政命令、社居委具体落实的方式来管理基层社区，将难以妥善应对日益复杂的社会管理形势，难以有效处理日益繁重的社会管理事务。"一方面政府将更多资源下沉到社区，另一方面还要靠扩大民众参与来使有限资源发挥更大作用。"王开玉说。

原标题《大家事，如何大家办》

2012 年 2 月 17 日　摘编自中安在线 - 安徽日报

记者：汪国梁

公交让座中不能曲解"尊老爱幼"

2 月 17 日下午，各大网站纷纷转载一段视频。视频中一位老人坐在合肥市一辆公交车上，高声大骂身边的其他乘客不及时给其让座。老人称骂人是为了社会进步。

对此，安徽省社会科学院研究员王开玉认为，老人曲解了我国传统道德规范"尊老爱幼"的真正含义。大家应该体谅视频中那位老人的心情，老人所说的话，也并非一点道理都没有，但是其破口大骂乘客的行为给人的印象是片面理解了"尊老爱幼"的道德规范。

"我们国家一直就有尊老爱幼的传统，但是'尊老'与'爱幼'是密不可分的整体。就公交让座而言，年轻人向老年人让座，固然是一种值得肯定的美德，但是与此同时，接受让座的老人，是否也应该向让座的年轻人表示一下感谢？这样才有利于公交让座这一行为更好地为民众所接受。"王开玉认为。

王开玉说："老人因为公交让座问题而破口大骂，其心理可以理解，其行为也有值得商榷的地方。"

原标题《嫌人让座慢合肥老人公交上发飙　专家称其曲解了尊老爱幼》
2012 年 2 月 17 日　摘编自万家热线、新浪网、腾讯网
记者：韩成成

从雷锋到"中国好人"　中国道德模范形象日趋多元化

安徽省黄山市黄山区乌石镇清溪村村民张文理，曾在 2011 年 4 月因盗伐林木罪被判处有期徒刑六个月，缓刑一年。在接受社区矫正期间，面对载有 5 人的货车翻入水库，张文理挺身救人，使 2 名重伤员得到及时救治。同年 9 月，他被评为"中国好人"。支持他的网友称赞他"浪子回头金不换"。

安徽省社会科学院研究员王开玉说，一代又一代人，包括当代被誉为道德模范的"中国好人"，怀念雷锋、比照雷锋事迹，因为他是指引人们前进的道德楷模。

"时至今日，中国年轻人的价值取向已趋于多元化，道德模范的形象也不再是单一的、'神话的'。雷锋仍然是中国人的精神偶像，雷锋精神的定义则正在与时俱进。"中国科技大学党委副书记鹿鸣说。

在继续宣传"雷锋精神"的同时，中共中央宣传部、中央文明办等部门自 2007 年起，先后联合发起"全国道德模范"评选及学习活动以及"我推荐、我评议身边好人"等活动，由普通民众参与推荐、评议全国道德模范和"中国好人"，以求重塑新型的社会主义核心价值体系，培育优良的社会道德风气，弘扬中华民族传统美德。

截至 2011 年年底，全国共推举出 162 名全国道德模范，评选出 2 万多位"身边好人"，其中超过 3000 人荣登"中国好人榜"。

原标题《从雷锋到"中国好人"　中国道德模范形象日趋多元化》
2012 年 2 月 23 日　摘编自新华网、网易、凤凰网、新浪网
记者：王正忠　蔡敏　詹婷婷

新生代农民工为何会"工漂"？

"现在的年轻员工比较情绪化，要是心情不好，可能工资都不要就

不干了。"这是一家餐饮企业招聘人员对于"80后""90后"员工的形象描绘。一家大型连锁餐饮企业的招聘主管胡姐说,现在招工人、留工人都得靠"哄",公司里的服务员都是主动跳槽走的,没有一个是公司辞退的。很多刚从农村出来的"80后""90后",工作差不多3个月左右,就都开始想着要走人了,就是把公司当成过渡、歇脚的地方,而且更看重自由。

为什么"80后""90后"乐于"工漂"呢?记者就此问题采访了安徽省心理咨询学会副会长江俊,她介绍,"80后""90后"对单调的工作生活不满,更注重追求生活品质,将自己的兴趣、爱好放在择业的首位。

"我们曾经做过一个调查,新生代农民工中,很少有愿意再回农村老家的了,他们都想融入城市。但对于扎根城市,在城市中安定下来,他们却觉得前景渺茫。"安徽省社会科学院研究员王开玉告诉记者,"他们在城市里打工,但很多人的生活圈子、交际圈子非常狭小,往往还局限在同乡或者同厂的工人里面;他们想挣大钱,却缺乏对城市必要的了解以及创业的原始资本;他们想生活得好一点,但往往较低的工资水平以及节节上涨的物价、房租让他们成为城市中的底层。"王开玉分析说,"当融入城市的渴望屡屡碰壁时,新生代农民工就选择了一站又一站地漂泊。"

原标题《新生代农民工找工作看心情老板觉得员工比老婆难伺候》

2012年2月23日 摘编自中安在线-新安晚报

记者:徐景华 杨模林 郭娟娟 郁宗菊

专家建议将物业规范管理纳入城市管理

2月22日早上7点半,怀孕8个月的周女士上班时发现,自家轿车的天窗被楼上掉下的一包垃圾砸中。"如果是人站在那里,后果无法想象!"监控录像中,除了看到事发时间,没有其他线索。找不到肇事者,周女士只好自己清理垃圾。又因没买不计免赔险,保险公司不予理赔。"2000元的汽车修理费不说,我怀孕8个月,还要自己收拾垃圾。"她感觉既委屈又窝火。同时,记者从辖区杏林派出所了解到,目前此案正在调查中。

"高空抛物是违反道德、违反法律的行为，应当被有效制止。"安徽省社会科学院研究员王开玉说道。他认为，"应当建立综合治理体系来预防，全靠公安系统来破案也不太可能"。结合近期的类似事件，王开玉建议，将"人的治理"与科技手段结合，"高空抛物的后果非常严重，尤其是砸到老人与小孩。市民要提高素质，相互关心，更不能侵犯他人权利"。"首先物业的规范管理应当纳入城市管理中，加强保安巡逻的'人的管理'的同时，要提高科技手段，让监控全覆盖，而不是只监控一楼，从而帮助业主找到肇事者，依法处理问题。"

原标题《空投垃圾砸中爱车 孕妇无奈自认倒霉》
2012 年 2 月 23 日 摘编自《市场星报》、网易、凤凰网、21 世纪网
记者：刘欢

中国从女性需求出发撑起妇女权益"保护伞"

中国中部省份安徽省省会合肥市日前正式发布《合肥市妇女发展纲要》。纲要规定，合肥市要在城区公厕改造和配建中确定合理的男女厕位比例，女厕比例将有所提高。

过去，合肥男女公厕建设比例为1:1，新纲要则规定，在未来10年内，"男蹲（坐、站）位女蹲（坐）位的比例，独立式公厕宜为1:1，商业区域宜为2:3"。

与此同时，不少城市也将加大女厕建设比例纳入 2012 年的政府工作计划中。近年来，中国政府逐渐注重起对妇女权益的保护。中国国务院于 2011 年印发《中国妇女发展纲要（2011～2020 年)》。纲要提出，未来十年妇女发展的目标和策略措施将促使妇女合法权益得到切实保护。

安徽省社会科学院研究员王开玉表示，中国在推动经济发展的同时，更加关注妇女需求和权益保障，是社会的进步，但妇女就业性别歧视仍然存在、妇女发展的社会环境有待进一步优化、城乡区域妇女发展不平衡仍未全面解决。

对此，全国妇联副主席、书记处第一书记宋秀岩日前表示，在 2012 年，全国妇联将继续着力提升妇女儿童健康水平，争取实现每年对 1000 万农村

妇女进行宫颈癌免费检查、对 120 万农村妇女进行乳腺癌免费检查。实施好"贫困母亲两癌救助项目",使救助资金真正落实到患病妇女身上。此外,全国妇联还将进一步帮助妇女创业就业。

原标题《中国从女性需求出发撑起妇女权益"保护伞"》

2012 年 3 月 7 日　摘编自新华网、中国新闻网

记者:詹婷婷

"一人有难大家帮"求时代新解

寿县小伙子孟侃因病切去半片肺叶,自立自强的他为了不拖累家人,拖着一根维持呼吸的软管在合肥街头摆摊维持生计。"摆摊哥"孟侃的故事被媒体报道后,许多市民专程到孟侃摊点买下即将过季的凉鞋;医院主动安排专家为孟侃免费会诊;一家知名企业组织义卖募得 10 万元善款,助孟侃进一步治疗……

一年一度的安徽希望工程爱心晚宴,总能吸引众多爱心人士踊跃捐赠,仅 2011 年即一次性募得善款 852 万元。2011 年全年,安徽省慈善协会发放赠送特种药品价值 14924.69 万元,援助医疗器械价值 2138.35 万元。

"社会各界的热心帮助,既是发乎善心的高尚行为,也是雷锋精神的生动体现。"安徽省社会科学院研究员王开玉表示,助人为乐是雷锋精神的重要内容,而现代慈善理念倡导通过给予他人、回馈社会来完善自我,学雷锋与做慈善在本质上相通。

如何推动慈善事业不断前进,更好地弘扬雷锋精神,凝聚向善力量?"当前最要紧的是提高慈善组织透明度,以公开透明赢得公众信任。"王开玉说,雷锋精神植根于人类内心,人们参与慈善、助人为乐的内在心理需求,对于慈善机构的尊重和信任程度,是决定慈善事业发展水平至关重要的软实力。"应当结合学雷锋活动,推动慈善理念进一步普及,并积极创新形式,形成细水长流的常态机制,鼓励和方便人们行善。"

"无公开则无了解,无了解则无信任。"王开玉表示,只有秉持对捐赠者负责的态度,将每一笔善款与赠物的来源、去向向社会明确交代,慈

善机构才能最大限度取信于公众，从而消除顾虑，打造学雷锋的更好平台。

原标题《"一人有难大家帮"求时代新解》

2012 年 3 月 12 日　摘编自《安徽日报》、搜狐网、凤凰网、中安在线

记者：汪国梁

副所长开执法车探亲　社会学家称相关部门要问责

3 月 18 日，广德县国土局新杭国土所副所长蔡某公车私用去浙江省长兴县探亲一事经《江淮晨报》独家报道后，引起了不少读者的关注。

3 月 20 日，广德县国土局办公室负责人李梅改称，这次公车私用的是新杭国土所副所长，其是有正式编制的，但当时开车的是临聘人员，副所长蔡祥顺不会开车。谈及这次对蔡祥顺的处理意见，李梅称，考虑到这是蔡祥顺第一次公车私用，他本人也是国土部门的一位老员工了，工作多年一直勤勤恳恳，领导对其进行了批评，并要求其为当天出行产生的燃油费和过路费买单。

谈起公车私用屡禁不止现象，安徽省社会科学院研究员王开玉认为，一个重要的原因就是有关部门思想上不够重视、处罚不痛不痒，不少有特权思想的人往往认为"即使公车私用被发现，也只是批评一下，补缴点油钱"。

"公车私用多是被外界曝光的，很少能看到相关单位自我曝光行为。"王开玉建议，若想杜绝公车私用情况，除了公务人员要加强自我监督外，关键还在于相关部门要出台操作性比较强的公车管理制度，强化问责力度，使公务人员不敢也不能公车私用。

原标题《社会学家称相关部门要强化问责力度》

2012 年 3 月 21 日　摘编自合肥在线—江淮晨报、中安在线

记者：方佳伟

"中国好人"李孝香当上人民陪审员

"虽说清官难断家务事，但我觉得，只要按照良心这个准则来判断，就

157

可以做好人民陪审员。"2011 年当选全国十大好人的李孝香大姐,近日被任命为瑶海区法院人民陪审员。3 月 21 日下午,李大姐骑了一个多小时的摩托车赶到法院,调解了一起赡养纠纷案件。

3 月 21 日,记者采访了瑶海区委宣传部。宣传部门介绍,之所以做出这个决定,主要是出于社会道德风向标这个角度来考虑的。"这几年不断有老人倒地无人相救这类事情发生,2011 年还有广东'小悦悦'事件,而李孝香'以德报德',这体现了高尚的道德,与我们大力倡导的社会主义核心价值体系、推进公民思想道德建设是相吻合的。"

安徽省社会科学院研究员王开玉认为,李孝香作为社会名人,她自身就是化解社会矛盾的最好力量。"李孝香用自己的亲身经历、言行举止来说服当事人,更真实,更有说服力,她带来的社会效应是一笔很大的资源,不应该被浪费,她就是化解社会矛盾最好的力量。"

原标题《"中国好人"李孝香当上人民陪审员》

2012 年 3 月 22 日　摘编自中安在线 – 安徽商报、中新网、

安徽网、中国在线、新华网

记者:段贤尧　杨莉莉　苏艺

"安徽好人"群像引领中国"中国好人"

统计数据显示,"中国好人榜"活动开展 4 年以来,安徽省共有 488 人入选,占全国上榜总人数近八分之一,位列各省区市榜首。2011 年第三届全国道德模范评选中,安徽省 4 人入选,人数也位居全国之首。"安徽好人"正成为一个闪亮的品牌。

梳理近几年来涌现出的安徽好人好事,不难发现,安徽好人都出自基层百姓,他们都朴实无华,热爱生活,都有着乐于助人的共同信念,也都书写了最传奇的故事。发生在磨店好人李孝香、刘士圣身上的故事,通过媒体的报道和传播,早已传为佳话。

2012 年 1 月被评为"中国好人"的合肥"A 型血互助团",就是安徽道德模范辐射效应的一个缩影。公开的数字是,安徽省注册志愿者达 160 多万人,各种类型的志愿服务队达 2985 支,建成社区志愿者服务站 1590 个。

"榜样的典型效应能转化为群体效应,进而扩散为社会效应。道德模范能够感动和激励广大群众,引领公众向善、从善。"安徽省社会科学院研究员王开玉说,"在'安徽好人'的带动下,关爱和慈善正在成为一种时代风尚,这正体现出道德力量的传承力和影响力,它能不断激发更多的人见贤思齐,行善事、做好人,形成道德模范辐射效应。"

原标题《"安徽好人"群像引领中国"中国好人"》

2012 年 3 月 29 日　摘编自合肥在线－新安晚报、中安在线、新华网

记者:向前

中国各地推行居住证制度　破城乡分割仍需时日

安徽省 3 月宣布,将根据铜陵市率先改革的经验,全面实行居住证制度,力争 2012 年内让全省 1000 万流动人口实现"一卡通",使外来人员与本地市民享受均等的公共服务。

在上海、浙江、广东、四川等省市先期"试水"的基础上,2012 年以来,广西、安徽、山东等多省宣布全面推行居住证制度,向破除城乡二元结构痼疾迈开更深一步。

公安部负责人 2012 年 3 月透露,《全国居住证管理办法(草案)》已研究形成,正在抓紧征求各方面意见,力争尽快呈报国务院审议。

不过,社会学家们指出,中国打破城乡分割仍需时日。从居住证制度实施情况来看,一些地方除了方便城市管理农民工之外,对真正关系他们就业、教育、住房、养老、公共服务等核心权利的规定还相对粗糙。

安徽省社会科学院研究员王开玉指出,大城市社会福利待遇高,户口含金量大,居住证制度推广过程中,地方政府不得不兼顾外来人口的强烈需求和城市的承载能力。如果没有找到解除本地居民利益受损和公共财政入不敷出的顾虑,很难进一步推动户籍制度改革。

原标题《中国各地推行居住证制度　破城乡分割仍需时日》

2012 年 3 月 30 日　摘编自新华网、中国企业网、中新网、中国网络电视台

记者:蔡敏

农村殡葬难题如何破解

清明将至，记者发现，由于安葬方式散乱无序，潜山县余井镇马道村村头村尾四处散落着三三两两的坟墓。"不论是在安庆、池州等火化率较低、传统遗体葬式依然盛行的地方，还是在皖北一些火化率较高、骨灰葬已成为主流葬式的农村地区，乱埋乱葬现象都相当普遍。"安徽省民政厅社会事务处副处长丁旭说。

乱埋乱葬现象长期存在，与殡葬改革推进缓慢、农村公益性公墓建设滞后有很大关系。按照民政部颁布的《公墓管理暂行办法》，公墓分经营性公墓和公益性公墓两种。经营性公墓是为城镇居民提供骨灰或遗体安葬有偿服务的公共墓地，公益性公墓是为农村村民提供遗体或骨灰安葬服务的公共墓地。

目前，安徽省公益性公墓数量严重不足。全省公益性公墓仅有827所，与1254个乡镇、15551个行政村的数量大不相称。农村没有一所公益性公墓，大多数死者都是家属自行择地埋葬。在公益性公墓数量不能满足群众丧葬需求的情况下，要推动散乱、无序安葬向集中、有序转变，经营性公墓成为另一选择。但高昂的价格令普通群众望而却步。

安徽省社会科学院研究员王开玉并不完全赞同这种观点。"殡葬服务是基本公共服务，在群众观念一时难以完全扭转的情况下，只有适应群众服务需求，大力加强公益性公墓建设，才能够制止乱埋乱葬泛滥。"

原标题《农村殡葬难题如何破解》

2012年3月30日　摘编自《安徽日报》、21世纪网、凤凰网、中安在线

记者：汪国梁

"地球一小时"后节能"应景"之举何时成常态

由世界自然基金会（WFF）发起的一年一度的"地球一小时"活动在3月31日晚八点半在全球同步展开。该活动自2007年在澳大利亚首次举办以来，越来越多的城市参与其中，其中就包括合肥市。

事实上，对于"熄灯"一小时，很多地方还是停留在体验式的环保活

动上。专家呼吁，"地球一小时"只是一种具有象征意义的节能宣传形式，要真正保证节能实效，还需把节能减排常态化。

据了解，合肥及周边地区的路灯共有 15 万盏，每年的电费大约 4000 万。路灯的设计、选材、建设、管理一系列流程中，都按照国家节能减排的标准进行了优化。

国家"十二五"规划明确提出我国单位国内生产总值能耗和二氧化碳排放要分别下降 16% 和 17%。从 2010 年下半年开始，全国开展节能减排集中行动，一些地方为完成节能减排任务，采取包括景观灯关闭、五楼以下电梯不停、城市分区拉电等一系列举措，短期内取得了显著效果。然而，在年底任务完成后，一些地方又故态复萌。

安徽省社会科学院研究员王开玉认为，"节能不是目的，不能为了节能而节能，这是一种本末倒置。'地球一小时'活动目的不在于这一小时能节能多少，而是唤醒人们的节能意识。节能应当制度化，比如把能耗指标与政绩考核挂钩，如果把节能减排形成刚性制度约束，效果将会更好"。

原标题《"地球一小时"后节能"应景"之举何时成常态》
2012 年 4 月 2 日 摘编自新华网、凤凰网、网易、万家热线
记者：葛如江 刘美子

"代理扫墓"网上火热市场遇冷

清明节将至，合肥市一家淘宝店主张旭接到了 2012 年以来的第一单生意。一对远在美国的夫妻无法回合肥祭祖，他们雇了张旭去合肥市大蜀山陵园"代理扫墓"。

在我国，一些人身在外地或工作繁忙不能亲自到墓地祭拜先祖，于是网络祭祀这一方式日益受到人们欢迎。与此同时，包括"代理扫墓"在内的其他一些祭祀代理业务也随之兴起。

在采访中记者发现，对"代理扫墓"投反对票的人是占多数。不过，也有少数人对此行为表示理解。

安徽省社会科学院研究员王开玉说，"代理扫墓""网上祭祀"等祭拜方式的出现，说明其有一定的市场，也是当今社会市场经济的产物。

"不管是何种祭拜方式，只要是真诚发自内心的，只要心中有'敬'，都是在尽孝道。"王开玉说，"相反，如果是自己有能力和条件去扫墓，却要别人代理，或是为了讲排场、充门面而花钱请人扫墓的行为，则是对'孝道'的曲解和亵渎。"

原标题《"代理扫墓"网上火热市场遇冷》
2012 年 4 月 3 日　摘编自新华网、网易、搜狐网、凤凰网
记者：詹婷婷

使用网络语言，分清场合是关键

4 月 10 日，《市场星报》刊登了《"尼玛"流行，你离文明有多远　欢迎拨打本报热线 2620110 参与讨论"网络用语"》一文，读者纷纷打进电话，参与讨论。

在合肥上大学的小王说，"我认为网络用语没有觉得有什么不妥，相反我还觉得用在口头语上，说起来特别痛快"。市民朱大爷对此持反对意见。

安徽省社会科学院研究员王开玉认为，网络是一个虚拟的社会，网络语言应在网上使用。在现实生活中，"说话是一种丰富的精神营养。说什么话，要看语言环境，用文明用语表达自己的意愿"。

原标题《使用网络语言，分清场合是关键》
2012 年 4 月 11 日　摘编自《市场星报》、新浪网、搜狐网
记者：祁琳

新生代农民工如何融入城市

安徽省政府 4 月 9 日发布《安徽省"十二五"城镇化发展规划》，相关专家认为，规划目标的完成，将意味着安徽进入以城市为主导的发展阶段，城市将迎来新的工业化、城市化发展高潮。

人口转移到了城市之后如何才能真正地融入城市？农业人口转移带来的农村空心化问题如何解决？

《规划》摘要：到 2015 年，城镇人口达到 3200 万人。重点开发区域人

口集聚水平进一步提高，皖江城市带城镇化率达到 55%，合肥经济圈城镇化率达到 58%，皖北城市群城镇化率达到 46%。

安徽省社会科学院研究员王开玉认为，《规划》中提到的"以人为本，幸福和谐"非常重要。"依靠人口的自然增长和农业人口的转移，3200 万城镇人口的目标是能够实现的，但不能是解决了城市户口就结束。"王开玉认为。

《规划》中提到，围绕农业转移人口市民化，大力推进基本公共服务均等化，切实解决农业转移人口在就业、住房、社保、教育、医疗等方面的突出问题。王开玉认为，这正是题中之意，可以逐渐推动以"家庭"为单位转移。

王开玉通过调研了解到，目前的"农民工"中有六成以上为"新生代农民工"。"这些人'80 后''90 后'将是城镇人口增加的主力军。"与传统的农民工不同的是，他们受过教育，对于城市为他们提供的工作机会要求更高，需求也是多元化。"要让他们能够看到未来发展的前景，除了工资，可能他们更希望有的是'五险一金'。"

王开玉认为，应当以家庭为单位进行转移。"要让他们享受市民待遇，打破一些制度上的瓶颈。"而对于农村空心化问题，城镇化一定要与农业现代化同步，"只有实现了农业现代化，才能转移出农业人口，这是必由之路"。

原标题《动车环保绿标今年全省发放》

2012 年 4 月 12 日　摘编自《安徽商报》、网易

记者：一凡　武静　简雅洁

银行按规"晒"收费　储户仍难言满意

银行收费名目繁多、标准不一的混乱状况一直备受诟病，为此银监会要求，各银行在 3 月前完成对不合理收费、不规范经营行为的整改，4 月 1 日起在各银行网点、网站公布的新版服务价目表执行。

"明码标价"是否真正意味着银行收费项目真的很合理，老百姓何时才能满意银行服务等问题再度引发各方思考。

正在办理理财业务的董女士告诉记者，一年前，因办理女儿出国的相关手续，她来到位于合肥市阜阳路上的一家工行打印存款对账单。当时银行表示，只能免费提供半年以内的对账单，超出半年前的，则需收取一定的费用。

面对这样的情况，安徽省消费者协会秘书长张纯表示很无奈："消费者面对的不仅仅是一个业务员，而是庞大的银行业体系，当消费者遇到不公时，业务员会解释'这是上面的规定'，当他们有规定时，消费者投诉也是白搭。"

据有关人士介绍，2003 年《商业银行服务价格管理暂行办法》出台时，银行的服务项目仅有 300 多种，现在已发展到超过 3000 种。老百姓在银行服务性收费价格的制定上却根本没有话语权。

安徽省社会科学院研究员王开玉认为，我国银行业迫切需要改革，引入竞争机制，参与市场竞争，迫使其改变经营行为。政府应通过采取完善法律法规、宏观调控的手段，适度扩大政府定价和政府指导价的适用范围，适度缩小市场调节价的适用范围。银行监管部门也要转变思路，站在消费者的立场上，从机制和制度上改起。

原标题《银行按规"晒"收费 储户仍难言满意》
2012 年 4 月 12 日 摘编自新华网、中新网、经济参考网、中国江西网
记者：葛如江 刘美子

诚信送奶工收获"赞"声一片

4 月 16 日清晨 5：50，晨曦初现。王兵骑着车子，将一瓶瓶酸奶放进各家各户奶箱。因为耽误了一天，这次每户要送两瓶，所以进度也比平时稍慢一些。送完最后一家，时钟也指向了 7 点。王兵的经历被上传至网络后，赢得一致赞誉，截至 4 月 16 日下午，包括新浪、腾讯、搜狐等大型门户网站在内的 50 多家媒体对此事进行了转载。而在搜狐新闻中，网友评论达到 14 页。大部分网友都表示十分感动，称赞王兵的诚信精神。

听说王兵手写 55 封道歉信，安徽省社会科学院研究员王开玉表示很受感动。"虽然事情并不大，但他践行了个人信用，说明很有诚信。"每个人都可能遇到生老病死，在这样悲伤的情形下，他想到的是客户的利益，非常可贵。

"他们实际上就是我们老百姓接触社会诚信的窗口，包括送报员、送奶工。""报纸是不是及时送到，牛奶能不能按时喝到，人们就是通过这些点滴感受社会诚信。"王开玉认为，草根群体的诚信是整个社会诚信体系的基

础，"这样的诚信事迹，应该好好宣传，感动大家的同时，也希望对社会风气带来些许影响"。

原标题《诚信送奶工收获"赞"声一片》

2012 年 4 月 17 日　摘编自《安徽商报》、凤凰网、新华网、

安徽法制网、中安在线

记者：刘忠玉　马飞

合肥送奶工 55 张道歉便条何以收获一片赞扬？

近日，一则关于"合肥送奶工手书 55 张道歉便条"的新闻引发舆论热议，有人将其称为"诚信送奶工"。专家提出，在称赞送奶工的同时，应反思社会诚信建设亟待增强。

"因嫂子病亡，明天奶改为后天送，敬请谅解。送奶工：王兵。"4 月 14 日清晨，当合肥高新区几个住宅小区的居民们像往常一样下楼取牛奶时，奶箱里比平时多了一张手写的便条。

原来，送奶工王兵 4 月 13 日下午接到老家的电话，得知嫂子病故，要回家奔丧。但王兵每天都要给订户送奶，时间紧，找不到别人来代替，于是他给 55 个客户每人手书了一份说明情况的便条，在第二天送奶时一并放在了客户的订奶箱里。

送奶工王兵的这一举动经媒体报道后，在网络上引起了强烈反响。"报纸送不到、买东西缺斤少两，这种事情在老百姓的生活中司空见惯。从这些事不难看出，我们的社会诚信正在遭遇危机，诚信社会的建立已迫在眉睫。"安徽省社会科学院研究员王开玉认为，"建立诚信社会需要用法律制度来规范，但在法律制度之外，更需要用个人的道德来约束。"

原标题《合肥送奶工 55 张道歉便条何以收获一片赞扬？》

2012 年 4 月 20 日　摘编自新华网、网易、万家热线

记者：葛如江　刘美子

新华纵横：虚报学生人数为哪般

近日，安徽省界首市教育局违反相关规定，虚报义务教育学生人

数，套取义务教育公用经费资金一事被曝光后，引起了社会的广泛关注。

这是一份教育部《关于安徽省界首市虚报中小学学生人数套取教育资金问题的通报》。通报指出：2011 年度，安徽省界首市教育事业基础统计报表上报义务教育阶段在校生人数为 75861 人，义务教育阶段建立学籍学生人数为 68725 人，虚报 7136 人。对于这一点，当地教育主管部门并不否认。

记者走访了解到，目前国家每年下拨义务教育保障经费都有一个标准，小学生每人每年 625 元，初中生每人每年 725 元，只要多报一个学生，自然就能得到一笔相应的保障经费。根据教育部对这一事件的通报内容来看，界首市教育局将套用资金分 3 次分配到义务教育薄弱学校，用于维修校舍和购置教学设备、课桌、板凳、图书等。

对于界首市采取的虚报学生人数、套取教育资金的做法，安徽省社会科学院研究员王开玉认为，不论动机如何，我觉得这是对教育事业，特别是对贫困孩子的教育事业，是一个很大的损害。这在当前的社会建设和民生工程当中，我觉得这是大不应该的，也是一种违法乱纪的行为，应该严肃地追究处理。

王开玉表示，这一事件也暴露出监管部门的一个缺陷，监管的失职。应该说我们每一项政策都是配套的，比如财务监督部门对于上报的数据等材料应该进行复核，纪检部门应该进行监管。

原标题《新华纵横：虚报学生人数为哪般》
2012 年 4 月 23 日　摘编自新华网、凤凰网

居住证制度调查：流动人口逐步享受市民待遇

如何能让大量外来人口享受到城市公共服务？2011 年 3 月 15 日，武汉市以市长令的形式公布了《武汉市居住证管理暂行办法》（以下简称《办法》），在全市大力推行居住证制度。

《办法》规定，年满 16 周岁的非武汉市户籍人员，因务工、经商、就学等原因在武汉居住一个月以上，可免费办理居住证。持证人享有义务教育阶段儿童入学就读、计划生育服务和奖励、在居住地申领机动车驾驶证

等十项权益。符合规定的，还可以申请办理常住户口。

记者在武汉东风社区居住证办理点看到，居住证与身份证一样大小。办证民警介绍，不同于以前的纸质暂住证，武汉市居住证内置芯片，里面包含了持证人的多项信息。持证人离开武汉时可将居住证注销，回来后可再激活。

在安徽，持有居住证的外来人口可在当地享受就业、子女教育、社会保障、创业扶持等方面的市民待遇，符合条件的还可申请当地户口。

专家表示，居住证制度虽然离户籍改革的最终目标尚有距离，但它有助于缩小城乡户籍间的福利差别，为彻底打破城乡分割的户籍制度打下基础。

安徽省社会科学院研究员王开玉指出，大城市社会福利待遇高，户口含金量大，在居住证制度推行过程中，地方政府不得不兼顾外来人口的强烈需求和城市的承载能力。

原标题《居住证制度调查：流动人口逐步享受市民待遇》

2012 年 5 月 2 日　摘编自《半月谈》、新浪网、网易、新华网

记者：周梦榕　高敬

听证会在即　专家有话说

出租车调价采取的是哪种方式？听证会能否真正听取各方意见？合肥客运出租车调价听证会在即，针对一些市民比较关注的问题，5 月 3 日上午记者采访了相关专家。

聚焦一：目前合肥出租车价格机制是否合理？

声音：目前，合肥市出租车价格执行标准为：一般出租车起步价为 6 元，燃料附加费为 2 元/次，商务出租车起步价为 8 元，燃油附加费为 1 元/次。安徽省社会科学院研究员王开玉称，对此，市民的抱怨颇多，一大难题就是票据报销问题，两种票据很不方便。

聚焦二：如果出租车价格调整，应该采取怎样的方法？

声音：此前，市物价局负责人曾透露，将取消合肥出租车燃料附加费，将燃料附加费纳入出租车运价。王开玉称，合肥市出租车起步价应该稳定在 8 元的水平。对于天然气价格上调带来的成本上升，合肥市相关部门除了

从成本核算上考虑，也不妨从管理上来寻找突破口，而不是一味地转嫁给消费者。

聚焦三：调价听证会怎样做到广泛听取各方意见？

声音：本次听证会听证人员囊括消费者、经营者、相关利益方、人大代表、政协委员、政府部门和社会组织，可谓面面俱到。王开玉强调，对于出租车调价此类关乎市民切身利益的事情，一定要做到"公平优先，兼顾效率"，听证会不能只走过场。王开玉还称，社会各个阶层对调价都尽量保持客观的意见，此前出租车涨价，很多消费者就会抱怨出租车司机，也是不对的。出租车调价是一个涉及各方利益的问题，不能从一方的角度出发，要尽最大努力保证各方公平。

原标题《听证会在即　专家有话说》

2012 年 5 月 3 日　摘编自《合肥晚报》、网易、凤凰网、中安在线

记者：吕珂

社工机构待解"成长烦恼"

5 月 7 日，在芜湖市赭山街道黄果山社区，志愿者正为辖区 3 位空巢老人包饺子，并给老人送来鲜花，祝他们健康长寿。

何玉梅是合肥市民生社会工作服务社派驻竹荫里社区的专业社工。民生服务社是一家致力于为社区老人提供服务的公益性社会组织，也是合肥首家专业社工机构。2011 年 4 月，该社工机构与竹荫里社居委达成合作意向，社居委出资向民生服务社购买 2 个社工岗位，并提供社区活动室等硬件设施；民生服务社派出 2 名专职社工，为社区居民提供居家养老、文体康乐等方面的服务。

在社区行政化倾向严重的现实背景下，民生服务社派驻各个社区的社工，难免要协助社居委完成一些行政事务。"作为社工，我希望从事单纯的社会服务，而不是被当成社区干部使用。"何玉梅说。

对于驻点社工可能受社居委行政化倾向影响，承担过多行政事务的隐忧，安徽省社会科学院研究员王开玉认为，街道、社居委购买服务或岗位时，应当明确社工的工作范围和具体职责。"更重要的是社工机构应保持作为社会组织的相对独立性，对明显超出事先约定的要求，有说'不'的能

力和底气。"

原标题《社工机构待解"成长烦恼"》

2012 年 5 月 9 日　摘编自《安徽日报》、中安在线、和讯网

记者：汪国梁

做脑部手术还聊天

时下，热播剧你方唱罢我登场，好看与否，说法不一。今天开聊的是根据安徽籍编剧六六小说改编的电视剧《心术》，听听医生、社会学者和普通观众都是怎么说的。

虽然觉得霍思邈和美小护都被演得挺好的，但合肥市第二人民医院神经内科主任医师徐文安觉得，那也仅仅是作为一位医生对于这部反映医护人员生活的电视剧的感受。"应该说在一定程度上反映了医院的实际状况。我觉得手术时聊天不完全真实，医生在手术关键时刻注意力高度集中，一般手术缝皮的时候有少数聊天的，但肯定不是每个人都聊天，这一点反映不是很真实。"徐主任强调，"在当今社会，医患关系是社会热点问题，《心术》在这个背景下应运而生，恰是应景了。"

安徽省社会科学院研究员王开玉认为，"我们应该从积极正面的角度去看待这部片子。艺术是源于生活而高于生活的，所以我们要允许它追求完美，应该抱着欣赏的态度去看这部电视剧，而不要太苛责于它不同于现实的一些问题。"

王开玉认为，在医患关系中，医生占主导地位。"但是我们不能否认他与病人的目标是一致的，都是要治好病。艺术的初衷是展望前景，从这个角度看，《心术》为我们提供了一个思路，我们可以从中品味寻找解决矛盾的办法。"他认为不要情绪化地看电视剧，"要知道，《心术》并不能成为划分医患关系的标准，我们不妨把它塑造的好医生形象看成为现实社会树立的榜样。"

原标题《做脑部手术还聊天》

2012 年 5 月 11 日　摘编自《新安晚报》、新浪网、搜狐网、网易、腾讯网、安徽网

记者：杨婧　张振浩　蒋楠楠

幕后有黑手操纵公众网络评选?

"我最近参加了合肥市某奖章评选活动,其中有一项是网络投票。在我参赛期间,很多投票公司都给我打来了电话,公然劝我花钱买票,原本好端端的一个活动给他们弄得乌烟瘴气!"近日,市民吴先生打来电话,向记者讲述了他在参选过程中频频遭遇投票公司骚扰的经历。

对于目前投票公司大行其道侵蚀公信力的现象,安徽省社会科学院研究员王开玉也感到十分震惊。他表示,网络虽说是个虚拟的世界,但同时也是现实世界的反映。网络投票应该是公众参与度相对较高,也是相对来说比较公开、透明的一种投票方式。可是,那些网络代理投票公司的刷票行为却严重违反了公平、正义的原则,破坏了人们对真善美的追求,毁坏了人与人之间的诚信,违背了社会道德,甚至已经侵犯到我们社会建设的基础工程。王开玉还表示,有需求才有市场,买卖选票的行为归根结底是受名利驱使。这败坏了社会风气,使人们形成"有钱万事通"的不良思维模式。

王开玉呼吁,针对这个情况,公安、通信、工商、网络管理等相关部门应该重视并行动起来,运用一切高科技手段,将这些隐藏在网络背后的代理投票公司揭露出来,加大打击、惩治力度,还网络世界公平与正义,使网络诚信重回人们的心中。有关部门还应出台相关规定,规范、净化公共评选活动,减少以盈利为目的的商业性评比。此外,要在评选中建立一套完善的评选和监督机制,一旦发现评比中存在违规行为,要进行严惩。

原标题《幕后有黑手操纵公众网络评选?》
2012 年 5 月 16 日　摘编自合肥在线－合肥晚报、新浪网、凤凰网、中安在线
记者:秦鸣

物业垃圾堵门　业主可诉诸法律

因物业费纠纷,省城合肥快达小康苑小区物业管理人员用生活垃圾堵业主的门,双方因此吵得不可开交。5 月 24 日,此事经披露后,一时间成

了大家议论的焦点。

一位姓彭的读者称，现在很多物业公司没有能力经营，招聘一些老、弱、病、残人员来管理，致使服务很难到位。"如果物业服务不到位，业主当然可以拒交物业费。"彭先生说。

"这种做法很野蛮，更缺乏公德。其实，解决业主拒缴物业费的问题，可以有多种方式，而不应当选择过激的方法。"梁女士在电话中说道。

安徽省社会科学院研究员王开玉在接受记者采访时称，物业的这种做法既激化了他们和业主之间的矛盾，又伤害了和业主之间的感情，同时也损害了业主的人格，性质极其恶劣。业主可以诉诸法律，通过法律途径来讨一说法。

原标题《这一堵，激化了矛盾，伤害了感情》
2012 年 5 月 25 日　摘编自《市场星报》
记者：李尚辉

宿管摔死流浪狗，学生怒了

"小雨（化名），黄黄被人从阳台扔下来了，快不行了，你快来看看！"24 日上午 10 点左右，刚上完课的小雨听到这个消息整个人都蒙了。她迅速赶回宿舍，只见小狗黄黄奄奄一息躺在地上，送到宠物医院后很快断了气。随后，她听闻流浪狗竟是被宿管阿姨从楼上扔下的，而学校后勤处却只斥责学生不该在宿舍养狗。一怒之下，小雨和同学们将此事发上网络。

就此事，记者咨询了安徽省社会科学院研究员王开玉。他说："校园里环境舒适、学生有爱心、食物丰富，这成了不少流浪猫狗的安家场所。但是，校园是集体生活区，尤其是在学生宿舍，养流浪动物确实存在一些安全问题。"

他认为，学生喂养流浪狗，这是在传播爱心，是一种良好的社会氛围。在这件事上，爱心无罪，宿管阿姨管理宿舍环境也没有错，但是不能采取这种极端的方式。他说，现在社会上有不少流浪动物的收容、救助机构，宿管人员可以跟相关部门联系，给这些动物找到一些妥善的地方收养。如果这么做，可以为学生们树立好的榜样，也会赢得学生们的尊重。而现在，在小狗没有伤害到人时结束其生命，这种做法是不对的，也违反了《动物保护法》。

原标题《宿管摔死流浪狗，学生怒了》
2012 年 5 月 27 日　摘编自《江淮晨报》、合肥在线、凤凰网、万家热线
记者：琚园园

难道只有"桃姐"可以依靠吗？

5 月 27 日上午 10 时许，在省城合肥市桐城路与青弋江路交口一小区居民楼内，有居民意外发现，6 号楼一楼院内，有位白发老人举止反常，时而吼叫，时而来回焦躁不安地踱步，之后，该老人竟在众目睽睽下，抓来一把院内种的蔬菜，直接塞入口中咀嚼，很明显是饿坏了。

居民急忙报警求助，警方及时赶到，检查老人屋内，竟在次卧的床上发现另外一名老太，却已经死亡多时。警方调查发现死者为一名 6 旬保姆，姓计，并无明显外伤。获救者为雇主，姓王，已 80 多岁高龄，无法言语，行动不便。据死者家属称，雇主王大爷有一个独子，在美国工作，估计已在赶回途中。

安徽省社会科学院研究员王开玉接受记者采访时表示，"老人生活安定有规律，子女往往会忽略了老人的隐性身体健康问题，一旦发生意外，很难获知老人的最新近况"。

"空巢老人"并非只在退休或是年老后出现，相反，随着独生子女长大后异地求学和工作，空巢家庭也越来越多，年龄段也越来越呈年轻化趋势，包括了相当一部分中年父母。

王开玉分析，这种低龄化的空巢家庭将会是今后的发展趋势。王开玉"支招"，中年父母不仅培养孩子行动上的独立意识，还要培养自己的"精神独立"，可以尝试转移自己的生活重心，将过去子女抚养的生活重点，转换到生活、事业和兴趣上，让自己"忙起来"。王开玉说，说到底，解铃还须系铃人，异地子女的一个短短的电话胜似"灵丹妙药"，会让思念的父母兴奋好久。

原标题《当你老到眼盲耳背神志不清　难道只有"桃姐"可以依靠吗？》
2012 年 5 月 28 日　摘编自《市场星报》、安青网

转型中国的人文关怀：给孩子们一个没有"阴影"的校园

安徽省阜阳市宁老庄镇派出所民警苏静像往常一样来到宁老庄中心小学，今天她要给一年级小朋友讲解面对陌生人应该防范的几个问题。一旦遇到攻击，哪几招对于摆脱险境行之有效。

记者在合肥市公安局看到，遍布市区 600 多所中小学、幼儿园出入口有 795 个高清数字视频探头。这一系统投入使用后，一旦校园周边发生警情，就近警力可快速反应。

合肥市教育局、司法局还联合开展校园普法讲座，内容包括未成年人权益保护、学生伤害事故处理、教师管理与师德规范、治安管理与预防青少年违法犯罪等。

安徽省社会科学院研究员王开玉分析说，诸多校园案件的发生固然有罪犯个人因心理失衡或反社会人格的原因。但更重要的是，从社会因素分析，中国社会正处于快速转型急剧变革的过程中，过去 30 多年间发生的剧变推动了社会的巨大进步，原先各种社会既定利益格局在不断进行演变分化，也积累了一些短期内难以解决的社会矛盾，如失业、收入差距的拉大、腐败现象的蔓延、社会保障的缺位等。

王开玉呼吁，首先加强校园安全立法，建立包括从保安联防、隐患排查、安全预警、现场处置到善后工作等在内的一整套校园安全防范体系，以法律特有的强制性、权威性，来规范校园安全管理行为。其次，建立公众心理健康的干预和疏导机制，强化精神疾病甄别鉴定与监管。

原标题《转型中国的人文关怀：给孩子们一个没有"阴影"的校园》

2012 年 6 月 1 日　摘编自新华网、网易、中安在线

记者：蔡敏　石莹

副市长骑车送女儿上学何以会成新闻

近日，一张父亲骑车送女儿上学的照片在网上"疯传"，知情人称，骑车男子是芜湖市副市长詹云超。很多网友对此都表示深受感动。记者联系上詹云超本人，他确认，照片中骑车送女儿上学的人就是他，并称，自己

几乎每天都骑车送女儿上学，"这是父亲应该做的事"。

副市长骑车送女上学，一位网友评价的比较中肯——对孩子而言，骑车的是一个好爸爸！对市民而言，骑车的是一个好市长！此事为何会引发网名热议呢？其实个中缘由很简单。就以笔者"眼见为实"为例吧！笔者单位附近有一所市重点初中、一所市重点高中，每次上下班，我都会看见这些学校门口，几乎是"官车"云集，一辆辆带有"O"牌符号的公车，着实刺痛了公众的眼球。

副市长骑车送女上学的做法，既环保又廉洁，当然值得一赞。网民"疯传"此网帖，也恰如安徽省社会科学院研究员王开玉所言，实际上也反映出了老百姓对于官员的期待，期待他们能更加廉洁、更加亲民，更多地表现他们温情的一面。

原标题《副市长骑车送女儿上学何以会成新闻》
2012 年 6 月 4 日　摘编自《新华每日电讯》、凤凰网、
北青网、南海网、万家热线
记者：鲁瑀

安全教育如何入脑入心

5 月 6 日，铜陵县老洲乡江心洲头发生一起重大意外溺水事件。7 名学生不慎落水，5 人不幸溺亡。5 月 20 日，淮南市潘集区又有 3 名小学生溺水身亡。

"安全教育年年讲、月月讲、天天讲，为何各类青少年安全事故仍时有发生？"专家表示，这固然要从防范管理等方面找原因，但也反映出青少年安全意识和自我防护技能仍存在很大欠缺，安全教育的实效性有待加强。

"地动仪上有 8 条龙，代表 8 个方位。地震来时，地动仪能感知到地震发生的方位，在相应龙口吐出铜珠，落入蟾蜍口中。"5 月 21 日上午，合肥市防震减灾科普教育馆正式开馆，首批参观者、合肥大杨镇中心学校的同学围着张衡地动仪复制品问这问那，充满好奇。并体验了地震体验屋，感受管理员模拟出来的"5 级地震"。

车辆稀少的柏油公路上，两辆自行车并排而行，占据了逆向车道。此

时，对面又有一辆自行车疾驰而来，试图从两辆逆向自行车中间穿过。其中一辆自行车不得不急转向避让，却被背后冲来的轿车迎头撞上，骑车人顿时被撞飞，滚落在几米开外的地上。这是网络上流传的一段日本中学开展安全教育的视频。现场模拟的逼真场景效果震撼，令路边围观学生发出惊呼。

"外地的有益经验值得我们学习。"安徽省社会科学院研究员王开玉表示，应当积极寻找载体，建立完善从政府到社会的青少年安全教育协作机制，整合各方资源，形成强大合力，让安全教育效果最大化。

原标题《安全教育如何入脑入心》

2012 年 6 月 5 日　摘编自《安徽日报》、中安在线、新浪网、新华网

记者：汪国梁

"留守儿童"健康成长之困调查：破解需多方合力

"留守儿童"——这是一个将近 5800 万的特殊群体，他们到底面临着怎样的生存状态？这些祖国花朵的未来在哪里？

5 月 6 日，江西宜春市塘溪村的 5 个"留守儿童"在水塘洗澡因无人看管溺水身亡，最小的只有 6 岁。全国妇联的一份报告显示，仅 2008 年，全国就有两万名青少年死于意外事故，其中至少有一半是"留守儿童"。

"城镇化、工业化是经济社会发展的必然趋势，西方历史上一些国家是通过迫使农民破产的方式来实现城镇化和工业化的，而我国则是在保留农民土地经营权的前提下，通过农民进城务工来实现的。"安徽省社会科学院研究员王开玉指出，"留守儿童"现象是具有中国特色的社会问题。

近年来，各级政府和社会各界都在积极寻求答案——公安部门稳步推进户籍制度改革；民政部把困难"留守儿童"作为农村低保工作的重点……

相关专家呼吁，一方面，输出地政府要通过引进农产品深加工企业等，实现劳动力就地转移；另一方面，输入地政府要通过建设公租房、农民工公寓让农民工及其子女能在城市栖身，并建好学校等配套设施。

对于任何一个孩子来说，最好的成长就是与父母在一起。王开玉一直倡导农民工以家庭为单位迁移到城市，"这当然有很多现实困难，不仅需要农民工转变观念，更需要输入地政府做出更多的努力"。王开玉认为，如果

形成农民工以家庭为单位迁移到城市的趋势，"留守儿童"问题的拐点将会出现。

原标题《"留守儿童"健康成长之困调查：破解需多方合力》

2012 年 6 月 6 日　摘编自新华网、中国新闻网

记者：李菲　沈洋

今天我们需要什么样的劳模

2010 年当选"全国劳动模范"的董慧，是安徽叉车集团公司桥箱事业部数控车工班班长。只有中技文化水平的她勤奋好学，如今成为数控车高级技师。她和同事改造制成的焊接专机，解决了企业工件自动焊接难题，节约了资金，提高了效率。

在宣城，有一条由西向东贯穿市区约 1200 米的道叉河，过去的景象如旧时代的龙须沟。安徽省劳模、环卫工人徐开锋接受了清理河道的任务，将书本知识运用到实际中，克服重重困难，终使道叉河恢复了清洁。

董慧、徐开锋都是一线岗位的普通劳动者，他们既保持了爱岗敬业、吃苦耐劳、甘于奉献等老一辈劳模的优良传统，更凸显了以知识和技能创效益、做贡献的时代特色，为劳模精神注入了崭新的内涵。

2012 年 5 月 1 日，安徽省表彰了 679 名省劳动模范、先进工作者。他们当中有工人、农民、企业总经理、大学教授等。

老一辈劳模多是体力劳动者，而如今的劳模，既有体力劳动者，也有脑力劳动者，其中不乏厂长、院长、体育明星和娱乐明星等。传统意义上的"劳累"模范正在被颠覆。"在价值多元化的开放社会中，多元化的劳模构成已经成为不可逆的时代之势。"安徽省社会科学院研究员王开玉认为，计划经济时代，要依靠发挥职工当家做主的主人翁精神。贡献显著者经民主评选可成为劳动模范，王进喜、时传祥、包起帆等知名劳模，用他们感天动地的事迹，鼓舞了一代又一代人。

原标题《今天我们需要什么样的劳模》

2012 年 6 月 13 日　摘编自《安徽日报》、中安在线、网易、凤凰网

记者：陈利

暑假是孩子的，更是家长的

暑假在我们的印象里，就是冰棍、没日没夜的玩耍，还有永远放不完的《西游记》和《还珠格格》。可对于现在的孩子来说又是怎样的呢？记者对省城合肥孩子的暑假现状进行了调查，却发现假期里每天都要上补习班、兴趣班的大有人在，看起来反而比上学时更辛苦了。

幼儿园的暑假正式开始了，可毛毛却仍旧每天两点一线往来于家与幼儿园之间。"我们都要上班，老人都在外地，孩子没人带，只好把他送到幼儿园。"毛毛的妈妈有些无奈。和毛毛有着一样命运的小朋友不在少数，科大幼儿园的王老师说，2012 年报名幼儿园暑假班的小朋友还真不少。

四十八中的小雅开学就上初二了。在刚刚结束的期末考试中，她的成绩不尽如人意，发成绩单那天，小雅就知道，自己的暑假彻底泡汤了。笨鸟先飞，她才上初一，学习成绩就上不去，这可怎么行？在她看来，暑假就是用来充电的。

对此，安徽省社会科学院研究员王开玉提醒："不要让暑假成为学习的延续。""我们常说，'读万卷书，行万里路'，这就说明，学习中还不能失去接触社会的机会。"王开玉说。他建议家长们在孩子的假期里，能够带着孩子一起旅游，看看祖国的大江南北，或者参加社会活动，让孩子走出家门，接触社会、了解社会，正确看待这个社会，而不是让孩子们的暑假成为学习的延续。

原标题《暑假是孩子的，更是家长的》
2012 年 7 月 5 日　摘编自《市场星报》

专家：要有说明甚至赔偿

7 月 13 日早上，微博上各种关于"火车晚点"的抱怨不绝于耳。除了暴雨因素外，"铁老大"的服务跟不上和信息公开不及时被广为诟病。对此，铁路方面如何应对？乘客怎样保障自身利益？就此问题，记者连线了安徽省社会科学院研究员王开玉。

"这几年铁路的速度跟上去了，但服务却一直停滞不前。从根源上来说，铁路一定要适应市场经济发展，要打破'一家独大'局面。目前的铁路是完全的卖方世界，乘客利益得不到保证是常有的事情。"在他看来，"市场经济是契约经济，火车晚点就是违背契约，理应无条件赔偿经济损失。"王开玉称，"从国家层面来说，有必要就铁道部门的晚点建立赔偿机制，引入第三方机构裁定，赔偿机制也应该常态化。"

王开玉坦言："对铁路部门来说，出现晚点，不能一句'时间不确定'就搪塞过去，必须就晚点原因、何时开动做出解释，还要诚恳道歉，安抚乘客情绪，才能避免一些不稳定事件出现。"王开玉称，铁路部门作为政府形象的对外窗口，做好这些服务责无旁贷。

2011 年，铁道部修订完善了《铁路旅客运输服务质量标准》，明确列车晚点须及时通告，超过 30 分钟要说明晚点原因并致歉。

原标题《专家：要有说明甚至赔偿》

2012 年 7 月 13 日　摘编自《合肥晚报》、凤凰网、合肥在线、中国网络电视台

记者：吕珂

诞生一周便夭折——安徽"神童班"招生违规调查

近日，安徽两所省级示范高中争相开班选拔智力超常学生。招生通知发布不到一周后，安徽省教育主管部门突然紧急叫停招生工作。

7 月 5 日，合肥一中宣布创办"创新人才班"，招收 40 名 14 周岁以下且完成八年级学业、具有创新潜质的优秀学生，用两年时间完成高中三年课程，经考核成绩优秀者将直接进入中科大少年班创新试点班学习。几天后，合肥八中也称将从本市小学应届毕业生中选拔 50 名左右智力超常的"资优生"，用四年时间完成初、高中全部学业，目标同样瞄准中科大少年班。

7 月 12 日，两校做法被安徽省教育主管部门叫停。有关负责人告诉记者，依照安徽省义务教育招生工作实施意见规定，严禁义务教育阶段学校对学生入学举办各种形式的考核、面试、测试等招生选拔考试。此外，省级示范高中不能兼办义务教育阶段学校。

"从学生的天赋上说，确实存在一定比例的智力超常儿童，如果按照正

常的教学模式，这些孩子的天赋很可能被埋没，对其'因材施教'，或许能让其专长得到发挥。"安徽省社会科学院研究员王开玉认为，超常儿童的选拔是关键。

此前超常人才专业委员会理事长贺淑曼也曾撰文称，如何鉴别超常儿童仍是超常教育面临的最大困惑。超常儿童的选拔，至今无公认量表。另外，一些家长硬是让孩子超前学习，于是出现了虽能通过测试但在后期学习中不理想的学生。

原标题《诞生一周便夭折——安徽"神童班"招生违规调查》
2012 年 7 月 14 日　摘编自新华网、腾讯网、网易、广西新闻网
记者：刘美子

低分入围面试被取消　青阳纪委称没有发现招聘猫腻

青阳县事业单位招聘中，国土资源中心所（分局）一岗位引发质疑：进入面试的考生中，有两人的笔试居然不到 20 分（满分 200 分）。记者介入了解后，青阳县纪委立即暂停了该岗位的面试，并成立调查小组调查此事。

6 月 29 日上午，青阳县人社局发布消息称，经该县相关部门研究决定，取消该岗位招聘计划。

是什么原因使该岗位招聘被取消了呢？青阳县纪委相关人士称，根据调查，青阳县 2012 年度事业单位公开招聘人员工作确实出现了低分入围面试的情况，但没有发现招聘工作程序存在问题。考虑到该招聘岗位确实存在"考生考分偏低、竞争面过低"的情况，青阳县相关部门研究决定，取消该岗位招聘计划。

针对此事，安徽省社会科学院研究员王开玉认为，"这暴露出如今事业单位考试制度存在很大问题，规范事业单位招聘的制度建设刻不容缓"。

原标题《低分入围面试被取消　青阳纪委称没有发现招聘猫腻》
2012 年 7 月 15 日　摘编自《江淮晨报》、万家热线、新华网、江苏网
记者：史佳

中国新生代农民工在城乡间彷徨 八成不会干农活

九成以上的人渴望留在城市，但仅有5%能买房定居；城里的生活丰富多彩，他们却遭遇"情感孤独"；乡间故土仍然是他们的精神"家园"，然而八成人不会农活，想回去也不易。

长期研究中国农民工问题的安徽省社会科学院研究员王开玉指出，新生代农民工在城乡间彷徨是中国城镇化进程中面临的难题，它源于中国城乡之间收入水平、劳动环境、业余文化生活等方面的差距依旧明显；缘于种粮收益仍然较低，农业生产无法实现年轻人的理想；缘于社会保障制度仍不健全等。

调查显示，新生代农民工参加社会保险的比例较低，享有养老、医疗、失业保险的比例分别为21.3%、34.8%、8.5%。城市最低生活保障的对象大多为当地城市户籍人口，农民工基本上没有机会。他们也不能与城市职工一样享受公积金购房的按揭贷款等福利。此外，超过一半的人将"情感孤独"作为难以融入城市的首选原因。

王开玉指出，改变新生代农民工的尴尬境地，一方面需要国家继续从政策导向上重视新农村发展，从财政资金上加大投入力度，不断改善农村面貌；要平抑农资物价，在种粮方面出台更多的惠农政策，让农民种粮"有赚头"。另一方面，政府部门要加强社会管理创新和公共服务供给，健全城市化制度设计，为新生代农民工融入城市提供坚实的制度保障。

原标题《中国新生代农民工在城乡间彷徨 八成不会干农活》
2012年7月17日 摘编自新华网、搜狐网、南海网、中新网
记者：蔡敏 杨丁淼

"拆迁富翁"迅富返贫暴露中国城市化进程新矛盾

原本过着面朝黄土背朝天的劳作生活，因为拆迁安置获得几百万元的补偿款成为"拆迁富翁"，而这来得太容易的"幸福"又在盲目投资和挥霍消费中迅速消失殆尽。近期，一则报道浙江拆迁农民挥霍拆迁款"迅富迅

贫"的新闻引发中国社会的关注和讨论。

中国农业和人口大省——安徽，城市大建设浪潮下诞生了许多拆迁安置小区，许多农民家里一下子拥有了几套住房。一些人干脆辞掉了工作，靠收房租、打麻将消磨时间。

家住合肥市蜀山区井岗镇的农妇朱艳秋和丈夫以前靠种地和打工为生，得到上百万的拆迁补偿款后，除了存钱给孩子上学，夫妻俩把大部分钱用来投资小生意。但由于经营不善生意越做越差，丈夫干脆不管了，经常买醉而归，眼看存折上的钱越来越少，夫妻间的口角也越来越多。

安徽省社会科学院研究员王开玉指出，当下最迫切的是，政府要想办法让失地农民有造血功能，帮助他们持续致富，同时加强对这类特殊人群的心理和观念引导，让他们以新的角色更积极地投入城市生活。

原标题《"拆迁富翁"迅富返贫暴露中国城市化进程新矛盾》
2012 年 7 月 20 日　摘编自新华网、凤凰网、人民网、网易
记者：李云路　蔡敏

"80 后"清华硕士在海南任副局长 4 年受贿千万

备受关注的海南省洋浦经济开发区规划局原副局长肖明辉受贿千万元一案，近日在海南省第二中级人民法院开庭审理。

肖明辉是清华大学硕士研究生，6 年前从外地引进来琼。曾因工作成绩突出，被授予"洋浦十大杰出青年"和"海南青年五四奖章"。短短两年时间，肖明辉就坐上了洋浦经济开发区规划建设土地局副局长的位子。就是这样一位被大家认为"前途不可限量"的"80 后"年轻人，却因涉嫌受贿上千万元被逮捕。

中纪委、监察部在通报 2011 年全国纪检监察机关查办案件相关情况时曾指出，2011 年落马的腐败官员，学历普遍较高，且多半是研究生。

很多专家指出，高学历犯罪人员利用才智犯罪，体现出当前教育过于侧重学历提高，缺乏普及法律知识和道德教育。

安徽省社会科学院研究员王开玉认为，在应试教育的重压下，中小学校的德育课程被一再压缩，"问题学生"日渐增多。当他们走进大学或走向

社会后，道德和心理方面的问题便会显现出来。

原标题《"80后"清华硕士在海南任副局长4年受贿千万》

2012年7月23日　摘编自《法制日报》

中国多地严查保障房质量安全

不久前，安徽省太湖县一处安置小区因为"楼板被踩穿"引发了人们对保障性安置住房质量的广泛热议。对此，安徽正着手组织一场保障房质量安全大检查。今后，安徽省还将对所有保障房建设落实强制性标准，并把工程质量安全纳入对地方官员的约谈问责内容。

"目前出现的质量问题多是拆迁安置房，真正严格意义上的保障房还没有。"安徽省住建厅工程质量安全监管处处长陈幼年坦言，尽管如此，但仍给保障房建设的质量安全敲响了一记警钟。

"从目前看，保障房质量隐患的原因主要是工期紧，一些地方仓促上马，施工企业建设质量不到位，监管跟不上。"陈幼年说。

安徽省社会科学院研究员王开玉认为，保障房涉及民生利益，严把质量关只是第一步，今后在保障房公平分配和可持续建设上，各级政府还将面临更多的考验和挑战。

原标题《中国多地严查保障房质量安全》

2012年7月25日　摘编自《中华工商时报》、搜狐网

社会组织壮大亟待"松绑"

社会转型期，社会组织在提供服务、创新管理等方面作用愈加明显。推动社会组织健康、有序发展，迫切需要转变管理思路、破除体制障碍。

2011年年底以来，合肥市蜀山区青阳路社区公益基金"爱基金"已救助了数十位困难群众，累计救助金额达5万余元，但自身仍未获得合法身份。

安徽省社会组织联合会理论与评估委员会副主任周军告诉记者，出于规避管理责任的考虑，政府部门往往只愿为与自身关系密切的社会组织担任主管单位，真正源自民间的社会组织，往往无法获得主管单位的审批

放行。

即便无法登记，"爱基金"的爱心之路仍将走下去。从眼前来看，没有正式"户口"对"爱基金"运作影响不大，但从长远看，这将不利于其规范发展，也影响管理部门对其进行有效监管。

与对"地下"社会组织监管缺位相伴随的，是部分正式登记的社会组织受到业务主管部门过度干预，丧失了应有的独立性。

"最重要的是转换管理思维，从控制型管理向服务型管理转变，努力为社会组织发展创造良好环境。"安徽省社会科学院研究员王开玉认为，对社会组织运行过程进行直接干预，需要极大的管理成本，还容易给其发展带来过多束缚。一方面要促进社会组织行为公开透明，积极发挥社会监督的力量；另一方面，政府管理部门的重点应转移到事后监管上。只有这样，才能在保持社会组织规范、有序发展的同时，最大限度释放社会活力。

原标题《社会组织壮大亟待"松绑"》

2012 年 7 月 30 日　摘编自《安徽日报》、新华网、新浪网、中安在线

记者：汪国梁

业主和物业：你怨他做得少　他说你太挑剔

连日来，多位热心读者拨打《新安晚报》热线，纷纷讲述了自己小区物业的"闹心事"。业主张先生称，房屋出现漏水的情况，物业总是拖拖拉拉；电瓶被偷，业主指责物业不作为……不少业主表示，物业既然收费，就要提供相应的服务。不少梦园小区的业主向记者反映，小区物管开明物业公司只有三级管理资质，却按一级标准收费。

面对业主们的控诉，物业的工作人员称，他们每年收取物业费时，总有一些业主以各种理由拖欠。想把物业工作做到面面俱到很难，有的业主交了物业费后，心理期望非常高，一旦有自己不满意的地方，就容易产生负面情绪。

记者采访了安徽省社会科学院研究员王开玉。王开玉说："过去小区都是由单位负责管理的，从过去的行政管理到今天的物业管理，是一种进步，但正因为市场化的进程还未完善，埋下了不安定因素。""不安定因素包括

两个方面：第一，物业服务的市场还不规范，物业管理需要成本，一旦按照市场化运作，加上监督不及时，容易产生收费与服务的错位；第二，部分物业工作人员存在理念上的缺位，工作中仍然具有浓厚的行政色彩，把服务工作变成了管理工作。"

同时，王开玉也认为，业主多多少少存在消费心态不成熟的迹象。部分业主交钱后变得"理直气壮"，提出的要求若不能满足，不管什么原因都将责任归咎于物业，这是一种消费心态不成熟的表现。"业主的消费心态和物业的管理心态，都需要转变。"

原标题《业主和物业：你怨他做得少　他说你太挑剔》
2012 年 8 月 2 日　摘编自《新安晚报》、中安在线、新浪网
记者：王慧　郭龙

中国公共交通驾驶员健康状况存隐忧

"我的眼睛看不见了，你们快下车！"这是安徽滁州市出租车驾驶员汪和平去世前说的最后一句话。7 月下旬，汪和平在驾驶出租车载客途中，因高血压引发脑溢血导致失明，在昏迷前的十几秒内，将车稳稳地停在了路边，保障了乘客的安全。

安徽合肥的公交司机李永刚告诉记者，他平均每天的驾驶时间在 10 个小时以上，一个月休息 4 天，但由于排班的原因，休假时间并不能够保证。李永刚说，对公交司机而言，腰、颈疾病属于常见的职业病，但患高血压、胃病的人也不少。"公司没有规定病情严重到什么程度就必须休息，能不能开主要靠驾驶员自己衡量，自己决定。"

安徽省社会科学院研究员王开玉说，当下对公共交通事业提出了更高的要求，而工作强度高、报酬低却成为这个行业驾驶员的现状。空调车厢、自动售票越来越多，可以看到驾驶员工作的"硬环境"在不断改善，但"软环境"依然堪忧。

原标题《中国公共交通驾驶员健康状况存隐忧》
2012 年 8 月 5 日　摘编自新华网、网易
记者：蔡敏　杨丁淼

中国新生代农民工群体性焦虑亟待纾解

租住在城乡接合部的刘成文，今年 22 岁，来自农村，生活中基本只和周围聚居的农民工打交道。因身份的鸿沟而一直没能和城里同龄人交上朋友，是她心里一直挥之不去的心结。

刘成文交往两年多的男友为了在城里买房成家，小伙子白天跑销售，夜晚则摆地摊，但高额房价还是让他"望楼兴叹"。"公司里正式聘用的城里人收入一个月至少比我们这些临时工多一半，什么时候才能实现同工同酬？"他质疑道。

国家统计局 2012 年 4 月公布的报告称，中国农民工数量在 2011 年继续增长，总人数超过了 2.5 亿。其中新生代农民工开始成为主体，已占劳动年龄农民工的 44.84%。

长期研究中国农民工问题的安徽省社会科学院研究员王开玉指出，如果新生代农民工群体的焦虑情绪得不到疏导，他们就会离社会越来越远，并可能以群体的形式从非法途径达到目的，最终影响社会稳定。"不能等到出了问题才去解决"，应该从教育、住房、社会保障、医疗等多方面建立起规范性制度，加快社会政策、服务的"均等化""普惠化"建设，保障农民工能够充分享受到改革成果。

他说，珍视新生代农民工对生活、对未来的信心，关注他们精神层面的需求，帮助他们建立良好的社会关系，激发他们潜在能力与价值，如此才会让他们拥有城市主人公的认同。

原标题《中国新生代农民工群体性焦虑亟待纾解》

2012 年 8 月 8 日　摘编自新华网、光明网、网易

记者：任沁沁　蔡敏

皖北女孩无力承担巨额治疗费　外省好心人伸援手

8 月 6 日，安徽省红十字会贴出一公示：外省 10 位捐赠人为皖北重症女孩莹莹（化名）捐赠的款额清单。莹莹只认识 10 个捐赠人里的一个——徐阿姨，而这些捐赠也是由徐阿姨牵头的。社会上其他人也给了莹莹很多

帮助，莹莹还申请了低保和大病救助。即便是这样，莹莹的家庭还是被治疗费用压得喘不过气。

"徐阿姨持续 10 年资助重症女孩的事很令人钦佩，可是如果能建立起一个完善的社会慈善体系，将会实实在在地帮助更多的'莹莹'。"安徽省社会科学院研究员王开玉说。

"我多次到香港考察，香港慈善事业能有如此的规模和成就，与特首及其他政界高级官员和社会绅士名流积极参与、引导有关。香港政府支持慈善团体工作，社会知名人士、政府部门都积极参与筹款、募捐活动，这为慈善活动发展提供了道义上的支持。香港政府还在财政及财税政策上给予支持，这是现代慈善事业发展的一个重要条件。"

"我认为，慈善事业的发展需要形成政府出资、机构动作、政府监管的机制，国家在经济得到发展的同时，更应该加大对社会困难群体的保障，只有这样，困难群体受保障的面才能更广。"王开玉说。

原标题《皖北女孩无力承担巨额治疗费　外省好心人伸援手》
2012 年 8 月 8 日　摘编自《江淮晨报》
记者：徐韧松

技能培训如何助推农民工素质就业

8 月 5 日，虽是个周末，但利辛县中星驾校内，仍有一群参加驾驶培训的青年人在认真听教练讲解技术要领。"能学技能，还能领到 800 元补贴，这是以前想都不敢想的事。"学员王学勤笑着说。

2011 年下半年以来，亳州市所辖 4 县区均采取现金发放财政补贴方式，对包括汽车驾驶员在内的 155 个技能工种进行培训补贴，补贴资金从 200 元至 800 元不等。

尽管技能培训受到不少农民工的欢迎，但对其"敬而远之"的却也大有人在。部分农民工落后的思想观念、客观存在的工学矛盾，成为制约他们参与职业技能培训的重要因素。

安徽省社会科学院研究员王开玉认为，对农民工进行技能培训，被公认为解决企业用工结构性矛盾的一剂良药，既是提高人力资源能力的直接手段，也是农民工进城获得充分就业的重要保障。做好这项民生工程，就要坚决摒弃表面文章，防止出现"政府热、农民冷"的局面。只有紧扣市场需求，增加培训的含金量，真正让农民工做到学以致用，技能培训才能受到农民工的欢迎。

原标题《技能培训如何助推农民工素质就业》
2012 年 8 月 9 日　摘编自《安徽日报》、中安在线
记者：聂扬飞

新华纵横：1500 万元奖励阔气何来

近日，安徽省太和县公示的一则政府奖励信息引起了社会的广泛关注。公示称，根据太和县政府《关于促进我县房地产建设有关问题的通知》，同意兑现安徽晶宫大酒店获"四星级旅游饭店"称号奖励政策，给予 1500 万元奖励。

政策出台不久，经过一番努力，"晶宫大酒店"于 2011 年 12 月 4 日通过了安徽省旅游星级饭店评审委员会评定。随后，他们便开始向政府要求兑现有关奖励政策。

太和县政府很快同意兑现安徽晶宫大酒店获"四星级旅游饭店"称号奖励政策，并于 2012 年 7 月 17 日通过纸质张贴和县政府网站进行了公示。

然而，就在公示期间，这条消息不胫而走，随后迅速在社会上引来了热议。许多网民质疑，公共财政资金应该用于公共事务，而支出给私人或私人企业，是一种不理性的行为。迫于社会舆论，太和县有关方面近日研究，对 1500 万元的奖励决定予以废止。

安徽省社会科学院研究员王开玉评论道："为了招商引资，当初拍脑袋做出重大奖励的决定，从而吸引商家；而如今迫于社会各方面舆论压力，又马上决定废除奖励，这同样是一次拍脑袋决定。而作为一级政府，这样拍来拍去，总有一天会把自己的形象和威信拍没了。"

原标题《新华纵横：1500 万元奖励阔气何来》
2012 年 8 月 12 日　摘编自新华网

合肥大学生暑假打工 意在"积累资本"

暑假，学生们拥有了很多属于自己的时间。近日，记者调查发现，省城合肥近一半大学生暑假选择留在合肥做暑期工，他们很辛苦，但有不少大学生打工挣钱，不是为了攒学费，也不是为了攒生活费，而是为了其他消费，例如买手机，或者出去旅游。

安徽省社会科学院研究员王开玉分析认为，这说明大学生的暑期生活变得更加丰富多彩了。此外，当前就业压力大，大学生们学习一种技能、积累社会资源的意识增强了，当代的大学生更加务实。

而在当今市场经济下，经济成分日趋多元化，大学生打暑期工这种动机的转变是正常的，无论是追求时尚还是旅游，都是一种个性的体现。"读万卷书，行万里路。"王开玉认为，"很大一部分大学生是为了挣钱旅游，这是值得鼓励的，旅游对他们以后的发展是有一定帮助的。"

原标题《合肥大学生暑假打工 意在"积累资本"》
2012 年 8 月 14 日 摘编自中安在线、新浪网、凤凰网
记者：吴渝 李尚辉

新旧 24 孝昭示中国亲子关系从伦理走向和谐

"卖身葬父""扼虎救父""弃官寻母""尝粪忧心"……元代郭居敬辑录的 24 个孝子故事，在数百年之后迎来了"继承者"——新版"24孝"。新版"24孝"行动标准的发布昭示着中国传统"孝文化"正由重视伦理纲常和愚忠的"孝"转向关注父母内心需求、强调和谐与沟通的"孝"。

"24孝"新标准，包括经常带着爱人、子女回家，每周给父母打个电话，仔细聆听父母的往事，教会父母上网，支持单身父母再婚，和父母一起锻炼身体，陪父母看一场老电影……字里行间洋溢着浓郁的现代气息，透露出对"精神赡养"的重视。

"新'24孝'既亲切又有可操作性，注重精神层面的沟通，为现今亲子关系的健康发展提供了一条明晰的路径。"安徽省社会科学院研究员王开

玉说。

"老龄社会焦虑感"是进入老龄化社会后社会共同存在的问题。如果老龄化社会中社会群体的焦虑情绪得不到疏导，老年人就会离社会越来越远，引发老年抑郁症、老年心理疾病等。专家介绍，90％的老年自杀死亡者或自杀未遂者从未因其心理问题寻求过任何帮助。

王开玉呼吁，国家有关部门应进一步完善养老体制，深入推进城乡户籍制度改革，健全公共服务，强制性落实人性化的休假制度，为子女尽孝创造好的条件。

原标题《新旧 24 孝昭示中国亲子关系从伦理走向和谐》
2012 年 8 月 15 日 摘编自新华网、中新网、南海网
记者：任沁沁 蔡敏 何丰伦 杨丁淼

农村发展战略反思：10 倍贫富差距致农村无人种田

凭借着不错的木工手艺，44 岁的安徽阜阳农民周景龙过上了"城里人"的生活。不久前，他在阜阳市阜南县城花 30 来万元购置了百余平方米的住房，孩子们也"放到"县城里读书。

而同县年逾五十的张文宣和老伴耕种着自家五亩多农田。一年纯收入不到四千元，仅相当于周景龙一个月的务工收入。"如果不是孩子们平时给点钱，根本不够用。"张文宣抱怨着。

城乡贫富差距之外的另一道差距鸿沟正在中国农村内部形成。内部贫富差距拉大对农村发展将产生不利的影响。

"这或将带来农村地区乃至整个城乡社会的不稳定。"安徽省社会科学院研究员王开玉指出，以往突出的城乡差距，两个群体毕竟生活在不同生活空间，而农村内部的差距，更容易让人产生不平衡情绪。

"农村收入差距的扩大首先可能引发粮食安全问题。"王开玉指出，近年来，中国农村出现农业副业化趋势，农民已经不再把农业作为主业。

"一方面是农业人口老龄化，另一方面是新生代农民工不熟悉农业，不愿返乡务工。"王开玉认为，眼下，必须加大支农惠农的力度，大力推动现代农业和土地规模经营，确保务农收入不低于务工收入。

破解农村收入差距还要发展乡镇股份制企业。王开玉举例说，霍山县

落儿岭村和凤台县钱庙村，随着乡村工业化的发展，也推动了农业现代化的发展，股份制乡镇企业办了十几个，农民收入大幅增加。钱庙村人均收入由原来的 2000 元增加到现在的 10000 多元。

原标题《农村发展战略反思：10 倍贫富差距致农村无人种田》

2012 年 8 月 22 日　摘编自新华网、网易、凤凰网

记者：任沁沁　蔡敏

有些实名制注定会"夭折"

2011 年 6 月份，商务部发布了《旧电器电子产品经营管理办法》（以下称《办法》）面向社会公开征求意见。《办法》要求，从个人手中收购旧电器电子产品时应登记出售人姓名和身份证件号码；旧电器电子产品经营者在出售旧电器时要向购买者提供不少于 3 个月的保修服务。

省城合肥东二环路上的一家专业家电维修店里的老板告诉记者："旧家电收过来就很便宜，如果每一台都要实名制登记，那就太麻烦了！"

此外，微博、部分相亲网站等的实名登记也已经展开。

"实行实名制后，如果手机卡或者自行车遗失了，就能根据相关信息找回来。"安徽省社会科学院研究员王开玉在接受记者采访时表示，虽然实名制有一定的积极意义，但是否实行还是要视情况而定。

他以购物卡举例，实行购物卡实名制是为了防止腐败，但实名制仅仅是在购买环节，"买的人、消费的人都实行实名制才行"。

在他看来，实名制是一项系统工程，任何一个链条断了，实名制实施的意义就全失去了。"设计一项实名制不能拍脑袋，要慎用。"由于实名制牵涉到个人隐私，王开玉认为，实名制的推行需要相关部门的监管，设计一套有监督和反馈的机制，"要经过科学论证，实行后如果不适合也要敢于放弃，否则流失的不仅是实名制本身，更会影响相关部门的威信。"

原标题《有些实名制注定会"夭折"》

2012 年 8 月 24 日　摘编自《市场星报》、安青网

城市发展也要有"个性"

"和中部其他城市来比,安徽最缺的就是一个特大城市。"王开玉指出,无论是华东地区,还是中部地区,每个省份都有"经济圈"的推手,以及一座中心城市带动发展的影子。可惜,在很长一段时间内,区域经济的舞台上,并没有出现安徽的身影。"后来有了合肥经济圈,2011 年的统计数据显示,经济圈的经济总量占到了安徽全省的 38% 以上。"

近年来,中国正在经历一场由农业为主的传统乡村社会向以工业和服务业为主的现代城市社会逐渐转变的历史过程。王开玉指出,"城市化"虽然带来了城市经济社会的快速发展,但也在一定程度上造成了城乡差距的逐渐拉大。"如果要实现全国的现代化,必须要实现农村的现代化。"王开玉表示,合肥在发展进程中,能同时不忘拉动县域经济,是很重要的一个成就。

"合肥要成为区域性特大城市,也要在社会建设上实现现代化。"王开玉说,"就政府来说,主要职能还是组织社会建设,去关注社会弱势群体。"

王开玉表示,中国处于大有可为的战略机遇期,而战略机遇期有两个主战场,一个是经济,还有一个是社会。"右手抓经济建设,左手抓社会建设,优先民生事业,保障社会太平。"王开玉说,"在区域性特大城市的建设过程中,把社会建设这条短腿补上。"

城市发展也要有"个性"。王开玉建议,"建设特大城市,一定要通过创意形成合肥的特色。比如,城市景观和城市文化"。

原标题《城市发展也要有"个性"》

2012 年 8 月 29 日　　摘编自《江淮晨报》、凤凰网、中国经济新闻网、合肥在线

中国多地官员"出镜应考"　电视问政获舆论赞扬

封闭的演播厅里,官员们现场述职并解答专家、群众代表的疑问,影像随之直播出去,百万观众收看,有的还通过场外环节互动。这种新形式的"电视问政"近期被中国多地政府启用。

因为 30 多年前率先打破大锅饭、实行"包产到户"农业生产,而被称

为"中国农村改革发源地"的安徽省滁州市，两年前开始探索实施各种形式的媒体问政。

进入 21 世纪，已然成长为世界第二大经济体的中国在社会阶层结构、收入分配结构、利益需求结构等方面都发生了重大变化，地区和城乡发展不协调、收入分配差距悬殊、社会服务措施滞后等问题进一步凸显。

"必须探索消解社会负面情绪的新途径，政务最大限度公开透明首当其冲。"安徽省社会科学院研究员王开玉悦。

安徽省委党校教授郝欣富认为，在改革的攻坚期、发展的关键期、矛盾的凸显期，官员尤其要重视和倾听不同的声音，只有这样才能做出理性的判断和正确的决策。电视问政无疑是最直观、最有效面对群众的方式之一。不过，一些舆论也指出，电视问政绝不能仅仅限于镜头前的一时考验，必须完善配套机制，避免好做法流于形式。

原标题《中国多地官员"出镜应考"　电视问政获舆论赞扬》
2012 年 8 月 30 日　摘编自新华网、凤凰网
记者：蔡敏

中国都市孩子暑期消费高得吓人　5 天花了 3000 元

暑假的最后一周，一些家庭在回顾孩子的暑期消费——大到数万元的出国游学或是上千元的国内旅游，小到几百元的兴趣班或娱乐费用，核算下来的账单把不少家长"吓了一跳"。

11 岁的骆盟怡在暑假通过一家国际英语培训机构，前往美国佛罗里达游学 3 周，团费就 5000 多美元，还不包括零花钱。

如果说出国游学的人群相对高端，那么国内旅游几乎成了暑期消费的必备项目。安徽天下行旅行社的苏恋介绍说："家长比较青睐港澳和海滨城市的旅游线路，人均消费都在千元以上。"

安徽省社会科学院研究员王开玉认为，随着经济条件的改善，中国家长有能力负担一些费用较高的消费项目，不可否认有些活动的确能够增长孩子的见识，但是暑期消费如此之高反映出部分家长和孩子的攀比心理和虚荣心在作祟。

长期从事中小学教育的冼秀梅老师说："家长需要引导孩子树立正确的

消费观，多把钱花在兴趣爱好和增长学识方面，消费一定要量力而行。多花精力来陪孩子，同样可以让孩子过一个充实的暑假。"

原标题《中国都市孩子暑期消费高得吓人　5 天花了 3000 元》
2012 年 8 月 30 日　摘编自新华网、中安在线

马鞍山评出"十大不文明行为"

2008 年和 2011 年，马鞍山两次被评为安徽省唯一的"全国文明城市"。8 月 28 日，马鞍山市公布了最受市民厌恶的"十大不文明行为"，居首的是"在公共场所乱扔垃圾杂物"。

评选中，位列前几位的陋习还有：在住宅小区等公共场所乱贴小广告（牛皮癣）、乱涂乱画；少数居民损人利己从楼上向下扔垃圾；行人、非机动车车主不走斑马线、闯红灯；出租车随意掉头，摩托车、电瓶车逆向行驶；在慢车道和人行道上乱停乱放机动车和非机动车。

对此，安徽省社会科学院研究员王开玉认为，文明行为习惯的养成也并非易事，除了依靠市民自律之外，地方政府还应该在深入调研的基础上，征求广大市民意见和建议，加快制定地方性法规或行政规章，明确处罚的情形和幅度，倡导广大市民文明行为的养成。

原标题《乱扔垃圾最受市民痛恨　马鞍山评出"十大不文明行为"》
2012 年 8 月 30 日　摘编自《江淮晨报》、万家热线、中国文明网

老旧小区找物管　出路在何方？

据天柱园小区业主委员会主任方俊峰介绍，天柱园小区实施自治管理四年，不仅物业费低于周边同类小区，而且还有十几万的盈余。合肥市老旧小区引入物业试点，天柱园的成功自治管理模式，对其他小区或有可借鉴之处。

"自治就是不以赢利为目的。"业委会主任方俊峰说，"自治管理四年，小区大小事务皆由业主说了算。自治后业委会的账目公开了，大事都要征求业主的意见，所有的业主都是小区的管理者，没有了之前和物业公司的

对抗。"

老旧小区引入物管，出路在何方？安徽省社会科学院研究员王开玉说，老旧小区环境差，难管理，经常发生偷窃，受害的往往是业主。目前而言，合肥的老旧小区管理模式不一，有的没有人管理，有的是社区代管，也有的自筹资金随便找个人看门。像这样的管理模式，一旦出了问题，难以找到人负责。

王开玉说，居住在老旧小区的业主，大多生活贫困，支付物业费确有困难。合肥这么多的老旧小区，全都由政府买单也不太现实。他建议政府加大对老旧小区管理的资金投入，引入物管是好的措施，资金还可以更加多元化，"业主可以少出一点钱，政府补贴一部分"。

"老旧小区的治安是难点。"王开玉说，"政府应制定老旧小区的管理办法，使阳光能照到弱势群体身上，改善他们的生存环境。"

原标题《老旧小区找物管　出路在何方？》

2012 年 8 月 30 日　摘编自《江淮晨报》、新浪网、安青网、中安在线

记者：汪艳　许建军　张燕霞　朱琛琛

最美校长陈万霞新学期遇新难题

9 月 3 日上午 8 时，肥东县陈集镇阳光小学三百余名留守儿童，迎来正式开学的第一课。如今，阳光小学作为全国首个留守儿童寄宿制村级小学，学校名气大了，校园靓了，越来越多的外地人要送无人看管的孩子到阳光小学，如果接收，学校会成为产生孤儿的一个渠道；不收，又于心不忍。陈万霞说，留守儿童的教育有特殊之处，一方面学校要负责他们的衣食住行，但父母也要定期和他们通电话，或者来看他们。只有这样，才能促进留守儿童的健康发展。

对留守儿童课题有着多年研究的安徽省社会科学院研究员王开玉称，爱心的产生是为了解决社会问题，如果陈万霞式的爱心被过度放大，反而有可能被人利用，产生新的社会问题。就陈万霞遭遇的困惑来说，她的量力而行是无可非议的，但她作为老师，不应承担对留守儿童生活和教育的所有责任。王开玉呼吁全社会要达成一种共识，留守儿童的教育作为一个社会化问题，应由家庭、学校和社会共同承担，而且家长作为第一监护人，

应担负最重要的教育责任。

原标题《最美校长陈万霞新学期遇新难题》

2012 年 9 月 3 日　摘编自《合肥晚报》、中安在线、合肥在线、中国文明网

记者：陈军　王蓉

安徽女孩捡到 2.5 元上交警察引热议

"我在马路边，捡到一分钱，把它交到警察叔叔手里边。"这首名为《一分钱》的儿歌，相信不少人都耳熟能详。可要是真的捡到几个硬币，你会去派出所交给警察吗？8 月 28 日上午，在上海市青浦区赵巷镇，11 岁的安徽籍女孩张敏捡到 3 枚硬币共计 2.5 元，坚持跑到赵巷派出所交给了值班民警。张敏纯真的行为被沈宁晨发布在了赵巷派出所的官方微博，引起了网友的热议。

安徽省社会科学院研究员王开玉认为，拾金不昧本来就是一种社会公德，不能用她捡到金钱的数额大小来判断是否值得。王开玉表示，一点一滴的小事才是提升社会整体素质的基石，张敏的行动传递给社会的是一种正能量，别让"马路边捡到一分钱"成绝唱。

原标题《安徽女孩捡到 2.5 元上交警察引热议》

2012 年 9 月 3 日　摘编自《江淮晨报》、凤凰网、中安在线、合肥在线

记者：方佳伟

超市小票是否成"隐性杀手"——双酚 A 应用危害调查字号

网络上一条有关含有"双酚 A"的超市购物小票会致癌的消息引起了众多网友关注：超市购物小票中含有双酚 A，可通过皮肤渗入人体内，影响人的生殖系统并致癌。

据了解，在 2010 年 11 月 25 日，欧盟食品链和动物健康委员会通过欧盟委员会决定，"从 2011 年 3 月 1 日起成员国禁止使用含双酚 A 的塑料生产婴儿奶瓶，并从 2011 年 6 月 1 日起禁止进口此类塑料婴儿奶瓶"。

安徽省检验检疫局轻纺化工处处长温劲松介绍，作为热敏纸的首选介质，双酚 A 是被获许添加使用的。2010 年世界卫生组织专门召开会议对双

酚 A 进行评估，结果并未达成一致。

合肥工业大学化学工程学院教授陈天云告诉记者，在购物小票中发现的双酚 A 是充当显影剂的作用。在常温下双酚 A 是稳定的，当加热到 90 摄氏度左右，会释放出有害物质，达到一定大的剂量时会对人体造成危害。

福建省产品质量检验研究院郭永梅在研究文章中提到：有研究表明，双酚 A 的长时间暴露会影响男性的诸多性生理问题。暴露于双酚 A 环境中的男性工人患勃起功能障碍的风险是对照组的 4 倍。

尽管目前双酚 A 的影响暂未有定论，但安徽省社会科学院研究员王开玉认为，应将人们的生命安全放在第一位，"只要其有可能对人体造成伤害，就应全面禁止。我认为首先应禁止双酚 A 的大量使用，防患于未然比检查出危害再来禁止要好得多，同时尽快完成替代物的更换"。

原标题《超市小票是否成"隐性杀手"——双酚 A 应用危害调查字号》
2012 年 9 月 3 日 摘编自新华网、中安在线、广西新闻网
记者：葛如江 张紫赟

合肥福利院承认奔驰车闲置 否认系用捐款购买

进入 9 月，一条《合肥福利院购豪华奔驰旅行车究竟为谁服务？》的网帖被传得沸沸扬扬。发帖人称，2011 年，合肥市儿童福利院花费四五十万社会捐款购买了一辆奔驰车，入户上牌近一年，始终闲置在车库中。"皖 AOD062 豪华车偶尔也用两次：不是厅机关就是局领导使用。"

记者就此事电话采访了合肥市儿童福利院院长尹学萍。尹学萍介绍，2011 年，上级财政拨款 39 万多元购买了这辆皖 AOD062 奔驰商务车。这辆奔驰车主要用于外国客人来合肥市儿童福利院认养儿童时使用，平时很少使用。尹学萍否认了该车涉嫌存在公车私用的问题。

作为慈善机构，合肥市儿童福利院该不该用财政拨款购买豪华车？记者昨晚电话采访了安徽省社会科学院研究员王开玉，他表示，儿童福利院购买如此昂贵的车实在不应该。"作为一个慈善机构，所有的钱更应该用在孩子身上，改善孩子们的生活、教育以及机构的软硬件方面，让孩子健康成长。"

"澳门明爱总会是澳门最大的慈善机构，每次我过去考察，他们的负责

人、总干事长都是骑着摩托车去接我。虽然当地很多机构也给他们捐赠了不少好车，但这些车都是给孩子们用，工作人员从来不用。有一次去接我，因为摩托车太旧太破了，还烫伤了他的大腿。"对于尹学萍"该车主要用于外国客人来合肥市儿童福利院认养儿童时使用"的回应，王开玉表示，"这不能成为逃避责任的一种理由，这与慈善事业的理念是完全相悖的"。

原标题《合肥福利院承认奔驰车闲置　否认系用捐款购买》

2012 年 9 月 4 日　摘编自人民网

记者：张磊　杨坤

高价幼儿园上不起普惠园难入　回迁居民陷两难

许女士家住滨湖和园小区，孩子在小区内的小森林幼儿园上学。2012年 9 月，孩子就要上中班了，7 月份，许女士就给孩子报了名。"当时我跑到孩子们的床位那数了数，共有 49 个床位。"许女士称，幼儿园招收了很多其他小区的孩子，导致和园的孩子入园难。

其他小区孩子为何要到和园的幼儿园？许女士说，这是因为小森林幼儿园是滨湖两家普惠园之一，费用远低于区内几家高价园。

包河区教体局一名韩姓工作人员告诉记者，最近教体局已经对和园小森林幼儿园进行了调查，"人数最多的一个班是 40 人"。这名工作人员也坦承，入园难的问题在回迁安置小区更突出。"很多小区规划时，对幼儿园的配置就不够。"

这也与安置小区的特殊情况不无关系：一是该类小区住户收入普遍不高，无法承受高价园的收费；二是小区住户一般一家不止一个孩子，也加重了入园难问题。

对此，安徽省社会科学院研究员王开玉说，回迁安置小区住户多为中低收入者，很多人属于弱势群体，他们子女的入园问题需要政府和全社会共同关注。教育主管部门在规划时就应注意到回迁安置小区的特殊性，针对现实未雨绸缪地制定相应政策。如出现配置不足的情况，则应采取一些应急措施，例如增设幼儿园配置，"不要多豪华，能满足正常需求就可以"。

另外，还可以将回迁安置小区的儿童安排到小区周边幼儿园入园，如家庭无力承担费用，政府可考虑提供一定补助，"让每个孩子都有幼儿园可上是全社会的责任。"王开玉表示。

原标题《高价幼儿园上不起普惠园难入　回迁居民陷两难》

2012 年 9 月 5 日　摘编自《江淮晨报》、中新网、搜狐网、万家热线

记者：甘琼芳　刘丹丹

多数读者认为公交车上应"禁食"

"公交车上是否能吃东西?" 9 月 4 日，《市场星报》就这一话题与读者展开互动，不少读者都支持应出台"禁食令"。

在讨论中，也有少数读者认为，年轻人生活节奏快，压力比较大，为了节约时间，买早点赶公交车，趁着车上的一点时间吃早餐，该行为应该得到理解。

安徽省社会科学院研究员王开玉认为，公共交通工具是城市命脉，也是城市对外窗口，公交车的文明不仅体现在车厢环境上，还体现在司机和乘客的素质上。

王开玉表示，公交车属于公共场所，也是一个道德场所，每个乘客都应有义务保持车厢卫生。在公交车上吃东西极不雅，不仅会影响其他乘客，也会影响到整个车厢的环境。因此，公交车上应该"禁食"，这在其他国家和国内部分城市都已经实施。

原标题《多数读者认为公交车上应"禁食"》

2012 年 9 月 5 日　摘编自《市场星报》、安青网、凤凰网

安徽巢湖：体育场为何变"菜地"？

红色跑道上不是奔跑的运动员而是拿着粪勺的老农，广阔的绿茵场上不是草皮而是一块块菜地……一张颇具喜剧感的图片日前在互联网上热传，而伴随这张照片"走红"的安徽省巢湖市体育中心也引发网民广泛关注。

巢湖市体育中心主任夏天坚称"网上所指的'菜园'实际是野生绿豆，并非是农民开垦种植。体育中心是公益性质的公共设施，整个一期工程目前还没有完全结束，但我们怕造成资源浪费，所以先向社会公众开放已经

建设好的室外田径场"。

对于巢湖市体育局的说法，记者采访体育中心周边数位市民。多数人表示，早晚有人人在田径场的跑道上锻炼、散步；但在场地的中间，却长期无人打理，确见过有人在那里种菜。

安徽省社会科学院研究员王开玉认为，近年来，我国公共设施资源人均占有量低和多地出现的公共设施资源闲置问题这一矛盾让不少民众感到"寒心"，所以此次网传"巢湖体育场"沦为"菜地"才会引发社会强烈关注。

"政府有关部门应该多考虑老百姓的需求，科学合理地规划利用公共资源，最大限度地发挥公共体育场所为公众服务的功能。"王开玉说。

原标题《安徽巢湖：体育场为何变"菜地"？》

2012 年 9 月 5 日　摘编自新华网、凤凰网、中国在线

记者：詹婷婷

要让"淘货"们找到市井味

女人街是合肥老城区中心的名片，改造是为了拾起过去的繁华。如今，妆容一新的女人街即将开街，她能否给合肥"淘货"们一个惊喜？记者采访了一些经济学领域专家，听听他们的看法。

合肥学院经济系教师凌斌看着女人街由"繁华"走向"败落"。凌斌称，女人街的主要问题之一是自身的环境条件没有跟上社会经济发展的步伐，二是店家的经营方略没有顺应消费者需求水平的变化。女人街红火的 2001 年，合肥市全年社会消费品零售总额不足 165 亿元，到了 2011 年则超过了 1111 亿元，在合肥的消费市场扩大近 7 倍的十年间，女人街的街容店容没有明显变化，衰退的隐患必然会注定。

改造后的女人街定位是否应该发生变化？对市场调查颇有心得的安徽省社会科学院研究员王开玉认为，女人街只有保持原来的大众化定位，才能继续凝聚人气。

"女人街相比步行街以及如今的万达、银泰等，建得比较早。一开始经营情况很不错，后来有一段时间鱼龙混杂，之后就逐渐没落。"王开玉称，女人街主要做中档商品。他称，合肥大城市框架已经形成，市场结构也应

相应地比较完整，既有金鹰、万达、银泰、商之都、百大等这样的高档商场，也应有中低档商场，"建多层次市场，满足市民多元化需要"。王开玉建议，不管女人街如何改造，最好尽量保持女人街的大众化定位，宗旨就是方便顾客，让顾客买到自己想买的东西。

原标题《安徽巢湖：体育场为何变"菜地"？》

2012 年 9 月 7 日　摘编自《合肥晚报》

记者：吕珂

发现违反师德行为，市民可举报

"妈妈，是不是你没给老师送卡，我才会被安排坐在最后一排。"面对刚上一年级孩子的提问，家长不知如何作答。连日来，《市场星报》也展开了讨论，家长说"送也不是，不送也不是"，老师也有自己的担心"收也不是，不收也不是"。9 月 11 日，记者采访了合肥市教育局相关负责人、社会学家，且听听他们怎么说。

合肥市教育局相关负责人表示，教育部门有明确规定，教师不能收取家长的钱卡、贵重物品。"收取家长的钱卡，是违纪行为，如发现有老师收受家长钱物，向家长索贿，可拨打我们的投诉电话举报。"

安徽省社会科学院研究员王开玉表示，家长给老师送礼，导致家长和老师之间的关系出现畸形，主体本应该是学生和老师，现在却变成了家长和老师。王教授表示要重新培养一种新型的师生关系，回归师生关系。"我自己也是一名老师，看着学生找到理想工作，我就非常高兴。教师节，他们给我发信息祝贺，我觉得这比什么都珍贵，老师培养人不是为了收礼，是为了桃李满天下。"

原标题《发现违反师德行为，市民可举报》

2012 年 9 月 12 日　摘编自《市场星报》

记者：祁琳

环卫工缺乏安全防护　不到半年至少 6 起车祸

也就一周的时间，合肥市区就发生了 3 起环卫工在道路清洁时被撞车祸，其中 2 人不幸身亡，1 人重伤入院抢救。自 2012 年 5 月起，合肥环卫工被撞，屡屡见诸报端，6 起车祸，撞死 4 人，撞伤 3 人。环卫工何以频繁遭遇车祸？9 月 15 日，《江淮晨报》记者实地走访。

9 月 15 日清晨 7 时许，临泉路中，环卫工张师傅左手拎着簸箕，右手提着笤帚，从东往西沿道路一侧，低头弯腰搜寻着垃圾。8 时许，到了上班高峰期，也是车流高峰，清理马路中间的垃圾并不容易，但张师傅已经习惯了在马路穿梭。

下午，合肥市交警支队法制部门相关人士称，马路是环卫工人的工作场所之一，在环卫工人各项防护措施做到位的情况下，如果发生事故，交警部门一般判定肇事车辆全责。如果环卫工人有明显过错，交警部门在界定双方责任时也会进行考虑。

安徽省社会科学院研究员王开玉表示，环卫工是城市"美容师"，为避免车祸，环卫工在马路劳作时，应设警示标志。他建议政府增加投入，在繁忙的马路，用清扫车替代环卫工。王开玉称，合肥一些环卫工人年龄偏大，身体不便，应适当招些相对年轻的人员。王开玉提醒广大市民要有安全意识，不要随意丢弃垃圾，避免给环卫工保洁时带来危险。

原标题《环卫工缺乏安全防护 不到半年至少 6 起车祸》

2012 年 9 月 13 日 摘编自《江淮晨报》

记者：王志海

单身基层打工者易滋生聚赌嫖娼等问题

随着城市化进程加速，许多农民离开赖以生存的土地，成为城市建设的重要力量。对于他们来说，漂泊无依的苦苦等待、两地分居的遥遥相望、对留守子女的深深牵挂，成为心头最敏感的弦。

来自皖南山区的大眼睛姑娘许冬梅今年 24 岁，出众的相貌让她成功应聘在安徽芜湖一家大超市做化妆品销售员。"像我这个年纪，要是在家早就嫁出去了。"小许说，"父母也一直在催我，但是我不能凑合嫁了。"

"他们是都市中最寂寞的人群。"安徽省社会科学院研究员王开玉称，新生代农民工的婚恋正在经历"急风暴雨"般的嬗变。"除了未婚农民工婚恋难，已婚农民工夫妻分居也造成了婚姻质量下降、离婚率攀升，这已经成为尖锐的社会问题。"

王开玉分析："与以往相比，这一代农民工更加注重夫妻情感的交流，重视自身尊严和实现自我价值，但是城乡二元分割的户籍、就业、社会保障等致使农民工很难融入城市。生活的不稳定，不可避免地影响到他们的婚姻家庭。"

原标题《调查称63%基层打工者系单身　滋生聚赌嫖娼等问题》

2012年9月17日　摘编自《半月谈》、中新网

记者：叶建平　吴晓颖　鲍晓菁　朱青

返程前，为他们做碗"心灵鸡汤"

少数行为失常者救助站内搞"破坏"站内亟待补充人才和设备，开展心理辅导。

"刺啦"一声，新购置的床单被撕扯成条，"他来救助站三天不到，已经无故撕坏了两张床单了。"近段时间，做了29年救助工作的喻静发觉，像汪强（化名）这样"精神正常，行为失常"的人群，寄宿救助站的几率愈加频繁。

这样带有暴力倾向的行为，几乎每星期都会发生。"这些人的年纪在20～40岁不等，有男也有女。"站长成正忠介绍，这些年轻人，大多数是因为家庭或者事业上遇到了困难，来站求助后，心里憋屈无处发泄；当然也有一些人本质上就好吃懒做，不务正业。成正忠呼吁，单满足这些人温饱是不够的，还要让他们喝上"心灵鸡汤"。

安徽省社会科学院研究员王开玉表示，进入救助站的人，很多都有这样或那样的心理问题。首先救助站方面要重视起来，在社会机构和有关部门的帮助下，建立起专门的心理咨询室，并聘请专业的老师进行辅导。同时要呼吁社会上的爱心人士共同加入，给需要救助者以温暖。

一般而言，这类人都是很脆弱的。救助站的工作人员在日常生活中，应更多地给予他们关怀，让他们感受到温暖，知道他们是被重视的，与社会上的人都是平等的。相信日子久了，他们就能从逆境中走出来，投入到

新的社会生活中。

原标题《返程前，为他们做碗"心灵鸡汤"》
2012 年 9 月 18 日　摘编自《安徽商报》、新浪网、凤凰网、中安在线
记者：吴洋　韩畅

多地实行购买感冒药实名制引发热议

继北京之后，9 月 4 日，安徽省食品药品监督管理局公布，安徽省正按照国家部署，对药品类易制毒化学品进行专项整治。其中，对含有麻黄碱的药品将实行实名购买。

近年来，随着毒品形势的变化，中国一些地区出现含麻黄碱类复方制剂流入非法渠道被用于制毒的问题。中国多地实行购买感冒药实名制主要就是为了防止不法分子用其提炼毒品。

不过，小小的感冒药被纳入实名制管理引发了公众广泛关注，人们对"感冒药实名制"可能带来的信息泄露问题显得更加关注。

在网络上，很多网民也担心"感冒药实名制"会带来"麻烦"。网民"小雨 Celia"说："大家担心实名购买感冒药的问题无外乎是不方便，其次是担心信息泄露，这就要求相关部门加强管理和监督，保护市民的信息，市民才能无后顾之忧地配合。"

安徽省社会科学院研究员王开玉表示，对一些药品进行购买管制在多个国家都有实施，中国开始实施"感冒药实名制"是一种管控毒品提炼原料的思路。"但有思路不代表真正有效果，要让百姓觉得安心，应当严密制度，做好个人信息的保护以及身份信息联网验证，相信对社会真正有益的举措最终会得到百姓的支持和配合。"

原标题《多地实行购买感冒药实名制引发热议》
2012 年 9 月 20 日　摘编自新华网、广西网
记者：朱青

"流浪的小孩"全国跑站近 20 次

9 月 19 日，当合肥火车站派出所民警孙警官将小万送到合肥救助管理

站时，这名少年并不喜欢别人叫他"流浪小孩"，他自称是"跑站"的。这张稚嫩的面孔对站长成正忠并不陌生，"所谓跑站，就是一些人刻意辗转全国各地救助站，从中骗吃骗喝骗车票钱"。据调查，半年间，这孩子先后"跑"了近20次，西到四川，东到上海。

是什么原因让年仅十岁的小万热衷跑站？9月20日上午，记者联系到小万父亲时，故事才脉络分明：眼前这个"跑站少年"，想用一种极端的方式，求父母复婚，想要一个完整的家。

对10岁少年频繁"跑站"事件，记者采访了安徽省社会科学院研究员王开玉。"第一位的教育责任是家长的。"王开玉表示，父母在法律上是子女的第一监护人；亲情层面，应当要承担教育子女的责任。未成年人离家出走，频繁"跑站"，除了孩子叛逆的性格，说到底是家长关怀的缺位。

"有些家长一心为了挣钱，并且觉得只要挣了钱，就能让孩子享受到最好的教育，他们不知道这样反而失去了教育孩子的最佳时机。"王开玉说，父母只有以"第一任老师"身份来教导孩子，孩子才会以一颗更加热情和温暖的心去包容家长。诸如那些离家出走等事情就不会发生了。

原标题《"流浪的小孩"全国跑站近20次》
2012年9月21日　摘编自《安徽商报》、新浪网、凤凰网、中安在线
记者：吴洋

绿色出行，如何铺好"路"？

9月20日一早，家住合肥市明珠广场附近东海花园小区的"上班族"李婧，往嘴里塞了两块饼干，便匆匆出门，赶往公交站。李婧在政务区上班，每天早上，她都要步行近15分钟，到金寨路上的柏树郢公交站搭乘18路公交车。

18路是从明珠广场开往政务区的唯一一路公交。"上下班高峰期，车上挤得像沙丁鱼罐头一样。"偶尔起床晚了，李婧也能在小区门口乘坐出租车，以免迟到。不过在"打的难"的今天，想在上班高峰期拦到一辆空车，也不容易。这时，李婧便只能选择"黑头车"。

市民"出行难"，部分公交站点设置不合理、乘车环境较差，是与出租车"一车难求""黑头车"难禁交织在一起的问题。"公交运力不足是不少

市民选择出租车作为交通工具的重要原因。而出租车在高峰时段同样难以满足市民出行需求，从而给'黑头车'留下了生存空间。因此，当务之急要优化公交布局，加大公交运力。"合肥市运管处副处长张学海表示。

"从更广阔的视角考虑，'出行难'的成因还有城市发展不均衡，生活、娱乐等资源过度集中于中心地段，导致人流、车流向中心市区聚集。"安徽省社会科学院研究员王开玉表示，如能进一步完善社区配套设施，让城市各个区域均衡发展，商业中心合理布局，市民的生活、休闲、医疗等各方面需求在出家门不远处即能满足，将会有效缓解出行难题。

原标题《绿色出行，如何铺好"路"?》

2012 年 9 月 25 日　摘编自《安徽日报》、人民网、中安在线、网易、新浪网

记者：汪国梁

中国城管眼神执法引发争议

"眼神执法"上周末成为中国主流微博平台上的网络热词。武汉武昌粮道街城管中队 20 名城管队员日前依靠"沉默列队围观"的执法方式，成功纠正了商户出店经营的违规行为。

从网络上广为流传的照片可以看到，身着制服的 20 名城管队员整齐地列队站立在商户门前，他们既不动口也不动手，用炯炯有神的目光注视着商户门前的违规摊点。

不少网民对此举表示支持，认为与以前城管经常被曝光的"暴力执法"方式相比，这种"创意"起码是文明和柔性执法的进步。不过，也有舆论认为城管"眼神执法"是一种软暴力，且换汤不换药、治标不治本。

安徽省社会科学院研究员王开玉说，中国城市综合执法管理部门近几年已经开始探索用"疏导"和"集中管理"的方式来解决问题。对于直面最基层矛盾的城管职业群体，他们的"柔性执法"探索是值得肯定的，"至少他们在做有益的尝试"。

原标题《中国城管眼神执法引发争议》

2012 年 9 月 25 日　摘编自新华网、新浪网

记者：蔡敏　朱青

水壶姐网络爆红　大四女生压力多大

"大四学姐的水壶你也敢偷!!!"近日，某大学大四女生的水壶被偷，这位学姐立刻写了一封措辞严厉的"声讨信"，声称小偷如果不把水壶还回来就"诅咒你挂科，逢考必挂!"而这一霸气外露的声明立刻在网上造成轰动，大家纷纷表示学姐太霸气! 究竟是什么原因造成大四学姐的情绪爆发? 大四女生的爱情、学业等的压力究竟有多大?

对于女生来说，升学、事业、爱情等各方面客观上的不平等，都可能导致她们心理失衡，情绪压抑。"水壶"被偷只是一个引子，内在元素才是真正的原因。

理工科学校一直存在男多女少的现象。长沙理工大学招生就业处处长付嫦娥说，理工科专业自身的特点要求男性从业者占多数，这是由于社会对人才的供求关系决定的。

应届大学毕业生们即将离开校园，跑招聘会、参加面试找工作正是近来生活的主题，但一些女大学生却不忙工作忙征婚。除毕业生外，一部分尚未走出校门的大学生也纷纷走进婚介所。

安徽省社会科学院研究员王开玉认为，大学生要树立正确的婚姻价值观，功利性征婚不妥。从社会学角度看，这种现象反映了女生就业压力大的现实，这就要求国家在就业政策上多关注女性，用人单位也要改变性别偏见。

原标题《水壶姐网络爆红　大四女生压力多大》
2012 年 9 月 26 日　摘编自《新快报》、搜狐网、金羊网

形象工程可有效避免

"公众提前参与到民生项目的决策中来，可以有效地避免形象工程和重大项目的失误。"对于淮南市的这种做法，安徽省社会科学院研究员王开玉表示，淮南市推广的"参与式预算"管理，让老百姓参与政府决策，一方面是政府将"网络问政"实质化，公众可以参与决策;另一方面，也体现了公众参政的要求和能力在不断提高。

王开玉介绍，最早的网络问政主要是针对干部作风，渐渐的是对重大失误的质问、对形象工程的批评。这也说明公众表达己见、参政议政的欲望和能力不断增长。但这些都仍停留于公众在"问"、政府在"答"的层面，而这次"参与式预算"管理，可以让公众直接参与到政府决策中，甚至能一定程度决定政府的决定。

据了解，我国个别地区也在开展"参与式预算"管理试点，如河南省焦作市、黑龙江省哈尔滨市、江苏省无锡市以及浙江省温岭市等。"参与式预算是政府和百姓的纽带，是百姓参政议政的桥梁。"王开玉建议，应该有更多的地方推行这种公众可以参与政府决策的模式。

原标题《形象工程可有效避免》

2012 年 9 月 27 日　摘编自《新安晚报》、搜狐网

记者：郭娟娟　袁星红

红绿灯，考量文明素养

9 月 21 日上午 8 时许，正值上班早高峰，记者在长江路与徽州路交口看到：一位年轻妇女骑电动车闯红灯，许多骑自行车的人也跟着，电动车直接和机动车混在一起闯，有些行人在绿灯还没有亮就迫不及待地穿越了马路。

对屡屡发生，又禁而不止的闯红灯现象，合肥市文明办经调查分析概括了以下诸多原因：或是对生命的不尊重，无视自身和他人生命安全；或是侥幸心理作祟，认为机动车不会撞到自己；或是缺少社会公德，只顾一己小利。另外，违章成本低也是一大原因，现在交警和电子眼都只罚有车牌的机动车，对行人和非机动车没有处罚措施，

"闯红灯，已成为交通治理的'老大难'问题。"安徽省社会科学院研究员王开玉分析称，普通百姓特别是刚刚被城市化的新市民，对都市生活的公共规则、公共秩序及相应的交通标识等还不太熟悉、不太适应，有时甚至懒得熟悉、适应，导致这一劣习成为痼疾。

原标题《红绿灯，考量文明素养》

2012 年 9 月 27 日　摘编自《安徽日报》、新浪网、中安在线

"旱鸭子"救人遭批评

年轻女孩小庞因"缺爱"跳入河中，两个不习水性的"旱鸭子"跳水救人，三人被河水淹没，幸遇游泳高手和民警帮助得以脱险。10月11日，《"旱鸭子"跳河救人虽高尚但鲁莽》一文见报后，引起读者广泛关注。围绕"'旱鸭子'救人到底该不该被训斥"这一话题，不少读者和受访市民和学者各抒己见。

当日，记者沿街调查了20位市民，以QQ留言的方式调查了20名网友。有六成市民表示理解和支持"被训斥"一说，剩下四成市民投了反对票。"粗暴的训斥没有用，关键时刻说些打击人的话，其实就是消磨社会的爱心。"省城合肥一高校的王姓同学称。

安徽省社会科学院研究员王开玉认为，"被训斥"一说无非是想让鲁莽的好心人"长点记性"，但一味地粗糙地训斥无益于问题的解决，更不能杜绝此类问题的再度发生。

"救人方式手段要科学，教育这些勇敢'旱鸭子'的方式也要科学。"王开玉认为，这话其实包含了两层意思。一是"旱鸭子"救人前必须先学会游泳，但会游泳并不代表会救人。即便会救人，采取不适当的方式，仍会连累了自己。二是如果"旱鸭子"救人的事情再度发生，"真正的勇士"应当收起刻薄的言语，不妨多向"旱鸭子"普及些落水救人的要领和常识，以便他们再遇险情时，采取更合理的方法施救。

原标题《"旱鸭子"救人遭批评》

2012年10月12日　摘编自《安徽商报》、和讯网、合肥网

记者：吴洋　余红霞

困难群众总体实现应保尽保

民政部最新公布的全国社会服务业统计数据显示，2012年8月份，城市居民最低生活保障2136.7万人，城市最低生活保障当月计划支出45.6亿元；农村居民最低生活保障5238.9万人，农村最低生活保障当月计划支出达48.3亿元。

5年时间，全国累计投入低保资金4151亿元，城乡低保标准分别增长了58%和105%，实际补助水平分别提高了136%和187%。

"低保标准不断提高，从最初的 210 元到现在的 480 元，加上一级残疾补助也不断提高，我现在每个月能拿到 700 多元。"家住山东省青岛市的李先生表示，从 2002 年开始申请低保，再加上后来每个季度的水电费补贴和物价补贴，让他一家的生活不再感到吃力。

"低保标准的提升是让发展成果更好地惠及低收入群体的题中应有之义。"安徽省社会科学院研究员王开玉认为，低保标准的调整必须遵循包容性增长理念，与经济发展速度、居民收入增长水平同步，消融收入差距带来的社会心理隔膜。

原标题《困难群众总体实现应保尽保》

2012 年 10 月 16 日　摘编自《人民日报》（海外版）、新华网

记者：陆培法　鲁梦昕

中国首设"成长阶梯标准"为幼儿找回"迷失"的童年

从 20 世纪六七十年代的"野生、放养"、八九十年代的"小皇帝"式宠溺，到 2011 年以来"虎妈狼爸鹰爸"相继登场，如今的"揠苗助长""幼儿教育小学化"……在"望子成龙、望女成凤"的中国，家庭教育从来都是焦点话题。

"不要输在起跑线上"的观念，让不少中国儿童过早承受着"功利化的人才培养和选拔模式"的痛楚。2011 年备受争议的"虎妈"，为使小女儿熟练地弹奏雅克·依伯特的钢琴曲，要求女儿从傍晚一直弹到夜里，中间不允许喝水、不允许吃饭、不许上洗手间。最终，女儿登上卡内基音乐大厅表演。

这种近乎苛责的教育方式，竟得到不少家长的追捧和盲目效仿，"虎妈"之后，涌现出以"打"为法宝的"狼爸"，逼迫 4 岁儿子暴雪中裸跑的"鹰爸"……家庭教育研究专家无奈地叹息，家庭教育突出的问题是对儿童权利的漠视。

安徽省社会科学院研究员王开玉指出，"揠苗助长"式的教育文化除了违背成长规律、扼杀创造力、培养"木偶"外，更糟糕的结果是潜移默化中培养了孩子的功利性，"上好小学就是为了考个好中学，读个好中学就是为了考上好大学，后面是找个好工作"。

"《指南》并不是给幼儿培育提供一种'格式化'的标准，而是强调幼

儿园阶段幼儿行为习惯和人格的培养，让人们重新思考教育的意义。"王开玉说。

原标题《中国首设"成长阶梯标准"为幼儿找回"迷失"的童年》

2012 年 10 月 17 日　摘编自新华网、中新网、光明网

记者：任沁沁　蔡敏　杨丁淼

中国为"老年痴呆症"更名引发讨论

已经 65 岁的徐玉平大妈为老伴细心地擦着双手，念念叨叨地说着女儿打电话时说的家常事，只有 3 米远的电视传来嘈杂的声音，但老伴的眼睛却始终呆滞地望向窗外。

"每次带他出去散步，别人问起说是老年痴呆，心里都有种说不出的难受。"徐玉平说。2012 年 9 月以来，一批媒体联合发出了为老年痴呆症"正名"的呼吁，以消减社会歧视。

近日，中国卫生部表示，老年痴呆症的规范名称是"阿尔茨海默病"，国内已有专业机构启动了申请更名工作。

"这个名字确实不雅，老年人为社会奉献了自己大半辈子，老来得病却落得这种难听的名字，这是对老年人的极其不尊重，支持为'老年痴呆症'改名！"

为老年痴呆症更名的呼吁已引起中国公众消除歧视大讨论。"改个名就能消除歧视？"网民"穿越时空"质疑说。

安徽省社会科学院研究员王开玉说，更改称呼不管有没有作用，都体现出中国社会对这一特殊群体的"精神赡养"。当然，正式更名还需要权威部门来推动，并充分考虑相关行业专家的观点。

社会学家们还指出，人文关怀不能仅仅表现在更换一个名字或者空喊几句口号上，真正的关爱应该爱于心、践于行。为"老年痴呆症"更名，是刚刚迈出的第一步。

原标题《中国为"老年痴呆症"更名引发讨论》

2012 年 10 月 18 日　摘编自新华网、凤凰网、网易

记者：蔡敏　朱青

中国超百万中老年人成为网购"新生代"

"到货了,到货了!"看着自己的父亲开心地像孩子一样,安徽芜湖的白领陈彦凯为自己在刚刚过去的"双节"长假里教会父亲网上购物感到颇有成就感。

淘宝的市场数据还显示,中老年用户相对于中青年用户更倾向于购买服装类产品,最近一年中老年用户在这个网站共买了 859 万件女装,男性中老年用户比较钟爱数码产品,最近一年的成交量为 293 万笔。

安徽省社会科学院研究员王开玉认为,网上购物不但满足了中国中老年人日益增长的精神文化需求,也为行动不便,或不愿走进嘈杂商场的中老年人提供了便利。随着网购安全问题越来越有保障,中老年人成为网购"新生代"也就不足为奇了。

王开玉说,全社会越来越关注老年人的精神健康,中国前不久发布的新"24 孝"里就提出了教会父母上网是尽孝方式之一,"年轻人不妨能像小时候父母教自己学走路、学骑车一样,教父母做个网购达人"。

原标题《中国超百万中老年人成为网购"新生代"》
2012 年 10 月 19 日　摘编自新华网、央视网、网易
记者:蔡敏　杨丁淼

见到老年人不谈"老"　中国敬老观念悄然生变

"老年痴呆症"拟规范为"阿尔茨海默病";见到老年人不谈"老",而是改称"长者"……又逢一年重阳节,与老年人相关的一些称谓悄然发生变化,引发社会广泛关注。

据卫生部公布的数据,中国 60 岁及以上人群老年期痴呆患病率为 4.2%,已成为危害老年人精神健康第二位的疾病。有调查显示,25% 的该症状患者会因羞耻感隐瞒病情,40% 表示在生活中遭到排斥。不过,这种令老人尴尬难受的境况实际已在发生改变。在我国的香港特别行政区,近年来,"老年痴呆症"已正式更名为"脑退化症",人们在日常生活中也习惯于用"长者"来称呼老年人。这样的"流行语"也波及广东、上海等沿海省市,有关部委亦表示将考虑将俗称的"老年痴呆症"规范为"阿尔茨海默病"。

安徽省社会科学院研究员王开玉分析，"老年痴呆症"等更名引发的讨论，体现了全社会对老年群体的尊重。随着老年人的"精神赡养"问题逐步浮出水面，必须在社会上形成更广泛的共识。

原标题《见到老年人不谈"老" 中国敬老观念悄然生变》
2012 年 10 月 22 日 摘编自新华网、搜狐网、网易、凤凰网
记者：许晓青 蔡敏 周蕊

公务卡改革迈入快车道

财政部、中国人民银行日前公布《关于加快推进公务卡制度改革的通知》，中央各部门要加快将公务卡制度覆盖到所有基层预算单位；地方财政部门要加快将公务卡制度覆盖到县乡，确保 2012 年年底前将改革覆盖到所属各级基层预算单位。

"不管在省内或省外出差，都必须在指定的宾馆按照差旅费限额使用公务卡付账，是什么费用就是什么费用，是多少就是多少，时间、地点、金额等信息在账单上一目了然，用公务卡结算透明度较高。"谈及用卡心得，一位处长这样告诉记者。

采访中，江西省直单位的一位财务人员告诉记者，以前去采购办公用品，结算招待费、会议费时，每次都要带大量现金，走在路上心里很不踏实，现在凭卡结算便利安全。

对此，安徽省社会科学院研究员王开玉谈到，国家有关部门此次加快步伐扩大公务卡制度改革范围，可以大大减少用款单位与金融机构之间的现金业务量，提高公务结算的效率，有利于监控预算单位财务支出，有助于进一步强化财政资金监督，规范公务开支。

不过，一些专家也提醒，公务支出从现金结算到刷卡支付，只是结算方式的变化，未来要积极采取措施，谨防公务卡制度改革过程中可能出现的"弃卡不用""有卡不能用""虚支套现"等现象。

原标题《公务卡改革迈入快车道》
2012 年 10 月 22 日 摘编自《瞭望》新闻周刊、新华网
记者：李兴文 王志 席敏 马姝瑞 周琳

"黄昏"中爆发的"夕阳之痒"

根据合肥市庐阳区人民法院一项不完全数据统计，2011 年，该院共受理离婚案件 444 件，涉老离婚案件十余件，2012 年截止到目前为止，已受理离婚案件 385 件，涉老离婚 14 件以上。近些年来，老年人离婚案有所增加。

肥西县人民法院综合历年经办案件还分析出了老年人离婚的几大因素。他们认为，缺乏沟通与信任，性格、观念差异过大和社会宽容度变大等因素导致老年夫妻"黄昏散"。

对此，安徽省社会科学院研究员王开玉也表达了自己的看法。"近年来，老年人离婚案的增多说明了社会宽容度、开明度的提高，但离婚不是老年夫妻解决矛盾的唯一方法。"

他认为，老年夫妻相濡以沫几十年，到老年时，更要宽容以待，应多看到对方的优点，少计较对方的缺点，"尽全力把婚姻延续到生命的终点，给彼此留下最美好的回忆"。他还表示，子女的照顾永远都无法取代老年夫妻彼此间的关怀和呵护，"希望老人们在产生离婚念头时，谨慎对待，切勿冲动，要三思而后行"。

原标题《"黄昏"中爆发的"夕阳之痒"》

2012 年 10 月 23 日　摘编自《市场星报》

记者：郑姗姗　王鹏　程磊　马冰璐

虐童事件引反思：中国幼儿教育需更多"关爱"

近期连续曝出的幼儿园教师向儿童施暴事件，引发了中国社会的深刻反思，幼儿教育事业亟须更多关爱，加大扶持填补幼教资源空缺，改变学前教育观念，甚至引虐童罪入刑法等呼声渐高。

长期关注留守儿童研究的安徽省社会科学院研究员王开玉指出，尤其是进城务工人员的随迁子女和留守儿童的入园需求无法得到满足，他们中很多人都在"黑户"幼儿园上学。

"如果教育资源长期得不到平衡，行政监管经常缺位，法制的阳光照射不到，缺少教育公平的幼教体系内就有可能产生虐童行为。"王开玉说。

还有舆论指出，一些虐童现象的产生也反映出应试教育指挥棒下，中国学前教育过于功利。据了解，山西老师"打 70 多个耳光"的直接原因竟只是孩子做不出一道算术题。

王开玉认为，中国学前教育必须尽早摆脱"应试"影响，加强对生命尊重和敬畏的教育。同时加强师德建设，并从职业规范、法律与制度层面解决幼师队伍的建设和管理问题，政府则要加大投入，保障和提高幼师的收入待遇。

据了解，中国禁止虐待儿童的法律规定很多，但是对于什么是虐待儿童法律定性却不清晰，很多人不知道虐待儿童的边界。

法律界人士呼吁，中国刑法应尽快增设独立的虐待儿童罪罪名，放宽虐待儿童的入罪标准，将没有造成死伤但是性质恶劣的虐童行为予以犯罪化。

"如何尽快从过失中深刻反思，并找到发展的动力和方向才能回应人们的质疑和期待。"王开玉说。

原标题《虐童事件引反思：中国幼儿教育需更多"关爱"》

2012 年 10 月 30 日　摘编自新华网、中国文明网

记者：蔡敏　杨丁淼

中共承诺让农民得到更多土地增值收益

胡锦涛同志在中共十八大做报告时说："改革征地制度，提高农民在土地增值收益中的分配比例，让广大农民平等参与现代化进程、共同分享现代化成果"，"促进城乡要素平等交换和公共资源均衡配置"。分析人士指出，这意味着中国将扭转靠牺牲农民土地财产权利降低工业化、城镇化成本的现状。

家住安徽合肥城郊的农妇仰玉英在拆迁安置中得到几十万元补偿和一套 90 平方米的商品房。"看起来不少，但我们一家完全没有了土地，在就业、医疗、孩子的教育上，又没有和城里人一样的待遇。今后的生活来源没有保障、孩子上学要交借读费等，都是烦恼。"46 岁的仰玉英说。

"实际上，税费改革后，土地征收过程的矛盾已经成为农民上访量最集中问题。"长期在中国农村调查的安徽省社会科学院研究员王开玉说。

"征地改革中，给农民一次性的土地补偿要合理提高，但建立农民生活

长期保障机制更加重要。"王开玉说。他建议，政府、开发商和农民可从土地收益中拿出一部分资金，建立农民个人账户，等被征迁的农民年老之后，再定期发放养老保险；同时，让被征地农民平等地享受公共资源，包括就业、医疗、教育等。

原标题《中共承诺让农民得到更多土地增值收益》

2012 年 11 月 8 日　摘编自新华网、中新网

记者：桂涛　蔡敏

环境群体事件警示生态文明须保公众决策参与权

"凡是涉及群众切身利益的决策都要充分听取群众意见，凡是损害群众利益的做法都要坚决防止和纠正。"十八大报告中的这句话，在安徽省乌江镇农民张仕友听来，别有一番感触。

这位家住长江边的农民 2011 年曾带着村民走上街头，抗议附近一家大型化工企业离居民点太近，严重影响上千村民的饮水安全和农业生产。他和村民们在新闻媒体和民间环保组织的帮助下，最终使化工企业和当地政府共同拿出 2 亿元人民币进行整治环境、技术改造及搬迁安置。

"建设生态文明必须依靠制度建设，其中尤以尽快完善公众参与的环境决策机制最为迫切。"安徽省社会科学院研究员王开玉说。

一些地方政府唯经济挂帅，忽视环境保护和民众健康，决策过程不够公开透明，导致民众走上街头抵制污染项目。从前些年的厦门、大连，再到 2012 年的什邡、启东、宁波，多个投资巨大的化工或资源开发项目因民众担心污染环境而被迫下马。

王开玉指出，从近年来几起环保群体事件看，公民的环境意识与现行的环境管理方式之间已经产生了剧烈冲突。群众不闹不解决，一闹就解决，这是一种不良的示范。出现这种情况的关键是政府没有在项目立项过程中广泛征求民意，同时也缺乏适当的科普教育。

原标题《环境群体事件警示生态文明须保公众决策参与权》

2012 年 11 月 12 日　摘编自新华网

记者：蔡敏　海明威　任沁沁　许晓青

基层干群和专家热议十八大报告有关"三农"论述

十八大报告中有关"三农"工作的部署，受到基层干部群众和"三农"学者的广泛关注。他们普遍认为，这些重要举措充分表明中央对"三农"问题的高度重视，希望各级政府把相关精神尽快落到实处，使广大农民早日得到更多的实惠。

十八大报告提出，"解决好农业农村农民问题是全党工作重中之重，城乡发展一体化是解决'三农'问题的根本途径"，这些论述使各地干部群众倍感振奋。

湖南省农村发展研究院院长陈文胜表示，多年来，党中央一直高度重视"三农"工作。十八大报告首次提出"城乡发展一体化是解决'三农'问题的根本途径"，充分体现了新时期党中央对"三农"问题的高度重视，也深刻表明党中央对解决"三农"问题的思路更加清晰、方向更加明确、措施更加具体，为从根本上解决"三农"问题进一步指明了方向，描绘了"三农"发展的新前景。

安徽省社会科学院研究员王开玉认为，在下一步的征地改革中，给农民一次性的土地补偿要合理提高，但建立农民生活长期保障机制更加重要。建议政府、开发商和农民从土地收益中拿出部分资金，建立农民个人账户用于养老保险；同时，让被征地农民平等地享受公共资源，包括就业、医疗、教育等，切实消除他们的后顾之忧。

原标题《基层干群和专家热议十八大报告有关"三农"论述》

2012 年 11 月 13 日　摘编自新华网、搜狐网、新浪网

中国努力提升"生态竞争力"建设"美丽中国"

行走在安徽省岳西县，满目是郁郁葱葱的群山，流水清澈明净。然而，生态环境优越的岳西也是首批国家级贫困县之一。

"山清水秀却贫穷落后曾经是岳西的真实写照，所以当总书记报告中提到'美丽中国'的概念时，我的感触最深——'美丽'二字的内涵太丰富了，只有发展得'美丽'才能符合生态文明建设的要义。"岳西县姚河乡党

委书记刘文祥说。

刘文祥感慨地说："过去谁能想到靠着青山绿水也能发家致富，农民都砍树当柴烧了，甚至出现了植被破坏导致山体滑坡的情况。现在的岳西通过发展林下经济和循环经济，种植高山蔬菜和茶叶、办起了体验式生态旅游，农民富裕了，也体会到了生态建设的甜头。"

安徽省社会科学院研究员王开玉说："生态文明建设是一个动态的过程，科学发展和生态保护相辅相成，'美丽中国'要求我们在发展中把家园建设得更好，这就必须在生态保护的基础上加强生态竞争力的发展。"

王开玉指出，从"人定胜天"的万丈豪情到"与自然和谐相处"的文明理念，"美丽中国"将生态文明建设上升到新的层次。仅有 GDP 中的数字和指标，难以表现出更多的内涵，可感可知的"美丽中国"描绘出的"发展中的美丽"令人期待。

原标题《中国努力提升"生态竞争力"建设"美丽中国"》

2012 年 11 月 14 日　摘编自新华网、网易

记者：杨玉华　杨丁淼

学习和理解"美丽中国"答新华社记者问

新华社记者杨丁淼：看到你在新华网中关于生态文明建设的一段评论，我们还想就十八大报告中关于生态文明建设，提出了"美丽中国"这个新概念，请你谈谈如何理解。

王开玉：经过中国社会科学院专家的论证和国家社科规划办的批准立项，我们在国家社科基金重点项目"中国百村经济社会调查"中选择了大别山区的霍山县落儿岭镇落儿岭村，成果集结出版了《大别山口的美丽家园》。这个村八任书记一届一届地接力，从造冥纸小纸厂开始，发展成为了安徽第三大造纸厂，成为乡村工业化的一个典型。更重要的是在这个过程中，积极地保护了生态环境，改造了生态环境，温家宝总理到这个村时，讲这个村的水好喝。落儿岭村实现了发展经济和保护环境的双重目标。

杨丁淼：落儿岭村的经验的确说明了"美丽中国"也是来自人民群众的创造，如何普及开来？

王开玉：要建设"美丽中国"不能仅仅停留在保护原始的生态环境上，

而是在发展经济，保护生态同步中建设"美丽中国"。不然的话，正如江苏省社会科学院院长刘志彪在接受媒体访问时指出的那样，"每次群体性环境事件一发生，地方政府便匆忙宣布终止项目进展，不仅行动上十分被动，而且使中国今后化工产业的生存空间被压缩，甚至可能使中国现代化工无立锥之地"。

本文根据新华社记者对主编的访谈整理而得

2012 年 11 月 14 日

"以德贷款""爱心储蓄"：中国各地探索道德建设新路

家住安徽省合肥市经开区的朱咖熳有张特别的"银行卡"，上面记录着她的爱心义举，如今爱心银行卡的"储值"达到了 30 余颗爱心，成为当地有名的"道德富翁"。与朱咖熳相隔千里之外，辽宁省营口市下土台村的王艳则因为是村上"十星级文明户"，连续五年凭借这一称号，先后获得 30 余万元的贷款，解决了创业发展中的难题。

如今，在中国的许多地方，各地通过探索"以德贷款""爱心银行"等多种新颖形式，让道德"变现"，让模范人物"名""利"双收。

此外，中国中东部的安徽、江苏等地还积极探索"道德档案"和"爱心银行"等新举措，让居民们通过捐赠实物，或者储蓄服务时间换取爱心值，在需要帮助的时候换取他人帮助。

长期关注社会道德建设的安徽省社会科学院研究员王开玉认为，上述探索是培育良好道德风尚的有力抓手。无论是"爱心银行卡"还是"道德金卡"，不仅仅能够帮助道德模范获得实在的贷款便利或者他人帮助，更是被社会认可的表现，很有意义。

不过，在中国各地探索道德建设的道路上也遇到了一些难题。如以德贷款面临信用风险高，贷款额度较低的局面。一些提供服务和捐赠的"爱心道德银行"也遭遇到一些质疑，称参与者多为老年人，"道德银行"遭遇老龄化尴尬。

对此，王开玉认为，在探索中遭遇困境在所难免，尝试本身就值得肯定。未来关键是将这种道德模范效益推广开来，让全社会形成敬模范、学模范、讲道德的好风气，呼唤出更多讲道德重道德的人，"通过各个方面共同构筑道德长城，而不是单靠某一措施激励道德模范，才能更好更快推进公民道德建设工程"。

原标题《"以德贷款""爱心储蓄"：中国各地探索道德建设新路》

2012 年 11 月 19 日　摘编自新华网、网易、中国日报网

记者：杨玉华　张紫赟

央视天气预报中河南鹿邑成老子故里　引涡阳网友质疑

最近，央视新闻频道天气预报中，河南省鹿邑县成了"老子故里"，此举引起许多涡阳网友的强烈不满。11 月 20 日，涡阳县老子文化研究宣传建设办公室主任周新华在接受记者采访时回应称，不会陷于这种没有意义的"口水战"。他表示，2013 年 3 月，涡阳将举办老子国际文化节活动。

11 月 19 日，亳州网友"王琦琳"发微博称，"老子明明就是亳州的，怎么变成河南的了？"微博发出后，立即引起了许多涡阳网友的共鸣。他们认为，涡阳的政府部门应该加大对"老子故里"这一名片的宣传，不能让这一文化遗产被抢走。

近年来，名人故里之争在我国非常普遍，就像是一场场热闹的大戏，你方唱罢我登场。对此，安徽省社会科学院研究员王开玉称，中华民族历史悠久，人才辈出，古籍在记载一些历史人物时，容易出现不一致，这是中国名人故里之争频繁出现的原因。

"故里之争，背后往往是利益之争。"王开玉说，"很多地方争夺名人故里的称号，其实是一种地域营销，最终目的，是为了促进当地的旅游业发展，或者通过一些名人节庆活动，进行招商引资，让看不见的名人资源变成看得见的经济收入。"

王开玉说："对包括名人在内的文化资源和遗产进行挖掘，是情理之中的事。"但他希望，各地在挖掘名人资源时，要弘扬他们的文化思想，而不要让文化遗产沦为金钱的附庸品。

原标题《央视天气预报中河南鹿邑成老子故里　引涡阳网友质疑》

2012 年 11 月 21 日　摘编自安徽网

记者：向前

一所留守儿童"样板校"的不能承受之重

11 月 2 日，位于安徽省肥东县陈集镇大魏村里的阳光小学又一次迎来了一群尊贵的客人。当天，安徽省人大常委会副主任陈先森率领安徽省人大内司工委若干人一同来到学校看望校长陈万霞和正在这所学校里上学的几百名留守儿童。

在一排摄像机和照相机的见证下，孩子们收到了书包、羽绒服等很多物品，喜悦的神情洋溢在每一个收到礼物的孩子脸上。

阳光小学所在的大魏村，是很多肥东人眼里"最偏僻、最贫穷落后"的一个乡村。在多路新闻媒体的密集报道下，"暴得大名"的阳光小学很快引起了社会各界关注。不仅学校收到了来自各方的捐助，而且其创办者陈万霞也获得了诸多荣誉。

不过，所有熟悉农村教育的人士都明白，在一个拥有庞大数量的农村留守儿童面前，一所阳光小学实在难以满足这个庞大群体的集体需求，零星出现的农村民办学校和不具持续性的社会支持仍然很难承受全社会留守儿童的义务教育之重。

2012 年开学时，名气越来越大的阳光小学吸引了周边更多的留守儿童。不过，生源扩大并不能给陈万霞带来欣喜，因为以学校现有的条件根本无法接收更多的学生。

安徽省社会科学院研究员王开玉称，社会需要像陈万霞这样有爱心的人来关心留守儿童的教育，但是一个社会问题的解决不能仅仅寄望于个别人的爱心，留守儿童的教育问题应该主要由政府来统筹解决。

原标题《一所留守儿童"样板校"的不能承受之重》

2012 年 11 月 25 日　摘编自《工人日报》、人民网、中工网

记者：陈华

见义勇为基金频遇"缺粮"尴尬

"奖励基金匮乏，不仅制约着对见义勇为者及其家庭的关爱，也达不到基金会年检的标准……"11 月 26 日，一份落款为"合肥市见义勇为奖励基

金会"的捐款倡议书，引起不少人的关注。

"由于合肥市见义勇为人员逐年增多，表彰奖励经费支出较大，且多年未增加基金，导致奖励基金匮乏。"《基金会管理条例》规定"地方性公募基金会的原始基金不低于 400 万元"。基金会工作人员高国春告诉记者，"基金会主要依靠募捐，其间曾有过一次财政拨款，现在主要是爱心企业的捐款。原本 2012 年也差点过不了年检关了，好在前几天几位爱心企业家一共捐了 150 万元，这才松了一口气。18 年来，类似'缺口'曾多次出现"。

"小政府，大社会。十八大报告中也提出社会体制改革，要大力发展社会组织和民间社团。"安徽省社会科学院研究员王开玉表示，见义勇为奖励基金会的资金主要来源于社会捐款，符合基金会发展要求。

如何增强基金会募集资金的能力？在王开玉看来，首先，基金会要走出去组织活动、宣传自己，把募集资金当成重要的工作，而不是感觉在"向别人伸手要钱"；其次，要建立良性的募捐机制，树立公信力，资金使用做到公开、透明，让捐款者知道每一笔资金的流向。"中国人并不缺少善心，近年来很多的公益活动，都收到不少企业甚至普通个人的捐款。"王开玉表示，做公益事业，一定要有公信力，有了品牌影响后，不担心募集不到资金。

原标题《见义勇为基金频遇"缺粮"尴尬》

2012 年 11 月 27 日　摘编自中安在线、新浪网、大众网

记者：郭娟娟

失恋陪你吐槽　犯错帮你道歉

"苒苒想清楚了，她要跟你分手。"镜头对面的男士一脸茫然，"那么，你是谁？"陈蕾递过名片，上书"miss time（时间小姐）"。这不是微电影里的画面，而是陈蕾"时光工作室"的一笔业务。她和几个白领姐妹一起利用工作之余兜售"时间"，包括制造惊喜、陪人过生日、买火车票甚至在医院陪同输液。

陈蕾再三强调，这不是炒作挣钱，她的目标是搭建一个平台，让大家可以互相帮忙，让宅男、宅女能够走出去。"目前成员有十多人，有很多大

学生加入进来，我们负责接单子，谁有空谁去做，'时光工作室'分文不取。"陈蕾特意到工商部门注册，希望将这种模式固定下来。

10月底至今，"时光工作室"共卖出2000多个小时，生意虽然红火，但麻烦也纷至沓来。"工作室"成员施云说："通常客户会加我们QQ，有个客户非要问我QQ空间密码，我说为什么，他说看看你的长相，一晚上多少钱？"这样的骚扰隔三岔五就会遇到，施云颇感无奈。

安徽省社会科学院研究员王开玉说，现在国家允许开展第二职业，只要在法律和政策范围内，都可以开展。需要提醒的是，创业者要弄清自己业务的卖点是什么？有偿服务的效果该怎么来界定，比如陪人聊天是让对方开心，就算履行了约定，未达到开心效果怎么办？这些难有客观评价。

原标题《失恋陪你吐槽　犯错帮你道歉》
2012年11月28日　摘编自中安在线、新浪网、凤凰网
记者：韩畅

合肥市首家村级老年协会成立

数据显示，包河区淝河镇黄镇村老年人口的比例已经达到了近20%。由于在村落散居，老年人的生活安全以及缺少照顾都成了问题。此时，合肥市首家村级老年协会应运而生。

据介绍，黄镇村的老年人口仍以10%的速度在增长，如何让老人们生活得更幸福，黄镇村的村干部在思谋良方。一项数据显示，黄镇村14个村民组，老年人口占全村人口18.5%，老龄化形势非常严峻。

11月29日，黄镇村召开了老年协会成立大会，据称这是目前合肥首家村级单位成立的老年协会，分管村里老龄委工作的谷长号当选为协会的秘书长，参会人员中，很多都是辖区的企业老板。

黄镇村工作人员介绍，村里还有一些上了年纪的老年人，很少会去敬老院，许多老人仍然选择在村里独居。"成立老年协会的目的，也就是想让这些散居在村落里的独居老人生活得更好。"

安徽省社会科学院研究员王开玉介绍，随着老龄化越来越严重，养老的方式也有多种，像村子里的村民居住分散，养老的方式也应该选择多元

化。而老年协会确实能够用一种组织的力量体现出对老人的关爱。

原标题《合肥市首家村级老年协会成立》

2012 年 12 月 5 日　摘编自《江淮晨报》、凤凰网、新浪网、

21 世纪网、合肥在线

记者：吴福亮　黄李俊

"怕什么"榜单折射年轻人生活焦虑

由中国本土互联网搜索引擎"百度"公布的一份"中国人怕什么"榜单引发了中国网民的热议，这份调查现实分析了当下中国年轻男女的"十大怕"。

"男女十大怕"榜单显示，男性最怕的是没钱，且占到了相当大的比例，而女性最怕的则是变老。但换到对方眼中，两项最怕却完全不是问题：在男性的"十大怕"中，丝毫没有考虑到容貌或年龄，而女性也不把自己的经济状况当回事。

榜单中还能看出，中国男性的忧虑更集中在事业上，如怕输、怕被比较、怕站错队；而女性则更多关注的是情感方面的问题。

安徽省社会科学院研究员王开玉说："榜单里所提到的'怕'都是与日常生活密切相关的，'感情之怕''事业之怕'，正折射了人们对于'剩男剩女''生存艰难'等现象的焦虑，反映了人们在新时期的心态。榜单的出炉也可以视作是中国人自我调侃，舒缓自己'怕'的情绪的有效方法。"

他同时表示，提出问题与解决问题同样重要，这一榜单表面上是"中国人怕什么"，实际上是"中国人想要什么"。

"中国人想要的是健康的食物和环境，想要幸福的家庭和有尊严的生存状态，简而言之，中国人希望过上更好的生活，而与之相应的美丽中国、小康社会和收入倍增也正是我们奋斗的目标和可以企及的梦想。"他说。

原标题《"怕什么"榜单折射年轻人生活焦虑》

2012 年 12 月 7 日　摘编自新华网、凤凰网

记者：朱青　杨丁淼

锤炼优良作风　凝聚党心民心

12 月 4 日晚，安徽师范大学政法学院教授房玫像往常一样，准时收看央视新闻联播。党中央出台八项规定的消息让她精神一振，她告诉记者，这是新一届中央领导层的郑重承诺，继承和发扬了党的优良传统，表明了我们党以作风正党风、以党风赢民心的坚强决心和信心。

12 月 5 日下午，安徽省委常委会议室气氛热烈。安徽省委书记张宝顺的讲话掷地有声："中央'八项规定'，严格、务实、实在。安徽省委坚决拥护，非常赞成。'八项规定'充分表达了中央从严治党的决心；中央政治局带头垂范，清新之风迎面而来。'八项规定'合党心、顺民心，中央带了头，我们要跟上！"安徽省委常委会要求以高度的政治责任感，切实抓好学习贯彻，要求别人做到的自己先要做到，要求别人不做的自己坚决不做。

"八项规定关键在落实。"安徽省社会科学院研究员王开玉认为，如何采取有效措施，让八项规定化为实实在在的行动，是取信于民、赢得群众拥护的关键所在。最近，两位中央领导同志分别在会议上要求"不准念稿子，要讲实在话"，令人感到一股扑面而来的清新务实之风。"各级领导干部理当以此为榜样，切实改进文风、会风，将精力投入到真正有意义的实务中去。"王开玉表示。

原标题《锤炼优良作风　凝聚党心民心》

2012 年 12 月 7 日　摘编自《安徽日报》、人民网、凤凰网、搜狐网、中安在线

记者：吴林红　黄永礼　汪国梁

网络举报多处开花倒逼中国反腐制度创新

继"表叔""房叔""雷人"等一批违纪腐败官员因网络举报落马后，近期又有人士通过微博实名举报地方高层官员，引发更为强烈的关注。

网民举报，借助网络力量形成舆论压力，司法跟进调查、挖出贪官，这一新型反腐模式近段时间里"打倒"一批贪官，似乎一夜之间成为中国反腐生力军，腐败官员闻之色变。观察家们指出，互联网上正在掀起一股

无可估计的反腐热浪，并倒逼反腐制度创新。

安徽省社会科学院研究员王开玉指出，必须看到，网络举报热的背后，暴露出目前举报机制不健全、举报渠道不畅通、举报成本太高昂等体制机制问题。

专家们普遍认为，网络反腐尽管具有"神奇"的力量，但不应成为反腐常态。中国的反腐重任更不应依靠"运动式反腐"来实现。网络反腐与制度反腐协同发力，才能达到更好的效果，其中制度反腐仍然需要发挥主力作用。

"省以下分散到各个条块和系统中的反腐机构应该重新整合，每一级政府保留一个机构，受省级政府垂直管理，保持完全独立性，以提高反腐工作的效率。"王开玉说。

原标题《网络举报多处开花倒逼中国反腐制度创新》

2012 年 12 月 8 日 摘编自新华网、凤凰网

记者：蔡敏 石寿河 扶庆

淘宝在售多种伤人器械 国家明令禁止售卖

记者通过搜索不同的关键词，搜索到了门类繁多的危险品。在众多违禁品种中，管制刀具一直是监管重点。然而在搜索中，不少军用匕首店铺还在售卖这些违禁品。

与此相类似的还有"飞针""不锈钢三节鞭""电警棍"等，虽然在淘宝规则里明确规定了这些产品为禁止销售的产品，但是只要不是完全与禁止销售的产品的关键词一模一样，多尝试几种排列组合的关键词，一般都能搜索到相关的物品。

对于网络上屡禁不止的危险品售卖和人数众多的买家现状，安徽省社会科学院研究员王开玉认为，危险品对于国家和个人都有严重危害，必须严查杜绝。

他说，管制刀具、易爆品等物品已经被国家法律严格规定，禁止在网上进行销售。由于网络具有开放性和虚拟性，如果危险商品在网上能够被随意买到，那么其在国内流通势将不可控制，这对社会的稳定极为不利。

他说，网络商城中涉及的监管部门很多，包括公安、工商、质监、网监等部门，这就给整个监管系统带来不小的难度。"家家都管容易变成家家都难管。"他认为，建立以"一家机构为主导，其他部门相辅助"的监管机制，将更容易进行协调管理。

对于网络上的危险品买家，他认为，其中绝大多数为涉世未深、好奇心强的未成年人和一些法律意识淡薄的民众。他认为，社会应该加强法律宣传，使这些买家充分认识到，购买这些物品不是"探索"，而是违法行为。

原标题《淘宝在售多种伤人器械　国家明令禁止售卖》

2012 年 12 月 10 日　摘编自《京华时报》、网易、搜狐网、腾讯网

记者：唐琼　郑磊

芜湖拟奖守法司机 8 万元汽车

如果你在芜湖，2011 年 12 月 1 日前申领相应驾驶证的，且到 2012 年 12 月 1 日无违法记分记录，真有机会成为这样的幸运儿。12 月 3 日开始，芜湖市交警支队启动了 2012 年度无交通违法记分驾驶人奖励活动。

"如果一年没有交通违法记录，就有机会免费获得一辆轿车。"12 月 3 日开始，芜湖市交警部门启动了今年的无交通违法记分驾驶人奖励活动。凡 2011 年 12 月 1 日前申领 A1、A2、A3、B1、B2、C1、C2 驾驶证的，并在 2011 年 12 月 1 日零时至 2012 年 12 月 1 日 24 时，计分周期内无交通违法记分记录（即记分分值为零），且驾驶证为有效的芜湖籍机动车驾驶人，均可报名参与此次无记分驾驶人奖励活动。

"如同道德规范一样，见义勇为的人应该得到嘉奖，这样才能带来向上的风气。"安徽省社会科学院研究员王开玉认为，芜湖市公安局此举能够对文明驾驶带来正面影响力。

"重点不在于奖励什么，而是持久性和延续性。如果长期、连贯地坚持下去，才有可能对市民产生思想意识上的影响。"如今街头的汽车越来越多，交通违法造成的拥堵等社会资源浪费现象越来越严重，正面引导也是政府管理方式的一种创新，值得鼓励。王开玉认为，奖励也是政府促使社会运行规范化、法制化的一种手段，奖励不可能也不会代替

严格执法。

原标题《芜湖拟奖守法司机 8 万元汽车》

2012 年 12 月 10 日　摘编自《江淮晨报》、中安在线、新浪网、网易

记者：方佳伟

巢湖一中学十四名老师教四名学生　农村教育出现新问题

巢湖烔炀镇一所占地 75 亩的中学，教学楼、公共楼、宿舍食堂一应俱全，却只有 4 名学生，更令人惊讶的是，这 4 名学生却由 14 名教师来教。附近群众称，这很奇怪，也太浪费了。

12 月 7 日上午，记者驱车前往巢湖采访途中，路过烔炀镇境内时，被一栋已经改成棉业公司的教学楼吸引。一位工人告诉记者，这里原来是巢湖居巢区花集乡的花集中学，2002 年前后花集乡区划调整撤乡并镇时就废弃了。"不过教学楼还很新，现在都改成仓库和办公室了。"这位工人说。

面对花集中学的这种境况，安徽省社会科学院研究员王开玉颇有感触。他说，这是当今农村教育面临的新问题，应该引起政府部门的重视。他在接受《合肥晚报》记者采访时说，随着中国人口结构的变化，以及农村城镇化和农村人口高流动性等特点，近年来农村学龄人口数量开始逐渐降低，农村学校布局调整也是在情理之中。

王开玉说，在过去农村教育是在"地方负责、分级办学、分级管理"的体制下运行，县办高职中，乡镇办初中，村办小学，各自为政致使农村教育布局失衡，导致很多新建不久的学校，甚至希望小学"停摆"，这不仅仅是教育资源的浪费，也让有关部门工作被动。王开玉认为，目前，当务之急是及时调查研究农村教育发展的新动态，做好农村义务教育学校布局的长远规划，对那些"停摆"的校舍进行充分利用而不是闲置。

原标题《巢湖一中学十四名老师教四名学生　农村教育出现新问题》

2012 年 12 月 11 日　摘编自《合肥晚报》、万家热线

记者：吴芳

多数人给救护车让道意识淡薄　违规不让道者将会被处罚

12月18日，重庆高速路上，3个月大的男婴发病，执法车闪警灯拉警报送医，却因无人避让耽误时间，孩子当晚离世……12月22日，记者走访了合肥120、巡警、消防、交警等多个部门，发现社会车辆不为急救车、警车、消防车避让的情况，在合肥也经常出现。

程广发，120急救中心驾驶员。他最深的感触是，大多数人对给救护车让道的意识过于淡薄。和其他执勤车辆相比，救护车的反应快慢关系着一个人的生死，可救护车却是最容易被挡道的特种车辆。

根据《道路交通安全法》第九十条规定，机动车驾驶人违反道路交通安全法律、法规关于道路通行规定的，处警告或者20元以上200元以下罚款。此外，法律规定，在非紧急的情况下，任何人都不得占用应急车道。

安徽省社会科学院研究员王开玉认为，城市的管理部门应该树立生命意识，这样才能搭建一条生命通道。

在很多人看来，加大处罚力度，似乎就能解决私家车辆不让道的问题。王开玉认为并不是这样的，在现实中，很多驾驶员想让行，却无路可让。比方说，道路设计的太窄，道路规划的不合理，车流量过于集中，没有疏散通道等问题，都会给急救通道的打开造成障碍。

王开玉说："文明要从源头做起。城市管理部门应该从源头抓起，处处树立生命意识，从城市道路的规划、医院的分布、城市交通的管理到精神文明建设，都应该着力加强。管理者绝不应该把责任推卸走，不要以为一味加强处罚就能解决问题。"

原标题《多数人给救护车让道意识淡薄　违规不让道者将会被处罚》

2012年12月23日　摘编自《江淮晨报》、万家热线

草根公益人物，聚光灯为你亮起

有这样一群人，他们热心公益，总给别人带去温暖，自己却湮没无闻。12月25日上午，由《新安晚报》联合多家单位主办的"古井贡酒年份原

浆·安徽省首届民间公益人物"评选,在安徽省民政厅正式启动,草根公益人士从此拥有了展示自我的舞台。

"我们希望借助此次活动,发掘安徽民间公益人物,传播公益理念,吸引更多人参与到公益活动中,以促进安徽公益事业发展尤其是民间公益事业的成长。"12 月 25 日,安徽省社会工作(者)协会会长陈文华道出了此次活动目的。

安徽省社会科学院研究员王开玉认为,安徽首个民间公益奖项的设置意义重大,有利于改善社会风气。

王开玉表示,对媒体报道来说,这是一个新的视角,"不是更关注树立典型,而是将视角转移到普通人身上,或许他们做的好事微不足道,但那种持之以恒的精神却有无限的力量,为安徽道德大厦的构建打下了坚实基础"。

王开玉说,希望通过此次活动,让普通人明白,其实人人都能做公益,"所谓助人就是自助,并非说帮了别人就要得到回报,而是在帮人时能获得心灵上的愉悦和慰藉,这也是一种自助"。

原标题《草根公益人物,聚光灯为你亮起》

2012 年 12 月 26 日　摘编自《新安晚报》、安青网、新浪网

记者:王翠

2013 年度

微评社会

2013 年度微评关键词

网购新生代、医养结合、绿色祭祀、城市牛皮癣、"挖坟焚尸"事件新交规、企业的社会责任、"黑停车"、百万婚纱照、慈善超市、虚拟购物卡、新型职业农民、警察执法、月嫂公司、过年租男友、老人拜年收手机、治理"黑头车"、"复活"历史建筑、"路长制"、"暂改居"新政、学雷锋、农民工子女犯罪、公益性公墓、农民工落户、受捐"垃圾图书"、民间亲子鉴定监管、学生营养餐、高招新政、代实习服务、寄养儿童、崇拜偶像、编制内外、"僵尸车"、中年"空巢"、"募捐门"事件、"50"后退休潮、"微笑天使"

主编（左图右三）担任"微笑天使"评选活动评委

新交规存在"取证难"的执法盲区

1 月 1 日，公安部 123 号令正式实施，新规定自发布以来，因"多项违规被大幅提高分值"而被称为"史上最严交规"，同时也受到市民、交警及驾驶员的广泛好评。今天上午，记者在安徽省合肥市多个交通要道体验发现，"史上最严交规"成效显著，却存在取证难的执法盲区。

多数网友表示，针对抢黄灯、开车时拨打电话、未系安全带、无证驾驶这些违规现象，是人工现场处罚还是电子摄录事后补罚，如何才能做到有据可罚，尚没有统一办法，还是个盲区，因此他们对新交规的长期效果表示质疑，担心最终流于形式。

针对网友普遍质疑，安徽省社会科学院研究员王开玉分析指出，新交规的实施是为了道路安全及交通有序化，但如何将要求进一步细化并落实，是亟待解决的问题。新交规的实施也将更好地帮助公众树立安全意识、法律意识，加强社会责任感。

原标题《"史上最严交规"今起实施"取证难"成执法盲区》
2013 年 1 月 1 日　摘编自新华网、凤凰网、搜狐网
记者：葛如江、张紫赟

"黑停车"

北京 CBD 朝青板块囊括十余处住宅区，停车难一直是该区热点问题。随着地铁 6 号线开通，朝青板块路面停车管理混乱的现象日益凸显。一周来，记者探访青年路、朝阳北路上的路面停车场，发现由北京通政停车管理有限公司管理的几个路边停车场出现伪造编号、备案过期或无备案的现象。虽然相关部门也在进行现场执法，但各种"黑停车"可谓"道高一尺，魔高一丈"。

安徽省社会科学院研究员王开玉表示，停车公司"克隆"停车牌、私扩停车位、无备案手续却收取停车费用，属严重的违法行为。出现这种混

乱的局面，却没有相关部门来及时管理，这主要是因为停车公司在几处路段有停车备案手续，他们打着有正规备案停车手续的旗号，要求大家在没有停车备案手续的路段也交纳停车费用。一旦发现这种事情，相应部门需要进行严厉执法。

王开玉称，之所以这么久才被发现，说明老百姓对于停车收费的法律法规并不清楚，停车管理也没有进行合理的布局。市场经济要以法律为基础，要加大对违规停车公司的处罚力度，问题才能得以解决。

原标题《朝青板块"黑停车"各显其能》
2013 年 1 月 7 日　摘编自新华网、网易、《京华日报》
记者：郑义顺

医养结合

第六次全国人口普查数据显示，安徽省 60 岁以上老年人口占户籍人口14.52%，65 岁以上老年人口占户籍人口 10.18%，高过全国平均水平。大力推行"医养结合"服务模式，建设因病托老机构、老年康复院和护理院等"医养结合"养老机构，是让广大老年人安享晚年的必然之举。

"政府要发挥主导作用，对'医养结合'养老机构实施'卫生准入、民政扶持、医保定点'。"一直关注养老问题的安徽省社会科学院研究员王开玉说。卫生部门要批准"医养结合"养老机构成为医疗机构，然后由民政部门确认其性质为非营利性并纳入医保。这样既解决老人的医疗和护理难题，又减轻了老人及家属的经济负担和精神压力，同时还能促进养老行业护理水平的提高。目前，上海、青岛、杭州、苏州等城市已试行将部分"医养结合"养老机构纳入医保，都取得了较好的社会效益。

原标题《医养结合　社会化养老新期待》
2013 年 1 月 9 日　摘编自中安在线、《安徽日报》
记者：朱胜利

雾霾里的忙碌身影

2013 年 1 月 15 日凌晨 3 时，整个合肥城都在雾中酣睡着，一个穿着环卫服、戴着口罩的中年妇女，推着自行车，从明光路交通大院缓缓走出。到了大马路，她跨上自行车，迎着扑面而来的冷雾，在夜色中向西驶去……

早上 7 点 30 分，休宁路和潜山路交口，开始迎来早高峰，唐超和同事们也开始了一天的路面执勤。1 月 15 日早上雾气渐散，路口能见度比较正常，让唐超和同事的心里踏实了不少。昨天雾锁庐州，他们早上 6 点半，就按市交警支队指挥中心的指令全员上路，"以路面巡逻为主，喊话提醒驾驶员，开启雾灯，减速慢行"。7 点钟，他们比平时提前了 20 多分钟全部到了路面，"雾太大，路口只能隐隐约约看到对面的车"。

无论是交警、建筑工人，还是环卫工，他们都不可避免地在雾霾天工作在室外。但众所周知，雾霾天空气污染指数高，中老年体弱多病者并不适宜在户外活动。安徽省社会科学院研究员王开玉认为，在这样的天气下，应该多将目光与温暖聚焦在户外工作人群上——不适宜工作的人群需要调休，继续工作的参照性地给予补贴。

王开玉说，雾霾天，我们要对户外工作人群进行梳理，对于不适宜在极端天气下工作的人，要求他们调休。如果中老年及体弱多病者继续坚守原有岗位，不仅会损害他们的身体，也会影响工作。而对于可以在雾霾天室外工作的人群，也要加大防护力度，由单位统一配备手套、口罩等。"应该参照污染、辐射或者高温等工作环境，对他们进行补贴。"王开玉建议。

其实，给室外工作者温暖不仅是政府层面的事，普通市民也能做到。在记者采访环卫工人费贤芳的过程中，不少人围观，当他们得知环卫工要凌晨三点多就起床，每天还冒着危险捡垃圾，就有人当即表示，以后不在大街上乱丢垃圾。就像王开玉所说："一个温暖而充满人情关怀的社会，需要从上到下方方面面努力。"

原标题《雾霾里 你可看见这些忙碌的身影》
2013 年 1 月 15 日 摘编自合肥在线－合肥晚报
记者：吕珂

虚拟购物卡

春节将至，购物卡成为不少单位发放福利和个人馈赠亲朋的首选，然而随着有关部门对实体购物卡管控的加强，一种网络"虚拟电子购物卡"

逐渐走俏。记者调查发现，这种"不记名、不限额、可转账"的购物卡存在监管空白。

安徽省社会科学院研究员王开玉认为，虚拟购物卡目前虽未广泛使用，但存在的监管漏洞必须引起重视。要想保证虚拟购物卡的健康发展，相关部门需要制定针对性的财务制度和法律加以规范，如果对于电子商务领域的法规持续缺位，实际上是为一些经济犯罪、职务犯罪开通了一条隐秘通道。

原标题《"灰色"的"虚拟购物卡"》

2013 年 1 月 21 日　摘编自新华网、腾讯网、网易、凤凰网、搜狐网

记者：杨丁淼　詹婷婷

中国加速培育新型职业农民

中国农业部日前决定，在全国 31 个省（市、区）选择 100 个试点县，每个县根据农业产业分布选择 2～3 个主导产业，力争通过 3 年试点，培育新型职业农民 10 万人。

近日，一则"江西种粮大户给农民发年终奖"的新闻在网络上热传。江西南昌安义县种粮大户凌继河给帮其干活的农民发放百万元年终奖，最多的一位农民竟然分得了 16.3 万元奖金。

对此，安徽省社会科学院研究员王开玉认为，凌继河的成功，说明了中国种田的巨大潜力。壮大新型职业农民队伍不但要重培养，还要帮助他们创造一个好的创业环境，如完善土地流转机制、提供金融支持，提高其社会地位，让职业农民扎根农村致富。

原标题《中国加速培育新型职业农民破解"谁来种地"难题》

2013 年 1 月 23 日　摘编自新华网、凤凰网、搜狐网、人民网

记者：蔡敏　杨丁淼

警察执法威严不可侵犯

近日，"疯狂宝马女无牌闯红灯　发飙撞交警狂奔千米"的视频被现场的目击者传到网上，一时间网上议论纷纷。中央电视台也对此进行了跟踪

报道。对于一个执法者来说，再平常不过的一次普通执法，竟突遭袭击，险些酿成大祸。世风日下，警察是作为国家机关的执法人员都能在光天化日之下遭到突然"袭击"，笔者感到质疑，警察的威严到哪儿去了？

安徽省社会科学院研究员王开玉分析发现，交通违章和暴力抗法事件大多出现在私家车主身上。无论是"奥迪"，还是"宝马"，都属于高收入群体，招摇、傲气，"任你国家法律再严苛，我也视若无睹"。此事也折射出当下我国警察执法威严的弱化，警察维护自身权益的相关法律法规的不完善、不健全。各级公安机关都设立了投诉电话，目的是遏制警察在职权范围内违规操作，更好地为人民服务。但只有"遏制"没有"维权"。警察在面对那些无礼的挑衅，基本上都做到了"打不还手，骂不还口"，但还是稍有不慎就会被投诉，遭受到不公正的待遇，导致人人自危，遇事不敢管，完全没有了警察执法不可侵犯的威严。殊不知，警察也需要维权，警察的尊严更是容不得半点蔑视，一个失去了威严的警察何谈执法？

对于遵纪守法的公民来说，警察应当对他们热情服务，但对那些触犯法律法规的公民，他们更需要的是有效的和社会认可的强制力，是执法不可侵犯的威严。真诚地希望，随着我国法律法规的不断健全完善，警察的亲和力与威慑力能够并存，让"良民亲、刁民畏、罪犯怕"。

原标题《博丽新：警察的威严到哪儿去了？》
2013 年 1 月 24 日　摘编自荆楚网
记者：博丽新

"共建民营"幼教办学模式

教育资源发展不均衡是近年来困扰中国社会发展的重要问题，而不在国家义务教育覆盖范畴之内的学前教育，让许多中国年轻父母感慨"入园难""入园贵"。

其间，公办幼儿园由于"物美价廉"成了人人想要的"香饽饽"，但远远无法满足社会需求；而不少民办幼儿园则存在或是办学条件、教职人员达不到家长的要求，或是"贵族化"现象让普通家庭难以承受。

为了让更多儿童得到良好的学前教育，近年来，中国多地陆续在进行"公建民营"幼教办学模式的实践。一般是由地方政府无偿划拨土地，并按照国家规定的幼儿园建设标准出资兴建，建设完毕后可通过低价租赁、合作、承办等方式委托具有办园资质的社会团体、社会机构或个人管理运营，具有公益性和普惠性。

安徽省社会科学院研究员王开玉表示，在公办、民办之外，"公建民营"作为第三种"管办分离的新模式"有利于推动教育资源的均衡发展，发挥"1＋1＞2"的合力，但具体的配套政策还需要进一步完善，同时应加强政府对此类幼儿园在办学过程中的监督与引导。

原标题《中国基层推进"共建民营"模式纾解幼教之"困"》
2013年1月24日　摘编自新华网、中国新闻网、凤凰网、网易、和讯网
记者：詹婷婷　杨丁淼

吃请风岁末急刹车

"八项规定"出台后，多地的会桌、餐桌风气改观明显。专家建议，应顺势加强违规惩戒，提升制度法制建设，破坏违规操作的财务路径，防范不良作风反弹。

岁末年初，以往是党政机关各种会务、宴请的最密集期，被形容为"白天会桌，晚上饭桌"。中央改进工作作风，"八项规定"出台之后，这些风气有了显著变化。

《瞭望》新闻周刊记者在北京、上海、浙江、安徽等多地采访了解到，除了总结会、开局会、务虚会、职代会等重要会议，其他诸如表彰会、团拜会、茶话会、联谊会之类，各级党政机关部门已很少开展。

不过，记者调查发现，不少干部对禁止吃请送礼的规定持"观望""避风头"的心态，一些隐蔽突破规定的方式陆续出现，不利于改进作风。

安徽省社会科学院研究员王开玉认为，抑制吃请风气反弹，仅靠自上而下的监督还不够，对于群众举报和媒体报道的各类违反"八项规定"的问题，政府职能部门要及时回应，快速查处。"喊破嗓子，不如做出样子。"王开玉说。

原标题《吃请风岁末急刹车》
2013年1月28日　摘编自新华网、光明网、千华网、南海网
记者：陆文军　周琳　程士华

超市购物小票会致癌？

近日，网络上一条有关"含有双酚 A 的超市购物小票会致癌"的消息引起了众多关注，该消息称：超市购物小票中含有双酚 A，可通过皮肤渗入人体内，影响人的生殖系统并致癌。

有研究表明，双酚 A 的长时间暴露会影响男性的诸多性生理问题。暴露于双酚 A 环境中的男性工人患勃起功能障碍的风险是对照组的 4 倍。

由于双酚 A 的危害在短时间内不能立刻显现，需经过长时间、有规律、大量接触后才能确定，因此福建省产品质量检验研究院郭永梅建议，应进一步加大对双酚 A 的研究投入，建立有效的风险评估机制，从而确定是否禁止使用双酚 A 或制定限量标准。

目前国际上禁用双酚 A 的范围正在逐步扩大，尽管目前双酚 A 的影响暂未有定论，但安徽省社会科学院研究员王开玉认为，应将人们的生命安全放在第一位。只要其有可能对人体造成伤害，就应全面禁止。我认为首先应禁止双酚 A 的大量使用，同时尽快完成替代物的更换。

原标题《年前忙"血拼"，当心"买回"购物病》

2013 年 1 月 28 日　摘编自《中国妇女报》、赛迪网

记者：项丹平

网购新生代：中老年消费者

年关将至，又到了各大电商轮番登场促销打折，小白领们忙里偷闲地在办公室里采买年货的日子。不过忙碌"血拼"的大军中有个新群体的轮廓日益凸显——在网络购物的人群中，越来越多地出现了中老年人的身影。

来自淘宝网与市场研究公司 CTR 发布的《中国消费风向标报告（2012）》印证了这一现象：自 2010 年以来，无论是中老年网购消费者人数还是老年用品的成交金额，每年都以超过 200% 的幅度高速增长。

节约、古板、落伍……这样的形容词显然已经不能用在当今 50 岁以上的互联网用户身上。他们接受新鲜事物的欲望和消费能力，不仅能让年轻

人刮目相看，如果能有意识地进行引导，绝对将成为后"价格战"时代推动网络购物发展的重要引擎。

安徽省社会科学院研究员王开玉认为，全社会越来越关注老年人的精神健康，中国前不久发布的"新24孝"里就提出了教会父母上网是尽孝方式之一，"年轻人不妨能像小时候父母教自己学走路、学骑车一样，教父母做个网购达人"。

原标题《被怠慢的网购新生代：老年消费者年增200%》

2013年2月4日　摘编自《中国商界》、中证网、新浪网

过年送礼　比拼包装

临近春节，各种年货礼品琳琅满目，包装越来越豪华。记者走访时看到，在各大超市里，年货礼品总是最闪亮的，包装精美，价格不菲。从包装材质上来看，不仅有印刷精美的包装纸、铜版纸礼盒，还有陶瓷、有机玻璃、金属、丝绸，甚至水晶。

安徽省社会科学院研究员王开玉说："中国人都有'礼尚往来'的传统，你送我一个'黄金'大礼包，我不能还你一个'白铁'大礼包。商家就是瞅准了消费者这种'爱面子'的心理，利用包装礼盒来推销商品。穿上华丽的'外衣'以后，原本低价也难以售出的商品或许价格就会翻上一番。"

"金玉其外，也许就是败絮其中。"王开玉称，送礼的人花了高价钱，收礼的人往往得不到实惠，不仅不能抱怨，还要考虑给亲友回礼时的礼品是否"有面子"。"这对亲朋好友来说，其实也是伤不起！"

"白酒穿丝绸，奢华夺人衣。"王开玉称，豪华包装不仅造成了资源浪费，也败坏了社会风气，这与当前大力提倡的"厉行节约，反对浪费"的宗旨是背道而驰的，希望主管部门对这种现象加以重视，采取有效措施，遏制这种奢华之风。

原标题《过年送礼"爱面子"礼品比拼包装　亲友"伤不起"》

2013年2月4日　摘编自中安在线、新浪网、凤凰网

记者：张洪金

无健康证、资格证成中级育婴嫂

　　春节前夕，家政服务人员，尤其是月嫂供不应求，不少家庭面临"千金难请一嫂"的情形。为了解月嫂市场的实际情况，记者进行了为期 3 周的暗访。并无任何育儿经验的记者在未出示身份证、无健康证、专业资格证，且未经过任何培训的情况下，就被北京恩赐月嫂家政服务有限公司第一分公司改大年龄，包装成了一名"中级育婴嫂"，并很快找到了一份月薪3500 元的工作。在此过程中，记者了解到，北京月嫂行业十分不规范，经验欠缺的月嫂假冒"金牌"月嫂的情况时有发生。

　　安徽省社会科学院研究员王开玉指出，月嫂行业混乱局面在全国其他地区也普遍存在。月嫂市场供不应求，价格偏高，这说明我国服务机构体制不够完善，政府部门应结合当前物价水平，对家政行业价格划定合理范围，在该范围内可上下浮动，而不是由家政公司漫天要价。与此同时，工商部门应对家政公司进行综合整治，规范家政公司的管理。

　　王开玉说，要彻底改变市场混乱局面，首先应成立专业培训机构，这个培训机构必须是第三方，最好由政府部门牵头，可以由劳动部门或商务部门牵头，对培训进行权威认证。其次，还可建立一个全网系统，让客户在网上就可以查询月嫂的认证情况。

　　另外，家政公司应核对客户信息，本着为员工负责任的态度，详细了解客户信息，以免员工的安全无保障。

原标题《记者暗访月嫂公司　无健康证、资格证成中级育婴嫂》

2013 年 2 月 4 日　　摘编自《京华时报》、新华网、人民网、东方网

记者：王苡萱

过年租男友

　　25 岁的汪昱琪 2012 年才从英国结束学业回国工作，回国后她要过的第一个年关却是"逼婚"。像汪昱琪这样的并不在少数，她们对过年回家要面对亲友"逼婚"心生恐惧，不得不求助于网络租一名男友回家做"挡箭牌"。

同时，"租男友"的服务在网络市场上还形成了较为统一的价格标准。除了"恋爱"过程中产生的如路费、食宿费等由雇主承担外，逛街、看电影等服务的费用为 30～50 元不等，雇主还可以选择 600～2000 元的"日租价"。在自我描述中综合素质越高者，其价格也就越高。

安徽省社会科学院研究员王开玉则表示，结婚时间早晚是年轻人自己的选择，过多的关注只会给他们造成压力，结果可能适得其反。"父母们应该相信很多单身女性是珍惜自己的婚恋机会的，基于尊重的关心会更加有益，也许整个社会能宽容、轻松地看待'剩女'问题时，大家会发现其实这真的不是个问题。"

原标题《"租男友"市场火热　中国单身女性遭遇"逼婚"年关》
2013 年 2 月 9 日　摘编自新华网、网易、看看新闻网

合肥是否将对汽车限行限购？

当汽车保有量超过城市道路及交通管理资源增速，引致城市交通拥堵时，城市主管部门大多采取对汽车实行"限行限购"来应对。合肥是否也会沿袭国内一线城市的做法，通过限行限购来控制机动车数量呢？对此，合肥市交警部门明确表示，目前合肥城区的机动车占有量还不到 60 万辆，暂不会进行限号或者限行，交警部门目前主要依靠交通管理来消解拥堵。

要想控制私家车增长数量，改善发展公共交通是一个重要的途径。安徽省社会科学院研究员王开玉认为，合肥具有深度发展城市公共交通的广阔空间，完全可以通过此举规避单双号限行或者限牌。

王开玉表示，发展公共交通不仅需要关注地铁，地面的出租车和公交车管理也有待加强。在他看来，地面公共交通除了在数量上要改进，另外在对公共交通工具的配套建设上也应加大投入和建设。

原标题《合肥是否将对汽车限行限购？》
2013 年 2 月 18 日　摘编自合肥在线 – 合肥晚报、凤凰网、网易、
车讯网、中安在线
记者：谢华兵

和谐拆迁如何实现

"没有征得我们同意，就拆了我们的房子，我们要讨一个说法。"石启新和儿子石象炜说。

"这一户要价太高，700 多平方米集体土地上房屋要价 2400 多万元，大大超出马鞍山市政府的文件规定，我们无法满足。"吴遵兵说。

石启新是马鞍山市博望新区博望镇石家村村民，吴遵兵是博望区征管局负责人。1 月 8 日，因房主对房屋征迁要价太高，远远超出政府政策补偿标准，双方谈判失败，马鞍山市博望区征管局强拆了石启新的房子，此事导致石家上访，也引发了很多人的思考：该怎样实现和谐拆迁？

对此现象，安徽省社会科学院研究员王开玉表示，首先，政府要依法拆迁，这是和谐拆迁的前提。其次，拆迁户漫天要价实际上是在利用政策满足私欲，不应支持。治理漫天要价可实行补偿标准"一把尺子量到底"，不能让老实人吃亏，不能让"会哭的孩子多吃奶"，否则，极易产生示范效应，不利于和谐拆迁。

原标题《和谐拆迁如何实现》

2013 年 2 月 19 日　摘编自《安徽日报》（农村版）

记者：胡明兵

带薪休假还需细则支撑

国务院办公厅日前印发的《国民旅游休闲纲要（2013～2020 年)》提出，2020 年，职工带薪年休假制度基本得到落实，城乡居民旅游休闲消费水平大幅增长成为大众关注的热点。事实上，2007 年国务院就公布《职工带薪年休假条例》，规定对职工应休而未休的年休假天数，单位应按职工日工资的 3 倍支付报酬，但在现实中一直存在着落实难的问题。

安徽省社会科学院研究员王开玉对此表示，带薪休假是一项惠及大众的民生工程，对保障职工权益，缓解假期交通拥堵、旅游环境恶劣等社会问题很有帮助，落实带薪休假必须出台一系列配套的具体措施和细则，比如，带"薪"休假中的"薪"怎么解决，不同行业、不同单位的"薪"资标准如何确定，拼凑假期的安排是否科学等。

另外，制定细则之后，企业如果不按质按量执行，又有哪些监督途径和惩罚措施呢？"有关部门可尝试试行细则，在运行的过程中不断完善。"王开玉说道，市民对带薪休假的呼声越来越高，从合肥目前经济发展增速看，这一天的到来并不遥远，这反过来会提高市民的休闲生活质量。

原标题《落实带薪休假还需细则支撑》

2013 年 2 月 19 日　摘编自中安在线

记者：李丽媛

让留守也快乐

近几年，随着城市现代化建设的加快以及社会竞争的加剧，越来越多的农村青壮年涌入城市，出现了越来越多的包括老人、妇女、儿童在内的大量农村留守人员。

"城镇化、工业化是经济社会发展的必然趋势，历史上西方一些国家是通过迫使农民破产的方式来实现城镇化和工业化的，而我国则是在保留农民土地经营权的前提下，通过农民进城务工来实现的。"安徽省社会科学院研究员王开玉指出，"留守儿童"现象是具有中国特色的社会问题。

面对出现的这些问题，我们关注的不应该是为什么留守，而应该是怎样一种留守，留守也可以是快乐的。所以，是时候了解他们的需求，让他们更快乐、安全、健康地留守了。

原标题《谋划多方举措　让留守也快乐》

2013 年 2 月 21 日　摘编自《中国产经新闻报》

记者：刘丽

安徽芜湖："复活"历史建筑

老芜湖海关大楼是根据《中英烟台条约》规定，于 1876 年修建的。虽然在 2004 年就成为安徽省省级文物，但这座经历了一个多世纪沧桑巨变的建筑，还是在最近几年才焕发了"又一春"，这得益于其所在的芜湖市镜湖区提出和执行的"芜湖百年历史建筑复活计划"。如今，住在安徽省芜湖市滨江公园附近小区的居民，每当整点时又听到老芜湖海关大楼悠扬的钟声了。

近年来，保护老城、老街区、历史建筑已经成为人们的共识。尽管我国拥有众多历史建筑，但遗憾的是，随着城市化进程加速和人类活动增多，许多古建筑的保护并不尽如人意。据第三次全国文物普查统计，近30年来，4万多处不可移动文物消失，有一半以上毁于各类建设活动。

安徽省社会科学院研究员王开玉表示，城市中的历史建筑，是不可再生、不可复制的文化记忆。"每一座古建筑，都是在特定的地理、历史、经济、政治条件下形成的，记录着人们的生活环境和生活方式。"王开玉说，"如何在保护的基础上利用好历史建筑，各地地方政府可以做更多积极的探索。"

原标题《安徽芜湖：历史建筑"复活"留住"城市记忆"》
2013 年 2 月 22 日　摘编自新华网、中国政府网、新浪网、网易
记者：詹婷婷　杨丁淼

高学历董事长如何坠入制贩毒深渊？

年利润上百万元的医药公司的董事长为何会参与制造、贩卖毒品？高学历人才为何会知法犯法，制造惊天大案？合肥市中级人民法院近日开庭审理的该市新中国成立以来最大的一起制贩毒案件，引发人们对这样一系列热点话题的争论，以及对教育部门乃至整个社会对这类悲剧应如何警醒及防范的思考。

法律专家指出，高智商犯罪者的学历高、文化层次高，其犯罪手段通常一般人难以实施。他们的行为比较隐蔽，善于钻法律的空子，因此会给侦查取证工作带来一定的难度。目前高智商犯罪在我国呈上升趋势，因而具有很大的社会危害性。

面对这一严峻的形势，我们应该反思些什么呢？首先应该是敲响了人才培养的警钟。安徽省社会科学院研究员王开玉分析说："高智商犯罪者皆是一些有高学历、有学识的人，他们利用才智犯罪，从根本上体现了眼下

的社会教育过于侧重提高学历，而缺乏法律知识普及和道德教育。"

原标题《高学历董事长如何坠入制贩毒深渊的?》

2013 年 2 月 25 日　摘编自新华网、腾讯网、北方网

记者：郑映映

中国结构性人才短缺加剧

春节刚过，中国各地"用工荒"再现，武汉缺工量首次突破 10 万人，广东春节后缺工量最高达 120 万人，包括劳动力大省安徽在内，全国范围内打响了年后招工的"争夺战"。

而与这一数据形成鲜明对比的是，2013 年，中国有创纪录的 700 万高校毕业生投入求职潮。另据测算，城镇需要就业的劳动力达 2500 万左右，而每年城镇新增岗位只有约 1200 万，人才市场仍然是供大于求的局面。

安徽省社会科学院研究员王开玉认为，高校人才培养模式与企业招工需求脱节的现状是用工结构性短缺的重要因素。

"中国高校，尤其是一般应用型高校仍亟待调整专业设置、加大学生实习力度，帮助毕业生适应新的人才市场。大学生们则应进一步转变就业观念，在基层锻炼自己，有一技傍身才能再图发展。"王开玉说。

"人口红利消减，对企业来说需要更加重视劳动者的素质，不能仅仅依赖招工，必须向科技要生产力，加强对工人的职业技能培训和生产自动化的投入。"王开玉说，"同时企业与高校的合作不应是仅仅提供实习场所，可以尝试向高校提出用人需求，进行'订单式'培养。"

原标题《"就业难""用工荒"两难凸显　中国结构性人才短缺加剧》

2013 年 2 月 26 日　摘编自新华网、大江网、中国青年网

记者：蔡敏　詹婷婷　杨丁淼

"路长"走了　垃圾又来了

2012 年年中，在轰轰烈烈的城市文明创建热潮中，合肥市瑶海、包

河、蜀山、庐阳等城区先后推行了"路长制"，由各区的主要领导和相关部门负责人牵头，每人"领取"一条路当"路长"，对道路的市容环境卫生、市政设施等进行管理、督办。半年多过去了，随着文明创建高潮消退，"路长制"也在各区暂停了下来。记者回访发现，市民对"路长"还鲜有了解；而过了创建期，不少路段现在的环境卫生又出现了不少问题。

对于"路长制"，安徽省社会科学院研究员王开玉泼了冷水。"社会有序运转，每个人都在扮演着一定的社会角色。合肥市各个区的区领导的角色是国家公务人员，他们都有各自明确的职责。"王开玉说，"既然有公务在身，当了'区长'就不适合再来领这么一个'路长'的虚职。"他表示，如果确实有设置"路长"的必要，就应该实实在在增设"路长"的岗位，人尽其责。

王开玉认为，"路长制"的推行，容易引发社会角色的混乱。"你作为一个区的主要领导来当'路长'，肯定会把最好的管理资源集中到你的路段上。"他表示，这样一来，对于文明创建反而是一种不公平。

原标题《"路长"走了 垃圾又来了》

2013 年 2 月 27 日 摘编自中安在线、凤凰网、和讯网

记者：费凡 武鹏

从"暂住证"改为"居住证"

从 3 月 1 日起，备受关注的"暂改居"新政——《安徽省流动人口居住登记办法》（以下简称《办法》）正式实施。根据《办法》规定，城市流动人口办理居住证后，将在就业、教育等方面享受同城市民权利。虽然实惠多多，不过记者采访了解到，由于安徽省相关准备工作还在推进，包括省城合肥在内的多个城市，要办理居住证还需要再等一段时间。

"从'暂住证'改为'居住证'，虽一字之差，却是一个大跨越。"安徽省社会科学院研究员王开玉接受记者采访时表示，"暂改居"政策是一项复杂的系统工程，涉及方方面面，要真正实现"暂改居"目标，需要一个发展过程。王开玉说："'暂改居'是推进户籍制度改革的一种体现，依附

在户口本上的城市福利也将惠及流动人口。"

"这是一件好事，但是目前教育、医疗、城市公共设施建设等各方面有没有做好制度安排？细则有没有跟进？政策可以慢慢落实，也需要一个与城市发展相匹配的时间表。"王开玉说，"要真正实现'暂改居'的目标，需要政府提供更大规模和更高质量的公共服务。""尤其是现在'80后''90后'新生代农民工，他们渴望真正融入城市的愿望更加强烈。"王开玉说，"如果后续关于'暂改居'政策的各项配套举措没有做好安排，'暂改居'政策在实施过程中可能会遇到障碍。"

原标题《安徽"暂改居"新政今起实施 流动人口享市民权利》
2013 年 3 月 1 日 摘编自《新安晚报》、东方网

餐饮行业的最低消费门槛造成铺张浪费

每桌几千元到几万元不等的最低消费标准，而最后浪费至少三成。记者调查发现，餐饮行业的最低消费门槛，已成为奢华吃喝风背后的强力推手。狠刹最低消费的不良风气，恰是反对铺张浪费、厉行勤俭节约的突破口。

"餐饮业的利润相当高，一条鱼买来才多少钱，上了饭桌就成倍翻涨，最后吃不完浪费掉的，都是老百姓自己的钱。"安徽省社会科学院研究员王开玉分析指出，目前餐饮业铺张浪费、豪华成风，消费者应当有"吃饱、吃好、吃不完带着走"的意识，餐饮业也应该树立为大众服务的理念，当好合理点菜、营养配餐的顾问。

王开玉认为，餐饮业亟须制定一个行业规范，对消费者、经营者双方都进行约束，对消费者点菜数额进行限制，对经营者的利润设立标准，真正从理念上、行动上都做到厉行节约、反对浪费，为节约资源、保护环境做出贡献。

原标题《最低消费成"最多"浪费 谁来斩断餐桌浪费"推手"》
2013 年 3 月 2 日 摘编自新华网、人民网、新民网、中国财经信息网
记者：杨玉华 张紫赟

如何做好公益慈善事业

近年来，中国慈善事业公办机构滋生腐败、草根组织陷入困境等不断浮出水面，分析人士认为，这些紧迫问题将倒逼中国社会福利事业变革。

安徽省社会科学院研究员王开玉指出，中国基层政府的专业力量有限，对待公益慈善事业不可"大包大揽"，需要创新社会管理，发挥民间社会公益组织在慈善事业上不可替代的作用。

原标题《全国两会特稿：慈善之殇将撬动中国社会福利事业变革》

2013 年 3 月 3 日　摘编自新华网、千龙网、南海网、中国新闻网

记者：蔡敏　许晓青　詹婷婷

合肥交警发"微博通缉令"

3 月 13 日 18:19，合肥市交警支队包河大队一名网名叫"'80 后'警察李滨"的民警的一条微博："驾驶员陈先生，3 月 12 日你驾驶大货车行驶在北京路上，因故意污损机动车号牌被巡逻民警检查……你所出示的驾驶证为假证，目前，交警部门已对你做出罚款 5200 元，记 24 分的处罚，请尽快到交警部门接受处理。"此微博一出，引发网友围观。对交通违法者发"微博通缉令"，还真是一件新鲜事。

安徽省社会科学院研究员王开玉对交警"微博执法"的做法表示肯定。他认为，微博是个新的沟通平台，信息交流扩散快，"我更看重其对后来人的警示作用"。

原标题《合肥交警发"微博通缉令"喊车主领罚单》

2013 年 3 月 14 日　摘编自《合肥晚报》

"我离梦想越来越近"

姚启中是阜阳临泉人，十几年前离开家乡到北京闯荡，现在是北京市西城区广安天陶菜市场一名普通摊贩。因主要以卖姜为生，人称"生姜

叔"。"北漂"生活虽然艰辛，但他始终怀揣梦想、不懈打拼，努力给家人幸福。3 年多前，只有小学四年级文化的他，决定将一家人的生活经历写成剧本。靠着在卖菜间隙笔耕不辍，如今他已写下 20 多万字的励志故事，并于不久前正式出版。

他说，我最大的梦想就是让孩子们有更好的生活条件，能够健康成长、早日成才。我希望通过自己的努力，让孩子们不再吃苦，早日成长为对社会有用的人，过上幸福的生活。

安徽省社会科学院研究员王开玉说，姚启中的梦想，质朴而现实，充满对家庭和生活的热爱。家庭在中华民族传统价值观中占有重要地位，是激励草根阶层奋力打拼的责任感来源，也往往是个人梦想的原动力所在。幸福没有一定的物质标准。从某种意义上说，幸福也不是结果，而是一种逐渐实现自我追求的过程。即便现状不尽如人意，只要通过自身努力，一点点去改变，"生姜叔"就会得到精神上的愉悦和继续前行的力量。他的这种生活态度，值得所有追求梦想的人学习。"生姜叔"追求梦想的过程，其实是转型期中国社会的缩影。改革开放以来，国家和社会的发展进步，给个人奋斗提供了广阔空间和舞台。在这个过程中，无数农民工背井离乡，到城市打拼。他们通过坚韧劳作改变了个人和家庭的生活境况，也汇聚起推动整个国家前进的巨大力量。在实现"中国梦"的过程中，每一位中国人都拥有人生出彩的机会，同时也将为国家、民族的复兴贡献个人的力量。

原标题《"我离梦想越来越近"》
2013 年 3 月 26 日　摘编自中安在线、凤凰网、和讯网

农民工子女犯罪

近日，全国人大代表朱雪芹在谈到农民工子女犯罪时提到，上海市未成年犯管教所内八成孩子是农民工子女，这让她很震惊。安徽省情况如何？《江淮晨报》记者采访发现，安徽省未成年犯管教所内，七成孩子是农民工子女。在这些孩子中，90% 的孩子初中未毕业即辍学。安徽省未管所民警介绍，这些农民工子女大多存在父母疏于监管、学校教育乏力、社区预防缺位的情况。

安徽省社会科学院研究员王开玉说，随着城市化的加速，越来越多的

农民工进城, 很多孩子成为留守少年。这部分孩子如果缺少监管和关爱, 就很容易受到社会不良因素的影响, 走上犯罪道路。这几年, 学校和政府也关注到留守少年这个群体, 比如说兴建图书室, 安排好孩子们的业余生活等。

而对另一些孩子而言, 他们跟随父母进城, 在城里上学, 成了流动少年。他们希望获得与城市孩子同样的待遇, 一旦有落差, 这些孩子会受到打击, 产生不公平感觉, 导致自卑、怨恨等不良心理。

王开玉建议, 相关部门应更多关注流动少年, 在学校、图书馆、体育设施等各方面为他们提供平等的服务。

王开玉还强调一点, "父母才是孩子的第一监护人, 如果父母撒手不管, 孩子的成长就容易陷入危险中"。

原标题《安徽省未管所七成被管教孩子是农民工子女》

2013 年 4 月 1 日 摘编自合肥在线、中国青年网、未来网

记者: 王凯

停车收费乱象困扰小区业主

北京市早在 2004 年已公开停车乱收费的投诉电话。然而直到现在, 小区业主与停车管理方因收费不合理问题引发的纠纷仍屡见不鲜, 不少业主因不知如何维权, 感叹投诉难。近日, 记者实地探访东城、朝阳等多个小区, 探索解决停车管理混乱的新途径。调查中发现, 从业主自身层面来讲, 组建业委会、普及停车收费相关法规, 是有效"抗衡"停车乱收费现象的必行之路。

安徽省社会科学院研究员王开玉表示, 发生停车乱收费问题, 需要相应部门严厉执法, 老百姓之所以觉得投诉难, 说明大家对停车收费的法律法规还不是很清楚, 停车管理也没有进行合理的布局。市场经济要以法律为基础, 要加大对违规停车人员的处罚力度, 问题才能得以解决。

原标题《停车收费乱象困扰小区业主》

2013 年 4 月 1 日 摘编自《京华时报》

记者: 刘雪玉

公益性公墓建设

"我们村房前屋后，一到清明就七处冒烟、八处冒火。"余井镇马道村村民程书结抱怨，由于镇、村都没有公共墓地，荒地上散葬的坟头随处可见，不仅浪费土地，祭扫也易造成安全隐患。"从全省看，公益性公墓建设滞后是普遍现象。"安徽省民政厅社会事务处有关负责人告诉记者，从方便群众祭扫、满足丧葬需求等角度考虑，每个行政村都应当有1座公益性公墓，1个乡镇至少不能低于2座。然而最近一次统计显示，全省公益性公墓数量仅为1141座，有大约1/3的乡镇连一座公益性公墓都没有。

"改变公益性公墓建设滞后现状，是移风易俗，也是实现集中、有序安葬的必要条件。"安徽省社会科学院研究员王开玉认为，人地矛盾日益紧张，集约用地是大势所趋。地方政府应着眼长远，早做规划。"与其明天为动迁或平坟大费周章，不如今天加大投入，建设足够的公益性公墓引导群众集中安葬。"

目前，骨灰安葬并未被纳入殡葬基本公共服务项目，限制了公共财政在公益性公墓建设领域的投入。安徽省政府办公厅2012年8月曾出台意见，明确殡葬基本公共服务主要包括遗体接运、遗体存放、遗体火化和骨灰寄存四项。"在推进殡葬改革的同时，应当尊重中国人'入土为安'传统观念，推动公益性公墓建设纳入新农村和村级公益事业建设规划。"王开玉说。

原标题《公益性公墓建设亟待政府给力》
2013年4月2日 摘编自中安在线、凤凰网、新浪网、和讯网
记者：汪国梁

免费骨灰盒缘何受冷落

4月1日是合肥市实施基本殡葬服务全民免费政策的第一天。记者走访发现，当天，合肥市殡仪馆共为32位逝者的家属办理费用减免，其中，只有6户家属接受"基本服务"中的免费骨灰盒，工作人员介绍，之所以出现上述情况，一方面是由于基本殡葬服务全民免费政策刚刚实施，部分群众对政策不了解，因而通过其他渠道自行购置了骨灰

盒，"还有就是部分家属觉得，免费的骨灰盒廉价，没有面子，或认为没有尽到孝心"。

安徽省社会科学院研究员王开玉认为，殡葬市场的消费一定程度上反映了社会心理和社会风气，"不同价格的骨灰盒并没有使用价值上的差别，所谓材质、造型等的不同而形成巨大价格差异，主要源自销售者的营销驱动和公众的心理，因此，我们既要呼吁公众文明、理性地办丧事，也要避免殡葬服务单位过度追求经济效应"。

"不花钱，就没有尽孝心，这种说法背后其实还是从众、虚荣心理在作祟。"对此，王开玉说，对老人的孝心应该体现在对其生前的照顾，而不是其逝世后大操大办。

原标题《免费骨灰盒缘何受冷落》

2013 年 4 月 2 日　摘编自合肥在线、凤凰网、南海网

记者：李后祥

农民工落户界定有讲究

"哪有城市社保啊，半年后都不知道人在不在合肥了。"4 月 2 日上午，记者见到"70 后"的张斌时，他正在蜀山区一家建筑工地做电焊活，老婆孩子丢在了阜阳农村，获得合肥户口对于他这样的流动农民工来讲，就像一个敢想不敢碰的梦。

来自合肥市城乡建委的资料显示，合肥大建设目前容纳了 65 万左右的农民工务工，除了埋头干活外，获得城市社保和户口的需求逐渐在一些农民工的内心滋生。

针对农民工流动性大的问题，安徽省社会科学院研究员王开玉表示，随着户籍制度的解决，城乡流动问题解决了，城市间流动的问题也不难解决，主要还是靠相关配套政策的逐步完善。

"让农民转为市民，获得同等待遇，是社会盼望已久的事情。"王开玉研究员说，"政府做好统筹安排，配套措施要完善。特别注意在执行过程中要分批分期进行，不能一拥而入，给城市带来过大的压力。此外还要搞好学校、公共设施、住房等建设。"

合肥在现代化城市建设过程中，有大量农民工参与了大建设，农民工

的贡献功不可没。为此，合肥市正在积极解决公共服务设施、教育设施、矛盾纠纷、医保社保等各方面问题，更进一步改善农民工生活条件。王开玉强调，要特别重视农民工培训工作的加强。要提高城市的建设水平，首先要提高人的素质。

原标题《农民工落户界定有讲究》

2013 年 4 月 2 日　摘编自合肥在线、凤凰网、万家热线

记者：王婷　吴奇

绿色祭祀

又到一年清明时。随着中国政府和媒体大力倡导"绿色祭祀"，越来越多的中国人注重祭祀的内涵而非形式。清明节，这个过去给人"交通拥堵不堪，满街尘烟灰烬"印象的传统节日正变得更加"清明"。

安徽省社会科学院研究员王开玉指出，心祭胜于形祭，祭祀的内涵在于常怀感恩之心寄托哀思，人们之所以难以舍弃传统的祭祀方式，一方面是对传统文化的误读，另一方面是因为传统祭祀的沿袭已成为人们释放情感的习惯性方式。

王开玉说："要推行'绿色祭祀'首先必须使'厚养薄葬'的理念成为人们普遍接受的价值观，提倡节俭祭祀。同时要拓展祭祀新方式，如同春节期间流行的电子鞭炮，既环保又有年味，尊重文化伦理，让老百姓没有距离感与陌生感，文明祭祀才能够无缝对接。"

原标题《中国殡葬祭祀新风让清明节更"清明"》

2013 年 4 月 3 日　摘编自新华网、人民网、凤凰网、网易

记者：蔡敏　杨丁淼

人人都是班干部

据《江淮晨报》报道，芜湖市清水河中学高一年级 7 个班级 300 多名学生每人都是班干部，大到班长，小到教室开门锁门都有专门的学生负责。对此，该校负责人称，此举是与学校自 2012 年 9 月份起从高一开始推行的"新课改"配套的，目的是培养学生的自信和责任意识。

"孩子们每人都能当班干部，参与班级管理，学校的出发点很好。"对于清水河中学的尝试，安徽省社会科学院研究员王开玉认为，这有助于培养学生主人翁意识和责任感，从服务班级到服务他人乃至整个社会，明确了个人的身份角色，履行了自我管理责任和约束力。不过，王开玉表示，一定要从自身实际情况出发，不能纯粹为了设立班干部而设班干部。

原标题《一个年级 300 学生　个个都是班干部》
2013 年 4 月 11 日　摘编自中安在线、中国新闻网、《江淮晨报》
记者：方佳伟

柳州多所小学受捐"垃圾图书"

近年来，随着我国慈善事业的迅速发展，"赠非所需"的现象也日渐普遍。除了旧衣物遭遇"消化不良"，残疾儿童福利院获捐"鸡肋"体育用品的尴尬遭遇，近日，柳州市多所小学被曝接到了不少"垃圾图书"的捐赠。记者看到，《暗伤：妇科门诊隐情纪录》《做女人嘴要甜心要软》《老年前列腺疾病的预防与调理》等明显不适宜小学生阅读的书籍，赫然出现在受捐赠图书中。

安徽省社会科学院研究员王开玉认为，当前，慈善捐赠日益成为社会救助的重要方式和人们的自觉选择，民政部门和慈善机构应当做好日常捐赠的引导和管理工作，不能按照老套路被动工作。要建立捐受双方的沟通、互动机制，了解捐赠的具体需求，让爱心流向它最需要的地方。同时，民政部门和慈善机构要加强募捐的精确性，根据不同困难人群、具体受灾情况有针对性地进行募捐。

改变"赠非所需"的现状，民政部门和慈善机构应当进一步改进工作，做好日常捐赠的引导和管理工作；建立捐赠方和受捐方的沟通互动机制，了解捐赠具体需求；建立和完善第三方监督机制，让群众监督、媒体监督促进捐赠工作的开展。

献爱心，做善事，这是一个有良知的人应有的基本品质，也是一个成熟社会对公民的基本要求。然而，献爱心、做善事究竟应该以什么样的形式表现出来才能达到最佳的效果，才能帮助需救助的对象解决燃眉之急，才能让社会的救助行动有效地放大它的功效，这是值得我们全社会去认真研究、探讨和解决的问题。

原标题《柳州多所小学受捐"垃圾图书""赠非所需"谁最尴尬?》

2013 年 4 月 25 日　摘编自华声晨报网

"好人安徽"

2013 年以来，入选"中国好人榜"人数，安徽人每月均居全国首位。自 2008 年"中国好人榜"开评以来，近 700 安徽人上榜，连续五年全国第一，树立起"厚德安徽"良好形象。"好人安徽"渐成为全国叫得响的品牌！

道德模范是公民崇高荣誉，也是展示一方精神风貌的重要标杆。从 2007 年第一届全国道德模范评选至今，8 位安徽人荣获"全国道德模范"称号，人数位居全国前列。

榜样产生神奇力量。跟随向上向善的脚步，各地、各行业涌现了许多志愿服务团队，他们用爱心、真情温暖困境中的人们。据统计，安徽省注册志愿者达 160 多万人，各种类型的志愿服务队达 3000 支。

安徽省社会科学院研究员王开玉说："建设美好安徽、实现中国梦，离不开道德力量支撑。'安徽好人'群体，已成为引领公民道德建设和精神文明创建的指向标，为打造三个强省、建设美好安徽注入强劲精神动力。同时，良好的社会风气也提升了安徽形象和综合竞争力。"

原标题《厚德安徽，凝聚发展精气神》

2013 年 5 月 2 日　摘编自中安在线 – 安徽日报、安青网、东方网

安徽青年农民的"城市梦"与"乡村梦"

簇新但简单的家饰，几个家常菜，秦海龙端着酒杯的手却略略有些抖，"我们在合肥有了自己的家！"

从 18 岁开始，秦海龙就开始跟着在合肥市做家装小包工头的叔叔打工，学习贴壁纸等装修技术，这个"80 后"的农村小伙子从此就在心中埋藏了深深的"城市梦"。酷热的夏天在不能开窗的房间里挥汗如雨地贴壁纸，寒

冷的冬天手上糊满冰冷的胶水，赶工的路上骑摩托车遭遇车祸而骨折……但秦海龙一直没有放弃。2013 年 4 月 26 号，是秦海龙一生都难以忘记的日子，他和家人一起搬进了由他亲手装修的合肥新房，他打工了 10 年的城市因此不再是"他乡"。

"孩子马上上学了，我们还得继续努力，他是我们家的希望，要送他学英语、学弹琴、学画画，不能比合肥孩子差。"秦海龙说。

安徽省社会科学院研究员王开玉分析说，"80 后""90 后"的农民在城镇化中有了更多的自我意识和精神需求。他们的教育水平、接受能力、个人素质比起父辈有很大提高，这也是中国进步的表现。

每一个小我的梦想都是"中国梦"的基石。"只有真正缩小贫富差距、城乡差距，秦海龙们的梦想才能有更坚实的依托。"王开玉说。

原标题《安徽青年农民的"城市梦"与"乡村梦"》

2013 年 5 月 3 日　摘编自新华网、人民网

记者：朱青　刘美子

民间亲子鉴定监管遇法律空白

记者对两家民间亲子鉴定中心做回访，一家负责人竟矢口否认之前的说辞，称完全不知亲子鉴定这回事。另一家则大门紧锁。但仍有鉴定中心打着"合肥亲子鉴定"等招牌网上揽客，称鉴定准确率高达 99.999％，比国家标准更准确。

对此，律师、社会学家均表示应加强市场监管，安徽省司法厅相关部门也对此回应，亲子鉴定无法律明文规定，很想管，但存在难度。

"不到非做鉴定不可的程度，还是建议家长们不要做亲子鉴定。"安徽省社会科学院研究员王开玉介绍，只为了满足自己的好奇心和怀疑心理，就擅自对孩子的血缘做鉴定，很可能对孩子的健康不利。王开玉认为，只要做了鉴定，不论结果如何，家庭都很可能因此被破坏。

另外，他认为做亲子鉴定的机构一定要通过权威机构的认定，因为亲子鉴定不只是涉及医学，还涉及家庭、伦理等各方面，对社会、家庭都产生很大的影响。

王开玉不提倡做亲子鉴定，"要塑造孩子完整的人格，孩子无论如何都

是无辜的。"他建议对此类民间亲子鉴定机构一定要加强管理,最好让其没有立足之处。

原标题《民间亲子鉴定监管遇法律空白,困难重重》

2013 年 5 月 10 日　摘编自《安徽商报》、新华网、中安在线

记者:刘忠玉

感恩消费需理性

早在母亲节到来前一周,苏宁易购、国美在线的网站上便打出了各种温情广告语,"母爱最伟大,最爱送给她""拿什么爱你,我的妈妈"等煽情话语扑面而来,覆盖大部分的商品种类。

针对商家的母亲节促销策略,安徽省社会科学院研究员王开玉认为,中国有着悠久的孝文化历史,母亲节虽然是国际节日,但在国内一直受到儿女们的重视,因此临近节日买份礼物送给母亲成了很多儿女的选择。商家正是抓住消费者这一感恩心理,采取各种煽情的宣传推广方案,以刺激儿女们的情感兴奋点,达到营销目的。

"虽然礼物商品精彩纷呈,但真正适合老年人的消费品并不多。"王开玉指出,目前儿女关心父母呈现一阵风的形式,每逢节日便集中消费,而且感性消费居多,存在盲目现象。节日一过,便各自恢复忙碌状态,忽视了对老人的关爱。

王开玉认为,母亲节的意义在于向天下的母亲致敬,并号召儿女们在日常生活中更多关爱她们,而不是仅仅在这一天送份礼物。"感恩母亲应该延续在日常生活的每一天,平时多回家看望老人,捎上嘘寒问暖的问候,及一些柴米油盐类的生活用品,也很重要。"

原标题《电商母亲节"温情"出招　专家提醒感恩消费需理性》

2013 年 5 月 11 日　摘编自新华网、人民网、中国经济网

记者:张紫赟

铜陵公考遭质疑

安徽省公务员招考铜陵市公安局"专业警察 1"岗位有 12 人报名,

仅考生任某 1 人参加笔试，且报名者全部来自北京同一所高校，此事广受质疑。5 月 21 日 17 时是铜陵公考资格复审截止时间，唯一有笔试成绩者任某未到铜陵进行资格复审。据公开报道，2013 年铜陵市考试录用公务员笔试共 2512 人报名，0 分者达到了 355 人，0 分考生比例超过了 14%。当被记者问及这次招考是否有制度漏洞时，铜陵市相关人员表示不便过多评价。

安徽省社会科学院研究员王开玉认为，公务员考试中的确存在考生串通报名的情况，但"恶意报名"的情况很难界定，这是制度上的漏洞。

王开玉说，有关职能部门应该就目前公务员考试当中出现的新问题认真分析，采取有效措施，避免类似的诸多"巧合"出现，造成岗位浪费。王开玉建议，必须对竞争性考试的制度设计环节动手术，把公务员招考规则中的"报考人数"改为"参考人数"，凡"参考人数"达不到底数要求的职位，中止竞争选拔，杜绝"大面积"缺考现象。

另外，还可根据考试成绩设置"最低入围分数"，凡高于"最低入围分数"者少于面试比例的职位，中止竞争选拔，杜绝"出工不出力"现象。

原标题《铜陵公考 12 人报考 11 人零分续 唯一参考者放弃资格复审》

2013 年 5 月 22 日 摘编自《江淮晨报》、新华网

记者：方佳伟

学生营养餐专项资金被挪用

《国家营养改善补贴计划实施细则》明确提出，专项资金是孩子们的"吃饭钱"，必须保证每一分都用到孩子身上。但由于被挤占挪用，一些地方营养餐变得"廉价低质"。

"3 块钱全部补给孩子们，食堂就办不下去了。"安徽山区的一名小学校长坦言，"国家拨付的是孩子们的吃饭钱，食堂人工费用、水电燃气等日常开销，都要从学校公用经费和营养补助里挤出来。"同时，农村学校食堂条件简陋，使营养餐的卫生质量也大打折扣。2011 年，皖南第一希望小学多名学生被变质米饭"毒倒"，教育部门调查发现，学校食堂连冰箱和基本的消毒设施都没有，"只能拿开水烫烫"。

安徽省社会科学院研究员王开玉分析，如果没有地方财政补贴配套，

学校、企业都会想方设法从 3 块钱中"挤压"出食堂经费、加工运输费用等，孩子们食品的质量、分量也就难以保证。中央"买米"，地方"造锅"，要让 3 块钱都用到孩子身上，地方政府必须投入配套资金。

原标题《3 元学生营养餐成了唐僧肉　专项资金被挪用》

2013 年 5 月 27 日　摘编自《郑州晚报》、商都网

红四方老厂房或将爆破拆除

20 世纪 50 年代中期，合肥蜀山化肥厂筹建并于 1958 年建成投产，这就是中盐红四方的前身。在 55 年的发展历程中，中盐红四方创下了很多全国第一。毛主席等不少国家领导人到过这里视察，留下了大量珍贵的"红色记忆"。2012 年元旦，红四方的生产车间正式停工，实现了工业企业的退城进园。据报道，5 月 28 日上午，来自招投标中心的信息显示，合肥红四方老厂房内的建筑物等或将面临拆除"命运"。

谈到红四方老厂房，安徽省社会科学院研究员王开玉表示："现在，我们要提出一种新模式，把投资保护历史文物的重任，交给有钱有责任感的企业家们。"他说："现在合肥市需要保留的地方很多，仅仅依靠政府力量是有限的。像黄山古民居的保护，就是依靠政府投资、大量企业出资等多种形式保护，因此红四方的未来可以借鉴这些模式。如果仅仅依靠政府建立'工业博物馆'，实际操作起来有一定的难度，如果只是一味拆掉更是可惜。这时候就要发挥企业的社会责任，把红四方的去留问题留给有社会责任心的企业家们。让这块土地更有特点、更有价值。"

原标题《红四方老厂房爆破拆除？》

2013 年 5 月 28 日　摘编自中安在线、东方网

超越"塔西佗陷阱"

包干到户是从安徽发起，走向全国。农村税费改革也是一场顺应民心、顺应历史发展方向的革命。在这场革命中，历史再次选择了安徽，安徽人在改革进程中勇于承担，以敢为人先的精神迎接了这场挑战，继包干到户

260

之后，再次屹立在改革的潮头。实践证明，税费改革充分依靠广大干部群众，发扬政治智慧，以科学态度战胜了各种困难，取得了辉煌成就，开启了中国和安徽农村、农业、农民发展的新局面。

无论是包干到户还是税费改革，都是中国共产党人坚持走群众路线，依靠人民群众、发动人民群众，妥善解决了历史进程中发生的激烈矛盾和冲突。这些都充分证明了在共产党领导下，中国完全可以超越"塔西佗陷阱"。

2013 年 6 月　摘编自《发现钱庙》一书

作者：王开玉

高招新政让寒门更易出"贵子"

中国正迎来一年一度的"高考时间"。2013 年，将有 900 余万名学生通过高考这场人生最重大的考试，试图改变命运、实现梦想。此前国务院公布的"提高重点高校招收农村学生比例"的新政，点燃了很多贫困学生的"寒门贵子梦"。

2013 年 5 月，国务院常务会议决定，要扩大农村贫困地区定向招生专项计划，将 2012 年面向集中连片特困地区的 1 万名重点高校招生计划增至 3 万名，招生区域包括所有国家级扶贫开发重点县，招生高校覆盖所有"211 工程"和中央部属高校特别是知名高校。

王开玉指出，要让"寒门易出贵子"，需从源头着力。在改变招生政策的同时，正视农村教育的薄弱状况，解决好城乡教育资源失衡的问题，逐步改变农村孩子与城市孩子竞争中的劣势地位，尽量避免让他们在"升学大战"中过早出局。

原标题《高招新政让寒门更易出"贵子"》

2013 年 6 月 5 日　摘编自《新华每日电讯》

记者：蔡敏　李云路　姬少亭　许晓青

城市发展带来的诟病

城市人口不断扩容，高层居住得更加密集，这些在转变人们生活方式的同时，也对城市发展提出更新的要求。

说到这些年城市发展带来的一些让人诟病的问题，安徽省社会科学院研究员王开玉说，他也曾是电梯的受害者。

"我们一方面要看到发展中的问题，另一方面也要有发展中必须要解决问题的意识。"王开玉认为，城市发展应该而且必须要进入一个以人为本的城市化建设的新时期。"以人为本很重要，我们面临很多事情要考虑，譬如在城市中的生存环境、居住环境、就业环境以及发展环境，现在到了我们要回头看这些问题的时候了。"

王开玉还特别提到，如今暴露的这些问题，都集中反映了弱势群体在这其中的无能为力。"无论是电梯还是消防，或者是儿童安全都是人命关天的大事，如果我们有完整的应对方案，并且形成了一种管理制度，一种追责制度，我想这些悲剧发生的概率会降低很多。"

原标题《质监：维保单位应定期保养》
2013 年 6 月 12 日　摘编自《合肥晚报》

农村学生假期安全事故为何频发

2013 年暑假刚刚开始，多地农村又连续发生多起学生溺水伤亡等安全事故，悲剧再次向人们敲响了警钟。教育部办公厅日前通报了 6 月 16～22 日全国连续发生的四起学生溺水事故，其中多为农村学生。根据教育部门的统计分析，溺水与交通事故是全国中小学安全事故发生率最高的两类事故，造成死亡人数超过总死亡人数的 60%。

安徽省社会科学院研究员王开玉认为，保护农村学生的假期安全，离不开由家长、学校、社会合力构筑的安全网。"其中家长作为第一监护人，不光是督促孩子完成假期作业，更要时刻关注孩子的各方面安全。"

原标题《农村学生假期安全事故为何频发》
2013 年 7 月 10 日　摘编自新华网、中国教育网、中国经济网
记者：周畅　徐海涛

"流浪孩子回校园"专项行动

2013 年以来，安徽省根据民政部部署，开展了"流浪孩子回校园"专

项行动。对每一位流浪的未成年人，民政部门都进行个人需求和家庭监护情况评估，提出义务教育或替代教育、职业教育、特殊教育、职业培训等建议，帮助适龄适学流浪未成年人返校复学。对暂时查找不到监护人和户籍地的，帮助在流入地就近入学。

"回归校园"有助于从源头上治理未成年人流浪现象，但很多时候，要将流浪孩子送回学校并让他们安下心来学习，并非那么容易。因长期居无定所、衣食堪忧而带来的说谎、偷窃、不讲卫生甚至暴力倾向等不良行为，在一些流浪未成年人身上难除，这直接影响其对校园生活的适应。

"要让流浪孩子安心于校园，需要政府、学校和家庭的共同努力。"安徽省社会科学院研究员王开玉认为，政府应建立健全对困境儿童的救助机制，学校应给予"问题少年"更多关注，家庭则需承担起应负的监护责任。

作为全国未成年人保护试点地区，蚌埠市 2012 年以来将孤儿基本生活费发放范围扩大到事实无人抚养、困难家庭等困境儿童，同时还将建立未成年人社区保护网络，对流浪乞讨、失学辍学、留守流动、监护缺失等困境儿童定期走访。池州市 2013 年初建立风险评估机制，在全面摸排特殊困难未成年人的基础上，对流浪可能性进行风险评估，加大重点帮扶和教育矫治力度，以免孩子因生活或思想原因离开校园流浪。"蚌埠、池州等地的做法，可以为其他地区借鉴，从源头预防的角度根治未成年人流浪现象。"王开玉认为。

原标题《让流浪的孩子回校园》

2013 年 7 月 10 日　摘编自中安在线、凤凰网、新浪网、和讯网

记者：汪国梁

青春文化的力量

从电影《致我们终将逝去的青春》到《中国合伙人》，再到饱受争议的《小时代》，掀起了一股全民"致青春"的浪潮。毋庸置疑，"青春"已成为当下文化市场的"必需品"。

安徽省社会科学院研究员王开玉认为，青春文化在一定程度上纾解了当下人们巨大的生活和现实压力。"当现实令人感到有生存压力和情感压

抑，怀旧可以帮助舒缓情绪和压力，给人带来一些正面的能量。"

原标题《青春文化市场能否长生不老？》

2013 年 7 月 15 日　摘编自新华网、求是理论网

记者：朱青

学生营养餐

6 月 25 日，湖南省涟源市仙洞中学发生学生集体食物中毒事件再次引发关注，不少学生和家长认为食物中毒和营养餐有关。当地政府部门和疾控中心对营养餐进行取样检验，检验报告表明，送检的营养餐各项指标均符合标准。究竟是什么原因造成多名学生上吐下泻，还有待进一步调查。

中央财政每年拨付 160 亿元专项资金用于营养餐计划。但由于被挤占挪用，一些地方营养餐变得"廉价低质"。安徽省社会科学院研究员王开玉分析，地方财政应投入配套资金，改善食堂条件、保证运营费用和人员工资；或是承担配送成本，才能让孩子们的营养餐真正保质保量。

原标题《涟源学生集体食堂中毒　检测显示营养餐正常》

2013 年 7 月 17 日　摘编自中国化工仪器网

网络环境乱象引发家长暑期担忧

暑期之际，谣言、色情、游戏、传销、诈骗等网络环境乱象引发中国家长们对青少年假期上网安全的担忧。

中国互联网络信息中心 7 月 17 日发布的中国互联网络发展状况统计报告显示，截至 2013 年 6 月底，中国网民规模达 5.91 亿，其中 10～19 岁人群比例超过两成，青少年成为网民主力军之一。

"我们应该清醒地认识到，网络是一把双刃剑，它对于青少年的影响重大，必须引起高度重视。"安徽省社会科学院研究员王开玉说。

他指出，青少年心理尚未成熟，缺乏认知能力，还未形成健康的人生观、世界观和价值观，长期受不健康的网络环境影响，容易在心理上与现实世界产生隔阂。

王开玉建议，为了青少年健康成长，必须牢牢掌握网上育人的主动权，建设一批适合青少年浏览的网站，并不断创新，及时更新，建造丰富多彩的网络阵地。

原标题《网络环境乱象引发中国家长暑期担忧》
2013 年 7 月 19 日　摘编自新华网、网易、腾讯网、搜狐网、人民网、凤凰网
记者：蔡敏

中共清理党政机关"违章建筑"

中办、国办近日印发通知，目标直指屡禁不止的党政机关违规修建楼堂馆所、擅自改变办公用房使用功能以及出租出借办公用房等违规现象。通知用一系列"严禁"和"一律不得"等硬性条款，对全面停止新建党政机关楼堂馆所、严格控制办公用房维修改造项目、全面清理党政机关和领导干部办公用房、严格规范党政机关办公用房管理、切实加强监督检查等五个方面工作做出统一部署，提出明确要求。

近年来，民众对不合理的豪华政府大楼反响强烈。从各地网友"晒"出的图片和曝光的资金数额看，不论身处富裕或贫困地区、市级还是乡级，一些地方政府盖楼投入之大令人咋舌。这些"大工程"有的是挪用其他项目建设资金；有的通过发行地方债、贷款来筹资；有的与开发商合作，拿土地进行利益交换等。楼堂馆所的建设要么挤压了民生和公共服务投资，要么表面风光，实则给当地经济社会发展埋下风险隐患。

"花国家钱，占百姓地，摆阔气，求奢华，其本质就是权力观的扭曲。"安徽省社会科学院研究员王开玉指出，豪华楼堂馆所折射出一些基层干部思想观念存在问题。

原标题《中共清理党政机关"违章建筑"剑指滥用职权》
2013 年 7 月 24 日　摘编自新华网、中新网、网易
记者：刘刚　蔡敏　刘景洋

副镇长之子滋事被刑拘

酒后，蚌埠市五河县东刘集镇副镇长肖辉奋邀请一理发店女老板去唱

歌，遭到拒绝，其子竟带人砸了理发店。7月24日，《安徽商报》对此进行了报道。事发已一个星期，记者在事发地看到，这家名为"金剪子"的理发店至今仍大门紧闭，周围的邻居对此事不约而同地保持缄默。肖辉奋的同事评价，其"很少与别人交流"。据了解，肖辉奋的儿子已被刑拘。

自古就有"打虎亲兄弟，上阵父子兵"的说法，副镇长肖辉奋与儿子没有将这种"同心协力"发挥在干正事上。安徽省社会科学院研究员王开玉认为，因为父亲邀请被拒"没面子"，儿子"拔刀相助"，反映了个别官员及其家人的"特权"思想严重，法律意识淡薄。这件事发生在工作日，副镇长中午喝酒，在中央八项规定下发，各地开展警示教育活动的背景下，此举也是"顶风作案"。

一些基层干部长期在本地执政，人脉多，形成了圈子，于是出现自我膨胀，理发店老板拒绝副镇长邀请，副镇长就来店里砸花盆。其子更甚，竟然率众打砸理发店，其行为已经触犯法律。

副镇长儿子的嚣张气焰从何而来？王开玉认为，这是"特权思想"在作祟。身为副镇长，觉得邀请别人，别人就该去，没给"面子"就恼羞成怒。副镇长的儿子更甚，公然打砸，骨子里是觉得有"官老子"撑腰，肆无忌惮。

王开玉说，这起案件，应该给少数领导干部敲响警钟，这也充分说明"群众路线教育"的必要性。党员干部不仅要加强"自律"，还要加强对家人的约束。

原标题《"五河理发店被砸"追踪：副镇长之子滋事被刑拘》

2013年7月25日　摘编自中安在线、新浪网

记者：马飞

实习陷阱频频，大学生的实习权益该如何保护？

699万是2013年被称为"最难就业季"的应届毕业生人数，这一数字的余威使不少大学生放弃了本该休息调整的暑期生活，规划实习，提前接触社会成为首选。然而有的用人单位却将实习生视为廉价"试用品"，更有一些黑中介以介绍高薪工作为诱饵骗取中介费。

安徽省社会科学院研究员王开玉表示，大学生实习的目的是提高自己的个人能力，选择实习单位最好结合自己的实际情况和所学专业知识，同时应

该尽量在自己的户籍所在地参加勤工俭学，因为对当地情况更为熟悉和了解也更便于维权。

原标题《"打工式"实习陷阱频发　大学生权益亟待保护》

2013 年 7 月 27 日　摘编自新华网、东方法制网

记者：杨丁淼

网络代实习服务兴盛

暑期又至，因被冠上"最难毕业季"称号的这个炎炎夏日显得有些特别，多数大学生都在计划着如何找到适合自己的实习单位并为将来就业打下基础。然而记者发现近期网络上"代实习"的业务悄然兴起，学生足不出户，千里之外的"实习证明"竟能"包邮"到手。

"网上买来的实习证明也许真假难辨，但更多的时候老师不会在实习这道关卡上和学生较劲，这也助长了'实习与否都能毕业'的风气。学校一方面要制定务实的考核管理规范，另一方面要为学生搭建更好的实习平台。"安徽省社会科学院研究员王开玉说。

王开玉指出，虽然学校在监管方面存在一定的责任，但多数文科类专业课程并不复杂，因此实习显得尤为重要，如果弄虚作假，最终只会打自己的脸。

原标题《网络代实习服务兴盛　学生足不出户竟能"证明"在手》

2013 年 7 月 27 日　摘编自新华网、中国新闻网、中国经济网

记者：杨丁淼

北京停车收费乱象仍层出不穷

7 月 19 日，北京东城检察院公布了 6 起用伪造发票向司机收取停车费的案件，5 名嫌疑人因涉嫌持有伪造的发票罪被提起公诉。这是北京市检察机关首次对假冒停车管理员、使用假停车发票等违法行为追究刑事责任。

检察机关已对违法收停车费的行为敲响了警钟，可这种现象仍然屡禁不止。按照读者反映的情况，记者近日探访了多个"可疑停车场"，发现其

中无牌收费、备案过期仍收费的问题十分严重。

安徽省社会科学院研究员王开玉分析，目前北京市停车管理乱象主要表现为三方面，一是非法占道停车及使用假发票，二是备案过期，三是随意砍价不开发票。种种停车乱收费的现象是由于多种原因造成的，包括停车公司门槛低、法律法规不完善和有关部门管理缺失等。目前，北京市的停车位发展相对比较缓慢，因此有关部门需要加大打击力度、严格停车管理，另一方面要加大公共停车场的建设，制定更多惠民、利民的方案，让市民停车停得更明白、更放心。

原标题《北京停车收费乱象仍层出不穷》

2013 年 7 月 29 日　摘编自《京华时报》、中国网、东方网

记者：赵思衡

"沉睡"的救助金

7 月 31 日，蚌埠市第 40 期小型客车牌号在市公共资源交易中心竞价发放，皖 C98888 号牌以 90 万元成交。记者从蚌埠市交警支队车管所了解到，4 年来该市车牌号码共拍得资金 2000 多万元。目前安徽省蚌埠、阜阳、六安、淮南等地，将车牌号码竞价所得资金，专门用于道路交通事故救助。然而，交管部门面临着有钱花不出去的尴尬。如何将这笔钱使用到交通事故受害者的救助中成为各市面临的一大难题。

8 月 8 日，记者从安徽省交警总队获悉，安徽省目前相关的管理办法仍处在酝酿研究阶段。由于交通事故社会救助基金涉及财政、公安、卫生等多个部门，基金由谁来牵头管理和运作监督，都尚无明文规定，需要部门之间的沟通与配合。

安徽省社会科学院研究员王开玉也呼吁，应该尽快让这些闲置的钱用起来，让交通事故的受害方得到尽可能的社会救助，当然在基金的使用过程中，还要让钱用得公开透明。

原标题《"沉睡"的救助金》

2013 年 8 月 9 日　摘编自中安在线

记者：方佳伟　张苗苗

财政供养下的"临时工"群体

近年来，随着社会经济的快速发展，各地政府在社会管理和公共服务等方面的工作任务加重，现有人员无法满足工作的需要，一些地方在编制外大量使用"临时工"。7 日，人社部发布《劳务派遣若干规定（征求意见稿）》，规定辅助性岗位用工比例拟不超过 10%。

对于临时工的境遇，记者最近在皖、鄂、赣、湘、晋等部分省市调研采访了解到，一些地方在编制外大量使用"临时工"，已成为财政巨大负担。他们的工资有的纳入地方财政供养预算，有的则靠部门创收"罚没款"发放。

安徽省社会科学院研究员王开玉说："当前临时工在招聘、管理环节上存在着制度漏洞，一些临时工招聘门槛低，素质不高，也缺乏专业的培训。执法部门任由不具有执法资格的临时工在一线执法，直接损害的是法律尊严和政府公信力。"王开玉还认为，政府应简政放权，有所为有所不为，这样才能从根本上控制财政供养人员的增长。

原标题《财政供养下的"临时工"群体》

2013 年 8 月 10 日　摘编自新华网、凤凰网、网易、中国江苏网

记者：王圣志　李鹏翔　周科　苏晓洲　晏国政　凌军辉　杨守勇

改"九龙治水"为"无缝监管"

上周以来，新西兰乳品"肉毒杆菌"事件持续发酵，位于安徽省巢湖市的娃哈哈分公司因使用问题乳品牵涉其中。新组建的安徽省食药监局迅速派员到该企业核查台账，确定流向，督促企业将涉事饮品下架。类似事件若发生在安徽省食药监局组建前，会是另一种处置程序——企业生产环节质量安全由质监管，商场超市等流通环节食品安全由工商管，各职能处室向各部门分管负责人汇报，各部门间信息通报会有所延迟，影响到整体处置效能。

这种变化起于 7 月 31 日安徽省启动的省级食品药品监管体制改革，将设在省卫生厅的省食品安全委员会办公室、省质监局、省工商局、省食药

监局有关职能整合，组建成立新的省食品药品监督管理局，由该局对食品药品实行集中统一监管，同时负责省食品安全委员会的具体工作。

"改革构建了从生产到流通到消费全程无缝监管格局，执法模式由多头变为集中，有利于提高监管整体效能。"安徽省社会科学院研究员王开玉表示，机构改革为食品安全监管"九龙治水"画了一个句号。过去，人们常用"九龙治水"形容食品药品监管状况，食品安全实行分段监管体制，食安办综合协调，质监部门管生产，工商部门管流通，食药监部门管消费，监管部门越多，监管边界模糊地带就越多，既存在重复监管，又存在监管盲点，难以做到无缝衔接，难以落实监管责任。如今，一顶"大盖帽"专管食品安全，一举破解多头管理、职能交叉、权责不清等问题。

原标题《改"九龙治水"为"无缝监管"》

2013 年 8 月 12 日　摘编自中安在线、新华网

记者：夏胜为

身边的隐性能源浪费

节约能源是我国的一项基本国策。为厉行节能减排，有效遏制能源浪费，许多地方都在采取措施，防堵"跑冒滴漏"。然而，记者在调查中发现，目前仍有一些行业或单位，在生产生活领域内依旧存在着隐性能源浪费现象。

安徽省社会科学院研究员王开玉谈到，经过这么多年检验，空调26度的标准既符合我国节能减排大的方向，也符合人们工作生活环境和人的健康的需要。我们一定要有监督和处罚的措施，才能保证这种制度的有力进行。特别在夏天，越是要用电的时候越要节约用电，我们可以少开一盏灯，及时地关掉一些空调。我们要有一种电力危机感。

原标题《身边的隐性能源浪费》

2013 年 8 月 12 日　摘编自新华网

中国农村儿童留守"危机"

儿童溺亡、性侵事件在这个暑期再度频现中国各类媒体。这类事件中

受侵害最为集中的群体——农村留守儿童，他们"父母在远方，读书无人管，生活缺少爱"，正面临安全和权益保障"危机"。

在王开玉看来，解决留守儿童安全和权益保障问题最重要的是让留守儿童和他们的父母团聚。王开玉说："帮助留守孩子拥有更好的成长环境和更高的素质，也是让国家有更美好的明天。"

原标题《溺亡、性侵事件频发凸显中国农村儿童留守"危机"》

2013 年 8 月 13 日　摘编自新华网

记者：蔡敏

100 多位干部号码公布两年后……

这几年，全国各地公布领导干部电话的做法并不鲜见。有些能坚持下来，有些也如昙花一现。安徽省社会科学院研究员王开玉说："让领导通过电话倾听民意，的确能真正为老百姓解决不少实际问题。""领导们敢于公布电话，就应该不惧群众'打扰'，不怕找上门反映问题。"王开玉认为，再好的制度也需要人来执行，职能部门应以此为契机，将群众上访变为领导下访，倾听广大市民的难处。要真正做到处理好群众反映的问题，做到事事有回音。

如果通过领导电话的公开，最终推动各级部门工作作风转变、效率提高，把问题及时解决在基层，并能形成机制坚持下去，作为一条沟通渠道，领导干部电话就可能"备而不用"。

原标题《100 多位干部号码公布两年后……》

2013 年 8 月 14 日　摘编自中安在线、新浪网、凤凰网、和讯网

记者：方佳伟

城市牛皮癣

办证贷款、房屋出租、千金求子……"城市牛皮癣"随处可见。2013年 7 月，北京市政府办公厅发布《非法小广告专项治理行动工作方案》（以下简称《方案》），对非法小广告这一顽症再开"药方"。《方案》要求，全市主要大街的小广告要随有随清；交通枢纽等人流聚集区的小广告存活时

间不得超过 2 小时；城乡接合部等地区小广告存留时间不超过 4 小时。记者调查发现，"药方"开出的一个多月时间内，尽管已经层层落实，但很多地方由于工作人员人手不够等原因，非法小广告依旧难缠。

对于小广告问题，安徽省社会科学院研究员王开玉称，因小广告成本低、见效快、广告内容难受监管等原因，导致小广告问题长久以来猖獗不止。据了解，不干胶类型的小广告，每张成本价还不到 1 毛钱，100 元钱就可以印出 1000 多张。与其他类型的广告相比，非法小广告的覆盖面积最大。无论是在繁华商业区、交通枢纽，还是在居住小区里，小广告都随处可见。所以，小广告市场一直存在，甚至有些人以贴小广告为职业。

也正是因为小广告的这些特点，造成小广告治理难。要有效地治理小广告，首先应该明确责任。王开玉认为，解决小广告应该只由城管一个部门负责。如果各个部门同时负责，那就等于没人负责。比如，原来对色情网站的打击，起初是公安、工商和电信各个部门都要管，在责任明确之后，打击效果就变得非常显著。其次还应当从源头治理。对违法张贴小广告人，应该通过他们找到其雇主，并对雇主进行重罚。有关部门还可以对印刷厂进行监管，如果印刷厂不印小广告，那贴小广告的人肯定就没得贴。

环境问题不像其他问题，长期的维护才是根本。小广告问题就是"破窗效应"，一面墙上的涂鸦没有被粉刷，很快就会布满各种脏东西。所以说，治理小广告其实也不可能在短时间就能见到效果。有关部门应当抓准小广告的规律。"贴小广告的人在晚上贴，那执法人员就应当在晚上进行突击执法。"王开玉说，"应奖惩结合，积极鼓励每一个人都参与到打击非法小广告当中来。"

原标题《京小广告专项治理方案发布月余　城市牛皮癣依旧难缠》
2013 年 8 月 26 日　摘编自新华网、光明网、中国网、千龙网
记者：施志军

"平民英雄"凝聚道德力量

交出最后一笔"特殊党费"的苗为民、替兄还债、感动中国的"信义

兄妹"张仁强、张仁秀，十一载为父求医治病的"板车女孩"黄凤……经过群众评、层层推，安徽省 11 人成为第四届全国道德模范候选人，接受全国人民投票评选。11 位道德模范候选人都是人们身边的"平民英雄"，可亲、可敬、可信、可学。全省广大干部群众踊跃参与第四届全国道德模范评选，边评边学，经受了一次道德洗礼，激发了建设"美好安徽"强大力量。

见贤思齐，人皆可以为尧舜。安徽省社会科学院研究员王开玉说："全民道德素质的提高，仅仅靠道德模范是远远不够的。每个人在被感动后，都要化感动为行动，成为感动别人的人。当向善行善成为一种普遍的社会自觉，社会道德水平自然水涨船高。"

原标题《"平民英雄"凝聚道德力量》

2013 年 8 月 31 日　摘编自中安在线、新华网

记者：朱胜利

改变社区干部负担过重现象

最近，各地正在开展经济普查，不少经济数据的调查、统计任务，也压到社区干部肩头。"营业额、固定资产投资、纯利润这些数字，我们都要带着统计报表一家一家企业的收集，遇到对统计名词含义不清楚的经营户，还得耐心解释、指导填写。"翠庭园社区负责联系经济口事务的工作人员张长玉告诉记者。其实，这些社区干部自己也不具备专业经济学知识，在普查开始前，不少人刚刚接受突击培训。经济普查、档案整理这类行政性事务，占用了社区干部不少时间和精力。

如何改变社区干部负担过重的现象，提高基层服务管理效率？安徽省社会科学院研究员王开玉认为，适应基层事务繁重的实际，应当将更多资源投放到基层，真正实现服务管理重心下移。

"纵向调整资源配置的同时，还应注意横向上的资源分配。"王开玉说，"随着城市化进程加速，一些新城区人口迅速增加，服务管理'担子'很重，而老城区的人口相对比较稳定。在一些地方，社区的设置并没有与城市发展同步，导致出现不同社区工作压力畸轻畸重的问题。有关方面应以便于服务管理为原则，对社区人口数量、面积等进行研究，划定科学、合

理的标准，使社区规模相对稳定，在资源分配上向事务较重、压力较大的社区适当倾斜。"

原标题《轻装上阵 方能多办事办实事》

2013 年 9 月 4 日 摘编自中安在线、凤凰网、和讯网、新浪网

记者：汪国梁 王志刚

偶像是少年儿童探索未来的参照

还记得蔡明、郭达、赵丽蓉演的那部《追星》小品吗？蔡明演的中学生是个狂热的追星族，她对偶像的痴迷到了让家长无法容忍的程度，追星让她对学习越来越没兴趣。孩子追星本不是大不了的事，但如果"误入歧途"，就会影响他们的成长。

谁是现代学生的崇拜偶像？家长对此抱什么样的态度？近日，记者对省城合肥 103 位小学三年级至高中二年级的学生，做了一个关于"青少年偶像的调查"。七成学生的崇拜偶像是明星；两成学生自称为"铁粉"，容貌好、有才华成首选标准；四成家长表示理解孩子"追星"，前提是不能影响学习。

安徽省社会科学院研究员王开玉指出，偶像是少年儿童探索未来的参照，也影响着青少年的思想观念塑造和行为倾向，很多家长对孩子的明星崇拜缺乏必要的了解和尊重，采用各种极端的方式去干预，这样会酿成一些悲剧。

他认为，孩子喜欢的偶像趋向于影视体育明星的话，这反映了孩子平日的接触面较窄，建议家长应该根据孩子的年龄，让他们多去接触些社会，了解些他们未知的世界，帮他们打开眼界。

原标题《孩子崇拜偶像，家长你会怎样？》

2013 年 9 月 5 日 摘编自《市场星报》、新浪网

编制内外：临时工"泛滥"与公职人员"吃空饷"

"临时工"本是计划经济时期的概念，而当下国人所熟知的临时工群体则

多分布于公安、城管等政府部门，如协管员、辅警、联防队员等。北京 25 个部门近日在预算中公布的部分临时工数量已高达 4386 人，而这 25 个部门还不包括城管、交管、工商系统这些"临时工用人大户"。更耐人寻味的是，这庞大的临时工数量居然是建立在有些单位的编制尚未满员的基础上。

当前临时工在招聘、管理环节上存在着制度漏洞，一些临时工招聘门槛低，也缺乏专业的培训。安徽省社会科学院研究员王开玉表示："执法部门任由不具有执法资格的临时工在一线执法，直接损害的是法律尊严和政府公信力。"他认为，政府必须加快职能转变，切实简政放权，有所为有所不为，这样才能从根本上控制需要财政供养人员的增长，减少相关部门对于编制外临时用工的巨大需求。

原标题《编制内外：临时工"泛滥"与公职人员"吃空饷"》

2013 年 9 月 11 日　摘编自半月谈网

记者：王圣志　李鹏翔　周科　苏晓洲

"僵尸车"——新型城市垃圾

"灰尘厚得赛毛毯，遍体鳞伤轮胎扁；一动不动没人管，居民只能干瞪眼。"一些车辆长期停放占据车位不动，无人问津，被形象地称为"僵尸车"。连日来，不少市民反映，身边占用公共资源、影响环境的"僵尸车"数量增多，管理者对其也很无奈，已渐渐成为新型的城市垃圾。

安徽省社会科学院研究员王开玉说："'僵尸车'的成因有很多，比如车主长期不在本地或不常使用车辆；车辆接近报废、维修代价过高，车主索性一弃了之；车主可能失踪、犯罪或去世等，导致车辆无人处理；还有的可能是盗抢车辆，由犯罪分子作案后遗弃。"

很多人都没有意识到，"僵尸车"占据公共资源、阻塞消防通道、影响市容环境，这些行为都应该受到相应的处罚。说到管理，城建、市容、交管、停车场、物业，貌似都沾点边，但由于现行的法律法规没有指出到底具体该由哪个部门负责，所以解决起来比较困难。

他认为，必要的联合执法，多部门联合出击能够迅速有效地治理"僵尸车"。与此同时，有关部门还可号召市民将"僵尸车"捐献出来，统一维修后作为公共资源放置在公交枢纽、轨交站点以及边远小区等处，提供给有需要的市民或外地游客有偿使用，并告知他们用后及时归还，使"僵尸车"成为可利用的社会资源。

原标题《"僵尸车"渐成新型城市垃圾》

2013 年 9 月 16 日　摘编自《京华时报》

记者：刘雪玉　郑磊　施志军　唐琼　杨丹

这个中秋合肥月饼有点"冷"

记者发现，在部分居民家中，象征团圆、情义、孝顺的月饼俨然成了甜蜜的负担。但从市场总体来说，相较于往年，2013 年合肥月饼市场遇冷。而在回收市场上，实物月饼鲜有人问津，月饼券最高以 5 折的价格销售，且反复在生产商与客户之间"轮回"，早已成为业内人尽皆知的"秘密"。

"前两天我正好因为工作去市场上调查了一下，发现今年'天价'月饼没了踪影，大家购买月饼时也不再是一窝蜂抢购，而是有所选择，这是个好现象。"安徽省社会科学院研究员王开玉说。

那么，月饼采购在市场上的"退温"现象是不是意味着月饼有可能会被打入"冷宫"呢？王开玉认为，月饼退出市场是不太可能的，"中秋节是中国的传统节日，圆圆的月饼象征着团圆的美好祝愿，这种文化内涵是不能被取代的。"

针对市民对月饼买得多吃得少的问题，王开玉表示，作为中秋节月饼需进入转型期。"首先是价格，月饼本身就应该是大众消费品，几百块甚至几千块一盒的月饼礼盒，不仅让普通家庭消费不起，也会造成很大的浪费。""其次是月饼的类型应该有所变化。"王开玉说，"现在大家的生活水平提高了，饮食结构也发生变化，但月饼还是采用多糖、多油的制作方式，不仅口感不好，也会让'三高'人群望而却步。现在国际市场上出现了所谓的生态月饼，讲究绿色、健康，而且也有了很多其他的口味，值得国内市场借鉴。"

原标题《甜蜜人情成负担　这个中秋合肥月饼有点"冷"》

2013 年 9 月 16 日　摘编自中安在线、和讯网

记者：琚园园　王靓　方锦　王凯　汪宇琴　李福凯

以房养老

日前，国务院正式出台《关于加快发展养老服务业的若干意见》，明确提出，开展老年人住房反向抵押养老保险试点。一时间，"以房养老"成为社会关注热点。

中国已经进入人口老龄化快速发展阶段。有数据显示，2012 年年底，中国 60 周岁以上老年人口已达 1.94 亿，2020 年将达到 2.43 亿，2025 年将突破 3 亿。在"银发浪潮"来袭，"4 + 2 + 1"家庭模式成主流的背景下，如何养老引发人们思考。

有专家指出，一方面，以房养老作为一种个性化选择，可先从失独和丁克家庭做起。另一方面，一些社会学家认为"以房养老"的推广对破解中国养老难题作用有限。长期研究中国农村问题的安徽省社会科学院研究员王开玉指出，中国还有数亿农村人口，农村老人的小产权房不具备流通性，何谈"以房养老"。

原标题《"以房养老"离中国人生活有多远？》

2013 年 9 月 17 日　摘编自新华网、中国财经信息网、网易、南海网

记者：蔡敏　杨丁淼　王菲菲

中年"空巢"新趋势

在中国，随着"80 后""90 后"独生子女长大成人，去外地求学、工作，有许多像李文娟和其丈夫一样的中年夫妻成了"留守"父母、"剩爸剩妈"。以前往往在老年人中才会出现的"空巢"现象，现在在中年家庭里出现。

安徽省社会科学院研究员王开玉表示，社会由"老年空巢"向"中年空巢"蔓延是一种趋势，各界应积极面对。中年"空巢"家庭应积极调整、构建新的生活方式，比如扩大自己的交际圈，培养更多兴趣爱好等。

"同时，社区街道等基层组织也应该有所作为，比方说多给予此类家庭关注、帮助提供活动场所、组织娱乐休闲联谊等，帮助他们尽快度过'空

巢'状态伊始的不适应期。"王开玉说。

原标题《部分中年"空巢"父母寻找新的生活节奏》

2013 年 9 月 21 日　摘编自新华网、中国新闻网

记者：詹婷婷

莫让手机绑架生活

日前，在扬州高邮一家论坛上，网友发了一个帖子，标题为《聚会新吃法——手机宴》，引起了很多网友的热议。该网友说，朋友聚会，餐桌上每人捧着一部手机，面对一帮手机控，真是很不爽。后来有人提议，每个人都把手机交出来，放到餐桌的盘子里，大家安心吃饭聊天。如果谁的手机有信息进来，罚款 5 元，有电话进来罚款 10 元。还有人建议，如果电话短信多可办套餐，一个晚上 100 元封顶。吃饭聊天时，大家就看着手机，有手机屏幕亮起来，就有钱进账了，一群人开开心心吃了顿饭，吃饭结束后，收到罚款 160 元，又够大家吃顿夜宵了。

这个帖子出来后，立即引起了网友的热议。的确，许多朋友都有这样的经历，聚会一开始，老友相见，气氛是很棒，但热闹劲没维持多久，就有人开始低头戳手机屏幕了。这样的人绝对不是少数，记者曾经参加过一次同学聚会，二十几个人参加，但大概有一半人都在拿着手机拍照，有人拍菜，有人拍人，也有人拍餐厅，拍完了就立刻发到微博上。智能手机的普及让人们的生活越来越精彩，反过来，被手机"绑架"的人也越来越多。

安徽省社会科学院研究员王开玉认为，如今浸泡在网络时代的年轻人，玩伴越来越少，也缺乏认同感。更重要的是，使用手机网聊、玩游戏就像是药物成瘾，一旦产生了心理上的依赖，就会沉浸在自己用拇指建造的封闭世界里。"手机依赖症"也让年轻人与长辈的代沟逐渐扩大，蚕食着长辈与晚辈之间的亲情。

莫让手机绑架了生活。不妨有意识地将手机放到一边，它自然就会回归"人类工具"的角色。

《10 人聚会交上 16 部手机，收"罚款"160 元》

2013 年 10 月 8 日　摘编自《金陵晚报》、光明网

记者：姜静

老人期盼"老不离家"的社区养老服务

记者近日在京沪皖吉等地采访时了解到，相当部分老人希望在家养老。合肥市一项抽样调查显示，在空巢老人中，愿意在家养老的比例接近六成。但由于居家养老服务项目盈利空间小、临时性强、保险不完善等多种原因，目前市场少有企业投资经营。许多老人在居家生活中会遇到理发、买米、应对突发疾病等十分迫切的生活难题，因此，老人们呼吁，尽快完善社区养老服务体系，帮助他们实现"老不离家"。

安徽省社会科学院研究员王开玉指出，近年来，各地连续发生空巢老人在家死亡多日外界不知的情况，有的死亡一周后才被发现。这种事情不仅让老人心酸，也让整个社会为之寒心。帮助老人安心居家养老，社会特别是老人居住的社区，亟待为高龄老人、贫困老人、特殊疾病老人等建立起完善的应急系统、上门访视制度，打消老人们居家养老的心理顾虑。

原标题《多地老人期盼"老不离家"的社区养老服务》
2013 年 10 月 13 日　摘编自新华网、经济参考网、网易
记者：蔡敏　周立权　叶锋　闫祥岭

安徽滁州教育局因动员数万学生看广告道歉

据中国之声《新闻纵横》报道，"同学们可别小看了这 5 张图，几乎涵盖了小学到高中的所有重点知识。拿回去贴到卧室，久而久之你终生不会忘记。学习完这个《学习考试好帮手》，你问一下孩子，什么感觉，他会告诉你三个字。哪三个字？——非常好！"

这段声音，是来自 13 日上午，安徽滁州当地电视台播放的一则推销广告。广告中一名叫周全华的留美博士，正在进行一场专题讲座，推销的是一种叫"学习考试好帮手"的学习资料。

同一时间，滁州市民袁女士像许多滁州学生家长一样，和孩子守在电视机前也收看了这则广告，不过他们却以为自己收看的是一档名为"安全教育与素质培养"的专题节目。

据了解，仅滁州市琅琊区，13日当天就有数万名中小学生被通知收看这档所谓的"安全教育"节目。学生们"安全教育"的专题节目怎么就变成了"电视购物"呢？对此，滁州市教育局一位吴姓主任表示，他们也是被骗了。

据吴主任介绍，10月10日，一名自称滁州电视台的工作人员来到滁州市教育局，希望他们组织观看由电视台新闻综合频道审核、播出的"安全教育与素质培养"专题节目。教育局认为，这个主题与当前学校安全教育要求相契合，于是要求各学校组织学生和家长在家收看。

13日上午，当家长和孩子们在收看这档节目，感觉被"忽悠"的同时，滁州市教育局也接到反映："安全教育"节目变成了广告。教育部门随后发出通知，要求学校停止观看。目前，滁州市教育局已将此事向公安机关报警，并公开致歉。

安徽省社会科学院研究员王开玉分析，出现这类事件，很大程度在于相关部门对这件事危害性认识不足。王开玉说："为什么这类事件频发，我想很大的原因在于教育部门对这件事的危害性认识不足。校园应该是最纯洁的地方，孩子们由于年龄较小，对很多事认识都不足，很容易受广告的内容影响，相关部门应该采取措施，净化校园环境。"

原标题《安徽滁州教育局因动员数万学生看广告道歉》

2013年10月16日 摘编自央广网、人民网

记者：王利

"倔老头"当面还钱　南京房东温情拒绝

11日晚，在好心人的帮助下，让徐老等待了26年的房东沈庆祥终于出现。为了帮助老人完成还房东钱的心愿，当地社居委及安徽、江苏媒体备好车辆，和徐老约好10月16日下午一起前往南京。10月16日中午，记者拨通徐老弟弟电话，得到的消息竟是：徐老竟一个人在10月16日早上乘车去了南京，现在已经找到了房东沈庆祥。社区主任张剑说，徐老总把一句话挂嘴边："我吃低保已经够麻烦大家，不想再麻烦了。"

10月16日15时，沈庆祥老人接了记者电话，"老徐已经跟我见过面了，谢谢大家，他不想再让大家替他操心。"老人笑呵呵地说。沈庆祥透

露，这次徐老又把钱带来了，硬要塞给他。"我没有要，也不能要。我说老徐你身体不好，这些钱拿回去看病，你的心意我已经领了。"

安徽省社会科学院研究员王开玉说："26 年来老人一直把还钱的事记在心上，这体现了老人十分看重自己的信用。老人还的不是钱，而是一种承诺，是一种对社会信用的推崇。"

原标题《"倔老头"当面还钱 南京房东温情拒绝》
2013 年 10 月 17 日 摘编自中安在线、凤凰网、新浪网
记者：韩畅

"被骗"不能成为挡责万能理由

安徽省滁州市教育局被骗子"忽悠"，动员数万名中小学生集体看推销广告、写观后感一事，近日引起全国广泛关注。10 月 18 日，滁州市通报了该事件初步处理情况：对负有直接责任的市教育工委副书记刘芝福予以停职检查，责成市教育工委、市教育局作深刻检查，向广大学生、家长和社会做出诚恳道歉。

若翻起"旧账"，类似事件多年前就已在安徽上演过好几回。2010 年 5 月，合肥、芜湖教育部门通知学生在家收看一档"校园安全"节目，结果节目推销的是关于超级记忆的书。2011 年 9 月，宣城市宣州区中小学生接到教育局通知，要求观看当地电视台一个教育节目，结果内容却是在介绍《学习考试秘籍》。事发后，当地教育部门都给出同样的解释：自己被骗了。

"被骗不是理由，尤其是在三番两次发生类似情况之后。"安徽省社会科学院研究员王开玉说，"其实这些骗局并不高明，当地教育部门只需要和播放节目的电视台核实一下，就可戳穿。但就是这么简单的一个步骤，有些人都'懒'得去做，可想而知其工作态度的怠慢和不负责任。此外，事件背后是否存在权钱交易的问题，也需要注意。我国明令禁止任何单位和个人进入学校宣传推销教辅材料，教育部门应该严把关卡，认真履行监管责任，不能用任何理由作为不法书商的'帮手'。如果未尽职履行，造成严重后果，应受到相应法律法规的惩处。至于'喊冤'的学校，也不能简单地将责任推给他人，而应设立保护学生的屏障，采取预防措施

防止此类事件的发生。"

原标题《"被骗"不能成为挡责万能理由》

2012 年 10 月 19 日 摘编自《法制日报》、新浪网、凤凰网、网易

记者：李光明

家中过期药品难觅安全"归宿"

近年来，北京市在全市建立了社区药品监督网络，并在各大型社区设立了 3062 个过期药品回收箱。但记者调查发现，在这些生活区，过期药品回收箱知晓率并不高，有的居民想找回收箱找不到，有的居民则对废药危害了解少，将过期药品当成普通垃圾扔弃。为此，安徽省社会科学院研究员王开玉表示，加大过期药品回收知识宣传力度、建立过期药品回收的长效机制，是有效处理过期药品的关键。

王开玉指出，目前随着社会发展，导致居民家庭小药箱的药品储量越来越大，过期药品数量日益增多。如果对过期药品不管不问、放任自流，可能会引发用药安全、环境污染等社会问题。药检部门需建立过期药品回收长效机制，并加大宣传力度，让更多居民认识到过期药品的危害。

目前，大多数居民没有意识到不合理地处理过期药品所带来的严重危害。若不法商贩低价收购过期药品，经简单加工、包装后使之再次流入农村、山区、小型医疗机构等，会给公众用药安全带来威胁。因此，大力宣传药品的危害，让大家理解和支持过期药品回收工作，并给居民设置过期药品存放的最佳地点，开展相应的兑换活动，就能够调动居民的积极性。

与此同时，还可以在借鉴国际先进经验的基础上，结合我国实际，采取过期药品回收的有效措施。例如，可以将生产者责任制度引入过期药品回收管理中，全面体现"谁生产谁负责"的原则，通过立法明确规定生产者和销售者有限度地承担过期药品回收的工作和费用。同时，完善监督管理职责，使环保、药品监管、卫生、社区等多部门各尽其责，为过期药品回收搭建安全、环保的平台。

原标题《家中过期药品难觅安全"归宿"》

2013 年 10 月 21 日 摘编自中国经济网、《京华时报》

记者：刘雪玉

被曝光黑车位仍收费

10 月 21 日,《京华时报》对市民反映较多的 6 处黑停车场进行了曝光。报道刊登后,朝阳、海淀、丰台等区城管均表示将派人调查,如情况属实将进行处罚。但 10 月 21 日,记者再次探访发现,这 6 处黑停车场仍然生意兴隆,有的甚至还增加了收费员。

安徽省社会科学院研究员王开玉表示,北京"黑停车场"乱象丛生,是多种原因造成的。

王开玉称,目前停车场的审批仍由政府相关部门决定。但停车场与民众息息相关,应由政府单一审批变为专家和民众生活论证后再审批。包括停车位的施划、停车公司的选择都应由群众说了算。王开玉表示,对于停车场的管理,政府应只起到监管作用,更多的要交由市场力量来主导,不能光交由交通部门来管。

王开玉介绍,北京停车场管理方面发展得仍较为缓慢,应多学习先进城市的停车场管理办法,政府相关部门也要加大打击力度、严格停车管理,并加大公共停车场的建设,制定出惠民利民、有助于市场进一步发展的方案。

原标题《被曝光黑车位仍收费》

2013 年 10 月 22 日　摘编自《京华时报》、千龙网

记者:孟凡泽　刘景慕　张思佳

合肥土地交易红火

据《合肥晚报》报道,2013 年的合肥土地交易十分红火,数据显示前三季度万余亩土地揽金超过 325 亿,交易金额比 2012 年同期涨幅超过三分之一。10 月 21 日,记者从土地市场获悉,2013 年合肥各项土地成交指标均呈现上升态势,大量优质地块的出让吸引着众多地产大牌纷纷出手。

2013 年 1~9 月,合肥(含巢湖、四县)土地市场共成交了 111 宗地块,土地总成交面积 10580.91 亩,土地总成交金额 3256265.799 万元。与2012 年同期相比,各项土地成交指标均呈现上升态势。成交地块比 2012 年

的 91 宗增加了 20 宗，涨幅达到 21.98%。土地总成交面积比 2012 年同期的 8147.457 亩上涨了 2433.453 亩，涨幅为 29.87%。土地成交总金额 325.63 亿元，比 2012 年 232.72 亿的成交额同比上涨 39.92%。

对于土地市场的火热，安徽省社会科学院研究员王开玉认为，这与合肥经济发展前景好有关，合芜蚌自主创新综合配套改革试验区的实施，合肥作为安徽龙头发展优势及潜力可见一斑。还有，合肥地铁的建设以及各类交通基础设施的不断改善，为经济的发展提供了良好的硬件设备，也带来很大的投资吸引力。

原标题《前三季度合肥土地揽金超 325 亿》

2013 年 10 月 22 日　摘编自中安在线、新浪网、凤凰网、万家热线

记者：周莹莹　吴奇

安徽宁国叫停网友为重病患者募捐

最近，安徽省宁国市的多名网友了解到 3 户困难病人无钱治病，便准备为其募捐。岂料，募捐日期临近时，网友却被当地民政局约谈，并叫停了此次募捐活动。

"为困难户募捐，这应该是值得鼓励的好事，民政部门怎么能叫停呢？"事后，民政局的举动引来公众质疑。10 月 29 日，宁国市民政局回应称，宁国市有 2000 多人需要救助，这次的募捐活动只是为 3 个人募捐，这样的募捐行动对他人不公平。

安徽省社会科学院研究员王开玉对此事也有自己的看法。"这类爱心募捐值得鼓励与倡导，不能简单随意地叫停。"王开玉认为，宁国市民政局给出的"不公平"一说是站不住脚的，"选择救助谁，这是网友自己的选择，毕竟他们是自发的善举，并不承担救助全部困难群体的责任"。

同时，王开玉也认为，如果民政部门觉得这次募捐有不规范的地方，可以去监督、规范它，而并不是简单随意地叫停它。

原标题《安徽宁国叫停网友为重病患者募捐》

2013 年 10 月 29 日　摘编自人民网、光明网

记者：张磊　常国水

医患关系紧张致医院不敢担手术风险

下午住进医院，晚上就被掏心里话的医生"劝退"。怀孕 9 个多月的安徽池州姑娘郭明因身患重病，想进医院生产却四处"碰壁"，不是以没有床位被拒收，就是以医疗能力不足被"谢绝"。但是她的病等不起，也折腾不起了。10 月 29 日，在安徽医科大学第一附属医院住院部 13 楼产科病房外的走廊上，郭明终于等到了一张临时床位。"得赶紧躺下，怕给别人抢走了。"郭明似乎忘记了之前求医的坎坷，笑着和记者说。

看病难不是一个新鲜的话题，但郭明就医难的经历却令人深思。在采访中，记者注意到，同一家医院即使门诊部医生同意患者住院，可能在住院部也会卡了壳。

"门诊部开住院单，一天能开几十张，但是床位不一定有，需要按照预约先后接收。但是危重病人一般必须接收，还会开通'绿色通道'，给予优先安排。"有门诊医生告诉记者，但是什么样的病人属于危重病人，什么样的病人必须接收，还是掌握在医生的手中。

"这就是问题所在，需要有关部门制定相关标准，量化危重病人管理，对什么情况下必须接收、如何接收，接收后产生的费用如何解决等予以明确规定。只有标准清晰化了，出现问题才好追责。"安徽省社会科学院研究员王开玉说。

原标题《安徽一高危孕妇就医多次"碰壁"》
2013 年 10 月 30 日　摘编自《法制日报》、南海网
记者：李光明

舒城重建"周瑜城"

10 月 29 日，记者从六安市舒城县了解到，该县正在推进 4249 余亩周瑜城文化旅游项目，前期土地征用和规划已完成。而作为周瑜的"另一个故乡"——安徽省庐江县，当地政府在"周瑜文化"的研究、开发和保护方面，成绩颇丰。有人称这是舒城的庐江打响了"周瑜"争夺战。

谈及异地间相同历史人物多层面、多领域结合和竞争的态势，安徽社会科学院研究员王开玉表示，这种态势是好的，能出现"百花齐放"的文化现象，肯定是好事情。王开玉认为，周瑜足迹肯定遍布多个地方，这就像包公之于合肥和开封一样。这些先人的足迹，到后世会成为遗址，经开发保护成为名胜古迹。现如今舒城、庐江两县之间共同对周瑜文化的挖掘和开发，对丰富研究周瑜这个历史人物无疑具有促进作用。"相互搭台、共同唱戏，已成为许多地方文化旅游结合发展的成功经验。"

原标题《1800 年后，舒城重建"周瑜城"》
2013 年 10 月 30 日　摘编自中安在线、新华网、凤凰网、和讯网
记者：卢贤傲　吴洋　方荣刚　欧恺

安徽宁国市民政局备受关注

据中国之声《新闻纵横》报道，这两天，安徽省宁国市民政局备受关注，先是当地多名网友想给 3 户困难病人募捐，却被宁国市民政局叫停，称这样募捐对其他人并不公平。不少网友对此不满，于是转而围观该局网站。进而在宁国民政局官网上发现一张极似经过 PS 的照片。照片中，民政局领导陪同当地副市长看望百岁老人，领导图像被放大且身体悬空，百岁老人只能蜷缩一角，比例极不协调。

安徽省社会科学院研究员王开玉说："公平不公平这样的说法很幼稚，如果民政部门感到还需要更多的人去捐赠，不是去指责，而是去动员更多的力量向捐赠人学习，所以以这个理由来停止捐赠，那是毫无道理的。"

同时，王开玉也认为，应进一步对慈善的捐赠形势进行改革，整合各方面的力量，疏通这个渠道，扩大这个捐赠面，要鼓励人们捐赠，另外要建立新的慈善捐赠机制，使捐赠的积极性能够更高，捐赠的意识更强，使更多的人能够得到救助。

原标题《安徽宁国悬浮照被批　被问叫停捐款搪塞"不好说"》
2013 年 10 月 31 日　摘编自中国广播网、中华网、环球网
记者：梁明星

景区轮椅非法出租

带老人到景区游玩，经常会需要一台轮椅。记者调查发现，一些景区未能提供完善的轮椅服务，导致不少商贩专靠出租二手轮椅获利。二手轮椅在提供便利的同时，也给游客留下了健康和安全的隐患。

安徽省社会科学院研究员王开玉说："二手轮椅出租市场的存在，说明老年游客或者残障人士在景区游览中，确实对轮椅有需求，同时也反映出，景区提供的轮椅服务尚不能满足游客需求。"

商贩正是看准了这个市场，才想到通过出租二手轮椅获取利益。他们为了多赚钱，必然不关心这些二手轮椅的质量隐患、细菌残留等多种问题。游客使用时，万一在使用中轮椅发生破损，还可能会和商贩之间产生冲突。

王开玉建议，应尽早规范轮椅服务，统一市场，防患于未然。政府可以建立专业的服务公司，招纳有培训经验的专业人员，为游客提供轮椅服务，同时制定相应的管理制度和赔偿制度。这样，游客使用轮椅不但干净卫生，而且一旦出了问题还能"投诉有门"。市场得到了统一，二手轮椅出租产生的隐患也就能得到遏制。

原标题《景区轮椅吃香滋生非法出租》
2013 年 11 月 4 日 摘编自《京华时报》、华龙网、光明网
记者：施志军

政府买服务 纾解养老难

在全国范围内，政府通过招标向社会力量购买居家养老服务仍属新鲜事，并无多少现成经验可循。近万名老人的服务需求涉及方方面面，如何编制服务目录，如何选择服务提供商，都是难题。

政府购买居家养老服务项目实施前，合肥市各区曾对符合条件的老人进行随机调查。结果显示，老人服务需求呈现多样化特点。以瑶海区为例，60 名调查对象中，需要送餐的 17 人、个人卫生清洗 24 人、康复护理 17 人、紧急救助 21 人、精神支持 30 人，其他如代办代购、安装维修、管道疏通、陪同就医等服务也为不少老人所急需。

在调查基础上形成的服务目录，涵盖生活照料、医疗保健、家政服务、紧急救助、精神慰藉等6个大项38个小项。公开招标时，上述服务按区域划分为瑶海区、包河区、经开区等五个区。鉴于很少有机构能同时承担起多样化的养老服务，招标允许由社会组织牵头，组织多家专业机构的联合体进行投标。

相对于货物和工程类采购，服务类采购标准很难把握，因为其具体需求往往无法量化。要确保服务质量，服务标准的制定与评标方法须细致入微。购买服务实施方案中，如助餐服务即规定洗、煮饭菜"无焦煳"，餐具应"每餐消毒"。对投标方评定打分的标准，甚至细化到从业人员拥有健康证人数。由于是联合体竞标，更增加了评标的复杂程度。现场开标和评标会议从下午3时许开始，连续进行14个小时，至次日早上才确定预中标结果。

政府购买公共服务是一个新课题，要想真正实施好，必然要经历大胆探索、认真总结经验的过程。安徽省社会科学院研究员王开玉认为，重要的是坚持以服务对象导向的评价原则，建立健全由政府、服务对象及第三方共同组成的综合性评审机制，对购买服务项目数量、质量和资金使用绩效等进行科学评价。"评价结果应向社会公布，并作为以后政府购买同类服务的参考依据，以确保购买服务的资金花到实处，使老百姓得到真正实惠。"

原标题《政府买服务　纾解养老难》
2013年11月7日　摘编自中安在线、东方网
记者：汪国梁　黄大伟

安徽宁国"募捐门"事件反思

本来指望通过社会救助求生，却不料因政府介入，救助中途夭折，安徽宁国尿毒症患者孔高宁日前抱憾去世，引发公众对民间慈善屡遭困局的思考。夭折的募捐掐灭了病患者的希望。另外两名患者告诉记者，在媒体曝光了此事后，这两日政府才迅速采取行动，帮助他们筹集治疗费用和办理相关社会救助手续。

募捐对象告诉记者，像他们这样的大病患者治疗费用往往很高，而目前对他们的保障无论是新农合报销还是大病救助等都是治疗后补助，事前

高额的手术费很难筹集，民间捐助是他们的"求生希望"。

安徽省社会科学院研究员王开玉认为，民间慈善是社会文明进步的标志，理应得到鼓励。政府在整个事件中，只考虑维护自己的政绩，澄清自己的"不作为"，力图挽回面子，却始终没有认真关注等待救命的病患者。

原标题《安徽宁国"募捐门"事件反思》

2013 年 11 月 8 日　摘编自新华网、东方网、华龙网

记者：杨玉华　周畅

安徽小岗村大包干 35 年启示

全新的改革大道、全新的游客集散中心、全新的连片高标准农田、全新的白墙黛瓦徽派建筑⋯⋯农村改革实行大包干 35 周年前夕，记者来到我国农村改革发源地安徽凤阳县小岗村，眼前是一个正处在从传统小农经济走向现代农业、从封闭的旧乡村走向城乡一体化大趋势的开放型新农村。

发展现代农业、开发乡村旅游、推进土地流转，小岗村人均收入已突破万元，大大超过安徽省农民人均收入水平。这个被农村问题专家看成中国传统农区缩影的"改革第一村"30 多年来不断演绎着改革创新精神，正大步向发展快车道迈进。

安徽省社会科学院研究员王开玉认为，改革第一村不可能总是勇立潮头的改革先进村。实事求是地说，小岗村只是中西部众多资源平平、区域经济发展水平一般的一个普通村，对于这样的村，发展得失必须尊重现实，客观看待，任何超越其现实发展阶段水平的要求都无异于揠苗助长。

原标题《安徽小岗村大包干 35 年的启示：改革无穷期　致富有过程》

2013 年 11 月 9 日　摘编自新华网、中国政府网

记者：孔祥迎　蔡敏　杨玉华

中小企业翘盼民营银行

银行业开启民营大门属破冰之旅。最近屡见各大报端的一则经济新

闻，是各地积极申报民营银行。在安徽，7 家民营企业最近共同发起组建民营银行，已预先核准银行名称为合肥银行；在江苏，南京三胞集团和雨润集团悄然筹办民营银行，已向银监会申报材料；在云南，由云南省工商联牵头、民营企业家拟发起云南泛亚金控银行。当然，经济前沿的广东更是热情高涨。

民营资本进入银行业，对于经济地带并非前沿省份的安徽，一部分人持观望甚至并不乐观态度，认为这个过程可能会漫长。当然，也有不少观点认为，安徽从不缺乏创新土壤，对襁褓中"合肥银行"十分期待。

"安徽完全可以组建民营银行，我非常看好。"安徽省社会科学院研究员王开玉接受记者采访时说，"从农村改革开始，安徽一直走在前列，税费改革也是安徽首当其冲，所以自古以来具备改革的土壤。"

他分析，现在是改革的最好时机，大家都在期盼改革。而现在最主要的改革，就是金融改革。就安徽而言，无论是改革的条件、民间的资本，还是体质，都完全具备。

原标题《中小企业翘盼民营银行》

2013 年 11 月 9 日　摘编自《安徽经济报》

记者：邓九平　吴瑜琦

慢性病患者社区医院开药难

2013 年 10 月 1 日起，北京市对医保社区药品范围进行调整，增加了治疗常见病、慢性病、老年病的药品，共新增药品 224 种。即便如此，仍有部分社区居民反映，在家门口的社区医院开不到慢性病药品。近日，记者走访朝阳区的多个卫生服务站，发现部分药品在社区医院不能配置，居民需前往大医院排队开药。

安徽省社会科学院研究员王开玉表示，国家已经对社区医院基本药物目录进行调整，目前还处于一个未成熟的阶段。一方面，国家可以考虑对部分慢性病药品进行放开。针对年龄较大、行动不便的患者，可以考虑适当放宽开药量。长期或者终身服用慢性药品的患者，也可考虑延长开药时间间隔。另一方面，对于同样需要长期服药，但病情具有不确定性的病人，还是应该定期就医，以免病情出现转变。

王开玉指出，虽然慢性病药品被限级，但是为了保障患者的安全。他相信，这个事情是可以解决的，需要各部门相互协调，避免损害患者拿药的权利。居民对社区药品的需求主要体现在慢性病和常见病方面，所以这一方面的管理，还待进一步提高。

原标题《慢性病患者社区医院开药难　没有老年常用降压药》
2013 年 11 月 11 日　摘编自《京华时报》、东南网、中国台湾网
记者：陈龙　刘雪玉

居家养老要系统化服务

2011 年，合肥市大规模试点社区居家养老服务模式，在多个社区建立社区居家养老服务中心和社区居家养老服务站，为社区居民提供居家养老服务。通过建立网络通信平台，社区老人的生活需求信息被汇集起来，并传递给加盟家政企业，由企业派出服务人员，上门提供服务。

按照安徽省相关政策，民办养老院除了可以获得一次性开办补助外，还可享受用电按当地最低价格收费，用水、用气按居民生活用水、用气计价，电信业务按现行最优惠价格计算等政策。但据记者了解，除了一次性补贴，其他优惠政策很难落实。一网友认为，一些地方对民办养老院用地、税收、补贴等优惠政策的落实"雷声大雨点小"，致使很多民办养老院只能提高收费。因为价格偏高，消费者不接受，经营就会走进"死胡同"。

安徽省社会科学院研究员王开玉认为，发展居家养老，政府不仅要直接投入资金，还要通过制定政策刺激民间资本投入，鼓励社会公益力量参与。只有政府将自身与民间资本、社会公益力量紧紧拧在一起，相互补充完善，才能保证社会养老服务系统健康运转。

原标题《"小马"难拉"大车"》
2013 年 11 月 19 日　摘编自中安在线
记者：朱胜利　高城

别让中老年人巢空心也空

40 多岁的胡某老家在四川。2013 年 7 月，她在合肥繁华大道包河苑小

区租房时，与房东宋强相识并同居。胡某对他这套近百平方米的房子打起了歪主意。她向宋强提出，雇两个女子做色情服务。两人一拍即合，当月就雇了方晴和徐梅。

哪类群体的钱最好挣？胡某交代，经过考量她很快得出答案：居住在小区附近的空巢或丧偶中老年人。之所以瞄准这两个群体，是因为其社交圈子狭小，缺少家人陪伴，精神空虚，挡不住诱惑。近日，骆岗派出所将该卖淫窝点捣毁，以引诱、容留、介绍卖淫罪将胡某刑拘。警方已提请包河区检察院对胡某批准逮捕。

安徽省社会科学院研究员王开玉建议，尽快建立社会化养老服务体系，增加对老龄化产业的投入；作为子女，应更多地关爱老人，不要为老人的黄昏恋设置不可逾越的障碍。

原标题《“中老年专供”色情卡塞进门缝》

2013 年 11 月 19 日　摘编自中安在线、凤凰网、新浪网、安青网

记者：包公　吴洋

社工服务　如何走上专业化之路

社区的管理服务组织，有党组织和居委会。数年前，蜀山区推行“议行分设”改革，将社居委行政职能剥离出来，由社区工作站承担行政事务。在两委一站之外，为什么还要“添炉加灶”，增设社工服务站来提供公共服务呢？

在行政化背景下，不少社区开展服务活动，更多地从上级政府部门的命令出发，对居民实际需求关注不够，强迫式推销服务多、临时性活动多，居民参与热情和满意度不高。社区干部精力和能力不足，也是制约公共服务水平的一大因素。以前社区工作人员大多没有经过系统培训，在服务理念、创新意识等方面，均难以适应居民公共服务需求专业化、个性化趋势。专业社工机构在人才、公益资源等方面拥有独特优势，对弥补社区自身力量不足有着难以替代的作用。

对于驻点社工可能承担过多行政事务的隐忧，安徽省社会科学院研究员王开玉认为，街道办、社居委应明确社工的工作范围和具体职责。在约定范围内，应充分尊重专业社工的职业素养和判断，使他们的精力和能力

更多地用在服务群众上。

原标题《社工服务　如何走上专业化之路》

2013 年 11 月 21 日　摘编自中安在线、新华网

记者：汪国梁

社区健身与噪声扰民

广场健身作为城市居民自发的健身方式，吸引着许多的参与者。同时，它也是一道风景，为整个城市增添了活力。然而，随着广场健身的参与人群逐渐增多，健身场地已从公共广场延伸到居民小区内。随之而来的，便是跳舞健身与噪声扰民之间的矛盾。近期，记者走访不少社区发现，"居民要健身"和"居民要清静"已成突出性的话题。

安徽省社会科学院研究员王开玉表示，居民想找个开阔的地方聚在一起跳舞健身，本是件无可厚非的事，社会理应提供给它一定的公共空间保障。然而，周围的居民不想被打扰，同样无可指责。双方都没错，探究原因还是城市里缺少适合的公共健身场所。

王开玉表示，目前的室外公共广场尤其是社区广场，大多都不适合广场健身。一方面是面积太小，另一方面距离居民区太近，会打扰附近居民。在寸土寸金的城市，广场健身只好见缝插针，因陋就简地练起来了。

这样突出的矛盾从侧面说明了广大市民公民意识的觉醒，但要解决这些问题，就需要市民之间在相互宽容的前提下，学会自我组织和管控。同时，政府应该加强对社区居民公共空间的开放和社区文化的建设。

原标题《社区健身与噪声扰民矛盾待解》

2013 年 11 月 25 日　摘编自《京华时报》、和讯网

记者：王苡萱

落实八项规定不放松，需权力透明运行

中央纪委党风政风监督室数据显示，截至 2013 年 10 月底，各地查处违反中央八项规定精神问题共计 17380 起，处理 19896 人，给予党纪政纪处分

4675 人。

八项规定出台一年间，风气明显改观，全社会有目共睹，但违规现象仍有发生，违反规定的"花样"也不少，反映有的干部已形成了高接远送、"酒桌办公"的惯性思维，也反映出有的官员还心存侥幸。

安徽省社会科学院研究员王开玉认为，这些不良现象一定程度上反映了过去一些不良行政方式的强大惯性，同时也反映了制度性建设的紧迫性。如涉及一些部门行政权力过于集中，资源分配不透明等问题，导致不请不送办事难，成为改进作风的"拦路虎"。

原标题《落实八项规定不放松，需权力透明运行》
2013 年 12 月 3 日　摘编自新华网　东方网
记者：杨玉华　徐蕊　李劲峰

新邻里关系

"知道你的邻居是谁吗?""在电梯偶遇邻居会打招呼吗?"当这些问题被抛给"小年轻"时，十之八九得到的都是否定答案。就在众人纷纷感叹"远亲不如近邻"已失真时，新邻里关系"横空出世"，孩子、宠物、广场舞通通都可以成为你的"外交官"。

近日，记者通过网络问卷调查和实地走访的形式采访了合肥市恒泰阿奎利亚、华润幸福里、荣城花园、金都华庭、华地学府名都等多个小区，发现老小区邻里之间熟识度要远高于新小区；相对于单身青年来说，已婚人士则更热衷于邻里之间的交往。

"事实上，人与人之间是渴望交流的，业主活动、孩子、宠物等都是邻里之间交往的重要媒介。"安徽省社会科学院研究员王开玉分析认为，无论是业主主动建立邻里关系还是开发商办活动，对拉近邻里关系都能起到一定的作用，"增加接触的机会，关系变亲近的可能性更高。对业主来说，和睦的邻里关系也能提高居住品质"。

原标题《"新邻里关系"孩子、宠物、广场舞都是你的"外交官"》
2013 年 12 月 5 日　摘编自《江淮晨报》
记者：金玲

安徽泾县"挖坟焚尸"事件

安徽省泾县对一违反规定土葬的逝者挖开坟墓、浇油焚尸近日经当地媒体曝光后，引起强烈反响。人们对这种闻所未闻的做法震惊之余，更关注这一甚至不能用粗暴来形容的恶劣执法，是否已经构成侮辱尸体罪，追究有关人员的刑事责任，让这起严重损害党的执政形象的相关责任人受到严厉惩处，以儆效尤。

"这是一种简单、野蛮的执法行为。"安徽省社会科学院研究员王开玉说，"就算执法者的目的再好，也不能知法犯法，以违法对待违法。"

原标题《安徽泾县"挖坟焚尸"事件调查》
2013 年 12 月 9 日　摘编自《法制日报》、中国新闻网
记者：李光明

农民愿在城镇购房无意变市民

刚刚闭幕的中央城镇化会议提出，推进农业转移人口市民化是中国城镇化的主要任务之一。但是，记者在江西多个县城采访发现，虽然农民成为当地城镇商品房的主要购买群体，但农民转为城镇户籍成为市民的意愿并不强。

中小城市城镇户口遇冷，专家认为主要原因是中小城市的城市户口含金量不高。安徽省社会科学院研究员王开玉说："作为承载农民市民化战略主体的中小城镇，因缺乏有效的产业支撑，且无足够财力提供优质的公共服务，因此对农民入籍吸引力不足。""对农民土地权利保障不到位，土地、宅基地等资产无法明确权属关系，让农民无法在离开农村时有效处置在农村的财产，限制了农民的落户城镇积极性。"王开玉认为，随着就业、住房、养老等社会保障政策实现全覆盖，土地制度改革等方面必须与之配套。

原标题《农民愿在城镇购房无意变市民：户口转了地怎么办》
2013 年 12 月 16 日　摘编自新华网、21 世纪网
记者：郭远明　沈洋　刘菁　李宝杰　詹婷婷

皖企抢滩资本市场"平民俱乐部"

12月14日，国务院发布《关于全国中小企业股份转让系统有关问题的决定》，股份转让将扩容至全国所有符合条件的企业，备受关注的"新三板扩容"靴子落地。

从中可以看到，新三板扩容提供一套融资方和投资方风险共担、利益共享的机制，有利于缓解中小企业"资金渴"，规范企业治理，优化企业转型升级的融资环境。

作为发展中省份，安徽企业应如何抓住政策机遇从资本市场获益，进而推动企业发展？《安徽经济报》记者为此采访了相关专家。

"中小微企业一直得不到资本市场服务有效覆盖，新三板扩容将为中小微企业注入资金活水，优化企业转型升级的融资环境，继而加快我国经济结构调整的步伐。"安徽省社会科学院研究员王开玉告诉记者。

"挂牌门槛降低，只有这样，新三板才发展起来，然后再发展中不断完善，企业进不来，就搞不活，就是一潭死水，现在门槛降低，进来更多的企业，死水就变成活水了。更加体现了资本市场的活跃，死钱变成活钱，企业也充满了活力，也扩展了资本市场。"王开玉说。

王开玉向记者分析，作为发展中的省份，安徽省中小企业更需要这项政策。"因为从横向比较来说，安徽省大型企业比较少，多是中小企业。大型企业多的省份，资金更雄厚，安徽省的中小企业多，迫切需要融资。这项政策的出台能够更好地帮助企业融资，为企业资金注入了新的活力，企业可以把产业资本变成金融资本。"

作为一项重大金融改革，王开玉同时表示，此次《决定》出台，让安徽省金融改革发展走得更好更快，企业融资有更多空间，金融改革和资本市场体系更加完善。

原标题《皖企抢滩资本市场"平民俱乐部"》
2013年12月17日　摘编自《安徽经济报》
记者：邓九平　吴瑜琦

"50后"退休潮，建立多元化养老势在必行

1950~1960年的10年，是新中国第一波"婴儿潮"形成时期。20世

纪 30 年代与 40 年代连年战争，为补充人口，国家开始鼓励中国女性生育，数据显示，这 10 年间，中国人口增长近 2 亿，速度惊人。到适婚年龄，这些"50 后"又成为计划生育政策的第一批响应者，他们中很多人只生育了一个孩子。如今，这批人大都到了退休年龄。记者走近他们，发现对比"40 后"和"30 后"，他们的退休生活显得尤为特殊：精神满足成了最大期望。

安徽省社会科学院研究员王开玉告诉记者，"50 后"退休潮来临，只是中国逐步踏入老龄化社会的其中一个标志，"50 后"所具有的特点，例如子女难聚、失独、精神需求高，是将来社会肯定要面临的主流养老问题。用针对"30 后""40 后"的养老手段应对，肯定不合适。王开玉呼吁，要建立起适应未来社会发展的养老制度，来适应将来会发生的一波波集体退休潮的到来。

"根据收入阶层的不同，所面临的养老问题也不尽相同，比如对低收入和无人供养的失独群体，应当以解决生活基本需求为主；而对中高收入的家庭，主要关注的重心，应当放在精神层次上。"

王开玉进一步建议，精神平台建立，不能仅依赖老年大学，可以发挥社区作用，比如增加传统文化的学习，又比如发挥退休者的余热，利用他们的特长，比如医学、电工等知识来为社区服务，这样一方面让退休者"有事可做"，另一方面对社区的发展也有帮助。

原标题《"50 后"退休潮来了！》

2013 年 12 月 21 日　摘编自《市场星报》、龙虎网

记者：宁大龙

抠车牌"圆点"躲不了电子眼

近日，名为"逃避电子眼秘籍"的帖子在网上疯传，帖中称抠掉车牌第一个字母后面的反光白色小圆点，可防拍摄交通违法的电子眼。对此，部分车主勇于尝试，另有车主则对交通安全表示担忧。

这个说法是否靠谱？近日，记者对"抠小圆点"以及现今网络热卖的"防拍神器"分别进行了试验。事实证明，"抠小圆点"和所谓"神器"并不能躲避电子眼抓拍，该网络传言不实。

安徽省社会科学院研究员王开玉称，网络销售违禁品对于国家和个人都有严重的危害，必须严查杜绝。比如网售管制刀具、易爆品等物品已经被国家法律严格规定，禁止在网上进行销售。因网络具有开放性、虚拟性，尤其是上述交易中，卖家采取一定手段来躲避淘宝网的规则与买家完成交易。这种交易一旦成为习惯，全国各地的高速路、红灯下将到处是马路杀手，社会也会变得极不稳定。

王开玉说："网络商城涉及的监管部门很多，包括公安、工商、质监、网监等部门，复杂的监管也给整个监管系统带来了不小的难度。只有建立以'一家机构为主导，其他部门相辅助'的监管机制，才能更容易进行协调管理，网络商城的购物环境才能更纯净。

原标题《抠车牌"圆点"躲不了电子眼》
2013年12月23日　摘编自《京华时报》、新华网、网易、江津网

安徽公益性公墓两年后覆盖乡镇

城市公益性公墓偏少的局面将有望改变。12月23日，安徽省政府发布"关于加强公益性公墓建设管理的通知"，称到2016年，各市、县至少建设一座城市公益性公墓；在农村，每个乡镇至少建设一座公益性公墓。

按照要求，城市的公益性公墓建设用地要尽量利用荒山坡地或贫瘠地，不能占用耕地，整体的占地面积也不能超过200亩。城市公益性公墓主要提供骨灰格位安放服务，骨灰存放格位的盒均建筑面积也有具体规范：格位不超过0.3平方米，单体建筑的骨灰存放数量不超过2万份。

安徽省社会科学院研究员王开玉认为，政府多建设一些公益性墓地，对缓解墓价虚高确实有一定的促进作用。"但光建设还不行，建设之后的管理，特别是对价格的监管更加重要。"王开玉说。

原标题《安徽公益性公墓两年后覆盖乡镇　不能占用耕地》
2013年12月24日　摘编自中安在线、安青网
记者：姚一鸣

会所无证经营　监管难度大

记者探访发现，合肥私人会所用低调的方式千方百计"保护"一些人员入内消费。合肥市相关部门人员告诉记者，合肥私人会所相当一部分没有营业执照，这给调查"会所歪风"带来了困难。

安徽省社会科学院研究员王开玉认为，暗访私人会所很有必要，抓个现行并及时处理，会有很好的震慑作用。可是，眼下会所隐藏得很深，相关部门很难进行监管。

王开玉表示，如果暗访成了"常态化"，比如有一支专门的督察队伍并形成制度，那么对于会所风的压制就不会再是"一阵风"。

另外，禁止党员干部出入私人会所，也要控制住消费的"载体"。"会所都是高档消费，多数是采用购物卡消费。"王开玉说，"管住了'卡'，也就管住了持卡消费行为。"

"打老虎，也要打苍蝇。苍蝇虽小，但对社会风气的毒害很大，老百姓对舌尖上的腐败、车轮上的腐败都深恶痛绝。现在中央禁令的内容越来越具体，之前是购物卡，现在是私人会所，没有弹性空间。"王开玉说，"禁令的内容越具体，老百姓、媒体就越能对照着对党员干部进行监督。"

原标题《会所玩"潜伏"属无证经营　监管难度大》
2013 年 12 月 26 日　摘编自《新安晚报》、新华网、新浪网、东方网

让企业成为"一汪活水"

十八届三中全会审议通过的《中共中央关于全面深化改革若干重大问题的决定》中提出，要积极发展混合所有制、完善国有资产管理体制，从"管企业"转变为"管资本"，组建国有资本运营公司，国企分类管理、提高资本收益上缴比例等内容。

这可谓是全面深化企业改革的一次总部署，也由此翻开国企改革新的一页，为地方国资改革奠定基调。在市场化的改革大旗下，上海、广东、重庆等地最近上演各具特色的国资改革大戏，引起广泛关注。那么，这些地方的

国资改革予以安徽怎样启示？安徽如何结合实情加以推进？安徽省社会科学院研究员王开玉近口向《安徽经济报》记者给出了自己心中的"答案"。

面对国资改革大势，安徽怎样做？"一定要由市场来配置资源，一定要把企业的资产变成资本，使企业成为一潭活水，充分提高市场竞争力。"王开玉表示。

以上海为例，安徽省要针对不同类型的企业，设立不同的改革目标，为企业量身定做。针对企业多元化的特点，改革才能改到点子上，才能有成效，才能提高企业的品格与品质。

以广州为例，安徽省要加大力度完善国资监管模式，重点是实现两个转变，一是促进监管工作以审批为主向优化布局和调整结构转变。"以前企业生产的产品、研发项目都需要政府审批，现在向优化和调整结构转变，说明是以市场为导向，由政府决定资源向市场决定资源转变。"

安徽从来不乏改革创新的基因，改革要体现自己的特点。王开玉表示，创新驱动是改革的方向，安徽要发挥科技资源优势，要依靠科技创新来提高生产力。合肥作为省会，不仅是合肥经济圈的核心，也是合芜蚌、皖江城市带的核心城市。合肥企业的改革体现着安徽企业改革的方向。"就合肥来说，科技创新能力仅次于北京、上海，每几分钟就诞生一个科技创新企业。"

"说到底，要以市场经济为原则，社会主义市场经济主要是竞争经济和法制经济，企业要按照市场的需要，注意培养自己的产品，因为市场配置资源起着决定性的作用。"王开玉说。

"同时，我认为资本运作是最赚钱的。"他建议，要引导更多有实力的企业上市，以快速聚集大量资本。"虽然有风险，但是市场经济是法制和竞争经济，优胜劣汰，只有这样企业才能搞活，资本才能搞活。企业活了，融资困难解决了，企业资产才能更好地向资本转变"。

原标题《让企业成为"一汪活水"》

2013 年 12 月 26 日　摘编自《安徽经济报》

记者：邓九平　吴瑜琦

平凡的母亲　伟大的母爱

许张氏——一个平凡的母亲，连名字都没有，却以平凡感动了亿万国人。

"背如弓，爱如山。"四十多年如一日，无微不至地照顾着自己的瘫儿，在许张氏看来，或许这只是一件再正常不过的事情。但在旁人看来，她如弓的身躯，却是那样的伟岸，像一座山，耸立在人们的心间。

明天，我们将送别这位美丽的母亲。如弓的背倒下了，如山的爱却永在。这爱，浓烈依旧。

"许张氏的行为是社会主义核心价值观的完美体现。伟大不是高不可攀的，它在我们身边，在我们心中，在每一件小事当中。"安徽省社会科学院研究员王开玉说，"所有的伟大都起于平凡，平凡中孕育着伟大。"

原标题《平凡的母亲　伟大的母爱——送别"最美母亲"许张氏》
2013 年 12 月 27 日　摘编自中安在线、新浪网、和讯网、安徽网
记者：宛婧

安徽一手抓问题查处，一手抓制度建设

截至 11 月底，安徽省全省共查处违反中央八项规定和省委三十条规定精神的问题 374 起，处理 571 人，给予党纪政纪处分 176 人。在公车私用问题专项检查中，查出问题 11 起，逐一进行纠正处理。在领导干部违规经商办企业问题清理中，共有 198 名干部存在违规经商办企业问题。截至 11 月 26 日，155 名干部按要求主动纠正违规问题，43 名干部因没有及时自查自纠受到组织核查处理。

转变作风是攻坚战，更是持久战。安徽省社会科学院研究员王开玉说："'运动式'不长久，治标更需治本，自律更需他律。"

原标题《安徽前 11 月查处 374 起违纪问题 571 人被处理》
2013 年 12 月 30 日　摘编自中安在线、新华网、新浪网
记者：吴林红　黄永礼　朱胜利

除夕不安排放假催热年夜饭市场

除夕临近，随着法定假日的调整，除夕夜从"放假"变成了"上班"，

促使大量"上班族"改变了自己的除夕团圆安排。记者近日在合肥等多地调查发现，"要上班"的除夕提前催热了"年夜饭"市场，高中档饭店预订已普遍趋紧，部分酒店甚至已"全部订光"。销售人员认为，市场的提前火爆除了受春节提前的影响，主要还是除夕"变身"工作日，让更多的消费者"决心到外面下馆子"。

安徽省社会科学院研究员王开玉指出，除夕不放假带来的"年夜饭"市场"火爆"让我们看到，中国人在更加适应"工作团圆两不误"的新生活方式。"随着经济社会的发展，人们的生活方式、过节方式都在变化，更多的人把买菜做饭的时间让位于工作、让位于放松、让位于休闲，而社会分工的细化和经济的发达也能够满足人们多元化的需求，使得年夜饭的吃法也更丰富多样。"王开玉说。

原标题《除夕不安排放假催热年夜饭市场》

2013 年 12 月 30 日　摘编自新华网

作者：马姝瑞

2014 年度

微评社会

2014 年度微评关键词

光盘奖励、"新市民"理念、"拆二代"、家风、大地伤痕、食品药品监管体制、法院试水淘宝拍卖、"元宵""情人"喜相逢、公布领导手机号、"裸辞"、政府购买服务、打车软件血拼"怪象"、选票相似遭质疑、高档会所关门、耕地红线、留守儿童教育难题、皖企技工流失、官员下海、阮鹗墓损毁、居住证制度入法、助学贷款诚信"大考"、留守儿童"精神家园"、"跑站"、头名考生遭淘汰、赌球"月光族"、"谢师宴"、民生需求新短缺

主编（左图左一）组织筹备中国社会学会年会安徽省分论坛
主编（右图）到日本考察，参观日本茨木市市府广场旧货交易市场

小区外未移交道路现管理真空

紧绕在小区之外的道路，是小区居民的必行通道，很多这种小区外道路都是由开发商或其他建设方铺建，完工后再移交给市政等部门进行管理。记者调查发现，不少小区周边的道路虽已实际投入使用但迟迟未完成移交，在此过程中的停车管理、道路修缮、配套设施安装等方面出现管理真空。

"小区外路没人管的问题，如果存在的问题长期得不到解决，小区居民可以向政府申请仲裁。"安徽省社会科学院研究员王开玉说，根据他的观察，此类问题在城市中越来越多，而解决此类问题，首先要明确的是，道路的产权到底归谁。

王开玉认为，如果是国家修的路，那么市政部门、交通部门要管；如果是开发商修的路，则需要物业和市政做好协商，开发商完成移交后，才算履行完合同。但是目前缺乏相关法规的约束，"物业、开发商、政府部门之间存在互相推诿、踢皮球，这也就造成了人人都管、人人都不管的情况"。

道路管理权未移交，其实是一个恶性循环。开发商或其他代建单位认为路是我修的，我就有权处理各项相关事务，一旦把路权移交出去，就要面对很多规范。同时，道路管理权移交后，养护部门由于人员配备、设备投入等增大，移交单位往往要缴纳一定养护费用。因此，很多建设方都不愿意把道路管理权移交出去。而他们对道路的养护往往又都是消极的，慢慢地路上的问题越来越多。道路得不到养护，居民受影响不说，相应的配套不能达标，市政想接手也没办法接。

这种情况下，业委会可以出面调查解决。业委会要调查清楚，谁修的路、怎么交接的、有什么具体的合同。业委会还要在物业、开发商和政府职能部门之间充当协调人的角色。协调不成，业委会再以法人组织的身份提起诉讼或申请仲裁。

如果问题很长时间没有解决，地方政府、街道办事处就应该承担起道路日常的清洁、维护工作，起码要保障居民的生活秩序、交通秩序。王开玉表示，同时要提醒购房者，购房不仅要看小区围墙内部，还需考量小区外的马路，开发商修路肯定不会白修，成本都是算到房价里面去的，有的小区外路也是业主们的共有财产。

原标题《小区外未移交道路现管理真空》

2014年1月6日　摘编自《京华时报》、网易、新浪网、中国新闻网

记者：施志军　陈奕凯

蚌埠一自助餐厅推行"光盘奖励"

去自助餐厅吃饭，不少人是抱着"吃到撑"的想法去的，而自助餐的浪费现象也较为普遍。对此不少商家很无奈，想对此采取处罚措施，又怕影响客源。最近，蚌埠市的一家自助餐厅推行了一个做法：顾客吃得很干净可获得2块钱的奖励。商家表示，推行至今效果不错。

安徽省社会科学院研究员王开玉认为，光盘就奖励2元钱，这个做法不仅消费者高兴，商家也节约浪费成本，得到实惠，是个双赢措施。2元钱虽不多，但这种"以奖代罚"举动的意义却不小。

王开玉建议，春节临近，餐饮消费即将迎来高峰，更多的餐饮企业能积极参与到"光盘行动"当中，既体现企业的社会责任，也能提高企业的知名度。另外，餐饮企业还可以对顾客不浪费的行为用一些抽奖、给优惠券等方式予以回馈，使奖励多元化。

原标题《蚌埠一自助餐厅推行"光盘奖励"》

2014年1月6日　摘编自《江淮晨报》、安青网

记者：方佳伟

马鞍山法院试水淘宝拍卖

1月7日，马鞍山市中级人民法院正式启动网络司法拍卖，首批"上架"的有混凝土泵车一辆、混凝土搅拌运输车十辆。该院司法技术处负责人表示，开展网上司法拍卖有利于进一步体现司法公开，保证拍卖工作的公正性。传统的司法拍卖，由于拍卖公告的受众面窄、地域性强，竞拍的参与度不高，不少拍卖活动只有寥寥几个人参与竞拍，容易被人为因素所

操控，引起拍卖结果的不公正。

"淘宝司法拍卖"最早始于浙江。2012 年 7 月 10 日，全国网络司法第一拍在淘宝网司法拍卖平台上正式落槌。

而这次马鞍山市中级人民法院也是安徽省首家试行网络司法拍卖的法院。该院司法技术处负责人称，网络拍卖出现之初，曾有过一些争议，但是随着时间的推移，这种拍卖的好处就越来越明显。而该院这次的网络拍卖目前只是尝试，在安徽省法院系统内将有积极的示范意义。

据介绍，马鞍山市中级人民法院首批司法拍卖推出的都是一些动产，以后还会推出更多内容，拍卖标的也会延伸到房屋等不动产。

安徽省社会科学院研究员王开玉表示，这种探索可以增大拍卖透明度，能加强公众舆论监督，同时让公众有了更多参与竞拍的机会；而且网上竞拍没有地域限制，能将竞拍结果最大化，非常值得推广。

原标题《马鞍山法院试水淘宝拍卖》
2014 年 1 月 9 日　摘编自合肥在线 – 江淮晨报、华夏经纬网、安青网、人民网
记者：王凯

村务监委会如何"名至实归"

作为村民监督村级事务的重要组织，村务监督委员会在安徽省农村已经普遍建立，但这种监督有时流于形式。

村务监督委员会主要职能是代表村民监督村务，但有些村务监督委员会过于注重"参谋""助手"作用，监督职能被弱化。记者在采访中了解到，村务监督委员会委员大都是些老干部、老党员、老教师、老职工、老退役军人等"五老"人员，当中不乏"老好人"和村干部的"老熟人"，这些人往往磨不开面子，不愿较真、不愿监督。

相较于不愿监督，更多监督委员会不善于监督。记者采访发现，农村青壮年大多外出务工，加上村务监督委员会委员补贴少，吸引不了年轻人，担任村务监督委员会委员的人年纪偏大，履职能力不强，成为制约村务监督委员会发挥作用的主要因素。

"充分发挥村务监督委员会职能，关键是建好队伍。"安徽省社会科学院研究员王开玉认为，"首先要落实村务监督委员会委员待遇政策，让村务

监督委员会找到'愿意干事的人',可将村务监督委员会工作经费、误工补贴列入各级政府年初财政预算。在选举工作中,要注重'能干事的人',鼓励村民将参政意识强、敢于较真、公道正派的人推选为村务监督委员会主任,将更多青年人充实到村务监督委员会队伍中,为其增添生机与活力"。

原标题《村务监委会如何"名至实归"》

2014 年 1 月 10 日　摘编自中安在线、中国共产党新闻网、新民网

记者:朱胜利

"元宵""情人"喜相逢　汤圆也打爱情牌

春节的节日气氛还没有淡去,接踵而来的又是元宵节,有着团圆寓意的美味元宵、汤圆成为合肥市场中又一热销的节令食品。商家们紧紧抓住春节消费的"尾巴",元宵节消费市场也火速升温,2014 年的元宵节与情人节恰巧在同一天,这意味着,代表亲情的中国元宵节与浪漫爱情的西方情人节喜相逢。

上午,记者走访了合肥市市区的多家超市,发现元宵、汤圆已被摆在了超市的显眼位置,前来选购的市民也是络绎不绝。另外值得一提的是,2014 年的汤圆、元宵打出了爱情与亲情双丰收的牌,为了配合情人节的到来,汤圆还有了玫瑰馅和巧克力馅。

随着情人节的临近,记者 2 月 10 日走访合肥鲜花市场了解到,由于受昆明雨雪天气影响,玫瑰种植区 2/3 受灾,直接导致玫瑰花价格水涨船高,一枝很普通的玫瑰花,比往年的价格可能贵一倍。

鲜花的价格虽然贵得有点"扎手",但是似乎并没有冲淡人们疯狂的念头,记者走访了几家花店,发现店里的生意都比平日好许多。对马上就要到来的元宵节和情人节,传统文化和西方文化的相互融合,安徽省社会科学院王开玉研究员认为,不管是中国的传统节日还是西方的节日,节日是价值观的传承和弘扬,不管是汤圆的畅销还是玫瑰的走俏,两者之间有一个共同点就是传递爱,表达心意才是最重要的。

原标题《"元宵""情人"喜相逢　汤圆也打爱情牌》

2014 年 2 月 10 日　摘编自《合肥晚报》、新华网、光明网、南海网

记者:郭兴梅　吴奇

安徽庐江县春节前公布 142 位领导干部手机号码

1 月 30 日，2014 年除夕这一天，庐江县包括县委书记、县长在内的 142 位领导干部的手机号码被公布在庐江县政府官网上。打开庐江县人民政府官网，142 位领导干部的手机号码放在"公示公告"栏的显著位置。被公布电话号码的，既有县委书记、县长等县级领导干部，还包括县教育局、县公安局等部门"一把手"，以及庐城镇、冶父山镇等镇领导干部。老百姓有事情，可以直接给领导打电话。

"公布主要领导干部手机号码是件好事，领导干部和老百姓加强了联系，群众有问题可以直接找领导，领导干部也能更好地了解民情，达到了双赢的局面。"安徽省社会科学院研究员王开玉接受《新安晚报》记者电话采访时说，公布领导干部的手机号码有利于工作转型和提高效率。

对于如何长期有效执行这项举措，王开玉表示，必须建立相应的配套制度和措施，如果公布之后又销声匿迹会给群众带来很大的失望，也会使政府的威信下降。

对此，王开玉提出了三点建议：一是要有可操作性，告知老百姓哪些事能做到、哪些做不到，制定一个科学的定位；二是要建立有效的监督和检查机制，必须对来电和短信反映的问题有记录，做到量化和细化，纪检部门最好能参与到监督检查中来，形成一个稳定的监督机制；三是纪检部门的监督结果要作为领导干部绩效考评的重要参考。

原标题《安徽庐江县春节前公布 142 位领导干部手机号码》

2014 年 2 月 11 日　摘编自中安在线、和讯网

记者：查柳志　钟虹

春节后职场：社会对"90 后"新人"裸辞"褒贬不一

所谓"裸辞"，就是还没找好下家就辞职。这个词语继"裸婚"后，也成为网络热词。据北京某猎头咨询公司人力资源顾问张女士表示，春节后不少公司的"裸辞"人数较年前有所增加，而且基本都是刚工作不久的年

轻人。

据了解，待遇不好、职场氛围不佳、攀比心态、工作压力大、专业不对口或是不喜欢，是促使"90后"选择"裸辞"的主要原因。"裸辞"在中国社会褒贬不一。

有人认为，"裸辞"的出现，未尝不是件好事。与其"在不喜欢的岗位上混日子"，倒不如"破釜沉舟，另辟蹊径"。

安徽省社会科学院研究员王开玉表示，"裸辞"现象增多，表明中国年轻人开始重视工作幸福感，而不只局限于工资多少、职位高低，这是社会的一种进步。

原标题《春节后职场：社会对"90后"新人"裸辞"褒贬不一》
2014年2月11日　摘编自新华网、网易、凤凰网、环球网、《国际日报》
记者：刘明洋　赵宇飞　张紫赟　姜刚

网购不能给"犯罪"也提供方便

电影中经常出现这样的场景，一位特工戴着伪装面具，使用万能钥匙完成各种各样的任务，使用仿真枪玩弄敌方于股掌之上，利用高科技产品打开汽车门窗窃取情报等。电影中的高科技工具总是叫人惊叹不已，然而当这些工具很方便就能被大众得到时又会怎么样呢？

2013年5月9日，广州荔湾警方抓获两名利用网购伪装面具入室盗窃的犯罪嫌疑人，仅事主陈某一家就被盗走15万现金与价值100余万的首饰。2013年10月17日，太原警方破获一起通过网购开锁工具入户盗窃的案件，涉案金额达50余万。而这些工具的获得方式无一例外都是通过网络购买。

以仿真面具为例，一张一般的面具成本在100~200元，网上卖价最低500元，而高仿真的面具更是可以卖到几千甚至上万，正是这种几何倍数的利润使卖家冲昏了头脑。

安徽省社会科学院研究员王开玉在接受媒体采访时表示，由于网络购物涉及监管部门过多，家家管最后变成家家都难管，这给整个监管系统带来了不小的难度。应该建立以"一家机构为主导，其他部门相辅助"的监管机制，将更容易进行协调管理。

另外，王开玉认为，网购犯罪工具的人绝大多数为涉世未深、好奇心强的未成年人和一些法律意识淡薄的民众。他认为，对于这些买家来说，社会应该加强法律宣传，使之充分认识到，购买这些物品不是"探索"，而是违法行为。

原标题《网购不能给"犯罪"也提供方便》

2014 年 2 月 12 日　摘编自《中国产经新闻报》、凤凰网、新浪网

记者：毛小北

安徽出台政府向社会购买服务实施意见

政府购买服务，是通过发挥市场机制作用，把政府直接向社会公众提供的一部分公共服务事项，按照一定方式和程序，交由具备条件的社会力量承担，并由政府根据服务数量和质量向其支付费用。

日前，安徽省政府办公厅出台《关于政府向社会力量购买服务的实施意见》，科学界定了政府购买服务内容，明确政府购买服务主体，要求建立健全政府购买服务机制。

"制定政府购买服务目录很有必要。"安徽省社会科学院研究员王开玉认为，并非所有领域都适合政府购买服务，厘清边界、找准目标，将钱花在刀刃上，花在老百姓急需的地方，才能把好事办好，提升群众满意度。据了解，目前北京、上海、广东等地政府购买服务项目主要集中在养老助残、社会救助、法律援助、技术培训等领域。"总的来看，公共福利领域应当是政府购买服务的重点。"王开玉表示。

了解群众需求，关键要听群众的意见。北京在政府购买公共服务具体操作中，先进行需求调查，根据民意筛选项目。专家、学者对项目初审后，通过公示接受群众监督，以保证最终确定的项目真正为群众所需。专家认为，北京市先做需求调查，再确定项目的做法值得借鉴，具体调查方式则可通过论证会、问卷等进行。

转型期的群众服务需求呈现多层次、多样性特点，且随着经济社会发展不断变化，政府购买服务的内容也应动态调整，适应群众所需。同时，政府机构改革和职能转变的深化，社会组织、企业、机构的公共服务供给能力的变化等，都会影响到政府购买服务的范围。"在群众需求导向下，可

以按照先易后难、便于操作的原则，先选择条件较成熟的项目实施，然后逐步增加政府购买服务的内容。"王开玉指出。

原标题《安徽出台政府向社会购买服务实施意见》
2014 年 2 月 18 日　摘编自《安徽日报》、人民网、新华网
记者：汪国梁

干部问责制　奖惩分明

干得好的，不仅有"位子"、有"票子"，还有"面子"；干得不好的，不仅摘"帽子"还丢"面子"。2 月 11 日，在宿州市埇桥区 2013 年度综合目标考核奖惩兑现大会上，考核前三名的单位分别获得 30 万元、20 万元、10 万元的奖励，末三名的正科级单位"一把手"被当场免职。2 月 18 日上午，埇桥区委组织部一位负责人告诉记者，这次三名正科级单位"一把手"被免职，在该区史无前例。"既然制定这种'游戏规则'，那就要玩下去。"这位负责人表示，这种考核将持续下去。

"末位淘汰是现代社会治理体系中的一个很好的举措，我很赞成这种做法。"安徽省社会科学院研究员王开玉说，"干部问责机制"应与"末位淘汰"相辅相成，前者是在干部出现问题的情况下才能进行，而后者重在考核干部的日常工作，恰恰这是群众最关注的问题。

但王开玉表示，不能把"末位淘汰"仅仅看作一种奖惩手段，更应是一种激励措施，对于那些"在其位不谋其政"的干部，应该淘汰，让那些充满活力的有为者取而代之，"末位淘汰的考核奖惩体系要跟上，各项考核指标要细化，要公开，这样才能更好地起到对干部的激励作用。同时，这种举措应该形成常态"。王开玉还介绍，对于那些遭到"末位淘汰"的干部，组织上也不能对他们全盘否定，应该给他们一个机会，只要他们在其他岗位上干得很优秀，同样会得到群众拥护，得到组织上的肯定。

原标题《宿州市埇桥区年度考核后三名单位"一把手"被免职》
2014 年 2 月 19 日　摘编自中安在线、和讯网、安徽网
记者：张涛

打车软件血拼"怪象"：小伙过条马路也要叫辆出租

打车软件补贴司机、乘客，本是件互利互惠的好事。不过，部分司机只想着赚补贴，对路边挥手打车的市民视而不见，让不用打车软件的市民们感觉打车更难了。2月20日，《安徽商报》对此现象进行报道后，引起巨大反响，不少市民向记者倾诉自己被司机"无视"的经历。也有司机向记者吐槽，不但有司机挑乘客，还有乘客挑司机，专上配手机打车软件的出租车。

安徽省社会科学院研究员王开玉也下载了打车软件，但他很少使用，因为好几次被告知，"不好意思，车子被预订了"。王开玉说，一个软件就能叫车，原本是值得推广的好事。然而，如今的种种现象，却让他感觉这个新兴行业有点乱，而且还让原本就不平衡的资源更加失衡。"老年人原本就是弱势群体，这下小年轻全用软件把车叫走了，老年人打车就太难了。"

王开玉建议，要把好事做好，建议打车软件能否推出电话版，或者操作更便捷，能像普及手机一样普及软件，同时管理部门也应加强管理，趁现在这个行业问题并不严重时进行规范。

原标题《打车软件血拼"怪象"：小伙过条马路也要叫辆出租》

2014 年 2 月 21 日　摘编自中安在线、人民网

记者：刘忠玉　周健　喻学超

社会实践要盖章　母亲给儿当"替身"

2月20日上午，家住双岗老街的王大姐戴着小红帽，手拿铲子清理辖区的牛皮癣。她这么做的目的是为了能让辖区社居委在儿子的社会实践活动表上盖个章。"孩子正上高二，学习忙，没时间做实践活动。"

就此事，记者咨询了安徽省社会科学院研究员王开玉。他认为，家长的做法，看起来"温暖"，但对孩子的成长有害。"孩子母亲没有认识到做实践活动的意义。实践教育可以提高学生的动手能力、思考能力，让学生了解社会、融入社会。如果这方面'代做'了，对孩子而言，就缺少一次锻炼机会，还会让孩子产生一种'可以作假'的想法。"

王开玉表示，实践活动的顺利开展，需要学校、家长、社会三方面结合。家长应该转变观念，正视孩子的社会实践。

原标题《社会实践要盖章　母亲给儿当"替身"》

2014 年 2 月 22 日　摘编自合肥在线－江淮晨报

记者：孙友杰　谢冰峰

池州十大杰出青年票选数相似遭质疑

旨在发掘当代青年楷模，展示青年风采的安徽省池州市第二届十大杰出青年评选活动，刚刚开始网络票选没几天，就因 30 名候选人中多人票数相同，被质疑有刷票之嫌。就连部分候选人也表示，曾接到刷票公司的帮投电话，票数"雷同"可能是这些公司操作的结果。作为池州市授予青年的最高荣誉，十大杰出青年评选陷入了诚信危机。

记者了解到，此次评选活动是由池州市委组织部、市委宣传部、市人社局等多家单位联合主办。活动分为人选推荐、候选人确定、候选人公示、投票评选四个阶段进行。投票截止后，评选活动组委会将召开评委会对候选人进行投票评选，综合社会投票情况最终评选产生第二届"池州市杰出青年"10 名、"池州市优秀青年"20 名。

目前，组委会已对多名候选人在一些时间段票数雷同情况开展调查。记者在票选网页公告栏看到，组委会办公室对投票活动实施全程监督，严禁各类恶意刷票行为。如有候选人恶意刷票，一经查实，将取消其候选人资格。

"网络票选存在很多陷阱和风险，放在评选活动后面的环节也不太适合。应该考虑把这一环节前置，作为评选的一个参考。"有着丰富评选活动经验的安徽省社会科学院研究员王开玉说。

"评选活动要建立完整的指标体系，打分标准应该予以量化。"王开玉补充说，"所有环节的打分都应该公开透明，按照量化标准均可计算，从而让群众真正参与到监督中来。"

原标题《池州十大杰出青年票选数相似遭质疑》

2014 年 2 月 25 日　摘编自《法制日报》、人民网、凤凰网、中国新闻网

记者：李光明

探访合肥三家社区食堂：饭菜不错价格也不贵

如今，社区食堂已在合肥市多个小区落地生根。记者走访三孝口社区食堂、滨湖世纪社区食堂、望湖社区食堂，了解相关情况。在已经运营的几家社区食堂，记者听到的都是居民赞扬的声音，但也有居民同时提出建议，希望能得到更为便利的服务。而蜀山区、滨湖新区、经开区等地的多个社居委也表示要考虑开办社区食堂，但在资金、场地等方面存在一些困难。

社区食堂到底应该办成什么样？安徽省社会科学院研究员王开玉提出了几点建议。首先，食堂就该办成食堂的样子，饭菜相对干净，价格便宜，居民就餐方便，食堂该围绕这几个特点来开办。其次，社区办食堂也应该从实际出发，量力而行，不用求大求全，没有场地的可以通过其他方式提供餐饮服务。最后则是坚持特色，社区食堂可以有一些自己的定位。比如社区里的老年餐厅、学校旁边的小餐桌等。

王开玉说："除了社区自办食堂，还可以引入一些公益基金、养老服务机构，不一定只给资金支持，还可以有一些厨师的免费培训，添置一些就餐设备等。"

原标题《探访合肥三家社区食堂：饭菜不错价格也不贵》

2014 年 2 月 25 日　摘编自安徽网

记者：朱庆玲　宛婧

公款消费受严控　合肥多处公园内高档会所关门

2013 年 5 月，国家有关部门发出通知，严禁在公园内设立为少数人服务的会所、高档餐馆、茶楼等。如今，这项禁令执行得怎样？记者日前来到合肥省城多个公园一探究竟……

2 月 20 日下午 3 点半，记者来到合肥包河公园一水上景点——浮庄。记者随机问一个在公园散步的市民，有没有到浮庄餐馆吃过饭。他对记者说："没进去过，听说里面消费挺贵的。我经常在这儿锻炼，以前浮庄生意非常好，尤其是夏天，最近好像人少了。"

随后，记者来到逍遥津公园，找到被称为"徽商会馆"的蓬庄。这是一幢徽派风格的建筑，只不过现在大门紧闭，一副人去楼空的光景。公园经营科的一位同志告诉记者："承包会所的老板因为合同到期不干了，以后怎么运营也不知道。"据一位知情人透露，会所曾经由一个商会租赁，针对的都是熟客，用餐需要提前一天预订，人均消费至少300元以上。

2月21日上午，记者来到杏花公园御盛堂会馆，附近的一个摊主告诉记者，这个会馆关门已经好几个月。公园管理处的一位工作人员告诉记者，现在国家不准公园建会所，目前这个会馆已停业整顿，正在考虑转型。

探访中，不少市民都对高档消费场所从公园里淡出给予了肯定。"公园就该姓'公'，公益性才是公园的本质属性。"市民蔡女士说。

对于上述现象，安徽省社会科学院研究员王开玉认为，现在公款消费受到严重控制，吃喝风不再盛行，高档会所的"萧条"实属必然，但是这却能改善干群关系，得到百姓拥护。公园是公共场所，不宜随便出租和滥用。高档消费场所从公园退出，有关部门就应该还公园本来面目，把这些场所好好利用起来，比如可以将其改造成积极健康的文化场所，既能提升城市品位，又能为百姓所用。

原标题《公款消费受严控　合肥多处公园内高档会所关门》

2014年2月26日　摘编自《安徽日报》、人民网

记者：孙海涛

两会代表委员忧心耕地红线：不能让其成糊涂账

春耕时节，中国广袤的农地逐渐从南到北活跃起来，安徽省西南小城安庆市望江县的农民宋新元正在施肥下种，耕地流失一直是他心头的隐忧。

"全家原先七八亩承包地，有五亩多被一家企业征走了，现在只剩下两亩地。没承想，这家企业却污染了地下水，现在仅有的两亩地收成也下降了三成多，秧苗枯死是常有的事。"52岁的老农边忙着播种油菜边无奈地说。

2013年年底公布的全国土地调查结果显示，中国有5000万亩耕地已经受到中度、重度污染而"不宜耕种"，面积相当于两个特大型城市。中国一直强调18亿亩耕地红线以确保粮食安全。但是快速城镇化、土地流转"非

粮化"趋势、日益严重的水土污染都让耕地保护压力重重，正在北京参加全国"两会"的代表委员也对此忧心忡忡。

"有的地方上报耕地时，数据存在明显的浮动。从这些现实的情况来看，耕地红线必须保持高压，严防死守，不能让它成为有弹性的糊涂账。"长期深入农村调研的安徽省社会科学院研究员王开玉说。

原标题《两会代表委员忧心耕地红线：不能让其成糊涂账》
2014 年 3 月 4 日　摘编自新华网、搜狐网、21 世纪网
记者：蔡敏　徐扬　詹婷婷

太平人寿发起公益活动　留守儿童面临教育难题

近日，太平人寿湖北分公司携手新浪湖北、新浪扬帆计划公益基金共同发起"春蕾行动"公益活动，推出为贫困学生捐赠"爱心文具"大型公益活动。在捐赠的过程中，记者得知许多贫困儿童现状堪忧。

针对留守儿童教育中的问题，安徽省社会科学院研究员王开玉提出，农村学校作为直接面对"留守儿童"的教育机构，应该为其提供个性化、针对性强的教育。一是推行寄宿制管理。封闭式学校一方面解决了对儿童的照顾，另一方面也有利于对学生的辅导。二是建立留守小学生档案和联系卡制度。学校要摸清留守儿童包括其家长、临时监护人的详细地址、联系电话等内容，加强与学生父母或监护人的联系。三是在有条件的学校开设"二线一室"，即"亲情热线""师长热线""心理健康咨询室"，及时帮助"留守儿童"解决心理上的困惑。

原标题《太平人寿发起公益活动　留守儿童面临教育难题》
2014 年 3 月 11 日　摘编自新浪湖北

绩溪网上吆喝"私家农场"

3 月 13 日，淘宝网聚划算页面闪现了引人注目的"土地"产品。这个"私家农场"定制活动，是由淘宝网聚划算平台和浙江省供销社以及绩溪的庙山蔬果专业合作社共同发起。绩溪县庙山专业合作社提供 1000 亩 5A 级良田，市民可以通过淘宝网的聚划算进行认购。认购土地后，由绩溪当地农村合作

社雇佣专业农民帮助种植、看护当季蔬菜等农作物，然后每半个月都会有保底产出，快递给用户。为了聚划算用户利益，这些植物都投了保险，确保保底产品。

"认购土地当地主"在合肥本土已经不是新鲜事了。在合肥市庐阳区三十岗乡崔岗村，从 2013 年开始，市民们就可以到该村以 1200 元一年的价格，认领 20 平方米左右的菜地。签订合同后，市民可以获得"开心农场"地主证，并凭证出入管理自己的土地，不仅能够体验到劳动的乐趣，更能收获到自己种植的各类有机无公害蔬菜。

从远程领地当地主，到身边也能做地主，都是将大家喜爱的网络农场游戏变身为现实版，满足了更多市民置身田园的梦想。但是随之而来的问题也不可忽视。

安徽省社会科学院研究员王开玉认为，认购者在面对"当地主"的诱惑时，不应忘了注意合同文本的完整性。比如，约定的绿色蔬菜的种植方式和寄送方式、如果违反规定如何赔偿等内容，都应该在合同中有所体现。此外，合作的农户更应该重合同、守信用，才能让这种新型的土地流转模式走上可持续发展之路。

原标题《绩溪网上吆喝"私家农场"》

2014 年 3 月 25 日　摘编自《安徽法制报》

记者：周莹莹　唐欢　李斐

管理有漏洞　企业难融资

"融资难啊！厂房与土地都已经抵押给银行了，再想融资就难了！"寿县如今食品有限责任公司董事长贾如金满脸无奈地告诉记者，像如今这样的一个民营企业，如果想要发展壮大，每年都需要 1000 多万元的资金支持，然而银行准入门槛过高，民间资本贷款利息过高都造成了如今资金流动受阻，融资困难。贾如金目前遇到的瓶颈，恰恰是众多企业的真实写照。有关资料统计显示，在乡镇企业融资困难程度中，表示比较困难的占 68.75%；在破产的主要原因中，由于资金短缺的占 46.44%，希望拓宽融资渠道的占 44.02%。

如此庞大的资金需求，乡镇企业融资难该如何解决呢？安徽省社会科学院研究员王开玉认为，对于安徽的中小企业自身来说，也要做到主营业务不偏离，战线不要拉得太长，"虽说船小好掉头，但现在市场经济竞争是越来越激烈，在这样的情况下，市场上一个风浪，就可能把你打翻掉了"，所以中小企业应走联合抱团之路，才能增强抗风险能力。

原标题《管理有漏洞　企业难融资》

2014 年 3 月 26 日　摘编自《安徽经济报》

记者：吴瑜琦

乡村沙龙聊家风晒幸福

3 月 28 日，在三十岗乡农家院落里，合肥市庐阳区机关工委组织了一个与众不同的主题沙龙，来自城市和乡村的众多姐妹们围坐在一块，聊起了名人的家风，也晒起了自己的家风。

安徽省社会科学院研究员王开玉也加入了这场热闹的讨论。他表示，慈母不仅要在子女的生活照料上尽心尽力，还要在其道德养成上尽职尽责；孝女不仅要给老人以物质赡养，还要给老人以精神慰藉；贤妻不仅要贤惠体贴，更要释放共同发展的正能量；善邻不仅要与邻里互帮互助，还要崇德向善，促进邻里和谐。新时代赋予女性家庭角色以新内涵，激发着女性的自主性，发挥了女性的主动性。因此，要重视女性对培育良好家风的独特作用。

原标题《乡村沙龙聊家风晒幸福》

2014 年 3 月 28 日　摘编自合肥在线

记者：杨璨　华新红

无障碍乘车遇尴尬：有的取消有的成摆设

2010 年年底，合肥市公交集团公布消息称：为了给残疾人乘坐公交车提供更多便利，合肥快速公交 1 号线、18 路纯电动公交车均设有方便残疾人轮椅进出车厢的无障碍通行设施，但使用情况并不乐观。

一位司机告诉记者，只有少数公交车装有可供残疾人推轮椅的无障碍伸缩踏板，但需要司机下车手动操作，不仅麻烦，而且耽误乘客时间，所以很少有司机使用。偶尔遇到残疾人乘客，司机通常也是在热心乘客的配合下，将残疾朋友抬上车。一位残疾人称，虽然出行中遇到了司机和乘客的热情帮助，但她并不感到满意，"残疾人需要的不仅是一个个热心人自发伸出援手，更渴望社会公共服务能够自觉考虑到我们，让我们像正常人一样融入大家。只有我们能够自主、安全地出行了，才不会成为宅男宅女"。

安徽省社会科学院研究员王开玉在接受记者采访时表示，残疾朋友之所以不愿让别人抬着上公交车，不仅是因为他们自尊、自爱，也反映了他们渴望拥有无障碍通行环境的诉求。解决残疾人朋友出行难问题不是件小事，不仅要有无障碍公交车，也要有无障碍公交站台和无障碍道路，完善各项与无障碍通行相关的配套设施势在必行。合肥目前的 BRT 站台都设立在主干道中间，残疾朋友进出站台特别不方便。还有盲道、商场无障碍通道等设施也存在形同虚设的现象。他认为，为残疾朋友提供无障碍的乘车环境，不仅是对这个特殊人群的关爱和理解，也是文明城市的基本要求。

原标题《无障碍乘车遇尴尬：有的取消有的成摆设》

2014 年 3 月 31 日　摘编自中安在线

记者：张洪金

2013 年度安徽新闻奖作品公示：大地伤痕

河流被污染，城市在扩张，田园在消失，烟囱直耸云天……这就是我们的家园？几年来摄影师以空中俯瞰的视角，拍摄了这组令人惊诧的自然景象。"一方水土养一方人"，土地孕育生命，是滋生万物的根源。而在现实中，过度的城镇化和工业化，让我们对土地采取的是无尽索取、疯狂掠夺。

崇拜 GDP 的经济发展模式导致我国的环境恶化，更严峻的问题是对人的生存安全和健康产生威胁。工业化、城市化和现代化，其正当性不容置疑，但结果不仅让我们这一代人付出代价，而且更为重要的是，我们的下一代不仅其生存环境被污染，而且还要受到身体残疾伤害，大量的缺陷后代将带来巨大的社会压力。

安徽省社会科学院研究员王开玉认为，我们不能单纯为了增加 GDP 而对环境进行大面积毁灭性的破坏，要从"社会 GDP"角度综合考虑，否则经济发展就失去了本来的意义。在城镇化过程中，我们不仅仅要考虑建设钢筋水泥的高楼，还要考虑高楼对环境带来的影响，以及建设高楼这些人群。工业化和城镇化发展过程中，一定要以人为本，以破坏环境为代价不仅不能让经济很好地发展，而且会影响到下一代甚至下几代人，这样的经济发展我们可以不要。

原标题《2013 年度安徽新闻奖作品公示：大地伤痕》

2014 年 4 月 2 日　摘编自中安在线

记者：吴芳

今天，我们该怎样纪念先烈？

清明前夕，到各地革命烈士陵园敬献花篮、祭扫参观的干部群众、青少年学生络绎不绝。3 月 20 日，亳州市烈士陵园纪念碑前，数百名大学生手持白花，列队肃立，向革命先烈默哀致敬。鲜艳的红旗在队列前展开，高大的纪念碑在阳光下矗立，慷慨激昂的演讲在空中回荡。"我们要饮水思源，谨记革命先烈的付出，珍惜当下的幸福生活，为实现中华民族伟大复兴而努力奋斗……"这是亳州师范高等专科学校纪念先烈系列活动中的一幕。3 月以来，该校基础教学部 2000 多位同学分批前往烈士陵园祭扫。为表达对烈士的真诚敬意，每名同学献祭的白花都是亲手编的。祭扫完毕，大家在讲解员带领下参观了烈士纪念馆。

"无数烈士为了民族独立、国家富强英勇牺牲，在实现中华民族伟大复兴的道路上，他们的贡献不可磨灭。"安徽省社会科学院研究员王开玉认为，我们应当旗帜鲜明地纪念英烈，在弘扬烈士精神中培育和践行社会主义核心价值观，凝聚起团结向前的强大正能量。

原标题《今天，我们该怎样纪念先烈？》

2014 年 4 月 5 日　摘编自中安在线－安徽日报、网易

记者：汪国梁

行人集体闯红灯现象常见　合肥交警将研究如何加强整治

合肥要不要集中整治集体闯红灯？在 4 月 10 日的采访中，市民分为了

两派。有人支持罚款，认为加大处罚力度确实能起到作用。但也有市民认为集中整治是治标不治本。

安徽省社会科学院研究员王开玉 4 月 10 日接受记者采访时表示，罚款只是一个手段，真正要解决这些交通乱象，还是要以教育为主。"通过教育等方式，提高大家的公共出行的素质。"

另外，王开玉也提到，行人闯红灯有时候确实是个人素质问题，有时候也是交通管理不完善所致。"我在合肥生活多年，在有的路口也遇到困扰，那就是行人绿灯时间太短，而路口又太长，如果老老实实等绿灯，路口有时根本没法走。"

而且，绿灯亮时，一些转弯的汽车根本不让行人，间接导致行人不得不闯红灯。王开玉说，在治理交通乱象方面，一方面要提高市民素质，另一方面更要改善政府部门的管理。

原标题《行人集体闯红灯现象常见　合肥交警将研究如何加强整治》
2014 年 4 月 11 日　摘编自安徽网、和讯网、《新安晚报》
记者：项磊

皖企技工流失现象严重　收入低成主要原因

"优秀技工在市场上越来越抢手，流动越来越频繁。"安徽省人社厅有关负责人介绍，目前安徽省共有高技能人才 91.6 万人，其中技师和高级技师 15.7 万人，但与旺盛的市场需求相比，缺口仍然很大，而且分布不均衡。

"人才流动配置中存在'马太效应'，越是发达地区，人才越密集。反之，落后地区人才很容易流失。"安徽省人社厅相关负责人介绍，合肥地区近 5 年来引进包括高技能人才在内的"两高"人才近 1.5 万人，但是流向外地的人才超过 1 万人，人才引进和流失都属于高位。在安徽省一些人才流失严重的市，引进和流失的比例最高超过 1∶40。

"物质基础是留人的保证，安居才能乐业。"安徽省社会科学院研究员王开玉认为，青年人的婚嫁、成人的家庭生活、子女的入学养育、生产环境等因素，直接影响着工人的乐业程度。突出高技能人才的作用，首先要体现在落实薪资待遇上。只有较高的薪酬福利，高技能人才方能没有后顾之忧地为企业发展做贡献。

王开玉建议，健全企业用人机制和安居工程是社会、政府、企业的联动工程，需要多管齐下。政府有关部门要进一步完善技能人才培训制度和配套政策。企业应按照技术水平的高低来划分不同等级，给予技术工人不同的薪资。对于优秀的高级技工，可以适当放开限制，让其参与企业的资本运作，增加其对企业的忠诚度。

原标题《皖企技工流失现象严重　收入低成主要原因》
2014 年 4 月 11 日　摘编自中安在线、安青网、中国新闻网、华夏经纬网
记者：聂扬飞

宣城汽车站职工集体罢工　因不满企业改制后待遇

这两天，宣城市长途汽车站发生一件怪事：售票大厅售票窗口全部关闭，候车大厅也看不到一个人，乘客只得在汽车站门口登车，这到底是怎么回事？记者多番调查得知，该汽车站多名职工因对企业改制后福利待遇不满，拒绝上班。

4 月 16 日下午，记者联系到宣城市交通运输局，该局工作人员介绍，宣城长途汽车站企业改制工作已经结束，但是部分车站职工不满企业改制赔偿，引发此次风波。目前，宣城市政府成立有多个部门参与的处理小组正在解决此事。

安徽省社会科学院研究员王开玉认为，目前我国正处于社会转型期，企业改制可能会造成一部分人利益受损。作为城市的重要功能单位，汽车站承担着保障市民出行的重要任务，一旦停止运行就会造成乘客利益的受损，造成高昂的社会成本。汽车站职工维护自己的合法权益，应该在理性的范围内，直接停止卖票和客车营运，可能涉嫌绑架乘客和公众利益，对公众的利益造成损害。

原标题《宣城汽车站职工集体罢工　因不满企业改制后待遇》
2014 年 4 月 17 日　摘编自中安在线－江淮晨报、安青网
记者：纪在学

猎头公司：合肥官员下海并不汹涌

关于公务员跳槽和转行的事例在微博和微信上屡见不鲜。除了没有编制的政府雇员，公务员也在春节后加入跳槽大军，成为 2014 年猎头公司忙活的一项重要生意。"公务员下海在一线城市或沿海地区，已经有一批。不过，从合肥市场来看，下海的公务员数量还是非常有限。"一家在中部多个城市经营的猎头公司的负责人告诉记者，他们公司目前接到公务员成功跳槽单子屈指可数。

1992 年，有 12 万公务员辞职下海，1000 多万公务员停薪留职。安徽省社会科学院研究员王开玉在接受记者采访时说，当年，公务员下海还属于半遮半掩状态，下海的方式也多是平级调到企业任职。随着民营企业地位的提高，公务员下海开始兴起。1999 年，根据中央全国地方机构改革会议决定，市、县、乡政府部门要精减的人数超过 280 万，这项举措直接推动了公务员"下海"的进程。公务员辞职创业行为从"很难想象"逐步进入"稀松平常"状态，在一些地方甚至形成风潮。

"当时公务员下海创业，也有鲜明的时代特色。"王开玉认为，事实证明，当时所谓的公务员下海创业，在相当程度上就是利用原单位的公权力、利用在原单位中积累的人脉来赚钱。

对于现在的公务员下海，王开玉认为，从环境上看就完全不同了。"首先，十八届三中全会上强调了市场的决定性作用。未来，市场会更加广阔。其次，反腐倡廉等多项整治措施让政治生态、商业生态更加健康。再次，现在的公务员下海，具备了很大的积极性与自主性。不再是过去的'大家一起去海里游一游'，而是多了一些思考。最后，现在的工作要求人才更加专业化，现在的下海者会与自己原来的工作和所学专业越来越紧密。"

"我觉得没有必要大惊小怪，在企业可以跳槽，公务员自然也可以跳槽。这说明了社会的良性循环与流动，说明社会更加公平、民主，人民更加自由，每个人都可以自由选择职业。也说明了公务员更加透明化，他们不是特权阶层，而是普通人。"王开玉认为。

原标题《猎头公司：合肥官员下海并不汹涌》
2014 年 4 月 17 日　摘编自合肥在线－合肥晚报、光明网、安青网
记者：谷薇薇

政府信息公开　晒出年度成绩单

根据中国社会科学院法学所发布的《2013 年省级政府透明度指数报告》，安徽省政府透明度在全国排名第二。第 12 届中国政府网站绩效评估显示，安徽省政府信息公开指标名列全国省级单位第三。根据国家统计局安徽调查总队开展的全省政务公开满意度专项调查，安徽省政务公开社会公众满意度得分为 88.4 分，得到人民群众的认可。

值得注意的是，政府信息公开申请数量猛增的同时，2013 年以来，安徽省政府信息公开类行政复议案件数量增长也较快。此类行政争议中，相当一部分与其申请公开有关。由于一些行政机关信息公开行为随意性较大，操作不规范，这类案件行政机关被依法纠错的比例较高。2013 年，安徽省政府法制办曾联合有关部门召开政府信息公开行政案件专题研讨会，分析政府信息公开不规范的主要表现和原因，以改进政府信息公开行为。

"群众权利意识增强，无疑为打造阳光、透明的服务型政府提供强大动力，也对政府工作提出更高要求。政府部门应认真对待群众诉求，严格依法受理和办理公开申请。"安徽省社会科学院研究员王开玉表示。

原标题《政府信息公开　晒出年度成绩单》

2014 年 4 月 24 日　摘编自中安在线、人民网

记者：汪国梁

合肥创造新的"新市民"理念

安徽省社会科学院研究员王开玉在刚刚出版发行的首部安徽经济蓝皮书《皖江城市带承接产业转移示范区建设报告（2014）》中介绍说，作为皖江示范区"两核"之一的合肥，是中国科技创新资源集聚发展的新高地。

"合肥平均每三天就诞生一家国家高新技术企业，合肥市经市级培育的后备企业 610 户中已有 81% 通过国家高企认定。"王开玉告诉记者，合肥在探索以企业为主体，产学研结合，推动企业转型方面已经走出了一条新路

子。合肥市建立了以市场为导向、产学研相结合的技术创新体系。例如，科大讯飞历经十年发展，与中国移动、中国联通、中国电信合作，完成了三大运营商的布局，实现了原创技术的商业化运作。2013 年，公司实现营业收入 12.54 亿元，同比增长 59.92%，赢利质量显著提高。目前科大讯飞市值近 300 亿元，已成为亚太地区最大的语音上市公司，该企业正在谋划千亿级国际智能产业园，试水软硬一体化产品。

"合肥科技创新成为新高地，作为合肥新市民的科技人才功不可没。"王开玉介绍，合肥通过搭建企业创新平台，使科技成果走联合共建、合作开发的模式。促进高校和企业联合培养人才，联合开展技术攻关，建设各级工程研究中心、企业技术中心、重点实验室等研发平台 680 个，研发平台中有 70% 设在企业，集聚研发人员 2 万多人。

外地的很多城市简单地把新市民定位为农民工，只有作为全国首个科技创新型城市的合肥改变了这个局面，彻底改变、丰富了新市民的外延和内涵，创造了新的"新市民"理念。王开玉认为，合肥实施创新驱动提升核心竞争力，加强协同创新，大力推进与科研机构的合作，建立实体性产业技术联盟，支持企业加强研发能力建设，取得了良好的效果，并助推安徽经济实现跨越式发展。

原标题《合肥创造新的"新市民"理念》

2014 年 4 月 30 日　摘编自《合肥晚报》、光明网

记者：杨兵

安徽省重点文物保护单位阮鹗墓损毁严重
多年来一直未开展修复工作

阮鹗是明代著名的抗倭将领，死后受皇帝赐祭葬的礼遇。其陵墓位于安徽省枞阳县藕（音）山镇，1998 年被列为省重点文物保护单位。但 5 月 3 日，有慕名前去参观的网友反映，陵墓以及神道上的精美石雕损毁严重，场面使人震惊，并质疑文物保护徒有虚名。枞阳县文物管理所负责人解释称，阮鹗陵墓在"文革"时期就已损坏，只是一直未进行维修。因为修复文物要分轻重缓急，目前还未排到它。

曾去过阮鹗陵墓的安徽省社会科学院研究员王开玉认为，该处文物损

毁已久，应该对其进行"抢救"，且保护和修复工作不可分割。阮鹗陵墓选址有其历史和文化因素，建议政府有关部门发动当地民间力量，既能对文物进行及时保护、修复，也可以传承民族文化和精神。

原标题《安徽省重点文物保护单位阮鹗墓损毁严重

多年来一直未开展修复工作》

2014 年 5 月 4 日　摘编自《法制日报》、新浪网

记者：范天娇

千年道德心灯点亮大爱之域

江水泱泱，淮水汤汤，植根江淮道德沃土，美善生长，好人频出。安徽简称"皖"，左边从"白"，意为清白，两袖清风；右边从"完"，有完美，德行高尚之意。千百年来，江淮大地的道德沃土，未因时间流逝而有所改变，反而越耕越肥，渐成大爱之域，孕育出一代又一代好人。

2014 年 4 月 23 日晚 10 点多，合肥下着大雨。家住望湖城紫桂苑小区的安徽省社会科学院研究员王开玉，因为文件丢在市区办公室，打车去取。车子刚到祁门路，碰到一辆安庆牌照的面包车拦车求助。

面包车上的人急着到安医附院，可是不认识路。这时，出租车司机跟王开玉商量说，想给他们带路，不收绕路的钱。王开玉欣然答应，不过对司机如此热情有些疑惑，一问才知道，这名好人司机曾经得到过好人帮助。那是很多年前的事情了，那时这名司机开的还是货车。一次，他停下车到小店买香烟，刚出门碰到几个小青年讹诈，说被他车子碰到了，要赔偿。就在他有口难辩时，小店老板走出来帮他做证，将几个小青年赶走。

"好人好事，就像播撒种子，种下了就会发芽开花。"王开玉对出租车司机的美德很感动，在他看来，"好人"这颗种子在江淮大地早已种下。质朴趋于向善，包容孕育奉献，在安徽这片土地上，一直存在着这样的社会环境。"好人"的种子在这理想的环境中萌芽，并且通过深厚的文化底蕴传承，桐城六尺巷的故事妇孺皆知，徽商童叟无欺的职业道德无人不晓。

如今，"好人"的精神营养滋润着每一个领域和每一个人。王开玉做了

10 年的农民工调查，他发现，全国每 10 个农民工里就有一个来自安徽，而安徽农民工是全国口碑最好的农民工之一。

显然，"好人"从个体走向群体，从"安徽好人"发展到了"好人安徽"，一个深入人心的道德品牌正在为安徽崛起注入强劲的精神动力！

原标题《千年道德心灯点亮大爱之域》

2014 年 5 月 6 日 摘编自中安在线 – 新安晚报、和讯网、亳州新闻网

记者：徐文兵 项磊 宛婧

业委会如何挑起"自我管理"重担

随着新建住宅小区越来越多，物业公司与业主间各类矛盾纠纷频发。为推动小区服务管理水平提升，2012 年，合肥市蜀山区住建局曾出台政策，提出加强对业主委员会建设的指导，充分发挥小区居民自我管理、自我服务、自我监督的功能，强化业委会在业主与物业公司间的桥梁纽带作用，力争到 2014 年 6 月全区新建小区业委会覆盖率达到 50％以上。

无外部力量的介入，在业主对公共事务参与热情较低的情况下，许多小区很难自发成立业委会。外部力量介入过度，又会影响业委会作为业主自我管理组织的性质，影响业主原本就不高的参与热情。此种"悖论"，是业委会健康发展必须解决的难题。

如何充分调动业主参与公共事务的积极性，通过业委会提升小区服务管理水平？"政府部门、居委会等有关方面在指导业委会建设时，既要注重业委会覆盖率等硬指标，也应注重业主自我管理素养'软实力'的提升。"安徽省社会科学院研究员王开玉认为，随着小区自我管理实践的深入，业主自我管理素养将逐步成熟，进而提升小区自治水平。反过来，自治水平的提升又将增强业主参与公共事务的积极性，形成正循环。"对此，需要智慧，也需要耐心。"王开玉表示。

原标题《业委会如何挑起"自我管理"重担》

2014 年 5 月 13 日 摘编自中研网、和讯网、《安徽日报》

记者：汪国梁

"让我活着"——安徽定远农民自锯病脚的前前后后

在双脚逐渐烂掉、发臭之后，44 岁的安徽省定远县严桥乡兴南村农民刘敦和自己动手，用茶杯碎片一点一点剜掉烂肉，直至将双脚割掉。20 天后，他才被家人发现，之后被送进了县城医院。

与刘敦和事件相关的每一个当事人都认为自己尽到了责任。

"我们都在外面打工、做活，他不能走以后我们不能每天给他送饭，但他自己都不讲，我们哪能想到？"刘敦和的哥哥与嫂子这样说。

"我已经告诉他要去大医院看，他自己没去，我总不能强迫他去吧？"村医说。

在刘敦和还能勉强行走时，村干部也曾前来探访，并给他留下了几百元钱，让他去治病，"但他以为脚上化脓没大事，就把钱花掉买酒喝了"。一位村干部告诉记者。

"太惨了，也很可怜。但这是他本人和家人耽误了治疗，我们一直都不知道，要是他向干部求助，怎能放着不管？"严桥乡相关负责人说，他们得知消息后也非常震惊，第一时间将其送到县里医院救治，乡里已经为其捐款数万元，民政部门和残联也积极为其奔走。

"宗族之间、亲戚之间的守望相助在现在的农村社会中已经变得比较松散。"安徽省社会科学院研究员王开玉分析，"我们都是旁观者，但是很少有人主动为他们做什么。"王开玉呼吁，政府有关部门、社会公益组织、新闻媒体要提前介入和关注到"边缘人"的生存艰辛，不要等到极端个案发生后再实施救助。

原标题《"让我活着"——安徽定远农民自锯病脚的前前后后》
2014 年 5 月 21 日　摘编自新华网、人民网、合肥热线
记者：鲍晓菁

助学贷款还贷高峰来临　当代年轻人面临诚信"大考"

国家助学贷款政策推行 15 年来，已帮助众多家庭经济困难学生解了燃眉之急，圆了大学梦。但随着还贷高峰期的到来，大学毕业生拖欠助学贷

款、迟迟不还的情况也频频曝光。

记者调查发现，就业难、工资低等多重原因导致一些毕业生无力还款，但同时也存在恶意欠款现象，凸显了部分大学生"诚信"缺失的困境。社会学家认为，对即将踏入社会或踏入社会门槛刚不久的年青一代来说，其诚信建设更关系到国家的未来。安徽省社会科学院研究员王开玉说，应在全国统一建立完善的大学生"诚信档案"，相互联网，使其真正发挥作用。同时，对无力还款的学生要在一定程度上放松还款政策，对恶意欠款的学生则要增加违约成本，加大处罚力度。

原标题《助学贷款还贷高峰来临　当代年轻人面临诚信"大考"》

2014 年 5 月 29 日　摘编自新华网、中国政府网

记者：王橙橙　赵晓辉　韩振　黄安琪　朱青　李春惠

老树惨遭"扒皮" 只因皮能防蚊?

5 月 27 日深夜，元一滨水城小区一棵老树被"扒皮"，主枝干只留下淡黄色的树芯暴露在外。小区老树为何遭此毒手? 原因竟是有传言香樟树皮磨粉放置家中能驱蚊防蚊。经查看，该树并非香樟，而是根本不存在驱蚊功效的杜英树。记者从合肥市园林局公园管理处了解到，植物在开花结果时，最易受到人为破坏。

从掰槐树枝摘槐花到砍树枝采银杏叶，再到活剥老树树皮，在提倡建设绿色文明城市的今天，一些不道德的毁绿行为悄然发生在市民眼皮底下。

对于此类现象，安徽省社会科学院研究员王开玉认为："建设宜居城市，绿化是重要的环节之一，只有引起市民爱绿共鸣才是完善绿化工作的根本之路。"

王开玉告诉记者，当市民看见工作人员日常护绿的行为时，就往往容易产生共鸣，从而自觉地维护身边的绿化。"作为森林保护城市，绿化既是合肥人的骄傲，也是合肥对外的一张名片。但名片的塑造不是依赖一两个人，而是依靠全体市民的共同努力。"在王开玉眼里，"十年树木"与"百年树人"之间有着异曲同工之妙，"从城市绿化上，就很容易看出这个城市居民的素质水平。如果对植物都没有怜悯之心，对周边的人怎么会

有善意呢?"

原标题《老树惨遭"扒皮"只因皮能防蚊?》

2014 年 5 月 29 日 摘编自《合肥晚报》

记者:乐天茵子

装修前写信告知邻居求谅解

两天前,在合肥福禄园小区某栋楼的楼道门上,贴了一张特殊的信。写信的是家住三楼的杨大哥,信的内容是告知邻居自家最近想装修房屋,可能会产生一些声音,希望邻居们谅解。信上还明确规定了装修时间,"中午及晚上 6 点后绝不施工,请各位邻居监督"。杨大哥说,写信提前告知邻居是考虑到楼内有不少老人,怕突然装修惊了他们。而这封"装修信"也得到了邻居们的称赞。

安徽省社会科学院研究员王开玉表示,杨大哥的做法,给"冷漠"的邻里关系好好上了一课。"现在都是高楼大厦,邻里之间往往缺乏沟通。装修前写信的做法,就是一种很好的邻里沟通的范本。而且邻居们对信的态度往往都是好的,这也证明了,只要你用心对待别人,也自然会得到别人的理解。"类似的做法值得提倡,并且不仅仅局限于装修这件事上。"每个家庭都好比是一个独立的个体,但又与周围有着千丝万缕的联系,只有互相之间进行良性的沟通,才能构建起一个和谐的社会。"

原标题《装修前写信告知邻居求谅解》

2014 年 6 月 12 日 摘编自《江淮晨报》、安青网

记者:孙友杰

小伙"啃"救助站免费旅游 法律漏洞滋生职业求助者

据中国之声《新闻纵横》报道,"跑站"这个词里头的"站",指的就是对流浪乞讨人员等进行救助的救助站。那"跑站"又是什么意思呢?谁没事往那地方跑啊?

知道这有点无法理解,安徽省合肥市电厂路救助管理站的工作人员拿

出了登记记录。有个 24 岁的芜湖小伙子，在一个月的时间里，居然 6 次找合肥市救助站求助。他不是找不着工作，是自己懒得找工作，所以只是名义上来"求助"，其真正的目的是索要免费的车票到各地去转悠。哪个站好点就往哪个站多跑一些，哪个站差一些哪个站就少去，就是钻这个政策的空子。这样的问题在全国各个救助站都存在。此前有媒体报道，2014 年 3 月 18 日，合肥市救助站在对一湖北男子进行入站登记时发现，该男子两年内竟然有 58 次入救助站的记录。

原本是救助社会上弱势群体的救助站，如今却被一些跑站者钻了空子。安徽省社会科学院研究员王开玉认为，这明显是歪曲了救助站的本意。王开玉说，救助站究竟应该救助哪些人，我认为应该是救急不救穷。比如有些人来城市临时遇到了点事情，救助站就可以帮助他们渡过这个难关。但是，如果有人把这个当成谋生的手段，这就歪曲了设立救助站的原意了。

当然，不论是收容、遣送，还是现行的救助管理，都有正反两方面的因素。安徽省社会科学院研究员王开玉认为，折中之策，是在当前社会转型的条件下，对救助站也进行适当转型，对其所承担的功能进行重新定位。王开玉说："救助哪些人，不救哪些人，应该明确一些条例。这个条例应该由政府部门制定出来，要不然救助站就会不堪重负。让我们的救助站真正成为救急的地方，帮助他们走回生活的地方，而不是讨生活的地方。"

原标题《小伙"啃"救助站免费旅游　法律漏洞滋生职业求助者》
2014 年 6 月 14 日　摘编自中国广播网、人民网、新华网、新浪网

走进合肥"拆二代"：分得数套房仍想自己挣钱买房

2013 年 1 月，郑州"拆二代"喝毒药逼父亲买豪车；2014 年 2 月，北京"拆二代"因一夜暴富后深感空虚，深夜驾车抢劫。

近几年，抢劫、赌博、吸毒等"拆二代"犯罪被人们热议，"拆二代"群体也被社会贴上"城市中的农村人""屌丝变土豪"的标签。

一夜暴富，给年轻"拆二代"们带来的影响，是不可小觑的。面对众多金钱诱惑，他们有的迷茫，有的堕落。对此，社会、家庭该如何加

以引导？为此，《市场星报》记者专访了安徽省社会科学院研究员王开玉。

"拆二代是当前社会转型大潮中不可避免会出现的一种群体现象。"王开玉说，"由于'拆二代'的大部分财富来自父辈的房屋拆迁，而并非自己劳动所得，不免会引起其他人的艳羡甚至不满。但'拆二代'的财富是合法所得，王开玉认为，社会不要轻易给这个群体贴上标签，他们也需要社会的认可。"

"如今的'拆二代'，大多是'80 后''90 后'，他们总体上是愿意向好的。但由于年轻人价值观尚不稳定，因此突如其来的一夜暴富会让他们陷入迷茫，不知道该如何规划自己未来的人生。"对此他认为，社会、家庭和社区都有义务对这个群体进行引导。

原标题《走进合肥"拆二代"：分得数套房仍想自己挣钱买房》
2014 年 6 月 18 日　摘编自《市场星报》

池州贵池区招城管　头名考生身高差 5 毫米遭淘汰

城管局招聘协管员，在通过笔试、面试后，168 厘米的身高线，把小峰挡在了城管局门外，而另一名考生阿东，笔试面试成绩裸分第一，却因 0.5 厘米差距被淘汰。

从最初苦心准备考试走到现在，小峰等人付出很多，面对这个结果，他们感觉很冤。6 月 23 日，在接受人民网安徽频道记者采访时，他们对考试规则提出质疑：既然设置了严格的身高限制，为何报名时不准确测量，在最初阶段将他们直接淘汰。

招聘考试在最后环节因身高淘汰大批考生，对于此事引起的争议，安徽省社会科学院研究员王开玉分析称，这是由于考试在规则设计和执行上有很大缺陷。

王开玉说，"逢进必考"已成为一种规则，能够体现公正、公平，那么招聘考试就是一件很严肃的事情，因此在规则设计上，就要严格和科学。

"既然将身高设置为考试条件，那么没有达到条件的考生，就不应该让其再进入下面的考试。"王开玉认为，既然让考生进入考试环节，就意味着认可了考生的报考条件。而在最后一步，以本应前置的条件淘汰考生，既浪费了考生的时间和精力，也无端增加了考试本身的成本。

原标题《池州贵池区招城管 头名考生身高差 5 毫米遭淘汰》

2014 年 6 月 24 日 摘编自人民网、新浪网

记者：常国水 韩震震

大学生球迷世界杯赌球成"月光族"

三天前，看好巴西队的安徽农业大学学生小刘，把赌注压在"巴西VS智利"的淘汰赛上。谁知，一场平局令他失望，不得不交上百元"罚金"。

本届世界杯已进行到淘汰赛阶段，激战正酣。省城合肥不少体彩售卖点中，不乏大学生群体的身影。6 月 30 日，《安徽商报》市民记者宋先生来电反映，竞买体彩的过度狂热与冲动，已影响到不少大学生球迷的生活和学习。6 月 30 日，《安徽商报》记者走访省城多所高校，发现不少大学生球迷投注失败成了"月光族"。

安徽省社会科学研究院研究员王开玉认为，大学生没有独立的经济能力，不适合过度参与竞彩活动，"竞彩胜算的可能性小，浅尝辄止就可以了"。王开玉呼吁，学校应加强监管大学生购彩现象，关注大学生的心理调节。另一方面，要提高大学生的辨识能力，不提倡大学生在购彩上面耗费过多精力和激情。

原标题《大学生球迷世界杯赌球成"月光族"》

2014 年 7 月 1 日 摘编自《安徽商报》、新华网、人民网、

中国网、安青网、中国新闻网

记者：鲍伟平 吴洋

安徽蚌埠：问题食品为何"偏爱"农村

6 月 26 日，在蚌埠市淮上区梅桥镇裔家湾村的一家小商店里，老板马大叔一边往货架上码放当地俗称"辣条"的小食品，一边有些无奈地对记者说："明知道有些食品质量不行，但成本低，其他商店都进这样的

货；你进质量好的同类货，价格相应的就要高，不好卖，商店就经营不下去。"

"周边商店的食品大多是从义乌商品批发市场上批发来的。"淮上区小蚌埠镇方沟村商店吴老板告诉记者，义乌商品批发市场有两类食品批发商，一类是质优价高的食品批发商，主要供货给城市和县、镇街道上的商店，一类是专门针对农村商店的食品批发商，批发各种质量较低甚至不符合安全标准的食品，但价格特别便宜，很有吸引力。

"工商部门应把监管执法重心向农村转移。"安徽省社会科学院研究员王开玉认为，工商部门要加强对农村食品安全的监管，特别要强化销售渠道监管，斩断问题食品流通链条，让农民吃上放心的食品。

原标题《安徽蚌埠：问题食品为何"偏爱"农村》

2014 年 7 月 2 日　摘编自新农网

7月1日起"老赖"不能买机票　但部分代售点仍卖票

随着全国被执行人信息查询系统与民航、铁路等部门的信息联网，从 7 月 1 日起，被纳入最高人民法院失信被执行人名单库的"老赖"，将无法购买机票，也无法购买列车软卧。《新安晚报》、安徽网记者从安徽民航机场集团获悉，4 日和 5 日，安徽省分别有一名"老赖"在机场购买机票被拒绝。

记者在以"老赖"信息进行体验的过程中，发现虽然在机场买不到票，但在机场售票处之外的部分代售点，仍能买到机票。这是什么原因造成的？对此，记者联系了安徽民航机场集团一名工作人员，但对方不愿多说，只表示，系统的完善需要一个过程。

对此，安徽省社会科学院研究员王开玉表示，民航系统也要不断更新完善订票系统，不能因为系统的缺失，而让"老赖"钻了空子，阻碍信用建设的发展，"一定要通过完善的系统、具体的手段，让'言而无信'的'老赖'付出实实在在的代价"。

原标题《7月1日起"老赖"不能买机票　但部分代售点仍卖票》

2014 年 7 月 8 日　摘编自安徽网、人民网

记者：郭娟娟　张玮建

多地"红头文件"禁"谢师宴"如何"感恩"成难题

安徽、广东、陕西、山东等多地教育部门以政府文件形式向教师发出"谢师宴"禁令,江西新余市一中以全校教职工签订承诺书的形式集体向"谢师宴"说不。

叫停"谢师宴""升学宴"背后的反腐意味也在各地纪检部门配合发出的"倡议""禁令"中显露出来。安徽省铜陵市纪委就发出"禁令",禁止党员干部借子女升学请客送礼或变相收礼。

对政府部门这样的做法,网络上的反应褒贬不一。有网民认为,此举有利于刹住借机敛财的不良风气。但也有不少网民认为,毕业为道别和感谢老师聚餐并无不可,不应把"谢师宴"与"歪风邪气"简单等同。

安徽省社会科学院研究员王开玉认为,政府部门下发"一刀切"禁令的做法目的良好,但仍需思考。反对借"谢师宴"产生的不正之风固然是好事,但应当把"谢师"的感情和歪风邪气分开,不应简单地认为宴请都是坏事,送礼物都是不对的。

王开玉表示,借庆贺敛财的不正之风,政府部门不能简单地靠发布一道又一道禁令来解决。政府最需要做的还是建立社会正确的价值取向,树立社会主义核心价值观,才能从精神上将"谢师"扳正。

原标题《多地"红头文件"禁"谢师宴"如何"感恩"成难题》

2014 年 7 月 9 日　摘编自新华网、《参考消息》、凤凰网、

人民网、搜狐网、光明网

记者:朱青

我国现民生需求新短缺:养老院床位排到数年后

地铁太挤,想买辆私家车,但一些城市摇号了;为让孩子上个好学校,一些家长不得不购买天价学区房;想给父母找家放心的养老院,怎料公办养老机构的床位要排到数年后……随着社会发展和生活水平的提高,民生需求发生了巨大变化,我国一些地方和领域出现了民生"新短缺"。与二三

十年前生活必需品的短缺不同，"新短缺"是社会发展进步后，老百姓对民生服务、民生产品多层次、多样化需求的集中反映。这种"新短缺"也体现了民生建设从保障到改善的阶段性特征。

告别"新短缺"，增加供给无疑是最关键的。同时，还应积极发挥市场作用，引入社会力量，通过政府购买服务等多种方式，满足百姓不断增加的多样化民生需求。

"民生服务需求越来越多，百姓要求越来越高，引入社会专业力量，由政府购买服务，是各国较为通行的一种新型公共服务供给方式。"安徽省社会科学院研究员王开玉说。

据了解，目前政府购买服务已经在北京、上海、广东等多地出现，购买项目主要集中在养老助残、社会救助、法律援助、技术培训等领域。"尽管购买项目不尽相同，但增加公共福利是各地购买服务的出发点和落脚点。"王开玉表示。

原标题《我国现民生需求新短缺：养老院床位排到数年后》

2014 年 7 月 14 日　摘编自新华网、人民网、和讯网、新浪网、

环球网、中国经济新闻网

记者：杨玉华

网购幼虎的"乌龙警示"

7 月 18 日上午 8 点多，河南省公安厅官博@平安中原发出一条令人吃惊的消息：7 月 16 日凌晨，三门峡警方在湖滨区崖底乡东贺家庄李某家解救一只幼虎，贩卖团伙 6 人全部被擒获。该团伙通过互联网出资 25 万元购买了一只孟加拉幼虎，意图贩卖牟利。随后，三门峡市森林公安局表示，之前发布的消息并不属实，称该消息的发布使其工作很被动，且不愿透露更多案情细节。又是一个"乌龙新闻"，还是有其他的难言之隐？按照一般性推测，解救幼虎绝对是事实，那就是网购这个环节"不属实"。网购幼虎或为"莫须有"，但是，网购幼虎具备"乌龙警示"——网购违法犯罪决不能"养虎为患"，决不能让网购违法犯罪"为虎作伥"，更不能让其"虎踞龙盘"。也许现在尚未到网购犯罪太猖獗的时候，但是，随着网购主流消费地位的逐步确立，违法犯罪行为也会"水涨船高"。"预

防为主，防治结合"，应该是现阶段打击网购违法犯罪的原则，也是"抓主要矛盾"。

网购监管不能沦为纸老虎。2014年3月15日正式实施的《网络交易管理办法》，为网购"私人定制"，徒法不足以自行，关键还在于监管的及时到位。安徽省社会科学院研究员王开玉表示，由于网络购物涉及监管部门过多，家家管最后变成家家都难管，这给整个监管系统带来不小的难度。应该建立以一家机构为主导，其他部门相辅助的监管机制，将更容易进行协调管理。监管要"发虎威"，需从优化机制入手，从强化职责发力。

原标题《网购幼虎的"乌龙警示"》
2014 年 7 月 19 日 摘编自中国网
记者：李云

漂着漂着 有些书就"漂"没了

7 月 26 日，"好书共分享 图书随漂流"活动在合肥市图书馆启动。此次活动，全市首次建成 10 个图书漂流站，分别是市图书馆、市少儿图书馆、安徽图书城、新华书店三孝口店、育才书店、琥珀街道、芙蓉社区、书香门第社区、锦绣社区、桃花园社区。每个图书漂流站精选了优质图书 100本，作为漂流用书。"图书漂流"活动已经在合肥"漂"了一周了，这一周的时间，活动进行得却不容乐观。一位图书漂流站管理人员表示，活动刚开始这里有一百多本新书，都是各个出版社或者作者本人捐赠，但后期，很多人拿着自己的旧书来换新书，或是便宜的书换贵的书。曾经有一位作者一次性捐了 10 本价值四五十元的书供漂流，一周过后，书架上只剩下一本。

"图书漂流"听上去很有吸引力，然而这种漂流方式在中国似乎还太稚嫩，能真正普及这种漂流方式恐怕就更难了。

安徽省社会科学院研究员王开玉认为，合肥首次建设漂流图书站点，出发点是好的，但为何漂不起来，他认为和操作方式有关。"对于新华书店等营业性的文化机构来说，这属于公益事业，书源是很大的问题。而且，单纯的图书漂流操作起来难度太大。"王开玉建议，如果想继续推广"漂书"，不妨试试市场化，让市民们将自己家里不用的"好书"低价卖给书店，书店再低价转卖，也可从中少数获利。"图书交换和交易两种方式并行，有助于推广图书漂流活动。"

原标题《漂着漂着　有些书就"漂"没了》
2014 年 8 月 4 日　摘编自《江淮晨报》、新民网、东方网、凤凰网
记者：张梦怡　高鸽

"皖籍大学生状告南京人社局案"和解　女生获赔 1.1 万

报考南京市人社局下属单位一职位，安徽籍大学生苏敏（化名）却发现招聘简章标明只有"南京市户籍"才能报名。自觉遭受"户籍歧视"后，苏敏将南京市人社局告上法院。8 月 5 日，记者获悉，这件引起社会广泛关注的户籍就业歧视案在历经变更被告、多次诉讼后，最终得以调解结案，苏敏获赔 1.1 万元。

安徽省社会科学院研究员王开玉表示，用人单位在招聘中以性别、年龄、户籍这种与工作无必然联系的因素作为招聘员工的基本条件，是对劳动者平等就业权的侵犯，属于典型的就业歧视，必然要承担法律后果。

王开玉认为，政府部门、事业单位等作为利用公共资源建立并以社会公益为工作目的的用人单位，更应该以身作则，规范招聘行为。就业中的户籍歧视现象，显然是与户籍改革的趋势相悖的。户籍歧视或者户籍限制一方面不利于本地吸收到更优秀的人才，限制了人才流动，另一方面容易造成不公平，对求职者也是一种伤害。

原标题《"皖籍大学生状告南京人社局案"和解　女生获赔 1.1 万》
2014 年 8 月 6 日　摘编自《江淮晨报》、万家热线、大庆网
记者：王凯

以制度呵护爱心　让"捐不捐"不再纠结

8 月 3 日，云南省昭通市鲁甸县境内发生 6.5 级地震，造成重大人员伤亡和财产损失。数千里外的灾情，牵动着安徽人的心。安徽省红十字会公布捐赠热线和账户后，电话一直响个不停，有志愿者要求到一线参与救援，

众多市民积极捐款捐物。爱心让人们不吝伸出援助之手，但观念上的纠葛、监管机制的不健全等因素，也造成一些人在面对募捐请求时，不愿捐、不敢捐或是不能捐。如何清理观念纠葛和制度障碍，给爱心以更广阔的空间，让"捐不捐"的问题不再纠结？

"首先应当破除观念误区。"安徽省社会科学院研究员王开玉表示，捐款捐物、行善助人，与发挥社会保障体系作用并不冲突。各类社会保障和社会救助制度规定了政府部门等有关方面在救困济难方面的责任，但社会成员出于道义也应互帮互助。此外，来自个人和社会的捐助，对于政府主导的社会保障体系也是有益补充。

针对因不信任慈善机构而产生的"不敢捐"问题，王开玉认为，慈善组织应健全公开透明的运行机制，努力赢得公众信任。政府部门也应强化监管机制，引导慈善机构健康、规范运行。"无公开则无了解，无了解则无信任。"王开玉表示，只有秉持对捐赠者负责的态度，将每一笔善款与赠物的来源、去向向社会明确交代，慈善机构才能最大限度地取信于公众，从而消除捐赠者的顾虑、保护捐赠者的捐赠热情。

原标题《以制度呵护爱心　让"捐不捐"不再纠结》
2014 年 8 月 7 日　摘编自凤凰网、中安在线、人民网、网易
记者：汪国梁

大学生暑期打工未拿到报酬　专家：收集好用工证据

暑期，宿州学院 18 名大学生与一家校外辅导机构负责人签订了实习协议。35 天工作日期结束，他们却无法联系上该名负责人。暑假短期求职者应该注意怎么保护自己的权益呢？

安徽省社会科学院研究员王开玉认为，大学生寒暑假求职，遇到拖欠和克扣工资、让求职者主动走人、不签订劳动合同等情况都属于求职的"乱象"。为此，王开玉为学生求职提供了建议。

"大学生求职、兼职要和自己的专业相结合，这样可以了解行业的情况。"王开玉说，很多学生被骗很重要的原因是，对行业行情缺乏认识。大学生贸然进入此行业，反而"碰了一鼻子灰"。此外，王开玉讲，选择用工单位，大学生要核实单位的资质、经营执照和信誉。很多不合法的单位招工就是钻了

这方面漏洞,遇到拖欠工资等问题,给相关部门查处带来了难度。

王开玉表示,大学生求职要和单位签订书面劳动合同,"与用人单位签订合同时,要明确合同中的条款和细节"。王开玉认为,签订合同不仅能规范用工单位行为,也有利于规范求职者行为。"当出现问题时,能做到有法可依,保护双方利益。"

原标题《大学生暑期打工未拿到报酬 专家:收集好用工证据》
2014 年 8 月 11 日 摘编自《合肥晚报》、光明网、北方网、大众教育网
记者:乐天茵子 高勇 徐晴

大学生暑期"实习证明"网上热卖 诚信遭玷污

每年暑假,都有不少大学生进行暑期社会实践活动。有的是学生自我要求,有的是学校硬性规定。现在,暑假已经接近尾声,一项特殊的"服务"正在网上悄然进行。近日,省城合肥几名大学生向记者反映,现在淘宝上有盖章、写评语、回访制假一条龙服务,收费从 50 元至 150 元不等。

安徽省社会科学院研究员王开玉谈到这一问题时讲道:"首先,要认识实习的重要性。实习既是考验一个学生知识运用的能力,也是帮助学生了解社会、提升综合品质的关键时期,实习在学生成长过程中起到很大的作用,所以学生应该珍惜这段时间,重视实习。其次,对于造假这种失信的行为,一旦被发现,最终害的是学生自己。它可能是其一生中抹不掉的污点,不仅损害学校形象,更对社会诚信有很大的危害。"

原标题《大学生暑期"实习证明"网上热卖 诚信遭玷污》
2014 年 8 月 12 日 摘编自中安在线、新华网、安青网
记者:王静 毛诚伟 周侦

人为猴"串门探亲"建吊索桥 花 500 万值不值?

为方便被水库阻挡的猕猴"串门探亲",河南济源猕猴国家级自然保护区投资 500 万元,在河口水库两岸高山上,正架设两座吊索桥。据了解,济源市境内有猕猴 20 多群 3000 多只,其中生活在沁河两岸的有 5 群 500 多

只，来回穿行于沁河两岸的山林中。

"动物也要生长环境，"安徽省社会科学院研究员王开玉认为，"现在一个热词就是生态补偿机制，对动物也应该这样。"

原标题《人为猴"串门探亲"建吊索桥　花 500 万值不值?》

2014 年 8 月 12 日　摘编自新华网、《参考消息》、人民网、新民网

记者：刘金辉　马意翀

人大代表建议延长产假引关注　盘点世界各地产假

近日，北京市人大代表王幼君建议，将女性产假延长至 3 年，由社保提供生育津贴或由财政出资保障，以改善幼儿家庭紧张的生活状况。一石激起千层浪，有赞成、有反对，还有对可能引发的女性就业歧视的担忧。产假延长至 3 年也许不够现实，却引发一场关于产假延长的讨论。

8 月 12 日，记者就此采访了安徽省社会科学院研究员王开玉。

"我个人很赞成产假延长，但 3 年太长，1 年左右最合适。"王开玉说，随着生活水平提高，人们更关注产妇和哺乳期婴幼儿的成长问题。

"准妈妈希望延长，但企业很可能会抵触，因此需要平衡产妇休假需求和企业用人之间的矛盾。"他建议，国家可以将产假适当延长，休假后刚开始工作的几个月里，适当缩短每天的工作时间，不仅可以保障企业正常运转，同时也不影响婴儿哺乳，以及有母亲陪伴的成长环境。

王开玉建议，产假涉及的人数、行业众多，是个不容忽视的问题，国家可以为产妇，特别是在职的产妇建立保障机制，确保产假不会影响到本人的工作。

原标题《人大代表建议延长产假引关注　盘点世界各地产假》

2014 年 8 月 13 日　摘编自安徽财经网、新浪网、安青网、合肥热线

记者：曾梅

网曝蚌埠二中"掐尖班"班额突增　回应称多出
学生系协作单位子女　不占名额

曾是全国"依法治校示范校"的安徽蚌埠第二中学，近日因"实验班"

"中字班"分班人数超过原定班额问题被网友质疑其中有"猫腻"。8 月 14 日，校方在网上回应称，"实验班"编入的是协作单位子女，不占原计划人数，更是加重了网友的疑虑，令网友发出"协作单位是哪些单位""谁的子女享有协作名额""学校与这些单位是否有利益关系"等追问。

"这是对教育改革的一种挑战，学校必须进行纠正，并对学生与家长做出解释。"安徽省社会科学院研究员王开玉说。

原标题《网曝蚌埠二中"掐尖班"班额突增　回应
称多出学生系协作单位子女　不占名额》
2014 年 8 月 15 日　摘编自《法制日报》
记者：范天娇

蓝皮书开拓了中国社会科学研究的新局面

2014 年 8 月 15 ~ 16 日，由中国社会科学院主办，贵州省社会科学院、社会科学文献出版社承办的"第十五次全国皮书年会（2014）：大数据时代的皮书研创"在贵州贵阳隆重召开。在"大数据时代的社会、法治研究"分论坛上，安徽省社会科学院研究员王开玉就蓝皮书开创了中国社会科学研究的新局面做了发言，主要内容有以下三点。第一，蓝皮书是中国社会科学发布学术成果的最大平台；第二，蓝皮书是中国学科门类最广泛的研究载体；第三，蓝皮书为中国社会科学研究开辟了新的巨大空间。

2014 年 8 月 16 日　摘编自主编在第十五次全国皮书年会上的发言

安徽公布 53 种禁输液疾病清单　专家呼吁监管问责制度

据中国之声《新闻晚高峰》报道，普通感冒发烧，吃药不见好转，很多人都会去医院打点滴。但这样的做法，以后恐怕在安徽省行不通了。安徽省卫生计生委近日下发通知，将包括普通感冒、慢性咽炎、小儿腹泻等 53 种常见病列入禁止输液清单。清单一公布，立刻在网上热传。

这 53 种常见病、多发病包括内科疾病 24 种、妇科疾病 7 种、儿科疾病

4 种、外科疾病 18 种。只有在患者出现吞咽困难、严重吸收障碍（如呕吐、严重腹泻等），以及病情危重且药物在组织中区达到高浓度才能紧急处理这 3 种情况下才使用静脉输液。

安徽省社会科学院研究员王开玉说，很多患者到医院看病，都习惯性地要求医生输液，原因是"输液好得快"。官方发布这样一份清单，其背后的价值和意义不容否定。公布这个清单第一个是供医生掌握，第二个是对患者的宣传，第三个医患之间打点滴不打点滴的矛盾有了处理的根据。因为现在存在打点滴的乱象，有的医生没有办法，患者看病的时候会说你吊水吧，这样好得快。

王开玉研究员还说，在对这份名单给予充分肯定的同时，要求一名普通患者一字不落地记住这 53 种病症，显然不现实。避免抗生素的滥用，还需要建立完善的监管和问责制度。监管的过程就是解决矛盾的过程，因为我们这个清单的目的是有利于病人的健康，有利于医生的救治，如果这些矛盾不能处理的话，它会走向反面，引起一些矛盾和纠纷。

原标题《安徽公布 53 种禁输液疾病清单　专家呼吁监管问责制度》
2014 年 8 月 21 日　摘编自中国广播网

"千金散尽"为孩子　假期演变"消费季"

暑假期间，许多中小学生家长花费上千元至数千元学费，送孩子参加书法、绘画、武术、舞蹈、游泳等兴趣特长班，利用假期发展小孩兴趣爱好，快乐欢度暑假。

在接受采访的数十名中小学生家长中，大部分家长认为孩子暑假花费高，一方面，他们认为暑假是孩子能自由玩耍的宝贵时间，不愿意错过；另一方面，也有家长认为这是必须有的经历，愿意为此买单；此外，也有家长表示，虽然心里感觉有点"肉痛"，但为了孩子仍不得不掏钱。

近年来，随着经济发展和生活水平日益改善，在"再苦不能苦孩子"的理念支配下，人们对下一代的成长与教育倾注了更多心血。安徽省社会科学院研究员王开玉认为，随着经济条件的改善，中国家长有能力负担一些费用较高的消费项目，不可否认有些活动的确能够增长孩子的见识，但动辄上万元的高消费，对于一般家庭来说，却未免花费大了点。暑期消费如此之高反映出部分家长和孩子的攀比心理和虚荣心在作祟。

原标题《"千金散尽"为孩子　假期演变"消费季"》

2014 年 8 月 25 日　摘编自《赣南日报》

记者：刘水莲

合肥五里庙社区居民胡小平今被授予全国"好爸好妈"称号

2014 年 4 ~ 8 月，全国妇联儿童工作部、中国家庭教育学会开展了以"传承家庭美德，树立良好家风"为主题的"好妈好爸好家风"宣传展示活动，在全国评选出百名"传承好家风的好爸好妈"。安徽共有兰如侠、何腊梅、胡小平、李守平 4 人入选。

入选的 4 人全是女性，这在安徽省社会科学院研究员王开玉看来再正常不过。王开玉认为，家长是培育良好家风的第一任老师，特别是女性对于培育良好的家风有着举足轻重的作用，古时的"孟母三迁""岳母刺字"等典故便充分说明了一点。王开玉认为，好的"家风"不是一天两天就能够养成的，它需要长时间的培养。而在新时期，"家风"也该与时俱进，摒弃一些不合时宜的老规矩，取传统文化之精华。

原标题《合肥五里庙社区居民胡小平今被授予全国"好爸好妈"称号》

2014 年 8 月 26 日　摘编自《合肥晚报》

记者：管继发　胡嫒嫒　王芳　刘晓平　王伟

联手围剿"山寨 120"

连日来，媒体连续推出了一些藏匿在合肥各大医院的"山寨 120"，扰乱正常医疗秩序的报道，引起了相关部门的高度重视。昨日，记者从合肥市相关部门获悉，本周内，合肥市应急办、卫生局和运管处等部门，将召开联席会议，明确"山寨 120"的监管主体，让"山寨 120"无生存的土壤。

安徽省社会科学院研究员王开玉认为，整治"山寨 120"，首先是强化特种车辆管理，强化联合执法检查；其次是加强医疗信息公开，在急救特种车辆纳入统一监管和科学呼叫统一调配管理基础上，公开急救车辆信息和监督举报电话，强化监督；此外，还要加大投入，增加正规"120"急救设施建设，确保"正规军"能满足市场需求，压缩"山寨120"的生存空间，并为患者提供正规的、科学的急救服务，确保患者权益和生命健康安全。

原标题《"山寨120"扰乱医疗市场秩序　合肥多部门将联手围剿?》
2014年9月1日　摘编自《市场星报》

对克隆银行卡坚决说"不"

当你用某商铺 POS 机刷卡消费时，当你用银行的 ATM 机取现或转账时，当你进行网络购物时，或许你的银行卡信息已被窃取了。盗刷银行卡设备居然在网上公然叫卖，克隆银行卡技术可以在网上"自学"，获取或"买卖"他人身份信息是那么容易，银行对克隆的银行卡似乎没有一点"辨识能力"……这多么可怕！银行卡正面临高科技时代的严峻挑战。眼下，高科技违法犯罪行为很猖狂，预防、打击与惩治手段更要高科技，必须"魔高一尺，道高一丈"。

2014年3月15日正式实施的《网络交易管理办法》，为网购"私人定制"，徒法不能以自行，关键还在于监管的及时到位。安徽省社会科学院研究员王开玉表示，由于网络购物涉及监管部门过多，家家管最后变成家家都难管，这给整个监管系统带来不小的难度。应该建立以"一家机构为主导，其他部门相辅助"的监管机制，将更容易进行协调管理。从优化机制入手，从强化职责发力，还网购一片蓝天。

原标题《对克隆银行卡坚决说"不"》
2014年9月3日　摘编自《浙江日报》
记者：王旭东

黄山百年名校陷"迁校救市"风波

新学期开学没多久，安徽百年名校休宁中学却身陷"搬迁风波"。休宁中学是安徽省示范高中，地处黄山白岳之间的休宁县万安镇，背靠亥山，前傍横江，建校至今已有102年历史。根据规划，该校将与另一所学校合并，搬迁至新校区。

消息传出后，引发争议不断。18 位知名校友联名发表公开信，担心校园搬迁会割断文脉，呼吁政府部门审慎考虑。还有人提出质疑，老校新迁是为了刺激房产市场，有救市之嫌。但也有人表示赞同，认为搬迁是为了学校长远发展。

安徽省社会科学院研究员王开玉认为，像休宁中学这样的百年名校拥有的是无形和有形两种资产，不能只看到有形的学校，而忽视了无形的历史积淀。

"政府决策者不能'拍脑袋'决定学校搬还是不搬，应该召集学校、教师、学生家长等利益相关人，通过举办听证会等方式，进行公开讨论，广泛收集各种意见和建议，在充分科学论证的基础上，再做出民主决定。"王开玉建议。

原标题《黄山百年名校陷"迁校救市"风波》
2014 年 9 月 4 日　摘编自《法制日报》
记者：范天娇

合肥一高校宿舍配保险柜　400 元可租四年

私人独立保险柜，这个在银行才有的福利，如今在合肥学院的学生宿舍也有了。2014 年合肥学院新区的大一新生，将会看到宿舍的书柜一角，装有一个"高大上"的保险柜。这是 2014 年合肥学院新区为了保障学生私人财产安全，特意安排的"福利"。

即将开学的合肥学院大一新生就要入住带有保险柜的学生宿舍，对于学生宿舍安装保险柜，安徽省社会科学院研究员王开玉告诉记者，"不建议学生租用保险柜，因为容易造成学生之间的攀比心理"。同时王开玉称，大学生宿舍是一个"小社会"，是大学生培养相互信任的摇篮，而宿舍保险柜的存在，会影响室友之间的信任感。

原标题《合肥一高校宿舍配保险柜　400 元可租四年》
2014 年 9 月 4 日　摘编自《江淮晨报》
记者：周坤

安徽九华天池景区与居民互指对方挖墙脚

据中国之声《新闻纵横》报道，国家 4A 级景区九华天池位于安徽池州市，自古就是朝拜九华山的必经之地，由于景色优美交通便利，常年都吸引着大量游客。然而最近景区的正规军和周边村民起了争执。

记者调查发现，在九华天池风景区附近，很多村民都在经营农家乐，同时还兼职做起了免费导游。据当地居民说，他们之所以做这个免费的导游，主要是想让游客去他们经营的饭店和旅馆就餐就宿。原本是想靠着 4A 级景区这棵大树好乘凉，不过农家乐经营户告诉记者，生意并不好做，九华天池核心景区会跟他们抢生意，强制游客、导游、旅行社在风景区核心区吃。针对村民们的这个说法，景区负责人刘根友表示，景区不存在与居民抢客源。每到周末，景区游客有 1000 多人次，而景区里的饭店只能容纳 300 人就餐，而且基本上都是团体游客，绝大部分的散客都是在景区外自行就餐的。

正所谓和气生财，我们看到，一些发生利益纠纷的风景区，其实争到最后，只能是景区自毁形象。那么旅游资源这块蛋糕究竟该怎样分？由谁来分？安徽省社会科学院研究员王开玉认为，旅游业要想健康发展，政府监管作用不容忽视，政府应该扮演分割利益的角色，出台一些细则来引导旅游区和原著居民自营项目的共同发展和利益共赢。

王开玉认为，我们必须要认识到旅游是个大市场，旅游要发展一定要留住人，农家乐发挥了留住人的作用，这个是和旅游景区共赢的，这点旅游景区一定要认识到。只有周边环境发展好了才能吸引更多的客人来，附近的农民也要关注旅游景区的发展，要考虑到旅游景区的利益。我觉得可以采取农民带客人在周边农家乐的范围内活动，从利益分成来说旅游景区应该认识到农民把这些客人带到景区，因此应该给予其一定的奖励，给他们一定的利益分成，这样的话双方是共赢的，不是互相矛盾的。我们政府的旅游部门应该按照市场规则，要引导利益分成，相互和谐，共存共荣，这样会建立一个良好的旅游秩序和良好的经营环境，也更加促进旅游业的发展，也增加双方的收入。

原标题《安徽九华天池景区与居民互指对方挖墙脚》
2014 年 9 月 5 日　摘编自中国广播网
记者：王利　蔡薇

2014 年中秋月饼脱下"奢华"外衣回归"原味"本质

月饼作为中国中秋节的传统美食，本应承载丰收在望、家庭团圆、生活美满这些美好愿望，却一度与红包、黄金、高档红酒等搭配成奢华礼品而严重"变味"。在中共中央"八项规定"出台近两年后的中秋节，月饼逐步回归原有文化内涵，折射出中国反腐进入高压、持久且入微的新常态。

中秋节前夕，中共中纪委监察部网站开通"公款送月饼"等"四风"问题举报窗，邀请群众监督，再次传达严防"四风"反弹的态度。月饼市场的种种变化也折射出持续性的高压反腐所产生的影响，以往在节后才开始打折的时令食品 2014 年在节前已开始进行各种折扣促销活动。

安徽省社会科学院研究员王开玉表示，中秋节"月饼价格指数"下跌，脱下"奢华"的外衣，回归家庭餐桌，既折射出反腐工作带来的社会风气转变，也反映出人们节庆观念的变化。

原标题《2014 年中秋月饼脱下"奢华"外衣回归"原味"本质》

2014 年 9 月 5 日　摘编自新华网

记者：朱青　刘欢

"生态竞争力"理念渐入人心

目前，中国已有多个省市提出了"生态强省""生态立市"的概念，生态也是竞争力的理念已渐入人心。据悉，"生态竞争力"指标可谓是一种新的"考试"，指标的选取除了生态环境的保护以外，涵盖了绿色经济、资源效率、生态家园等方面，其中二级指标也同时涉及资源、经济和社会等多个因素。

在安徽发布的《生态强省建设实施纲要》中，就提出打造"生态竞争力"，计划用 10 年时间，实现全省生态竞争力比 2010 年翻一番，使城乡居民喝更干净的水、呼吸更清洁的空气、吃更安全的食品、享受更良好的环境。

安徽省社会科学院研究员王开玉认为，生态文明建设是一个动态的过程，科学发展和生态保护相辅相成。建设美丽中国要求我们在发展中把家园建设得更好，就必须在生态保护的基础上加强生态竞争力的发展。

原标题《"生态竞争力"理念渐入人心》

2014 年 9 月 18 日　摘编自《人民政协报》

靠人多炒作冲破的"吉尼斯"就是个热闹

参与人数众多、声势浩浩荡荡、参评物品"巨大"、媒体关注度高……在全国许多地方，各类纪录申报、评选、挑战的新闻不时见诸报端。商业机构、政府部门、专业团体等不同的纪录评选申报主体轮番登场，频频亮相。

申请冲击纪录的热潮在网络上引发了诸多不同声音，一些网友认为，国外的各类"世界纪录"趣味性更浓、更有创意，反观国内的纪录申请活动，用人海战术、巨大战术"投机取巧"者众多，有的更是只能算作一个宣传炒作的大广告。

"从申报挑战世界纪录的主体来看，以前政府背景的比较多，现在更多则是商业方面的策划。"安徽省社会科学院研究员王开玉表示，"不论最终成功与否，这些挑战只要有人关注就可以算胜利，完全背离了挑战极限、超越自我的出发点。"

原标题《靠人多炒作冲破的"吉尼斯"就是个热闹》

2014 年 9 月 21 日　摘编自《新华每日电讯》

记者：汤阳　段续

尴尬无车日　绿色出行者寥寥

9 月 22 日是"世界无车日"，尽管从国家住建部到安徽省交通管理部门都发出了倡议，提倡在"无车日"当天，广大车主让爱车休息一天，尽量选择公共交通工具或骑自行车、步行等绿色交通方式出行。但在周一早高峰时，合肥街头依然车水马龙，一环路、合作化路高架、五里墩立交桥等各交通节点车流量和平常一样非常大。

对于"无车日"由前几年的红火到现在知之甚少的尴尬，安徽省社会科学院研究员王开玉认为，其实"无车日"是倡导低碳环保的一种理念，并不是要禁车。以前许多城市在"无车日"当天进行临时交通管制，市民们也会自发乘坐公共交通工具，这些措施有效缓解了城市拥堵，减少了环境污染。但"无车日"的意义，远远不止一天里的节能减排，更是一种"绿色理念"的倡导和践行。"'无车日'组织者对于绿色出行的希望和倡导，要真正能在城市实现，必须有完善且发达的城市公共交通设施。"王开玉认为，让市民无论是在"无车日"当天，还是在"有车日"都能感受到出行便捷，不是停留在口头上的宣称，只有深入人心的做法，才能让更多的人认可"无车日"，否则"无车日"一天的禁行，只会变成一场大家都不欢迎的秀。

原标题《尴尬无车日　绿色出行者寥寥》

2014 年 9 月 23 日　摘编自万家热线

记者：李斐　唐欢　周莹莹

中国部分景区通过限流希望为游客提供更好的出行体验

在刚刚结束的十一黄金周，"长假常堵"仍是绕不开的话题，民众要么堵在高速路上，要么堵在景区人海中。但今年也有一些热门景区尝试通过"限客""分流"等措施，希望为游客提供更好的出行体验。

2014 年国庆假期，一些热门景区也确实在人们"挤怕了"的声音中悄然降温：1 日，四川 77 个 4A 级以上景区接待游客同比下降了 14%；2 日，九寨沟接待游客同比减少 2.62 万人次，降幅 54.7%；4 日，桂林漓江接待游客 1.27 万人次，同比下降 4.2%……

"我们必须从长计议，不能把需求压制集中释放，而是要全方位发展休闲产业，全区域营造休闲环境，全时段释放休闲需求。这样的思路不仅适用于旅游，也适用于社会生活的其他方面。"安徽省社会科学院研究员王开玉表示。

原标题《中国部分景区通过限流希望为游客提供更好的出行体验》

2014 年 10 月 9 日　摘编自新华网

记者：杨丁淼　张紫赟

晒公益正在成为新风尚

还在朋友圈和微博中晒美食、晒娃、晒旅游吗？晒公益正在成为新风尚。就在刚刚过去的国庆假期，晒"公益度假"活动成为一抹亮色，无偿献血、服务敬老院、探访孤儿和罕见病患者、走访抗战老兵……如果晒公益能够成为新风尚，丰富多彩的公益活动可以让人们感受社会的正能量，公益的传播也能够更加精准有效。但在晒公益的过程中，还应坚持客观理性，既不夸大事实，也不被不法分子利用。

安徽省社会科学院研究员王开玉表示，当公益活动成为人们日常生活内容中的一部分时，公益慈善所传递的爱心才会成为社会大爱。他们用参与公益的方式回报社会，用年轻人的爱心与活力为国庆假期赋予了一种更加美好的意义。

原标题《晒公益正在成为新风尚》

2014 年 10 月 13 日　摘编自《北京晨报》

记者：韩元佳

合肥满大街的垃圾分类箱咋成了"聋子耳朵"？

垃圾分类是城市垃圾资源化处置的关键，被全国各地采用，但垃圾在分类过程中并非"一帆风顺"。日前，安徽省合肥市一市民反映，当地的分类垃圾桶"不分类"，垃圾箱成了"聋子耳朵"。

如果说垃圾是"放错了位置的宝贝"，那么分类便成了垃圾"转型"的第一步。从 2011 年开展垃圾干湿分类起，分类垃圾箱已经扎根安徽省合肥市街头三年有余。

这些垃圾箱的分类效果如何？经调查发现，尽管"可回收"与"不可回收"的字样明显清晰，但分类垃圾箱却始终被当作普通垃圾箱使用。对此，合肥市城管局环境卫生管理处工作人员表示：市民分类意识淡薄是分类垃圾箱"不分类"的主要原因，年底或能实现垃圾处理干湿分类。

做好垃圾分类，可有效促进垃圾减量化、资源化。据了解，上海市已采取积分兑换奖品的方式鼓励市民进行垃圾分类。2014 年 8 月起，该市静安区还将试行用垃圾分类积分换取区内部分三甲医院的专家门诊号。对此，安徽省社会科学院研究员王开玉认为，探索行之有效的激励机制，让市民看到垃圾分类带来的好处，不失为调动市民践行垃圾分类积极性、培养垃圾分类意识的有益尝试。

除了加大宣传提高市民垃圾分类意识外，王开玉还建议，分类垃圾箱内的"可回收"和"不可回收"垃圾桶最好分开放置。"分开放置加上明显标志，这无形中也在督促市民对垃圾进行分类。"

原标题《合肥满大街的垃圾分类箱咋成了"聋子耳朵"?》

2014 年 10 月 23 日　摘编自光明网、中国环保在线、《合肥晚报》

记者：乐天茵子

男子扮女装"卖巾救女"背后：募捐善款监管存在真空

10 月 9 日，男扮女装的王海林，在成都街头卖着卫生巾，为自己年仅两岁半、患有白血病的女儿筹集医药费。当时，人们称赞这个戴着红色假发、穿着粉红套裙的男子为"顶天立地的纯爷们儿"。现场有人直接掏出 50 元、100 元塞到他手中。在媒体曝光之后的几天里，就有超过 150 万元的捐款汇入他的银行账户。

然而，获得善款的同时，一则"王海林带着巨额善款离开"的消息让他置于风口浪尖。虽然事后证明他是带孩子去济南看病，但还是要面对铺天盖地的质疑。个人募捐的受助者到底该怎样使用善款，使用过程如何达到透明，善款数额是否应该公布? 这起始于网络的公益慈善背后，个人捐赠面临的疑问和大病群体所处的困境值得引起关注。

安徽省社会科学院研究员王开玉称，王海林在短时间内获得巨额善款说明社会并不缺少爱心，只是缺少释放爱心的途径。通过媒体的报道，众网友看到王海林的困境是真实的，一旦被骗的顾虑没有了，捐款随即而来。

原标题《男子扮女装"卖巾救女"背后：募捐善款监管存在真空》

2014 年 10 月 27 日　摘编自《京华时报》

记者：郑磊

合肥累计归集维修资金超 54.46 亿元　支取门槛高使用率低

按理说，一旦房屋出现了裂缝漏水，就能报险获取维修费。然而，获取房屋维修费并非如想象中的简单。"我们自己的钱为啥用不起来，我的钱到底谁说了算？"交钱容易用钱难，市民关于维修基金使用难的抱怨屡屡存在。

针对维修基金使用难应该如何破解这一问题，安徽省社会科学院研究员王开玉认为，买房人缴纳房屋维修基金本身就是一项"霸王条款"。"这是由长期以来的市场环境为卖方市场导致的，大家都需要买房，而买房必须要缴纳房屋维修基金。但缴纳过程中，买卖双方并未就此签订单独的合同。当房屋出现问题需要动用基金时，不得不面对基金申请所设置的门槛，这些门槛使得基金使用难以落实。"

对于如何规避这种"霸王条款"，王开玉表示，除了完善部门监管之外，还可参考市场运营方式管理。"就好比给私家车买保险，我每年交保险费，一旦车辆和司机发生意外，保险公司会根据险种进行修缮赔付。一旦缴费、赔付过程透明化，市民也就不会有这么多抱怨了。"

原标题《合肥累计归集维修资金超 54.46 亿元　支取门槛高使用率低》

2014 年 10 月 27 日　摘编自中安在线、《合肥晚报》

分虫倒卖驾驶证积分帮销分：百元收 3 分转手卖 450

近日，《京华时报》记者接到读者举报称，北京市交管局车管所京北分所（简称"京北分所"）附近有"分虫"倒卖驾照积分。为此，记者前往京北分所调查发现，"分虫"长期盘踞在车管所附近，通常以 3 分 100元左右的价格向驾驶人"收分"，随后再以每分 150 元高价卖给急需处理违章车辆的车主，从中牟利。所谓"分虫"，是指低价买入他人驾照积分，并高价卖给他人，帮助他人处理违章罚分的非法分子，他们通过倒卖驾照积分赚取差价牟利。

接到记者举报后，有关部门迅速组织对"分虫"的抓捕行动。10 月 29日上午，北京市交管局昌平支队和昌平公安分局治安支队联合执法，执法人员在 20 分钟内将 5 名"分虫"成功抓获并控制。目前，5 名"分虫"已经被移送至当地派出所接受调查。

安徽省社会科学院研究员王开玉分析称，"分虫"帮助了本应受惩罚的车主，让驾照积分制度失去约束性。"一旦形成习惯，买分人会越发猖獗，在行驶途中完全不按交通规章制度驾车，也给路上的其他车主和行人埋下了很大的危险隐患。这不但破坏了正常的交通管理秩序，更是具有一定的社会危害性。"

王开玉表示，由于"分虫"倒分的金额都不大，还不能达到刑事制裁的数额，只能按照扰乱社会秩序进行处罚，被处以 5~15 天的行政拘留。另外，现行的《治安管理处罚法》中，对卖分买分的行为未做出明确的处罚办法，暂时还没有将其设定为一种犯罪行为加以处罚，这就给"分虫"留下了可乘之机，同时也给执法人员在治理"分虫"过程中留下不小的执法难度。即便执法人员抓到了"分虫"，由于获利不大，"分虫"们并不惧怕执法人员开出的拘留处罚，甚至有些"分虫"还扬言"不就是拘留几天嘛"。

针对现有制裁措施震慑力不足的问题，如果有必要，可以通过司法解释的方式来对"分虫"的行为加大处罚力度，在没收违法所得的情况下，再处以一定的罚款，仅单纯地拘留恐怕不足以解决问题。"法律是需要随着社会发展而发展的，如果确实有需要，可以通过法律的完善和修订来解决问题，但是在法律修订前，必须严格地执行现有法律。"

原标题《分虫倒卖驾驶证积分帮销分：百元收 3 分转手卖 450》
2014 年 10 月 30 日　摘编自《京华时报》

"寻根"催热中国"修谱"经济

"修谱"，这个看上去略有点陌生的名词正在成为一个个中国普通家族的核心词。同时，这种以记录、修补、印制甚至出版等一系列内容为主的民间文化活动，也催热了修谱软件、修谱公司等新经济形式。

对此，安徽省社会科学院研究员王开玉表示，目前国内的修谱业虽然还没有可观的市场规模、统一的操作标准，但作为一个独特的产业已经崭露头角。

"家谱是中国人家族宗亲观念的一种表现形式，同时也是中国特色的民间文化遗产，修谱经济的兴起既满足了文化传承的需求，也开发了文化产业的新形式。只要尊重客观事实、尊重客户意志，还是很值得提倡的。"王开玉说。

原标题《"寻根"催热中国"修谱"经济》
2014 年 11 月 2 日　摘编自新华网
记者：马姝瑞

城市道路凭什么画线收停车费　合肥物价局回复

11 月 3 日，北京、上海、天津、四川、广东等 14 个省市的 31 名车主，分别向 31 个省会城市（含直辖市），寄出政府信息公开申请表，询问这些城市的公共停车位的收费依据、收费标准、钱款去向等 8 个问题。如一颗石子投入平湖，在网络上和生活中都激起了阵阵涟漪。

安徽省社会科学院研究员王开玉告诉记者，11 月 4 日他在搭出租车时，的哥还聊起这 31 名车主，并表达了看法。王开玉对 31 名车主的这一行为表示赞成，"法治中国就是一切都要在法治范围内进行，公民用法律来维护自己的权利，而不是用其他非理性方式表达自己的诉求、愿望，这些车主的申请公开停车费正体现了这点。他们争取了自己的利益，同时贯彻了十八届四中全会依法治国的精神。法治中国正是由这样一个个行为组成，他们这一行为正是法治中国中公民意识的体现"。王开玉认为，政府要尊重这种表达，并按法律程序给予答复。

原标题《城市道路凭什么画线收停车费　合肥物价局回复》
2014 年 11 月 5 日　摘编自中安在线、《合肥晚报》、凤凰网
记者：邱青青、王蔚

调"味"乡土人情　健康文明"作料"

中国是个礼仪之邦，在老百姓的日常生活中处处都有人情往来，尤其在农村。适度的人情往来确实能满足人们情感需求、维系和谐的人际关系。然而，曾经淳朴的乡土民风已经变味，人情消费越来越多，越来越重，成为压在农民身上沉重的负担。

国庆期间，武陵山区的村民丁祥威可忙坏了。由于当地政府规定国庆

之后禁止随便摆酒，村民们都争着在国庆节期间将撒出去的份子钱收回来，他每天要参加四五个宴席。

除了你来我往这种正常的酒宴，在相对封闭的农村地区，要获得办事方便或是一些稀缺性资源，一些农民还将"赶人情"视为"敲门砖"，通过参加基层干部的酒宴来达到某种目的，这给本来就愈演愈烈的随份子、赶场子更添了不少"灰色"意味。一些村民告诉记者，虽然平时没怎么和村干部接触，但是不去怕得罪了村干部，导致一些惠农补贴、补助无法享受。既然去了，人家是村干部，份子钱少了，岂能看上眼？

"我给你、你给我；我帮你、你帮我。在闭塞的乡村社会，这种你来我往是情感维系最便捷的方式，也是农民追求归属感的表现。"安徽省社会科学院研究员王开玉说。在他看来，随着农民外出务工带来的农村空心化，集体生活较之于过去越来越淡，互帮互助的组织形态越来越少，这也是导致各种人情消费趁势强化的原因。

对于灰色消费以"赶人情"的名义横行，不少专家指出，其根源在于互相逐利的需要。"农民获取某种稀缺资源，如家里要盖房子需要审批，土地拆迁了多分点房子、申请困难户等一系列涉及切身利益的事情，唯一的途径便是找干部。每逢村里有个一官半职的干部家里办大事，农民多上门随'大礼'，他们希望可以以小利图大利，'赶人情'也就成了他们寻求利益的突破口。"王开玉说。

王开玉认为，农民为人情东奔西走，构建自己的社会网络是为了备不时之需，帮助自己脱离生活、生产的困境，想要解决问题，就需要政府出面，完善农村的公共服务体系，改进农村公共管理，从体制上消除农村居民的危机感，为农民创造不过分依赖私人关系的客观条件。

原标题《调"味"乡土人情 健康文明"作料"》

2014 年 11 月 12 日 摘编自《半月谈》

记者：韩振 马姝瑞 吴慧珺

安徽网晒200多名公职"老赖"：继续拖欠或停职

对法院在街头大屏幕公示"老赖"，大家已不再陌生。不过，在县政府网站上将从银行贷款不还的公职人员信息全晒出来的情况，就不多见了。11

月11日，泗县政府就在网上公布了200多名公职人员不诚信的信息。泗县政府办副主任马士强表示，这是打造诚信政府的需要，"他们若不及时还钱，还会有进一步措施"。

王开玉表示，多年前，安徽省就提出打造诚信安徽。而一个地方的诚信，除了企业诚信、政府诚信之外，最基础的就是个人诚信。"将欠款不还的公职人员予以曝光，让这些人接受群众监督，这是对社会负责的一种表现。"

针对网站曝光是否侵犯个人隐私权和名誉权的问题，对此，王开玉表示，泗县政府此举是为了督促欠债人尽快还钱，无可厚非。泗县这种做法值得其他地方借鉴。

原标题《安徽网晒200多名公职"老赖"：继续拖欠或停职》

2014年11月13日　摘编自合肥在线、中国青年网

记者：赵明

投资"保赚"理财产品，结果呢？

"闲置资金理财，月利率百分之二，全产房抵押无忧虑……"现在诸如此类的投资理财广告并不少见。市民王先生轻信高月利率理财投资，将三十万元房款放在投资公司，没想到，利息尚未拿到手，本金就跟着投资公司一起"蒸发"了。

安徽省社会科学院研究员王开玉认为，针对投资公司的违法违规乱象，仅仅依靠专项整治进行清理不能治本，推进企业诚信制度建设才是今后规范投资领域市场的关键。"根据相关法规，银监部门只有权力对银行业机构的金融活动实施监管，对企业、个人等社会领域的集资行为则无权介入；工商行政管理部门只能依照工商法规监管企业行为，如是否存在超范围经营等。因此，一些投资公司便利用监管上的空白，通过超范围经营、发布虚假广告和宣传误导，从事吸收公众存款的活动。"王开玉表示，通过信息抽查、公示等措施，向社会提示风险，提高企业失信成本，就能够有效规范民间投资行业。

原标题《投资"保赚"理财产品，结果呢？》

2014年11月18日　摘编自《合肥晚报》、凤凰网、安徽网、人民网

记者：乐天茵子　高勇

微信电话本走红网络"免费通话"好看不好用？
用户反馈不花话费花流量 记者体验语音质量欠稳定

"打电话不要钱，你下载微信电话本了吗？"腾讯旗下微信电话本 APP 在双十一当天悄然"登陆"应用商城，"高清免费通话"是它的广告语。市民黄小姐尝试一周后发现，语音费的确有所减少，但流量费却骤增。盘算下来，所花费用远远高于平日开销。经过记者体验，"微信电话本"所谓的"免费电话"，需要在免费 WIFI 环境下进行，在无免费网络环境下仍需消耗手机流量。

微信电话本上线后，"网络电话时代"的呼声增长，不少人认为网络电话即将取代通信电话时代。这是真的吗？对此，安徽省社会科学院研究员王开玉认为，目前网络电话均是以通信运营商的存在为发展依托，网络电话时代还需等待。

"从目前的情况看来，只有在 4G 网络模式下，微信电话本通信质量才能得到保证。要想让网络电话取代普通的电话，除非是在 4G 网络普及较高且资费较低的情况下才能实现。但这种假设在短期内无法达成。"另外，王开玉还认为，微信电话本的出现，促使了市民生活的改变，"通过微信关系的链接，也赋予它新的内涵"。

原标题《微信电话本走红网络"免费通话"好看不好用？用户反馈
不花话费花流量 记者体验语音质量欠稳定》
2014 年 11 月 19 日 摘编自中国经济新闻网、合肥在线－合肥晚报、
新华网安徽频道
记者：乐天茵子 高勇 王蔚

公共停车位亟待整治"归位"

这段东西走向的绩溪路属于单行道，道路南侧路面画有停车线，道路北侧则竖着"禁止停车"的标识牌。记者在现场看到，路南侧有的停车线内停放着电瓶车、三轮车，有的甚至只是"停"了把椅子；路北侧的禁停区却停了不少机动车。

"公共停车位的管理涉及多个部门，要建立制度、理顺管理体制，加强部门间的配合协作。"安徽省社会科学院研究员王开玉认为，政府要充分发挥主导作用，明确停车管理相关部门职能，建立完善的城市停车管理部门协调机制，也可以探索建立专门的停车管理职能机构，统一负责制定城市停车政策和地方性停车法规，履行路内、路外停车位的规划、审批、建设、管理等职责。

"管理好停车位离不开法治。"直接参与公共停车位管理的交警、城管执法人员等都呼吁，要建立完善有关法规，对停车位规划建设、经营管理，相关部门管理职能、考核评价等做出详细规定，为执法提供法理依据。此外，要切实加强宣传教育，引导市民积极配合执法部门对违法占用、经营公共停车位行为的处理。

原标题《公共停车位亟待整治"归位"》
2014 年 11 月 26 日　摘编自中安在线、凤凰网、
人民网安徽频道、《安徽日报》
记者：朱胜利

只要给钱就能让你"改头换面"

除了身份证外，记者以"替同事询问"为由，向该名男子打听假离婚证如何办理。"假离婚证五百一个，你要几个？"面对询问，该男子并不感到吃惊，他随机往记者邮箱内发送了几张"样图"。据他透露，从 2013 年至今已有五人办理了假离婚证。"不要说离婚证了，只要给钱，我们连'死亡证明'都能办好……"

为何明知售制、使用假证是违法行为，还是有人要"铤而走险"？如何杜绝此类现象？对此，安徽省社会科学院研究员王开玉认为，遏制假证泛滥需要多管齐下，建立个人诚信体系最为关键。

"买方市场的存在，是假证生存最大的动力，遏制买方市场就能从源头上杜绝此类现象。"王开玉认为，要遏制假证泛滥，首先应当解决"办证难"。一方面要"减证"放权，减少一些不必要的证件。另一方面要简化办证程序，优化办证流程，让办证不再难。其次，对售卖假证行为要严厉打击，坚决予以法律制裁。"建议建立个人信用体系，将使用假证行为纳入黑

名单，提高其违法成本。"

原标题《只要给钱就能让你"改头换面"》

2014 年 11 月 27 日　摘编自人民网、凤凰网、《合肥晚报》

记者：左晓蕊　乐天茵子　高勇

女儿上高价大学不能申请廉租房？回应：政策规定

最近，家住合肥市蜀山区稻香村街道的刘兴华女士觉得心里"堵得慌"，这是因为女儿上了高价大学，所以自己家无法申请廉租房。眼看着别人家都参加摇号，欢天喜地地分到了新房，刘女士越想越难受。

刘女士感到很失落，本以为能获得廉租房，搬离公婆家，现在却因为女儿上了高价大学打了水漂。她说："孩子考上大学了难道不让她上吗？这样的申请规定也太死板了。"

安徽省社会科学院研究员王开玉介绍，据调查，在我国，教育投资超越房地产投资，占据我国居民家庭收入投资比重的第一位。在有些地方，举债上学并非个案，这表明居民看重教育，是一个好现象。他表示，为了保证廉租房政策实施的公平合理性，有必要在收入、房产等方面做一些硬性的规定。但是，廉租房政策的实施是为了保障低收入家庭的安居乐业，希望政府部门在按规章制度办事的同时，能够充分考虑家长为子女教育投入的心情，围绕政策制定的目的灵活实施。他建议，像刘女士家这种情况，是否可以写一份子女的学费来源证明，以此参与廉租房申请。

原标题《女儿上高价大学不能申请廉租房？回应：政策规定》

2014 年 11 月 28 日　摘编自安徽财经网、万家热线

记者：邵华

孝敬老人是子女应尽的法律义务——
王开玉答安徽台"帮女郎"记者

主持人：一位空巢老人，去世整整一周时间都没有人知道，甚至老人的尸体还被养的十几条狗撕咬，老人的子女怎么这么不孝，而且"常回家

看看"也已经入法了，子女们需不需要承担相应的责任呢？

王开玉研究员：这是一个特殊的案例，看了以后让人既心疼又焦心，常回家看看已经入法了，从法律的角度来说，老人的子女不仅有过失而且涉嫌违法，不仅要承担道义上的责任，而且要承担法律上的责任。从社会对这种行为谴责的激烈程度，表达了人们对这件事情的强烈关注。期望子女们从这一事件中吸取教训，让孝敬父母、常回家看看成为整个社会的良好风气。

主持人：不过，有合肥观众就说了，自己有小家庭，有孩子，而且工作特别忙，不能经常回家看望自己的父母，最多周末的时候，回去看看父母有什么缺的东西，尽量在物质上满足他们，这算不算一个合理的理由？对于大家和小家，我们该如何去权衡呢？

王开玉研究员：我们的传统文化一直把三代同堂当作人生的一大乐趣，是一个家庭完满的象征。现在在市场经济条件下，年轻人确实非常忙，既要照顾小家又要照顾大家。但是只要用心对待自己的父母，总能抽时间去陪伴、看望他们。我在参加安徽省里第一个养老文件的制定时，根据我们的调查，现在经济发展了，父母的温饱已经不再是问题，重要的是精神赡养。这点比物质更能温暖心田。所以，我们应常带着妻子孩子回去看看双方的父母。万一太忙，每天或是每周要有一个专门的问候电话。我们每个人都有老的时候，这样做既是给子女做出榜样，也是给全社会奉献出一份孝心。

主持人：一位公安局退休纪检书记被杀害并被肢解，而犯罪嫌疑人正是他的妻子。根据目前未证实的消息，可能这位妻子有妄想症之类的精神疾病。所以，我们不得不说说老年人的精神健康问题，据您了解，老年人的精神健康，具体有哪些需要引起我们特别重视的？

王开玉研究员：我们正在做省民政厅的一个课题，叫作"推动医养融合发展"。老年人容易患的疾病比较多，常见的病就有神经衰弱、抑郁症、阿尔茨海默症、精神分裂症、焦虑症等。我们应该像合肥滨湖那样，在医院设立养老机构。100张床位以上的养老机构可以设立护理院、康复院。另外，我们要强化公办保障性养老机构的托底保障功能。对城乡三无人员，孤老重点优抚对象，实行政府供养，对低收入和失独老人提供低偿的养护服务。优先保护供养对象中的失能失智老年人和老年残疾人。积极推进农村养老院转型成区域性养老服务中心，为当地高龄、空巢、留守、失能失智老人提供养老服务。

主持人：我想，老年人的精神健康，最好的良药应该还是子女的陪伴，但如果确实子女不在身边，您有没有一个好的建议和经验，让老年人可以自娱自乐呢？

王开玉研究员：我们经常可以看到一些老年人自己组织起来，自娱自乐。下棋、唱歌、跳舞。老大妈跳广场舞虽然受到争议，但是老年人孤独这个问题可以很好地解决。我们还可以组织老年人做公益活动。我经常到港澳台和国外考察，看到一些发达国家老年人热衷于公益，七八十岁甚至八九十岁了，给一顿午餐，给一张公共汽车票他们就公益一天，精神非常充实。另外就是上老年大学继续学习。我认识一个省领导，他学外语，上完初级班上中级班，上完中级班上高级班，乐此不疲。对有专业技术的老人，使他们老有所为。

2014 年 11 月 29 日　摘编自安徽电视台"帮女郎"电视直播
主编：鲁凯　主持人：常怡秋　李梦婷

社会公德在一言一行中体现——
王开玉答安徽电视台"帮女郎"记者

主持人：针对哈尔滨女大学生把取款机当化妆台引发冲突，上演中国功夫。手机是 159 尾号 3495 的宿州观众就说了，这位占着公共资源且态度蛮横的做法确实不对，毕竟身后有这么多人等着取钱，被打活该，您怎么看这个事？

王开玉研究员：这个问题从行为方式和道德规范来说，它涉及社会公德以及"私德"两个层面的问题。社会公德是社会生活中最起码、最基本的规则。取款机是一个公共资源，而且后面还排着队，你占用去化妆，本身就是对取款机作用的一种不合理使用，又拒绝别人的规劝，既违背了公德，实质上也损害了"私德"。别人会指责你不讲道德。

主持人：你和他好好讲，他不听，而且这样的事情，又不值当报警或者怎么样的。如果我们身边遇到了这样的事情，当事人该怎么做，旁观者又该怎么做呢？

王开玉研究员：我们不能以错对错，主要是规劝她，要指出，每个成员都应该遵守社会公德，这是社会有道德人最基本的要求，要晓以利害。在社会上生活，违背道德的行为总是要付出代价的。这种代价的后果包括媒体的批评，和向单位的反映，在社会上生活，欠的账总是要还的。旁观者应该对这种行为进行善意的批评，不要激化矛盾，引导她遵守社会公德，维护社会公德。

主持人："瓜子哥"公交车上吃瓜子，结果被猛男暴揍。针对瓜子哥被打，大家几乎呈一边倒的态度，那就是"瓜子哥"不讲公德在先，该揍！作为一个文明公民，再看不惯，再生气，也不能动手。毕竟，对方不道德了，你也不能跟他一样啊。您怎么看？一顿拳头，升格为了治安案件了。

王开玉研究员：我们以前讨论过公共汽车上的道德问题，一些特定的场所比如像剧院、图书馆、会所等，也要根据场所设置一些道德规范，像不吵架斗殴，不影响别人，不人为地弄脏、损害公用物品。从公共汽车车厢来说，它就是一个流动的社会，特别需要用公共场所道德来规范。我以前参加过剧院、饭店、公共汽车一些公共场所的道德制定，不在公共汽车上吃东西，已明确列入公共场所的道德规范。但是不能施以暴力行为，因为打人是一种侵犯人权的行为。

主持人：瓜子哥和打他的小伙子纠缠了十几二十分钟，一直没有其他人上前说一句话，是不是给人一种感觉，就是面对不道德的行为，能躲则躲，以免惹祸上身。对整个社会而言，这样的心态会有怎样的危害？

王开玉研究员：这种行为我们经常讨论，我们要看到，这种状况随着社会的进步有了很大地改善，安徽是中国好人最多的省份，这其中就包括很多见义勇为的好汉。我想建设一个文明社会是大家的共同目标和共同愿望。能够在这种违纪乃至违法的时刻往前站一步，我们自身的文明行为就会进一步，社会文明程度就提高一步。能躲则躲的行为会使社会公德遭到践踏和破坏。社会秩序就会无序，道德体系就会瓦解。所以我们一定要伸张正义，为了整个社会的安宁，也是为了心灵的安宁。

2014 年 11 月 30 日　摘编自安徽电视台"帮女郎"电视直播

主编：鲁凯　主持人：常怡秋　李梦婷

为企业减负开了一剂良药

安徽省大幅削减涉企收费，总项目数减了一半多，每年减轻企业负担17 亿元，涉企收费清单制度让不少企业大大地舒了一口气。涉企收费清单制度的出炉，引起了各方专家的关注，他们纷纷表示，"清单"的出台让企业轻装上阵，体现了管理型政府向服务型政府的转变，实在是为企业减负的一剂良药。

安徽省社会科学院研究员王开玉长期深入企业中做各种调研，对涉企收费清单制度拍手叫好。他表示，清单制度是治理乱收费的一剂良药。王开玉认为，市场经济的本质就是竞争和法制，"有了收费清单制度，收费必须以法律为依据，这是给企业和经济发展补了一堂法制课"。

数据显示，涉企收费清单制度推行后，年减轻企业负担17 亿。王开玉认为，这样可以让企业有更多的资本和精力投入到研创中去，生产更多高品质的产品。

原标题《为企业减负开了一剂良药》

2014 年 11 月 30 日　摘编自《新安晚报》、凤凰网、网易新闻、《安徽商报》

记者：丁迷迷　郭娟娟　张大为

依法治"老赖"，如何出狠招

"老赖"，不仅损害债权人的合法权益，还挑战社会诚信底线，扰乱市场经济秩序。记者调查发现，目前治"老赖"虽然有措施，但效果不理想。

11 月 26 日下午，在合肥市政务区一间简陋的办公室里，合肥某建筑公司经理刘国武向记者诉说了两年多来的"讨债路"。2012 年，刘国武先后通过债权转让、个人借贷方式借款 4000 多万元给六安房产开发商汤某，用于购买六安市裕安区一地块。但约定的还款期过后，汤某不仅没有还钱，还避而不见，直至如今彻底"失联"。

"要借力于社会诚信体系建设，动员社会各方力量对'老赖'联防联治联惩，让'老赖'赖不起。"安徽省社会科学院研究员王开玉呼吁，要建立健全社会守信激励、失信惩戒机制，特别是联合惩戒机制，让守信者处处受益，失信者处处受限。如果"老赖"到哪里都不方便，做什么事都受限制，他们或许就会积极履行还债义务。

原标题《依法治"老赖"，如何出狠招》

2014 年 12 月 2 日　摘编自《安徽日报》、《安徽商报》、人民网、凤凰网

记者：朱胜利

中国基层公务员有了职级晋升通道

在完善干部管理制度方面，中国又迈出重要一步。中国拟在职务晋升之外，为县以下基层公务员开辟职级晋升通道，此举旨在调动广大基层公务员的积极性，更好地为基层群众服务。2 日召开的中央全面深化改革领导小组第七次会议审议了《关于县以下机关建立公务员职务与职级并行制度的意见》。会议指出，这是为基层公务员办好事、办实事，一定要把好事办好。

长期在农村调研的安徽省社会科学院研究员王开玉表示，从科员能升到县处级干部的几率估计也就 5% 左右。现行体制职务与待遇挂钩，公务员如果想提高待遇水平，只有职务晋升也就是升官这一条通道。在这种情况下，容易出现一些公务员提拔不是为了承担责任，而是为了涨工资、获权力的"官本位"现象。

为基层公务员开辟职级晋升通道，是中共十八届三中全会部署的众多改革措施之一。《中共中央关于全面深化改革若干重大问题的决定》提出，要深化公务员分类改革，推行公务员职务与职级并行、职级与待遇挂钩制度。

原标题《中国基层公务员有了职级晋升通道》

2014 年 12 月 4 日　摘编自新华网、光明网、《中国日报》、凤凰网

记者：周文其　曹国厂　蔡敏　郭鑫

安农大清理占座物品引吐槽 书籍资料走廊随意堆放

12 月 2 日早晨，安徽农业大学勤学楼里，备战考研的学生照常前来，

却意外地发现头天放在教室里的书籍材料全部都清理了出来，所有同学的所有书籍材料混杂堆放在一起，学生们认为考研在即，校方的这种做法不够人性化。而校方解释称，由于长期占座导致教室使用率低，影响正常教学秩序。

而此事件也折射出高校公共资源难以满足校内乃至社会公众的需求，记者在探访时发现，合肥多所高校的公共资源对外也是有限开放，对此，专家建议应加大高校资源对外开放的扶持力度，来满足校内乃至社会公众的需求。

那么高校资源如何有序对外开放？就此，记者联系咨询了安徽省社会科学院研究员王开玉。王开玉认为，高校资源对外开放需专人协管，开放必须基于先满足本校学生的需求。"从另一个角度来说，资源的紧张表现了市民需求量的增加，这无疑是个好现象。资源对外开放工作的管理目前比较分散，需要设立专人来协调处理。既保证学生利益，又能满足市民需求。"

另外，王开玉认为，如果高校图书馆、体育馆等场所的工作量增加而没有收益，对外开放的前景肯定不长久。"在这一点上，政府应提供优惠政策或资金支持，同时可借助社会公益机构将社区、高校等公共资源整合起来向居民提供服务。"

原标题《安农大清理占座物品引吐槽 书籍资料走廊随意堆放》
2014 年 12 月 5 日　摘编自《合肥晚报》、中国网、合肥热线、腾讯网
记者：左晓蕊　郑静　乐天茵子　高勇

校园虐童事件频发凸显中国儿童权益保护之"困"

在网上看到"鄂尔多斯幼儿园老师疯踢孩子"的视频后，合肥市民刘倩云下定决心要将孩子转到当地一家安装视频监控系统的幼儿园。

在这里，数十个探头实时记录着孩子在幼儿园的情况，家长可随时在线"监督"教师的行为。"虽然这里价格比过去贵了一倍，给家里很大压力，但为了孩子，图个心安吧。"

安徽省社会科学院研究员王开玉认为，现有法律法规也应进一步完善，对教师的违规行为比如"体罚""变相体罚"做出严格界定；对于一

些已经触犯法律的行为，应增加对管理部门管理不力的追究机制，遏制虐童事件发生。

原标题《校园虐童事件频发凸显中国儿童权益保护之"困"》

2014 年 12 月 9 日　摘编自新华网、凤凰网、光明网、新浪网

记者：裴闯　詹婷婷

中国发布指南防止更多老年人落入诈骗陷阱

全国老龄工作委员会办公室、公安部 10 日在北京联合发布《中国老年人防诈骗指南》，指导老年人如何应对花样翻新的诈骗手段。这是中国官方应对目前老年人受骗现象严峻的形势，特别部署的一项举措。

新推出的《中国老年人防诈骗指南》包括"防骗六招"和 40 个防骗案例，涵盖网络诈骗、电信诈骗、街头诈骗、交友诈骗等内容。其中，"防骗六招"包括戒除贪婪心理、抵制虚荣心理、强化警戒心理、正规途径办事、常与亲友沟通、讲科学勤学习。

安徽省社会科学院研究员王开玉告诉记者，从目前情况看，除了"空巢老人"，一些被诈骗的老年人虽然有子女陪在身边，但子女忙于工作，养老只是简单停留在物质赡养的层面，"这部分老人虽然不是严格意义上的空巢老人，但也缺少精神关怀"。

"如何防止老人被诈骗是全社会共同面临的问题，政府、社区、子女都有不可推卸的责任。"王开玉说，"政府应完善养老服务体系；社区和社会组织也应加强对老年人精神生活的关注；子女也应注重对父母的精神赡养。"

原标题《中国发布指南防止更多老年人落入诈骗陷阱》

2014 年 12 月 11 日　摘编自新华网、人民网、新浪网、中安在线

记者：裴闯　詹婷婷

质疑虐童事件处置

12 月 1 日，有网民上传了"鄂尔多斯伊旗二幼老师疯踢孩子"的视频，视频中一名教师连续脚踢排队的几名儿童。伊金霍洛旗委、政府在接到事

件报告后，第一时间责成旗教育局调查核实情况。

安徽省社会科学院研究员王开玉认为，现有法律法规也应进一步完善，对教师的违规行为如"体罚""变相体罚"做出严格界定；对于一些已经触犯法律的行为，同时应增加对管理部门管理不力的追究机制，遏制虐童事件发生。

原标题《质疑虐童事件处置》
2014 年 12 月 15 日 摘编自《中国教育》、新华网

文艺的香街演绎老七桂塘的繁华飘香

退台翩翩回廊相连，叠水潺潺桂花飘香，褪去落败的容颜，七桂塘变身繁华文艺范儿。同时也拥有一个时髦好听的名字"香街"，12 月 21 日，"闭关"一年多的七桂塘街区重新出发，带着扑面而来的香气和浓郁十足的文艺味。

"如今合肥迈入了长三角城市群副中心，比肩南京、杭州，合肥发展越来越快，与此同时，合肥的文化品位也要同步提升。"

安徽省社会科学院研究员王开玉告诉记者，合肥文化品位的提升，商业街的建设品位就是其中一个重要的方面。

七桂塘街区是合肥市真正意义上的第一条商业街区，更是合肥市民心目中不可取代的文化街区。想当初，集聚七桂塘及其周边的小剧场、音乐厅、书店、美术馆，是多少老合肥人心目中的文化圣地啊。

"民族的才是世界的，传统的步行街在保留原汁原味的合肥味道之外，把传统和现代相结合，把国外的商业文化取长补短拿到合肥，拿到七桂塘，也是一种不错的尝试。"王开玉介绍，七桂塘可以很时尚，很文艺，但前提是浓浓的合肥味。

原标题《文艺的香街演绎老七桂塘的繁华飘香》
2014 年 12 月 17 日 摘编自《合肥晚报》
记者：杨璨 杨赛君

三名病人被捆绑着现身街头？

照片中，三名病人丝毫未有反抗的意思，白色布条束缚住双手后绕至

身后将三人紧紧捆连在一起。来往行人纷纷侧目。从照片出现的绿化带可以看出，病人与医生并非置身于医院，而是走在街头。

在安徽省社会科学院研究员王开玉看来，医院的做法有些缺乏人情味。"特殊病人进行的特殊治疗手段应该在特殊的地方进行。精神病人也有属于自己的权益，我们应该怀着同情和关心去看待他们。医院方面更应该照顾到患者及其家庭成员的感受。这样的场景，对病人及其家属都存在一定的伤害，虽然合法但不合情。"

原标题《三名病人被捆绑着现身街头？》
2014 年 12 月 18 日　摘编自《合肥晚报》

对入网食品不能"网"开一面

第十二届全国人大常委会第十二次会议本周分组审议了食品安全法修订草案和立法法修正案草案。在分组审议时，有常委会委员提出，建议增加"入网食品生产经营者应当依法取得食品生产经营许可证"。还有委员提出，对网络食品交易第三方平台，希望在附则里对此定义。

正因如此，网购监管很有必要统一。安徽省社会科学院研究员王开玉表示，由于网络购物涉及监管部门过多，家家管最后变成家家都难管，这给整个监管系统带来不小的难度。应该建立以"一家机构为主导，其他部门相辅助"的监管机制，将更容易进行协调管理。食品安全法修订草案关注入网食品，是立法前瞻性的体现，也是顺应电商时代的法治需求。

食品安全法修订的"周全与诚恳"，既是给食品安全最有力的法律保护，用法律的完善来呵护"舌尖上的安全"，同时，也给市场提供良币驱逐劣币的机会，有利于食品类企业在线上与线下的公平竞争。

原标题《对入网食品不能"网"开一面》
2014 年 12 月 25 日 摘编自《北京日报》
记者：王旭东

织牢监督网，管住"村官贪腐"

随着国家对"三农"投入的增加和农村资源的不断资本化，"村官"手中权力越来越大，贪腐现象时有发生。

"'村官'贪腐严重破坏了农村干群关系和党的形象，影响着农村的和谐稳定发展。"怀远县委常委、县纪委书记岳祥认为，"村官"贪腐产生的原因主要有两方面，一是部分"村官"自身法律意识、敬畏意识不强，用权行事较随意；一是外部监督不到位，对"村官"约束不够。

"治理'村官'腐败，需要'过程治理'。"安徽省社会科学院研究员王开玉指出，要建立对村干部的常规监察制度，对其职务行为进行审查，还要加强包括"基层巡视制度"在内的制度建设，把上级纪检监督与村民民主监督有效结合在一起，实现对"村官"的日常化监督。

原标题《织牢监督网，管住"村官贪腐"》
2014 年 12 月 26 日　摘编自中安在线
记者：朱胜利

2015 年度
微评社会

2015 年度微评关键词

金羊宝宝、国家公祭日、出国镀金、24 小时书店、服务有所值、留守儿童、"阳光法治奖"、社区职能、聚焦安乐死、"最美服务之星"、干部作风建设、公务员晋升、婴儿乘车票价、新农村建设、农民工、"过年回谁家"、中国好人、守护好农村的下一代

主编（左图主席台左一）参加安徽省社会学学会第五次会员大会暨"中国乡村社会治理"学术年会并做会议总结

主编（右图左一）为获"宝能杯"的合肥市青少年颁奖

王开玉谈金羊宝宝

2015 年是羊年，其实每一种属相在漫长的历史发展过程中，人们都会把它与一些历史人物或者历史现象联系起来。关于民间传说对属羊的人有两种说法，一种是"属羊的人命不好"，慈禧、光绪、李鸿章、曾国藩、袁世凯都属羊，这其实是民间对某一历史人物或是某一时刻历史现象的偏见所致，是没有什么科学依据的。另一种是关于"金羊年"的传说，乔布斯、比尔·盖茨、安娜·苏、莫言、萨科齐、马未都等都是"金羊年"出生的代表人物。这也恰恰反映了中国传统文化的博大精深，任何一种与老百姓生活极为密切的事情发生，不同认识到了一定程度时，都会有人以另一种积极的态度去改变它，让人们忘记消极的一面，认真对待自己的人生。总之，本身"羊"在更多的中国文化元素里，它是一种善良、美丽的象征。

属相，一直是中国特有的一种传统文化，是生命符号的重要组成部分。它伴随中国历史几千年，从十二生肖的各种传说中，也可以看到中国人所特有的价值观和文化理念。属相作为社会传统文化的重要组成部分，每个人都应该全面了解它，并且要正确对待它，因为只要你是中国人，你都会有一个自己固有的属相。从某种角度来说，它就是你的代码，包括年龄、时代背景等。它足以丰富一个人的一生，甚至让这个人从内心角度将自己的性格和做事风格与自己所属的生肖联系起来。

2015 年，应该会有更多的"80 后""90 后"成为年轻的父母。有人说他们是满载着中国希望的新一代，敢于朝着自己想要的方向不断前进，爱折腾，但绝不怕挫折。当他们渐渐成为这个社会中坚力量或为人父母时，关于金羊年的概念，他们持的态度会更加开放、更加积极。

当然，当一种文化被人们赋予期望值时，社会应该加以引导，使其对每一个人的梦想和人生产生积极影响的一面。例如这次探讨的"羊"属相话题就很有意思。因为它对于很多要生宝宝的年轻父母来说，这是他们极为关注的事情。这种关注可以源自对于传统文化的兴趣，他们以"金羊"

来寄托对孩子的祝福。

原标题《一定要任性，生个好命的金羊宝宝》

2015 年 1 月 1 日 摘编自《今日生活报》

记者：吴丽华 周瑶瑶 方军 王晶

设立国家公祭日

2014 年 2 月 25 日，十二届全国人大常委会第七次会议通过一项决定：为了悼念南京大屠杀死难者和所有在日本帝国主义侵华战争期间惨遭日本侵略者杀戮的死难者，揭露日本侵略者的战争罪行，牢记侵略战争给中国人民和世界人民造成的深重灾难，表明中国人民反对侵略战争、捍卫人类尊严、维护世界和平的坚定立场，将 12 月 13 日设立为南京大屠杀死难者国家公祭日。

我们祭奠遇难者的同时，更要反思大屠杀发生的原因。回顾那段历史，中国被奴役之久、损失之重，归根到底还在于国家的贫弱。对中国人来说，如此隆重的纪念具有很深远的意思，在全世界范围内也会产生深刻的影响。安徽省社会科学院研究员王开玉谈到国家设立公祭日时说，设立国家公祭日对弘扬民族精神、革命传统和中国文化教育具有重要意义，中华民族又多了一个中华文化的里程碑。中华民族在奋斗过程中，有那么多烈士，流了那么多鲜血，这激励我们不忘过去，忘记过去就意味着背叛。对下一代来说，认识到今天幸福生活是来自前辈的奋斗，这点对孩子们来说很重要。

中国共产党一直以来都是民族和国家的坚定捍卫者。今天的中国，也是世界和平的坚决倡导者和有力捍卫者。让子孙后代了解和铭记那段历史是我们这一代人义不容辞的责任。以史为鉴才能走向更好的未来。唯有凝聚全民族的力量，才能实现中华民族伟大复兴的中国梦，才能让中华民族的发展前景更加光明。

原标题《设立国家公祭日》

2015 年 1 月 2 日 摘编自安徽广播电视台《文化力量》

记者：王佩玉、蔡禾子

艺术团出国镀金被禁止　镀金换不来真金

近年来，国内一些艺术团组和社会团体以"文化交流"的名义，自费赴维也纳金色大厅等国外著名演展场所或国际组织总部办公场所进行"镀金"性质演展活动的现象日益严重。这些活动往往采取自付场租、对外赠票以及组织观众的运作模式。有的甚至动用政府经费，不计成本、不看对象、不讲实效，通过不实报道或炒作来达到捞取名利的目的。

安徽省社会科学院研究员王开玉认为，十八大以来，不仅是党风，社会风气也有了很大改变，这种改变也渗透到各个方面，在演艺界也是一样。以前很多演员出国镀金，也都是使用国家的钱或集体的钱，是一种不好的风气。有些团体出国仅仅为了去镀金，浪费那么多钱，为了自己多一个浮华的名分，维也纳大厅演出一场，回来后借媒体大肆炒作，实际上没学到什么真东西，不仅影响国内风气，在国外也留下了很不好的印象，这对艺术团体也是一种侵蚀。所以我非常赞同禁止花国家的钱出国镀金。我觉得我们还是要踏踏实实的，就像学术界流行的一句话"要想做好学术要做十年的冷板凳"，练好基本功，无论在什么样的舞台上都会闪光。

其实，近几年，以国家大剧院为代表的中国剧场已成为欧美知名文艺团体向往的"宝地"——环境一流，观众热情，市场火爆，在这里演出既能扬名立万，又收入不菲。这才是正常的文化交流和演出市场。只有艺术院团不务虚名的真心诚意，才能换来真金。镀金终将褪色，真金永远闪亮。

原标题《艺术团出国镀金被禁止》

2015 年 1 月 3 日　摘编自安徽广播电视台《文化力量》

记者：王佩玉　蔡禾子

24 小时书店在全国遍地开花

随着互联网时代的到来以及电子阅读的兴起，曾为无数读者提供精神家园的实体书店纷纷尝试转型之路——2014 年 4 月 23 日，北京三联韬奋书店正式通宵营业，随后郑州"书是生活"书店、杭州"悦览树"24 小时书店、深圳书城中心城 24 小时书吧、陕西万邦图书城"夜书房"、太原书城

"夜读时光"……24 小时不打烊，书韵与咖香结合，成为这轮实体书店转型的一次集体尝试，也似乎再度点燃了众人对阅读的向往。合肥市三孝口新华书店于 2014 年 10 月 31 号启动了 24 小时营业模式，成为安徽省内首家不打烊书店。

中国青年报社会调查中心的一项调查显示，48.3% 的受访者所在城市有 24 小时书店，49.8% 的受访者去过 24 小时书店，82.6% 受访者愿意去 24 小时书店，60.9% 受访者感觉 24 小时书店是很好的夜生活方式，69.2% 受访者认为 24 小时书店引领了一种热爱阅读的生活方式。对于 24 小时书店有人点赞、有人质疑，对此，安徽省社会科学院研究员王开玉说："我感到我们周围读书的人越来越多。24 小时书店，老人孩子白天阅读，更多人晚上或下班后去阅读，24 小时书店可以照顾更多年龄段、各个知识需求的人，为阅读搭建了广阔的平台。原来书店把书当成商品，如果光阅读不买书，营业员不高兴。现在欢迎你去读书，提倡阅读。24 小时阅读逐渐引导那些不健康生活方式的人走出来，选择一种健康的休闲方式。"

随着全民阅读被写入党的十八大《政府工作报告》，我国的读书风气正在由淡转浓。读书不仅事关个人修为，提高国民的整体阅读水准，也会持久影响到整个社会的道德水平。

原标题《24 小时书店遍地开花》
2015 年 1 月 3 日　摘编自安徽广播电视台《文化力量》
记者：王佩玉、蔡禾子

物业费、短途航线或机票放开，让服务物有所值

国家发改委日前发布消息，自 2014 年 11 月下旬以来，国家发改委会同有关部门先后印发了 8 个文件，放开 24 项商品和服务价格。其中，非保障性住房物业服务、住宅小区停车服务和短途航线票价将放开。

对住房物业费放开，安徽社会科学院研究员王开玉说："他之前参与的调查发现小区物业管理水平不一，费用却差不多，市民意见比较多，不少人希望能按质论价，让服务物有所值。这样才能适应当前市场需求，更加符合市场规律的。"王开玉认为，随着物业企业增多，业主自我管理、主动维权水平上升，放开物业服务价格的时机已经成熟，小区业主可以根据期

望的服务要求挑选对应的物业服务，什么服务什么价格，让物业服务回归服务本义。服务价格将多元化，业主的选择余地将增大。

对物业服务企业或停车服务企业接受业主的委托，按照停车服务合同约定，向住宅小区业主或使用人提供停车场地、设施以及停车秩序管理服务并收取费用的政策。王开玉分析称，停车费可以收，但是要按停车服务企业的服务标准收费，不能按停车场地标准收，而且不能光收停车服务费没服务，要签订服务合同，将服务内容细化，制定明确的标准，譬如要有人巡逻停车区域。

对短途航线票价放开政策，王开玉说："短途航线放开，根据客源多少浮动票价是适应当前市场经济需求的，近几年随着高铁和动车的快速发展，'铁公机'之间的竞争很激烈，尤其一些中短途坐高铁比坐飞机还省时间，政策出台后给这些航线调价找到政策依据，自主调价合理合法，同时也能让老百姓享受到实惠。"

原标题《没有指导价，物业会涨价》
2015 年 1 月 6 日　摘编自《合肥晚报》、光明网、合肥在线
记者：邱青青

讨薪路上如何更给力

法律援助是帮助农民工依法讨薪的有力手段，但记者调查发现，由于劳动者法律意识不强、相关部门配合不够等因素限制，法律援助的实际效果打了折扣。

"法律援助要紧密结合普法宣传，提高工作成效。"但法律援助耗时长、效率低，也是少数农民工不愿意求助的重要原因。一些专家认为，解决这一问题，要从农民工角度来分析法律的成本与效率，完善相关制度，紧密部门衔接，提高执法效率。

"帮助农民工依法讨薪，不能靠法律援助部门单打独斗。帮农民工讨薪，舆论监督也能起到独特作用。"安徽省社会科学院研究员王开玉发现，许多律师都一筹莫展的案件，被舆论关注后，很快就能解决。合肥市法律援助中心就曾与新闻媒体合作，为农民工成功讨到多年前的欠薪，这种做法值得借鉴。

许多法律界人士表示，解决农民工讨薪难问题，关键还是劳动行政主管部门要加强对依法用工的源头监管，通过强制用人单位签订劳动合同、上报农民工花名册、不定期检查农民工工资发放等方式，一方面预防欠薪情况发生，一方面留存证据，为农民工依法讨薪提供便利。

原标题《讨薪路上法援如何更给力》

2015 年 1 月 13 日　摘编自中安在线－安徽日报

记者：朱胜利

小课桌憋屈了大个子

记者走访发现，虽然目前使用的课桌符合国标，但不少学生认为均码课桌使用起来有些憋屈，有些家长反映："这些课桌也太小了，孩子的腿都只能放在课桌外面，一节课下来腿全部麻了。"日前，合肥市民刘先生在参加完儿子的家长会后，发现课桌椅有些"问题"。在刘先生眼里，整齐划一的课桌椅"配不上"学生。安徽省第二人民医院眼科主治医生认为，长期使用不适宜的课桌椅，对学生的视力和身体发育均有负面影响。

统一的课桌椅并不适合所有学生的现象，专家是如何看待的呢？记者采访了安徽省社会科学院研究员王开玉。王开玉认为，学生座椅的安排是体现一所学校教学水平高低的一方面，对于高个子学生不适合统一座椅的情况，学校应该以学生为本，服务学生，避免"一桌到底"。他主张，校园应依据学生的实际身高"因地制宜"，不该仅注重教室里课桌椅的高度一致。

另外，针对现行的课桌椅国标，王开玉认为，标准设置应该跟着现实情况进行及时更改，避免发生滞后现象。

原标题《家长说：小课桌憋屈了大高个》

2015 年 1 月 13 日　摘编自《合肥晚报》

记者：郑成功

阳光法治奖的由来

澎湃新闻网 2014 年岁末发布了年度阳光法治奖，安徽省高级人民法院获奖，理由是：积极回应媒体报道。复查18年前凶杀案，媒体报道发表8小时后，安徽省高级人民法院即做出回应：已责成相关部门调取卷宗，组织专门人员认真审查。随后，又主动电话告知当事人已对该案立案复查。

安徽省社会科学院研究员王开玉在接受记者采访时讲到，媒体报道发表8小时后安徽省高级人民法院就能及时回复这件事，可以看出他们在践行党的十八届四中全会精神、建设法治中国所表现出来的担当和责任，获奖的本身就说明了媒体对他们这种行为的褒奖。

人们对期待的社会公平、司法公平、教育公平是关注最多的，安徽省高级人民法院每年审理近50万宗案件，他们任务重大、工作繁杂，在这种条件下，能做到这样，需要付出的劳动和精力是可以想见的，我参加过安徽省高级人民法院优秀法官的评选，也参加过市县区法院的许多活动。有的法官身患癌症，还坚持办案；有的法官自己经济困难，还坚持长期救助留守儿童；有的法官为了寻求案件的公正，呕心沥血；有的法官长期献血，救死扶伤。我也参加了合肥市许多女法官"晒家风"的活动，法官们的许多感人事迹和优秀的品格，我记忆犹新。他们生活在老百姓中间，关心老百姓的疾苦，为人民甘愿付出，为社会公平公正付出自己的精力和心血，这个奖的获得也是对他们精神的一种表彰。

《安徽省高级人民法院获年度阳光法治奖》
2015 年 1 月 13 日　摘编自澎湃新闻网

准入制理清社区职能

近日，安徽省出台实行社区公共服务事项准入制度的意见，要求对政府部门、企事业单位、社会组织和其他有关单位进入社区的服务事项实行目录管理和分级审核，明确社区应有职责，减轻社区工作负担。

整合资源的同时，还应充分发动群众，增强社区自治功能。在农村公共设施建设领域，一些地方成功探索出通过村民理事会进行民主管理、民主监督的有效途径。"在城市社区，也应积极尝试居民理事会、业委会等载体，充分发挥居委会在居民自治方面的应有作用，广泛调动各方积极性，在共建共享中缓解社区负担过重的压力，提升服务管理水平。"安徽省社会科学院研究员王开玉表示。

原标题《准入制能否理清社区职能"这本账"》
2015 年 1 月 15 日 摘编自《安徽日报》、网易新闻
记者：汪国梁 张峗

聚焦"安乐死"争议

安徽霍邱一岁男童严重脑损伤，父母看着勉强维持生命的儿子痛不欲生，含泪请求为孩子实施"安乐死"，但是，再大的痛苦，再毅然的决绝，却不能突破法律的"禁区"——这一做法与我国法律相悖。

近日，发生在安徽的这一新闻事件再次引发舆论对于"安乐死"的关注。"安乐死"究竟带来哪些焦点的争论？生命的权利与生命的尊严，究竟该如何取舍？在法律、伦理、现实之间，"安乐死"是否将是个永远的"禁区"？

社会学家称，一些"求死"事件背后反映出我国社会保障体系还不成熟这一现实问题。我国是发展中国家，目前医疗保障制度尚不健全，特别是农村，医疗保障能力有限，大多数老人依靠儿女生活，因病致贫的现象普遍存在。

安徽省社会科学院研究员王开玉介绍，允许病人选择安乐死的前提应是，亲人、医疗机构、社会慈善组织尤其是政府救济均已充分尽到了挽救生命的责任。而我国的现状是，因无钱医治而不得不放弃治疗的现象绝非个别。如果一旦法律允许安乐死，负面效果不堪设想。

原标题《当"生命的尊严"遭遇"生命的权利"——聚焦"安乐死"争议》
2015 年 1 月 25 日 摘编自新华网、人民网、凤凰网
记者：鲍晓菁

"最美服务之星"评选

近日，由安徽省人民政府政务服务中心组织开展的"最美服务之星""最佳服务窗口"评选活动，受到全省社会各界广泛关注，受访企业和群众

纷纷点赞，称本次活动很"接地气"。1月27日，《市场星报》记者就此次活动专访了安徽省社会科学院研究员王开玉。

王开玉表示，安徽省政务服务中心曾经在省教育厅、卫生厅、住建厅等部门开展过服务回访工作，取得了很好的效果，此次举办的政务服务"最美服务之星""最佳服务窗口"评选活动，是对以上活动的延续、扩大和提升。此次评选活动是在全省政务服务系统深化改革、减少审批手续的关键节点上举办的。此时举办活动有利于集中展示政务服务系统改革的质量、成效，也能够集中展示窗口服务人员的素质和水平，对于进一步深化改革具有推动作用。此外，评选活动还能够起到标杆作用，激励基层工作人员的积极性，促进政务服务水平的进一步提升，真正体现政府为民办事思想。他表示，评选活动应该具有连续性，持续、系统的运行下去才能发挥更大的作用。

原标题《王开玉谈"最美服务之星"评选：活动体现了政府真正为民办事思想》

2015 年 1 月 28 日　摘编自《市场星报》

记者：邵华

代表委员畅谈干部作风建设
专家建议基层干部增强"问题意识"

2015 年 1 月安徽省十二届人大四次会议和安徽省政协十一届三次会议代表、委员、专家谈干部作风，王开玉认为基层干部要增强问题意识。对于当前的干部作风建设，安徽省社会科学院研究员王开玉认为，基层干部基数大，增强基层干部的"问题意识"和廉洁意识，将大大促进整个干部队伍的建设。他认为，所谓"问题意识"，就是责任意识和担当意识。一些官员喜欢讲成绩，谈 GDP 比较多，但对于目前存在的问题谈得少，或者采取回避的态度，这体现了当前部分干部的担当意识和责任意识还不够。而缺乏这种意识，不明白问题所在，也可能导致工作中出现失误。

"我之前做中国百村经济社会调查，去了安徽省三个乡村，和县里的干部经常在一起，对于基层干部作风的转变感受比较深刻。"王开玉说，"只有基层干部明白问题所在，守土有责，工作才能不断改进，问题才能逐个得到解决。"

对于干部作风的建设，王开玉建议，一方面继续完善督察机制，将日常督察、专项督察、明察暗访等方式相结合；另一方面还要拓宽监督渠道，把党内监督和其他监督方式很好地结合起来，形成全方位、多层次的监督网络。从之前纪检部门公布的反腐案例可以看出，群众举报已经成为监督的一个重要组成部分。

原标题《代表委员畅谈干部作风建设　专家建议基层干部增强"问题意识"》
2015 年 1 月 29 日　摘编自凤凰网、《新安晚报》、中安在线

中国公务员晋升条件解读　公务员职务与职级并行

根据有关部门计算，从一个普通科员成长为一位正厅局级官员，大约需要 25 年。如果不能在 35 岁升到正处、45 岁升到正厅，往后的仕途基本已经从此止步。目前，中国在完善干部管理制度方面又迈出重要一步。记者从多个省份获悉，《关于县以下机关建立公务员职务与职级并行制度的意见》日前已经正式下发，将正式实施。这一文件旨在打破乡镇公务员职务晋升空间小、待遇得不到提高、乡镇留不住人才的现状。

根据现行公务员法，国家实行统一的职务与级别相结合的工资制度。这意味着，"职务晋升"成为公务员个人职业发展、待遇提升的唯一路径。现实情况却是，中国在职公务员队伍中，逾 60% 在县乡两级基层。基层公务员数目庞大，但供他们升职的领导职务却有限，"僧多粥少"让很多基层公务员待遇一直维持在较低水平。

长期在农村调研的安徽省社会科学院研究员王开玉表示，从科员能升到县处级干部的概率在 5% 左右。现行体制职务与待遇挂钩，公务员如果想提高待遇水平，只有职务晋升也就是升官这一条通道。在这种情况下，容易出现一些公务员提拔不是为了承担责任，而是为了涨工资、获权力的"官本位"现象。

原标题《公务员职级具体晋升条件出炉解读 2015 公务员晋升年限规定》
2015 年 2 月 2 日　摘编自《中国日报》、《解放日报》、新浪网

记者：徐敏

婴儿乘大巴为何也要买票？

"才一个多月的婴儿上车为何要补票？说好的免票呢？"2 月 4 日上午，市民小李拖家带口准备返回老家过年，然而在检票口却被拦了下来，检票员要求小李为怀中的婴儿补票方能上车。

对此，记者通过采访了解到，婴儿乘车需买票并非霸王条款，而是两部法规"撞车"。

对于这个车站为难、乘客恼怒的问题，安徽省社会科学院研究员王开玉认为，可以预先提醒、预留座位以便临时调配。"通过在站内广播以及醒目位置张贴提示的办法，告知携带 1.2 米以下儿童的乘客在购票时须先向售票员申报。所选车次免票人数满额时，可由乘客自行选择补票或者延后乘车。对于一些突然情况，预留的座位就可以临时调配以便旅客出行。"

除此之外，王开玉认为："出行高峰期间，乘客应该主动配合车站合情合理的安排。"

原标题《婴儿乘大巴为何也要买票》

2015 年 2 月 5 日　摘编自合肥在线、凤凰网、新浪网

记者：尹茹

中心村里探"三农"："面子""里子"都要靓

刚刚颁布的中央一号文件提出，围绕城乡发展一体化，深入推进新农村建设，让农村成为农民安居乐业的美丽家园。2014 年，安徽省规划建设710 个省级中心村，一批环境优美、设施配套、产业兴旺的美好乡村基本建成。连日来，记者深入乡村了解中心村建设最新进展，探讨中心村如何建成农村经济发展和农民生活的"中心"。

丰县庄墓镇金桥村中心村是一个集中新建的新型农村社区，自来水、电力、太阳能热水器到户，小区商业、卫生室、活动中心配套齐全，一条县级道路临村而过，交通便捷。来到田间地头，记者看到，该村正结合农业综合开发、农田水利建设、土地整治等项目实施，推进田、水、路、渠

综合配套建设，农业生产条件正在改善。

中央一号文件指出，要强化规划引领作用，加快提升农村基础设施水平，推进城乡基本公共服务均等化，让农村成为农民安居乐业的美丽家园。

规划是建设的龙头，做好了事半功倍，反之，则是最大的浪费。据了解，安徽省自 2012 年 9 月启动美好乡村建设以来，各中心村都按照要求，切实做到先规划后建设、不规划不建设。既要"面子"也要"里子"，打造能记得住"乡愁"的农村。

"各地不应局限于单个村庄，而要立足全局，以城乡统筹的理念加以推进，加快城乡一体化进程。"安徽省社会科学院研究员王开玉建议，应深入考虑人口变动、产业发展、区位条件等因素，修编完善村庄布点规划，提升规划质量水平，以更好地发挥其统筹引领作用。

原标题《中心村里探"三农"："面子""里子"都要靓》

2015 年 2 月 9 日 摘编自中安在线、新民网

记者：吴量亮 何珂

乐起来："硬件""软件"都要好

中央一号文件指出，要全面改善农村义务教育薄弱学校基本办学条件，提高农村学校教学质量，因地制宜保留并办好村小学和教学点。同时提升农村公共服务水平，支持建设多种农村养老服务和文化体育设施，整合利用现有设施场地和资源，构建农村基层综合服务平台。

"村头村尾有两家便民超市，买菜、买点日用品都不用出村。"2 月 3 日下午，正在金桥村便利店内选购春联的 61 岁村民孔庆英告诉记者，村委办公室对面就是卫生所，常见病也不用跑到镇上去看了，60 岁以上还可免费体检。村部还有警务室，办户口、开证明等一些大事小事可以请警察或村干部代办，现在生活很方便。

"美好乡村建设，除在'硬件'上完善基础设施外，更要在'软件'上提升公共服务水平，让农村更加宜居。"安徽省社会科学院研究员王开玉建议，应积极适时地将城市公共服务延伸拓展至农村，拉长农村公共服务"短板"，如加强农村基层基本医疗、公共卫生、乡村医生队伍与城市医院

的对接，提升农村医疗水平，让农民看一些常见病种更便捷。

原标题《乐起来："硬件""软件"都要好》

2015 年 2 月 12 日　摘编自《安徽日报》、光明网

记者：何珂　吴量亮

新农村建设："人气""财气"都要旺

长丰县庄墓镇金桥村南边，村民菜地绿意盎然。2 月 3 日上午 11 点左右，记者在这里遇见刚刚摘菜回来的村民鲍士青。

"老公在合肥打工，我有两个孩子，一个 20 多岁在外读大学，一个 12 岁在村里上小学。"42 岁的鲍士青告诉记者，如果不是因为陪读带孩子，她也会跟随丈夫外出。现在村子里，60 岁以下的人大多外出打工了。

走访舒城县春秋乡中元村时，记者发现不少二层小楼的村民住宅，大门紧锁。有村民们告诉记者，村里的年轻人出去打工了，只剩下老人和孩子；孩子也越来越少了，他们大多跟着打工的父母去城里读书了。位于村委会所在地的中元小学，目前在册学生只有 9 人。

数据显示，截至 2013 年年底，安徽省有 836 个建制镇、322 个乡、1.4 万个行政村，与 2005 年相比，行政村数量减少了 1.5 万个。

"重点建设的中心村，应该成为未来农村人口的长久居住点。要考虑城镇化进程加快的因素，不能几年后再变成新一轮的'空心村'。"安徽省社会科学院研究员王开玉表示，随着城镇化的稳步推进，会有更多农村人口离开乡土，美好乡村及中心村建设一定要综合考虑这些因素，从城乡一体化的角度来发展和建设农村。

采访中，多位专家、学者指出，当前，农村大量青壮年劳动力外出务工，"空心化"问题较为普遍，这主要是因为目前农村经济相对落后，无法为当地闲置劳动力提供足够的就业机会。这就需要各地结合农村实际，在引入合适项目的同时，推动农民自主创业，尽可能缩小农民就业半径、实现就近就业。如此，才能真正让农民富起来，让农村强起来。

原标题《强起来："人气""财气"都要旺》

2015 年 2 月 16 日　摘编自中安在线、光明网

记者：何珂　吴量亮

城市发展离不开农民工的辛劳

《合肥晚报》最近组织的"小候鸟看合肥"受到各方的好评。

"最脏的活，是他们在干，最累的活，也是他们在干。在异乡的土地上，他们播散着自己仅有的力量。每个城市的崛起，离不开农民工的辛勤劳动。"在安徽省社会科学院研究员王开玉的眼中，农民工是城市发展的螺丝钉，"虽然不起眼，但不可缺少。"对于此次"小候鸟看合肥"活动，王开玉则竖起大拇指。"我要为这个活动点赞，给外来务工人员多一份关怀与尊重，城市由此而多一份美丽，社会由此就会多一分和谐。外来务工人员及其子女可以通过这次活动更了解合肥，了解之余产生对这座城市的归属感。一旦将合肥当成自己的家乡，他们的付出会更加不求回报，无怨无悔。"

原标题《带我们看合肥，是最好的礼物》

2015 年 2 月 12 日　摘编自《合肥晚报》、合肥新闻网

记者：乐天茵子　高勇

近半数夫妻为"过年回谁家"吵过架

过年本该是件高兴事，但是"回谁家过年"却成了很多夫妻的一件烦心事。近日，《新安晚报》、安徽网记者调查了 100 对在合肥工作和生活的夫妻，结果显示有 45 对曾因为这个问题吵过架，其中更是有 7 对夫妻表示"年年为此争吵"。调查显示，大部分夫妻都希望两家父母一起过年，而近两成夫妻最理想的过年方式是"旅行过年"。

在安徽省社会科学院研究员王开玉看来，小夫妻没必要在"过年回谁家"这个问题上太过于纠结，平时多尽孝，过年做好平衡兼顾，完全可以解决。

王开玉表示，中国的传统习俗是到男方家过年，但是随着独生子女的成家立业和人口流动，过年回谁家的矛盾才渐渐凸显出来。"以前家里面孩子多，而且夫妻老家往往不会太远，就不会存在这样的问题。"

王开玉认为，只要子女孝顺，常回家看看，过年回谁家的问题也就没有那么"重要"。"经常听独生子女抱怨，我爸妈只有我一个孩子，一年才能和他们团聚一次，我怎么能不回去？但是如果你经常回家看望父母，少了过年这一次就不会那么遗憾。"

　　"常回家看看"已经写入法律，"这个法律不分男女，不是说男方必须回，女方就不用回。不论是儿子还是女儿，都应该把回家看望父母当成一种责任，不要当成负担"。

　　过年到底回谁家？王开玉也提出了自己的看法和建议："建议回双方家里都看看，比如先到男方家再到女方家，都要兼顾到。应当提前跟父母商量，让他们感受到儿女的爱，父母也能充分理解。""如果过年回不去，年前年后都可以回去看看，现在的交通这么方便，用心了就会找到办法。"王开玉补充道。

　　对于一些年轻夫妻旅行过年的做法，王开玉认为，子女应该带着父母一起旅行。"应当重视家庭亲情，特别是过年，更要充分表达出来……我有一个同事，父母亲都七八十了，过年还带他们去了一趟济州岛，回来后过了一阵子老人就去世了，同事觉得没有遗憾，因为在最后的时间带他们出国看看，也算尽了孝道。"

原标题《近半夫妻为"过年回谁家"吵过架》
2015 年 2 月 15 日　摘编自《新安晚报》、光明网、新浪网
记者：钟虹　宛婧

中国好人，安徽最多

　　自 2008 年"中国好人"开评以来，共有 883 名安徽人上榜，连续七年位居全国第一。

　　"我一直都很关注安徽好人的评选，安徽人占'全国好人'是最多的。"在安徽省社会科学院研究员王开玉看来，近年来好人的不断涌现和安徽省经济社会的发展息息相关。"安徽省近年来在保持经济社会的飞速发展同时，精神文明建设的成就也引人注目。"

　　"开展好人评选是十分必要的，提高了安徽人在全国的美誉度。"王开玉认为，好人评选活动不但带动了社会精神文明的进步，还促进了整个社会风气的改变，"我在上海参加城市发展会议时就听到了一些声音，安徽人吃苦肯干和乐于助人的精神得到了大家的肯定。"

　　见义勇为、诚实守信、孝老爱亲、助人为乐、敬业奉献……本次评选出的最美人物都是社会主义核心价值观的代言人，也是安徽的精神名片。

"十个人是千千万万安徽好人的代表，他们展示的是安徽的形象，他们不仅感动了安徽，还感动了全国。"王开玉希望，安徽好人的品牌能一代代传承下去。

王开玉认为，这些平凡的好人其实都"隐藏"在老百姓的日常生活当中，需要进行挖掘和肯定，从而扩大好人的正能量和影响力。"精神文明建设和经济社会发展是同等重要的，起到相互促进的作用，发现好人、宣传好人才能放大好人的精神效应和影响力。"

层出不穷的最美人物，数不胜数的凡人善举触动着人们的内心。"他们都是生活在民间的草根人物，之所以能够感动人是因为展现了他们身上最闪光的地方。"王开玉说，"这些好人都是实实在在、有血有肉的人物，能让人们从心底产生一种信服的力量，唤出人内心深处的感情。同时，最美人物的评选对青少年一代的成长来说具有非常重要的意义，'实际上为青少年提供了一本道德示范教材'。""人死后很多债务变成了烂账，刘恩连用五年时间为丈夫还清数十万元的债务确实需要很大的毅力。"王开玉说，"最让他感动的是替亡夫还债的诚信媳妇刘恩连。"

目前安徽省正在推进"信用安徽"建设，从制度上约束大家诚实守信。"现在社会上存在很严重的'信任危机'，我们需要树立像刘恩连这样的诚实守信的标杆，这也是信用安徽建设的一个重要组成部分。"王开玉认为，信用是立身之本，而社会诚信体系的建设需要法治和德治并重。

原标题《最美人物："凡人善举"添彩安徽新形象》

2015 年 2 月 17 日　摘编自凤凰网、中安在线

记者：叶晓

努力守护好农村的下一代

"王直留守儿童助教中心"开办了 17 年，是全国文明的公益机构。十七年来守护了千余名留守儿童，现在因为没有接班人、孩子数量减少、存在安全隐患，当地政府决定关闭这家全国闻名的公益机构。王直，这位昔日全国道德模范陷入令人心酸的困境。

长期跟踪研究留守儿童状况的安徽省社会科学院研究员王开玉指出，尽管绝对数量有所减少，农村"留守儿童"仍是一个没有解决好的社会问

题，需要全社会共同努力，建立制度化的系统解决办法。建议政府成立组织协调机构，整合政府部门、社会组织和民间力量等各种资源，共同努力守护好农村的下一代。

原标题《王直老人的公益之困》

2015 年 3 月 5 日　摘编自半月谈网

记者：蔡敏　朱青

附录一　王开玉微评入选国家和各地
公务员考试试题精选

1. 庐江公布干部电话（以下观点入选 2014 年安徽公务员《申论》热点、2014 年国家公务员考试时事政治）

"公布主要领导干部手机号码是好事，领导干部和老百姓加强了联系，群众有问题可以直接找领导，领导干部也能更好地了解民情，达到了双赢的局面。"安徽省社会科学院研究员王开玉接受《新安晚报》记者电话采访时说，"公布领导干部的手机号码有利于工作转型和提高效率。"

对于如何长期有效执行这项举措，王开玉表示，必须配套相应的制度和措施，如果公布之后又销声匿迹会给群众带来很大的失望，也会使政府的威信下降。

对此，王开玉提出了三点建议：一是要有可操作性，告知老百姓哪些事能做到，哪些做不到，制定一个科学的定位；二是要建立有效的监督和检查机制，必须对来电和短信反映的问题有记录，做到量化细化，纪检部门最好能参与到监督检查中来，形成一个稳定的监督机制；三是纪检部门的监督结果要作为领导干部绩效考评的重要参考。

2. 感冒药实名制引热议（以下观点入选 2014 年国家公务员考试时政热点）

安徽省社会科学院研究员王开玉表示，对一些药品进行购买管制在多个国家都有实施，中国开始实施"感冒药实名制"是一种管控毒品提炼原料的思路。"但有思路不代表真正有效果，要让百姓觉得安心和支持，应当把制度严密落实，做好个人信息的保护以及身份信息联网验证，相信对社会真正有益的举措最终会得到百姓的支持和配合。"

3. "三农"发展新蓝图（以下观点入选 2012 年福建公务员面试热点、2012 年河南公务员面试热点、2013 年国家公务员考试面试热点）

安徽省社会科学院研究员王开玉认为，在下一步的征地改革中，给农民一次性的土地补偿要合理提高，但建立农民生活长期保障机制更加重要。建议政府、开发商和农民从土地收益中拿出部分资金，建立农民个人账户用于养老保险。同时，让被征地农民平等地享受公共资源，包括就业、医疗、教育等，切实消除他们的后顾之忧。

4. 临时工"泛滥"与公职人员"吃空饷"（以下观点入选 2013 年国家公务员考试热点、2013 年池州国考、2013 年开封政法干警考试面试热点、2014 福建公务员考试时事热点）

当前临时工在招聘、管理环节上存在着制度漏洞，一些临时工招聘门槛低，也缺乏专业的培训。安徽省社会科学院研究员王开玉表示："执法部门任由不具有执法资格的临时工在一线执法，直接损害的是法律尊严和政府公信力。"

5. 校园安全（以下观点入选 2010 年福建秋季公务员考试《申论》高分强化试卷、2011 年广东省《申论》高分强化试卷、2012 年辽宁省公务员考试：实战模考密卷七、2014 年秋季福建公务员考试申论预测卷）。

王开玉指出，校园安全一直是国内外的一道难题，需要思考怎样标本兼治、长期而有效地保证孩子们的安全。他建议，要把学校的安全保障经费纳入教育预算，保证学校有财力长期聘用安保力量。

为从根本上维护校园安全，要组织广大干部深入街道社区、乡镇村组和单位、家庭，开展矛盾纠纷大排查活动，关心帮助困难群众，解决合理诉求，加强教育疏导，防止矛盾积累、激化。

6. 慈善"裸捐"（以下观点入选 2010 年内蒙古公务员考试申论模拟试题、2011 年政法干警招录考试申论强化模拟题一、2012 年国家公务员考试《申论》模拟试题、2012 年黄山市市直事业单位招聘考试《申论》试题、2012 年河北公务员考试练习题、2012 年青海省遴选公务员考试模拟真题、2012 年福州华图每日一练、2012 年河南政法干警考试申论模拟试题、2014 年湖南公务员考试申论模拟题、2014 年安徽省录用公务员考试申论模拟练习题）

王开玉指出，大多数舆论普遍趋于理性，"裸不裸捐并不是慈善与否的标签"。王开玉认为，中国传统文化中有"怕露富"和"把财富留给子孙"的观念，加上现有慈善免税机制欠缺、政府主导的社会公益基金运作方式也影响了中国富人参与慈善的热度。完善相关捐赠法规，出台激励机制，让更多的中国富豪能够自愿地投身符合中国国情的慈善事业，应是更为迫切的任务。

7. 中国和环境相关的群体性事件（以下观点入选 2014 年国家公务员考试试题《申论》高分突破试卷二）

目前，中国和环境相关的群体性事件呈多发态势。与违法征地拆迁、劳资纠纷一起成为引发群体事件的"三驾马车"。"建设生态文明必须依靠制度建设，其中尤以尽快完善公众参与的 环境决策机制最为迫切。"安徽省社会科学院研究员王开玉说。

8. 留守儿童问题（以下观点入选 2009 年云南省公务员《申论》模拟试卷五、2010 年公务员考试《申论》归纳概括模拟题四、2013 年上海军转干模拟题三）

"留守儿童问题是我们当下不得不重视的重要课题。我们以前也做过深入调查，但类似你们这样的调查目前还非常缺乏。希望你们的调查能让全社会从中了解留守儿童的需求与期望，以便政府采取措施让留守儿童健康快乐成长。"安徽省社会科学院研究员王开玉表示。

9. 2013 全国两会特辑：慈善之殇将撬动中国社会福利事业变革（以下观点入选 2013 年时政热点、2013 年公务员考试申论模拟、2013 年山东公务员考试时政新闻、2014 年湖南省公务员考试时政热点）

安徽省社会科学院研究员王开玉指出，中国基层政府的专业力量有限，对待公益慈善事业不可"大包大揽"需要创新社会管理，发挥民间社会公益组织在慈善事业上不可替代的作用。

10. 虐童（以下观点入选 2014 年公务员考试申论每日一练、2014 年国家公务员《申论》全真模拟题）

长期关注留守儿童研究的安徽省社会科学院研究员王开玉认为，中国学前教育应该尽早摆脱"应试"影响，加强对生命尊重和敬畏的教育。

"如果教育资源长期得不到平衡，行政监管经常缺位，法制的阳光照射不到，缺少教育公平的幼教体系内就有可能产生虐童行为。"王开玉说。

11. 民政局叫停网友募捐（以下观点入选 2014 年国家公务员考试时事政治）

安徽省社会科学院研究员王开玉认为，宁国市民政局给出的"不公平"一说是站不住脚的，"选择救助谁，这是网友自己的筛选与选择，毕竟是他们自发的善举，并不承担救助全部困难群体的责任。"

12. 透视民生"新短缺"（以下观点入选 2014 年河北省政法干警申论热点）

"民生服务需求越来越多，百姓要求越来越高，引入社会专业力量，由政府购买服务，是各国较为通行的一种新型公共服务供给方式。"安徽省社会科学院研究员王开玉说。

13. 新生代农民工身份认同（以下观点入选 2011 年新疆公务员考试《申论》预测卷、2012 年宁夏《申论》标准预测试卷一、2012 年西藏《申论》模拟、2013 年辽宁省公务员考试《申论》预测卷）。

王开玉认为，新生代农民工年龄偏小，容易出现价值体系的混乱和选择的偏差，一些新生代农民工心理压力大。特别是在国际金融危机冲击下，就业形势严峻，农民工身份认同的困惑进一步加深。因此，对新生代农民工的技能培训固然重要，但同时也要关注他们的心理健康教育，帮助他们融入城市。

14. 全面实行居住证制度值得期待（以下观点入选 2014 年江苏公务员考试《申论》模拟卷）

正如长期调研外来人口问题的安徽省社会科学院研究员王开玉所言，"城市化不仅指农村人口从形式上转化为城市人口，更深刻的内涵是指生存条件、生活条件和生活质量的城市化。城市从心态上接纳他们"。

15. 编制内外（以下观点入选 2014 年河北公务员考试时政热点）

安徽省社会科学院研究员王开玉认为，政府必须加快职能转变，切实简政放权，有所为有所不为，这样才能从根本上控制需要财政供养人员的增长，减少相关部门对于编制外临时用工的巨大需求。

（马宏宇、王文燕整理）

附录二　王开玉主要著作一览

1. 王开玉等著《百岁衣》，少年儿童出版社，1966。

2. 王开玉总策划、组织编写《红光大队水稻丰产经验》，安徽科技出版社，1975。

3. 王开玉等撰写《模范党员 学大寨的带头人——潘功洲》，安徽人民出版，1976。

4. 王开玉主编《安庆史话》，封面题签：赵朴初，安徽人民出版社，1981。

5. 李凡夫、王开玉等著《和青年谈道德》，安徽人民出版社，1982。

6. 苏桦等著《城镇集体经济研究》，王开玉选编，安徽人民出版社，1983。

7. 陆德生、王开玉等著《论社会主义职业道德》，安徽人民出版社，1984。

8. 安徽省"五四三"活动委员会办公室编《改革与道德》，王开玉等选编并撰写论文《体制改革·道德观念·生活方式》，安徽人民出版社，1985。

9. 黎显衡、林鸿暖等著《陈延年》，王开玉提供资料，广东人民出版社，1985。

10. 王开玉主编"中国窗口经济系列丛书"《人和经济》，冰心作序，王开玉撰写总报告，中国食品出版社，1986。

11. 王开玉主编"中国窗口经济系列丛书"《命运共同体》，杜导正作序，王开玉撰写总报告，中国食品出版社，1987。

12. 高正荣、王开玉著《论科学的批评》，安徽人民出版社，1988。

13. 苏桦、马元飞、王开玉主编"中国窗口经济系列丛书"《规矩与方圆》，王开玉撰写总报告，中国食品出版社，1989。

14. 苏桦主编，王开玉等著《城镇集体经济的发展和改革》，安徽人民出版社，1989。

15. 王开玉等编《个体工商户手册——基本常识 400 问》，中国广播电视出版社，1991。

16. 王开玉、梁鸿猷编《品格·胆识·业绩——回忆苏桦》，张劲夫题序，安徽文艺出版社，1991。

17. 吴昌期、王开玉等主编"中国窗口经济系列丛书"《寻找利益共同点——"三资"企业发展研究》，王开玉撰写总报告，安徽人民出版社，1991。

18. 马元飞、王开玉主编"中国窗口经济系列丛书"《现代化社会驱动力——第三产业发展研究》，王开玉撰写总报告，安徽人民出版社，1993。

19. 何永炎主编《当代马克思主义动力论——邓小平改革思想研究》，王开玉任副主编，安徽人民出版社，1993。

20. 王开玉、朱德起、梁鸿猷编《睿智·论理·务实——苏桦文论选》张劲夫题序，安徽人民出版社，1993。

21. 蔡长水、宋海庆等主编《邓小平新时期党的建设理论研究》，张全景作序，安徽人民出版社，1996。王开玉策划该书内容、修改提纲、审阅稿件，《人民日报》《新闻出版报》发表了王开玉为该书写的书评。

22. 吴昌期、王开玉主编《安徽开发区年鉴（1992～1997）》，安徽人民出版社，1997。

23. 汪石满、王开玉主编"邓小平理论研究书系"《邓小平的现代化理论研究》，1998。

24. 汪石满、盛志刚、王开玉主编"安徽社会蓝皮书"《安徽社会形势分析与预测（2000）》，安徽人民出版社，2000。

25. 汪石满、王开玉主编"安徽社会蓝皮书"《安徽社会阶层结构研究报告（2001）》，安徽人民出版社，2001。（皖内部图书：2001－180 号）

26. 陆学艺主编《当代中国社会阶层研究报告》，汪石满、王开玉、方金友撰写《合肥市：一个中部省会城市的社会阶层结构研究》，社会科学文献出版社，2002。

27. 汪石满、王开玉主编《邓小平理论研究十年》，中国言实出版社，2002。

28. 王开玉主编《社会学家谈发展热点——2002～2003 年安徽社会发展研究》，合肥工业大学出版社，2003。

29. 《安徽开发区年鉴（1998～2003）》，吴昌期任编委会主任，王开玉等任编委会副主任，2003。

30. 王开玉主编《中国中部省会城市社会结构变迁——合肥市社会阶层分析》，社会科学文献出版社，2004。

31. 王开玉主编《中国中等收入者研究》，社会科学文献出版社，2006。

32. 黄家海、王开玉主编《社会学视角下的和谐社会——中国社会学会学术年会获奖论文集（2005·合肥）》，社会科学文献出版社，2006。

33. 周富如主编"中国省会经济圈蓝皮书"《合肥·六安·巢湖发展报告·2007》，盛志刚、王开玉任执行主编，社会科学文献出版社，2007。

34. 王开玉、束学龙主编"中国百村调查丛书"《大别山口的美丽家园》，社会科学文献出版社，2008。

35. 《国内首部反映留守儿童现状的专题片：不一样的童年，著名社会学家王开玉担任主讲嘉宾畅谈我国农村留守儿童的现状》，时代出版传媒股份有限公司、安徽电子音像出版社，2009。

36. 董昭礼主编"中国省会经济圈蓝皮书"《合肥·六安·巢湖·淮南及桐城发展报告（2008~2009）》，盛志刚、王开玉任执行主编，社会科学文献出版社，2009。

37. 王开玉、胡宁主编"中国百村调查丛书"《魅力盐铺》，社会科学文献出版社，2010。

38. 董昭礼主编"中国省会经济圈蓝皮书"《合肥经济圈经济社会发展报告（2010~2011）》，盛志刚、王开玉任执行主编，社会科学文献出版社，2011。

39. 黄家海、王开玉、蔡宪主编《民生时代的中国乡村社会》，社会科学文献出版社，2012。

40. 黄家海、蔡宪、王开玉主编"安徽社会建设蓝皮书"《安徽社会建设分析报告（2012~2013）》，社会科学文献出版社，2013。

41. 程桦主编"安徽蓝皮书"《安徽社会发展报告（2013）》，范和生、王开玉任执行主编，社会科学文献出版社，2013。

42. 王开玉、姚多咏主编"中国百村调查丛书"《发现钱庙》，社会科学文献出版社，2013。

43. 丁海中主编"安徽经济蓝皮书"《皖江城市带承接产业转移示范区建设报告（2014）》，周禹、王开玉任执行主编，社会科学文献出版社，2014。

44. 程桦主编"安徽蓝皮书"《安徽社会发展报告（2014）》，范和生、王开玉任执行主编，社会科学文献出版社，2014。

附录三　王开玉的学术活动、学术成果
（和本书相关的内容）

一　承担的国家重大、重点等课题项目

1. 1998 年，参与国家新闻出版总署、国家重点图书邓小平理论研究书系《邓小平的现代化理论研究》，任组长。

2. 1999 年，承担中国社会科学院国家重大研究项目"当代中国社会阶层研究"，任"当代中国合肥社会结构变迁研究"课题组长，该课题已结项并出版专著。

3. 2003 年，主持完成中组部委托课题"合肥市申请入党的私营企业主基本特征及思想政治状况"，任组长。

4. 2004 年，承担安徽省妇女儿童研究中心立项重点课题"中国迁移婚姻研究"，任组长，安徽省领导批示立法推广。

5. 2004 年，承担国际合作课题"澳大利亚国际机遇（安徽）担保有限公司中国低收入者调查"，任组长。

6. 2005 年，承担国际合作课题"空巢儿童的社区保护和城市融入"，任组长。

7. 2005 年，承担安徽省妇女儿童研究中心立项课题"留守儿童和流动儿童研究"，任组长，安徽省领导批示立项项目。

8. 2005 年，承担国家社科基金项目"扩大中等收入者比重研究"，任组长，该项目已结项并出版专著。

9. 2007 年，承担国际合作课题"跨地拐卖或拐骗——华东五省流入地个案研究"，任组长。

10. 2008 年，承担国家社科基金重点项目"中国百村社会经济调查·落儿岭村"，任组长，该项目已结项并出版专著。

11. 2010 年，承担国家社科基金重点项目"中国百村社会经济调查·盐铺村"，任组长，该课题已结项并出版专著。

12. 2012 年，承担国家社科基金重点项目"中国百村社会经济调查·钱庙村"任组长，该课题已结项并出版专著。

二 获奖情况

1. 主撰的《陈独秀生平、家世和在安徽革命活动的补正》获"安徽省社会科学院首届优秀学术成果评奖论文奖"（1984 年）。

2. 主撰的《建设有中国特色的强大思想武器》获"1992 年全国报纸理论文章优秀论文奖"。

3. 任主编之一的《当代马克思主义动力论》著作获"1993 年安徽省'五个一'工程奖"。

4. 主撰的《市场经济和精神文明同步发展论》论文获"1994 年安徽省'五个一'工程奖"。

5. 点评的安徽电视台电视政论专题片《崛起》获"1999 年安徽省第七届'五个一'工程奖"。

6. 点评的安徽电视台电视政论专题片《他们也是建设者》获"2000 年中国电视新闻奖"。

7. 任主编之一的《邓小平的现代化理论研究》获 2000 年"第十二届中国图书奖"。

8. 主编的《中国中部省会城市社会结构变迁——合肥市社会阶层分析》获"2001～2004 年安徽省政府社会科学文学艺术奖"。

9. 主编的《合肥市：一个中部省会城市的社会阶层结构研究》获"2001～2004 年安徽省政府社会科学文学艺术奖"。

10. 主编的《中国中等收入者研究》获"2005～2006 年安徽省政府社会科学文学艺术出版奖（社科类）荣誉奖"。

11. 执行主编的"中国省会经济圈蓝皮书"《合肥·六安·巢湖·淮南及桐城发展报告 No. 2（2008～2009）》获"第二届优秀皮书奖·提名奖"。

12. 执行主编的"中国省会经济圈蓝皮书"《合肥·六安·巢湖·淮南及桐城发展报告 No. 2（2008～2009）》的总报告《泛长三角背景下的省会经济圈发展路径研究》获"第三届优秀皮书奖·报告奖一等奖"。

13. 主编的《不一样的童年》后改编成电子音像制品，该电子音像制品获 2009 年"第三届中华优秀出版物提名奖"。

三　担任专家评委

1. 1999 年至今，担任安徽电视台经济专家委员会主任。

2. 1999 年，担任中共合肥市委、政法委帮教转化工作指导团团长。

3. 2000 年，担任安徽省政法委、安徽省委宣传部、安徽省帮教转化工作指导团成员。

4. 2006 年，担任安徽"新安晚报椰岛鹿龟酒十大孝星"评选专家评委。

5. 2008 年，担任"合肥市群众最喜爱的十大社区民警"评委会专家评委。

6. 2008～2014 年，担任安徽省社会组织评估委员会副主任、首席专家。

7. 2010～2014 年，担任"安徽省银行系统微笑天使"四届评委会专家组首席专家。

8. 2012 年，担任"安徽省首届公益人物"评委会主任。

9. 2014 年，担任"安徽省首届百姓心中的好法官"评委会专家评委。

10. 2014 年，担任安徽"十大福星、十大孝星"评选专家评委。

11. 2015～2019 年，担任安徽三联学院发展咨询委员会委员。

四　策划的学术会议及发布会

1. 2006 年，策划在安徽合肥召开的"中国中等收入者研究研讨会"。

2. 2007 年，策划在安徽合肥召开的"中国省会经济圈蓝皮书"《合肥·六安·巢湖发展报告（2007）》发布会。

3. 2009 年，策划在安徽合肥召开的"中国省会经济圈蓝皮书"《泛长三角背景下的省会经济圈（2008～2009）》发布会。

4. 2010 年，策划在安徽休宁召开的"中国农村发展模式研讨会暨百村调查第三次工作会议"。

5. 2011 年，策划在安徽合肥召开的"中国省会经济圈蓝皮书"《合肥经济圈经济社会发展报告（2010～2011）》发布会。

6. 2013 年，策划在安徽合肥召开的"安徽社会建设蓝皮书"《安徽社会建设分析报告（2012～2013）》发布会。

　　7. 2005 年起，担任安徽省社会学会常务副会长，和会长黄家海、秘书长蔡宪策划了 8 个中国社会学会年会分论坛。分别为：2005 年在合肥召开的"中国农村中等收入者研究"分论坛、2008 年在长春召开的"中国农村改革 30 年"分论坛、2009 年在西安召开的"城乡一体化进程中农村社会变迁"分论坛、2010 年在哈尔滨召开的"中国乡村社会建设"分论坛、2011 年在南昌召开的"中国乡村生态文明建设研究"分论坛、2012 年在银川召开的"中国乡村社会管理改革的目标和路径选择"分论坛、2013 年在贵阳召开的"城镇化中的美好乡村建设"分论坛、2014 年在武汉召开的"中国农村基层社会治理研究"分论坛。其间，中国社会学会授予安徽省社会学会"中国社会学学术论坛组织奖"。